哲学概论

邬昆如 等 主编

尤煌杰 张雪珠 陈俊辉 邬昆如
潘小慧 黎建球 谢仁真 关永中 合著

华东师范大学出版社

图书在版编目（CIP）数据

哲学概论/邬昆如等主编．—上海：华东师范大学出版社，2021

ISBN 978-7-5760-1242-2

Ⅰ.①哲…　Ⅱ.①邬…　Ⅲ.①哲学-概论　Ⅳ.①B0

中国版本图书馆 CIP 数据核字（2021）027626 号

哲学概论

主　　编　邬昆如 等
责任编辑　乔　健
审读编辑　王　海
责任校对　林文君　时东明
装帧设计　吕彦秋

出版发行　华东师范大学出版社
社　　址　上海市中山北路 3663 号　邮编 200062
网　　址　www.ecnupress.com.cn
电　　话　021-60821666　行政传真　021-62572105
客服电话　021-62865537
门市（邮购）电话　021-62869887
地　　址　上海市中山北路 3663 号华东师范大学校内先锋路口
网　　店　http://hdsdcbs.tmall.com

印 刷 者　三河市中晟雅豪印务有限公司
开　　本　710×1000　16 开
印　　张　26
字　　数　424 千字
版　　次　2021 年 3 月第 1 版
印　　次　2021 年 3 月第 1 次
书　　号　ISBN 978-7-5760-1242-2
定　　价　58.00 元

出 版 人　王　焰

目　录

第二部 形而上学

第三部　价值哲学

序

人类文明的发展，到今天早已学问杂陈——往好处说，是百花齐放，缔造了多元的学术环境；往坏处说，是学术为天下裂，形成隔行如隔山的为学困境。古希腊的亚里士多德，设计了一门在诸学问之上又涵盖所有学问的学科：哲学（爱智之学）。在西方哲学的发展史中，亚里士多德开其端，中世纪托马斯·阿奎那极其流；在中国哲学的发展过程中，老子、孔子开其端，宋明诸子极其流。中西诸大哲在哲学“爱智”的殿堂中，发挥了锐敏的头脑以及丰饶的心灵，开展了从“认识论”的入门，经“形而上学”的体，到“价值哲学”的用。哲学方法的“思维”，哲学内容的“宇宙”和“人生”，委实为诸学问的学问。一个人生存在天和地之间，生活在人与人之间，学习如何“定位宇宙”，以及在宇宙中“安排人生”，原是在理论层面最基本的哲学课题。尤其“安排人生”的课题，如何做人、如何处事，更是每一个人必须面对的具体情事。无论谁，也无论学习哪一门学问，或是从事什么样的专业研究，“做人”与“处事”总是一切的根本。

“哲学”在理论上就是教人学习“定位宇宙”并在宇宙中“安排人生”的总体学问。“哲学”在实践上就是教人学习“做人”“处事”的学问总纲。

《哲学概论》一书，顾名思义，是对“哲学”这门学问作一个“概括”的介绍；使有意继续研究哲学的同学，学得哲学系中各科必修课程的整体意义以及课程与课程间的关系。其实，市面上这类书籍虽不能说已汗牛充栋，但也确实缤纷杂陈，各抒己见，派系分明。台湾辅仁大学素以哲学为重点科系，在哲学必修课程中一直以编纂教科书为己任，并以客观的态度给初学哲学的青年学子一种入门的、正确的、清晰的“哲学”概念。我虽年已古稀，亦甚乐意与辅大哲学同人以及昔日台大同学，共同编写，分工合作，共襄盛举。

是为序。

邬昆如
于美国加州旅途中
2003 年 8 月 19 日

绪　论

“哲学”一名译自希腊文 Philo-sophia；Philo 是“爱”，Sophia 是“智”，哲学字义即“爱智”。两千多年来西方哲学发展表明，“爱智”之学是在“定位宇宙”，并在宇宙中“安排人生”。

中国古代经典无“哲学”之名，但有“哲学”之实，如“道学”“玄学”“理学”“义理之学”“心学”，等等，都是在“定位宇宙”，并在宇宙中“安排人生”。

哲学的发展，中西方在许多方面都类似，顺序略有不同。西方哲学古希腊重“知”，罗马重“行”，中世纪重“信”，近代以来又恢复重“知”。中国先秦重“行”，西汉重“知”，隋唐重“信”，宋明重“知”，当代亦重“知”。

哲学课程有“三史六论”。“三史”是：“中国哲学史”“西方哲学史”“印度哲学史”。“六论”是：“逻辑学”“认识论”“形而上学”“伦理学”“价值哲学”“哲学概论”。

本书《哲学概论》，要概括整体哲学，设法指出“认识论”为“入门”，“形而上学”为“体”，“价值哲学”为“用”，并详细探讨“什么是哲学”“为什么学哲学”“如何学哲学”三大问题。

第一节 人生问题导向

一

一个人生活在天和地之间，生活在人与人之间，如何做人、如何处事就成为两大核心课题。传统的答案一般是：生存在天和地之间，要“顶天立地”，做个能独善其身的“君子”；而生活在人与人之间，则要“出人头地”，做个兼善天下的“圣人”。

“独善其身”是个别性、独立性的完美，目标是要自己“安身立命”；“兼善天下”则是群体性、社会性的完善，目标是要众人“安和乐利”。具体的人生达到这种个别性的完美、群体性的完善的理想，也就完成了人性，不虚度此生了。

二

但是，在人生过程中，不如意事十有八九，理想亦被现实压迫，使得人生固然有欢笑，但似乎有更多眼泪。古圣先贤早就看清了这点，体悟到理想与现实之间、善与恶之间、欢笑与眼泪之间一直存在着难以跨越的鸿沟，于是设法用自己敏锐的头脑，配合丰饶的心灵，从根本上着手，找寻出人生的根本问题，并尝试给予根本的答案。这种想法和做法，我们可称之为“哲学思考”。

三

古圣先贤之所以被尊为圣贤，就是他们除了能独善其身之外，尚能兼善天下。他们在体悟人生的根本问题时，一直在关怀民生乐利；如何减低百姓的困苦，如何增加他们的悦乐，总是他们忧患的对象。

受苦受难的事实与追求幸福的理想大相径庭，先哲们所要探究的，是苦难的根源，是获得幸福的条件。“天道福善祸淫”（《尚书 · 汤诰》）是非常原始的，但亦是非常根本的答案。“善”和“恶”才是“福”与“祸”的根本原因。于是，“行善避恶”的道德命令，原就是先哲为了使百姓求福避祸、趋吉避凶的法宝。

这就是“福德一致”的说法，是伦理道德人生的最根本诉求，是做人处事的最基本法则。一个人要顶天立地也好，要出人头地也好，最重要的要遵守“福德一致”的原则，要幸福就必须修德，如果作恶就会召来灾祸。

“人人生来求福”，这是自然的人性倾向。但要获得幸福，就必须修德行善，这才是道德法则；加上某些宗教信仰的因素，就成了“天道福善祸淫”，把赏善罚恶的法则和执行诉诸“上挽”，诉诸“自然”（自然法）。

于是，人的命运还是可以操纵在自己手里，只要行善避恶，就会有福无祸、吉利无凶。

四

“天道福善祸淫”的法则，或是“天道无亲，常与善人”（《道德经》第79章）的描绘，固有原则性，亦符合于人心之所向，但是，具体人生体验中屡次不是如此，许多好人受冤屈，甚至枉死，而不少坏人逍遥法外，荣华富贵一生一世。这种“天道”如何解释？当年撰写中国第三部历史经典著作《史记》的太史公司马迁，在写第一篇列传时，以史实为准，发现如伯夷、叔齐一般的好人饿死首阳，而坏人盗跖却可以寿终，仍未免感叹“天道是耶非耶”（《史记 · 伯夷列传》）。

当然，儒家道德哲学所能涵盖的，是人的今生今世。站在“今生报”的立场看，司马迁的确有理由大声质询：老天爷有没有长眼睛？

五

但是，若能把人生扩展到三度时期，而成为“前生前世”“今生今世”“来生来世”时，司马迁的“今生报”就应该给“来世报”让步，而让上天可以在来生来世赏报伯夷、叔齐等好人，而在来生来世惩罚如盗跖一类的坏人！

三度时间的体悟是宗教智慧的结晶。宗教哲学在哲学发展史中占有相当的分量，至少可以弥补道德哲学之不足。

宗教所提供的“来世生命”，虽无法用科学的“实证”检证和体验，但对苦难中的人生，仍不失为黑暗中的光明，不失为航海人的灯塔。

中国哲学从先秦到西汉的道德哲学，对人生问题的贡献很大很多，但更根本的救苦救难的精神诉求，还是要等到后汉由印度传入的佛教以及同时代中国本土从道家衍生出来的道教来补足。这补足的内涵，也就是扩大并拉长了人生的时间，并且设法突破时间的束缚，走向永恒。道教的成仙、佛教的涅槃，都定位在永恒境界中，不受时间的限制。

六

西方的古希腊哲学也好，罗马哲学也好，亦都局限在“今生今世”的正义和次序的诉求中，同样对“苦难”的理解和化解，有着力不从心的感叹。希伯来《旧约圣经》的启示，终于催生了能贯通希腊、罗马的基督教的《新约圣经》。上帝亲自降凡的启示，在耶稣基督身上完成，而基督的死亡与复活，保证着信徒死后的生命。于是从“今生今世”过渡到“来生来世”，信徒能以今生的信仰换取来世的永恒生命。

七

中国哲学的分段，以佛学的宗教阶段最长（先秦从孔子的生到荀子的死，历经 300 年；从荀子的死到道教产生及佛学东来，历经 6 个世纪；从南北朝开始翻译佛经到隋唐佛教极盛时期，至少有 800 年）。西方哲学的分段亦复如此，宗教时段最长（希腊从哲学之父泰勒斯的出生，到亚里士多德的死，其间约 300 年；从亚里士多德的死到基督教获得合法地位，历经 6 个世纪；从基督教合法化到宗教改革，其间至少有 1200 年）。

宗教在中西文化史中占时最长，宗教哲学在中西哲学发展史中亦占时最久。人性需要宗教，人生哲学需要由宗教哲学来完成。

第二节　从自然科学到自然哲学

一

前面《人生问题导向》把人生智慧从今生导向来世，转化时间为永恒，这一节要提出“人生存在天和地之间”的具体表现，也就是人生存在自然界。

“人生问题导向”是中国哲学特有的智慧财产，从先秦到宋明，都是人生哲学为导向，都在处理人生的吉凶祸福；一直到今天，中国人无论在世界哪一个角落，吉凶祸福仍然是人生问题的核心，如何趋吉避凶、如何趋福避祸仍然是华人的人生哲学所关注的核心问题。

“面对自然”在中国有道家哲学在关心，在西方则是科学取向的全面课题。从希腊哲学开始，一直到今天，“如何驾驭自然万物”“如何利用自然万物”仍然是西方文化的核心。

人有肉体又有灵魂，有衣、食、住、行、育、乐的各种生活必需和生活娱乐；这些需要和娱乐必须取材于自然界。于是，自然界的一切，下至沙石，上至动物，都为人所用；而人也自豪为“万物之灵”“世界的主人”。加上基督教早年对《旧约·创世记》的注解，以为人的第三重祝福就是“掌管万物”“做万物的主人”(《创世记》中第一重祝福是人的灵魂是上帝的肖像，第二重祝福是人有“伴侣”。第一重祝福是人文，第二重祝福是社会，第三重祝福就是自然科技的基础和理由)。于是，西方人几千年来都认为人可以随意开发自然，应用自然资源，而“利用自然”成为人生观的核心。因此，西方文化在科学技术上一直领先世界各民族，尤其这一二百年来，世界各国在科技发展进步的企望中都以西方马首是瞻。

二

不过，学问的往下探底，专门研究物质世界，以期驾驭和利用自然万物，也只是人类文明的一部分，而且极可能是比较低层的部分。人性除了往下探底的“物理”研究之外，尚有“往上超越”的冲动，这就是对“天”“神明”，提升自己灵性生命的设计。面对自然世界，可以像孔子一样，感叹“天何言哉，四时行焉，百物生焉，天何言哉!”(《论语·阳货》)。因而，自然世界的一切，绝不只是我们生活需要的器物而已，它亦是我们心灵“欣赏”的对象。自然界的“秩序井然”(四时行焉)，自然界的“生生不息”(百物生焉)，是值得我们赞叹和欣赏的。

三

自然科学因为帮助人类实现成为“万物之灵”的梦想，因而是值得人类为之喝彩、为之欢呼的成就。但在另一方面，人类更拥有向上超越的能耐，而放弃功利实用等因素，以欣赏自然的态度与万物共存共荣。可不是吗？人类自觉有身体，身体事实上与禽兽无异，有感觉，对外界事物有喜怒哀乐的情绪；

人类亦自觉有生命，其生理上的新陈代谢作用与植物一般；甚至，人类知识亦会告诉他，其身体结构细微处与泥土沙石毫无二致，都是由物质构成。当然，由于人类有知识、有灵魂，因而除了拥有与矿物、植物、动物的基本结构一样之外，还加上了良知良能，而良知良能诉求着道德和艺术的生命。

“驾驭和利用自然”的意念催生了自然科学，“欣赏自然”则产生了艺术。在自然科学中，人性至上；在艺术中，物我一体；人类利用“艺术”展示其“天地与我并生，而万物与我为一”（《庄子 · 齐物论》）的心灵境界。在这境界中，人性是“上与造物者游，下与外死生无终始者为友”。

四

自然科学与艺术，二者都面对物质世界，亦可以说是人在意识到自己“生存在天和地之间”“生存在周围皆物质”的环境中，如何解决“人与物”关系的课题。把“人”和“物”对立起来，把“人”看成是“主人”“主宰”，把“物”看成是“奴役”“被驾驭和利用”，则造就了自然科学。把“人”和“物”平等看待，让“物我共融”“物我相忘”，则是艺术。

西方艺术哲学也好，建筑、绘画、雕塑、文学、音乐等等也好，都是透过对物质的提升，到达“精神内在于物质”的境界。我们无论欣赏哪一类的艺术品，都不外乎用我们天生的视觉和听觉，欣赏“光”“声”的艺术。“光”对视觉所呈现的，有形状、光暗、动作；对“声”则是听觉所属，有各种音乐、语言、诗词歌赋。原来，人在动作的高峰是手舞足蹈，而在声音的高峰则是吟诗歌唱，载歌载舞原就是人间庆典的共同智慧财产。（不幸的是，反艺术的情形竟构成伦理道德的陷落：声音不再唱歌而改为谩骂，手舞足蹈转换成拳打脚踢的打架。声光艺术的没落，在人际关系的恶化中屡屡呈现。）

第三节　人生三大问题

一

前面从“人与人”之间的关系，哲学先哲开创了道德和宗教的根本课题；

而“人与物”之间的关系，则发展出科学与艺术的基础。当然，宗教问题会从“人与人”的关系，发展到“人与天”的关系，而有着“天人之际”的深刻研究。太史公司马迁在这方面可以说是首屈一指的。作为历史学家，他毫无疑义地重视对历史事实和事件的描绘，也就是能“通古今之变”。司马迁对学术的诉求有三：“究天人之际”“通古今之变”“成一家之言”。把“究天人之际”作为学术工作者首要的诉求，便是从“人际关系”跳跃到“天人之际”，也就是从道德层面跳跃到宗教层次。

在另一方面，“人与物”的关系，从“从属关系”的科学“驾驭与利用”，到“平等对待”的艺术情操，也是哲学思想流变中的一大成就。这成就从古希腊文明开始，一直到文艺复兴的全盛期，开展了西方文明中的两大层次：科学的“真”和艺术的“美”。

二

科学的“真”、艺术的“美”，与前面的道德的“善”和宗教的“圣”，全部合并时就是“真、善、美、圣”，也就是彰显了“存在”的“超越属性”(Transcendentalia)。哲学“本体论”的本质和特性都有了基础性的萌芽。

从“人生”问题的体验和启发，终究走向了形上本体领域的探讨，算是一个人“生存在天和地之间”以及“生活在人与人之间”，把人生定位在宇宙之中。宇宙和人生都可以透过科学、道德、艺术、宗教来定位和安排。抽象概念的“真、善、美、圣”，在具体的文化层面的科学、道德、艺术、宗教中隐藏，等待圣贤去发掘。

科学、道德、艺术和宗教这些似乎都是人生智慧的成果，却不是人生的原因。究竟什么才是牵动人生的终极原因？

三

那就必须先检讨人生三大问题及其个别的内涵和意义：生从何来？应做何事？死归何处？

在人生哲学的探讨中，这三个基本的问题是同步发展的，我们无法将其分别开来讨论。三大问题是因果相连的，其间任何的答案尝试都会牵动着整体的人生问题。

目前在西欧中学生中流行的《哲学概论》或《哲学入门》课本，多以《苏菲的世界》为准。后者的第一个哲学问题便是“我是谁”，而第二个问题是“世界是怎么来的”。显然，“我是谁”是人生问题，必须先处理好“生从何来”“死归何处”“应做何事”之后，才能以“安排人生”的根本方式回答人们“我是谁”的问题。

而“世界是怎么来的”则是宇宙问题，无论我们接受基督教的“创造说”，或是近代科学所提议的“进化论”，又无论是否把《易经》“生生之谓易”(《系辞上》第五章）的“生成说”也算进去，都是要在“定位宇宙”之前，先解答“宇宙起源”问题。

传统哲学先“定位宇宙”，然后才在宇宙中“安排人生”；在今天科学昌明的时代，似乎先要“安排人生”，至少先要“安顿人生”，对“定位宇宙”问题的讨论才会有意义。

四

“安顿人生”是要把握住人性的基本功能——“知”“情”“意”三者。我国古代圣贤最了解人性的这三重功能，于是在最古老的三部经典中，《诗经》言“情”，《尚书》明“意”，《易经》主“知”。《诗》《书》《易》三书可以说完整而全面地记述了古代的人事种种。这三部著作综合起来都是在“安排人生”，安顿生命，带领人活出有意义的人生。

《诗经》所呈现的喜怒哀乐，歌颂或悲叹，真实地反映出作者群对人生的感受。“情”对苦难或幸福，有不可化约的直接感受，而且可以透过诗歌的模式，吐露该事件所触发的事件。《尚书》的“意”，是刻画历史流变中的“常”与“变”，尤其衬托出“善恶报应”的自然道德律。原来，在古圣先贤的心目中，政治的治乱兴衰与为政者的德行恶表有密切的关系。“仁政必兴，暴政必亡”的历史事实，也可在历史哲学的探讨中作为继往开来的典范。《易经》对吉凶祸福的预知，全在其符号系统与文字系统的形式中落实。宇宙结构影响着人性因缘；这也是先“定位宇宙”，然后才在宇宙中“安排人生”顺序的开始。

对“情”与“意”的复杂讨论，我们在此可以存而不论，但《易经》所表达的对人生的命运预测、改变命运的方案的规划与实施，我们可就不能抽手。《易经》符号系统的变化，完全符合符号移位换位的方案，借以把握住“空间”对人生的意义。这意义所涵盖的固然在“今生今世”，然而亦不排斥“前生前世”以及“来生来世”的因缘。“空间”的换位所决定的卦、爻，其意义可就要超越空间和时间，进入无限和永恒的境界中。

五

《易经》对人生的意义，非常类似于古希腊哲学家毕达哥拉斯的以“数”来定位宇宙以及安排人生的做法。“数”的形式，的确涵盖所有事物的实质，因此，毕达哥拉斯的“数”所安排的人生，基本上认定“前生前世”的一切决定着“今生今世”，“今生今世”的修炼影响着“来生来世”的福祉。毕达哥拉斯的宗教团体，实习着其理念所开展的人生理论，尤其是“轮回报应”“赏善罚恶”的意念，涵盖了道德和宗教两方面。

六

处于地中海南岸的埃及，虽没有发展文学，更没有哲学智慧来定位宇宙，但其金字塔和木乃伊文化，却在安排人生的课题上设法超越时空，进入永恒的无限。让祖先的生命可以用不朽的木乃伊等待复活的一天，更可在金字塔严密的保护下不受外界时空流变的影响。无论在科学技术上，或是宗教的虔诚上，金字塔和木乃伊都是人类智慧的高度成果。甚至，在艺术的“美”的创造和鉴赏上，二者亦都绝不缺席。还有对祖先崇拜的孝道，也可在二者的意涵中找出。埃及智慧虽只在物质上展现，但其精神的创意却仍是可歌可颂的。

七

希腊的神庙、罗马的宫廷、埃及的金字塔都在联系着今生和来世、时间和永恒、空间和无限，对人生的前生前世、今生今世、来生来世有一定分量的启示。

希腊神话给予宇宙起源某种程度的解说，同时也给人类命运的顺逆一些解答，虽非理性，甚至反理性，但在指陈人性极限一事上却有着决定性的影响。亚里士多德曾认为，神话不是哲学，但却是哲学的朋友，时常对哲学伸出援助之手。希腊时代，哲学遇到无法理解的问题时总是向神话请教，而神话亦从未拒绝过。柏拉图哲学就是最好的例证，其在哲学课题上无法解答时都用神话来取代。

神话合理化了人类命运的乖舛，预设着人性本身不是最高的存在，预设着人的能力有所限制；而神明可以在人类遭逢危难时伸出援手，作“天人之际”的疏导，理性遇上极限时神秘力量就可以派上用场。

道德的今生报，神话在某些体系可以补足；宗教的来世报，神话更可以借寓言和故事来补充说明。

第四节　哲学的兴起和发展

一

西方先有神话，后有哲学。公元前 8 世纪就有《荷马史诗》，以历史纵的发展模拟“神人关系”在历史流变中的情形。不像中华文化，先有哲学，后有神话（最古老的《诗》《书》《易》经典里面绝无任何神话，一切都有“理性”的主导，没有任何神秘的力量介入；后汉才出现的《山海经》，以及更晚出现的《封神榜》《西游记》等等，都认为古代的一切太过“道德化”，也太过“不可思议”，于是发展一套神话系统，把神明的力量加进来，企图合理化那些以道德为准的不可思议的许多事件）。

无论西方的先有神话、后有哲学，或是中国的先有哲学、后有神话，神话与哲学总是息息相关，互为前后。

二

西方文化的发展，一般都认为是“从混沌到次序”（from chaos to cosmos），或是“从神话到理性”（from mythos to logos）；后者就是指明“先有神话，后有哲学”，与前者所展示的“从混沌到次序”有类比关系。意即神话时代一切混沌不清，神明撞进了人类的世界，那些半神半人的东西一直困扰着人类社会，把人的命运推向不可知又无法把握的境地。西方人在此刻只好用理性来疏导一切，恢复秩序，这也正是哲学的兴起。

神话带来混沌，而哲学带来秩序，这是古希腊圣哲的坚持和努力；而这努力的确也缔造了非凡的成果，不但开展了哲学思考，也把兵荒马乱的社会导引上安和乐利的理想，柏拉图的“理想国”就是典型的例子。

三

哲学在古希腊时期的奠基，在苏格拉底、柏拉图、亚里士多德师徒三代出世前，已有前苏格拉底时期诸子从事哲学思考，而且亦有相当的成果呈现。前苏格拉底时期诸子的努力，分成可分辨的两大流派：一派发挥“悟性”向上超越的功能，是为“形而上”的努力，其中以阿那克西曼德所形容的“无限”（或“无限者”，a-peiron）为核心，认定真实存在的无限性格；另一派则专注往下探底的作用，是即“形而下”的探讨，其中以德谟克利特的成果“不可分”（a-toma，译为“原子”）为起点，专门研究构成物质世界的最终元素。

《庄子》书中惠施所理解到的“至大无外，谓之大一”，也就等于西方形而上思想的最后结论“无限”；而另一种“至小无内，谓之小一”，则似乎等于形而下的“不可分”的原子结构。

哲学思想功夫的往上超越，以及往下探底，说明哲学的智慧亦在“惊奇”宇宙的奥秘。

四

到了苏格拉底师徒三代时期，作为创始人，苏格拉底开始摆脱对外界的注意，回过头来研究“主体”，认定“认识你自己”才是做哲学的起步工作。随后，苏格拉底在知识的开展上发展出“概念”（eidos，concept）的“归纳”和“抽象”的方法，正如当代幼儿园的小朋友“堆积木”的思维功能训练一般，能分辨真假对错等，分辨异同，如此而建构了金字塔型的知识蓝图。

可不是吗？在个别的张三、李四、王五、赵六互不相同的个人之外，在“存异求同”的原则上，四个个别的人都归属于“人”的概念：张三是“人”，李四、王五、赵六都一样是“人”。于是“人”的概念就高于张三、李四等人的个别性，而有所谓的“共名”“共相”。再扩大一点，人和鸟兽虫鱼等禽兽可以再归类，而成为“动物”；同理，动物旁的树木花草等植物，与动物不也同属于“生物”？生物旁的泥土石头等“矿物”，再抽象、归类，那就是“物”，都是“有”，都是 Being。

金字塔型顶端的“有”是抽象中的抽象，是归类后的最终极的类，塔的底层则是所有具体的、个别的事物。通过苏格拉底的弟子柏拉图的记述，苏格拉底的“述而不作”，还是完成了宇宙的存在蓝图。

五

可是，实践取向的苏格拉底对这些成果并不引以为自豪，终究还是以道德实践为其哲学智慧的峰顶，那就是他的“知即德”，把所有的知识都导向德行。换句话说，苏格拉底认为，书读得多的人就应该更有德行，这是“才德兼备”的诉求。希腊哲学一开始就不要“有才无德”的人。因而，希腊文化亦可以标明为“从神话到伦理”（from mythos to ethos），其后的柏拉图的“理想国”、亚里士多德的哲学体系，被中世纪托马斯·阿奎那看好之后，发展为经院哲学的全盛时期，终于把“爱智”推向“永恒哲学”（Philosophia perennis）的宝座。

六

“永恒哲学”把认识论作为哲学入门，将形而上学奉为哲学的“体”，以伦理学作为哲学之“用”。于是，全方位的哲学工程开始运转；“认识”的全方位进程是“知物”“知人”“知天”；形而上学企图建立本体论（存在学），顺便探讨宇宙论和人类学，对所有存在全方位地探讨。伦理学提供思言行为的规范，指出行善避恶的标准以及吉凶祸福的准则。

基督教是制度宗教，这制度维系着哲学与神学的发展，其教义、教规、教仪都在肯定人性知识的来源，除了天生“悟性”之外，尚有“从彼岸来的信息”的启示。启示的知识，主要的不是它的内容，而是由之所建立的“天人之际”。从“知天”到“事天”，从“知人”到“爱人”，从“知物”到“用物”，不但是宗教的训令，同时亦是道德的准则。亚里士多德如此，孟子亦如此。

近代以还，西方宗教分裂（美其名曰宗教改革），往好处看是宗教多元化，符合存在法则的多样性；随之而来的，哲学也从“永恒哲学”蜕变为“理性”与“经验”的对立，“个人”与“群体”的对立。社会上“贫”与“富”的疏离，使哲学家们再也无法同心协力，替人们解决困境，而是各派标新立异，把哲学当成玩具，当成自己的代罪羔羊。

新经院哲学打着“永恒哲学”的招牌，坚持着从亚里士多德到托马斯·阿奎那的传统，而与当代各家各派交谈、交融，对“定位宇宙”以及在宇宙中“安排人生”作出贡献。

七

中国哲学无论原始儒家所关心的“人际关系”，或是原始道家的“人与道”的关系，都以《易经》一书的“生生不息”为本源。中国古圣先贤从不把“人”与“世界”对立起来，而是在生命中“处事方正”“做人圆融”。道德取向的人生观是中国哲学开展的最大动力。

先秦的百家争鸣，到汉代的“独尊儒术”，以至于主张“出家”和“出世”的印度佛教进入中原，缔造了儒、释、道合一的文明。哲学在两汉所注重的宇宙论，事实上还是没有摆脱百家争鸣的内涵；帝王将相的“内道外儒”，就是在私人生活上不认同“独尊儒术”的政策。秦皇汉武所倡导的炼丹、长生不老的企图，造成了往后民间对肉体生命的畸形思想；虽有道教的“性命双修”，还是无法挽回传统的“立德、立功、立言”才是“不朽”保证的观点。魏晋清谈的消极退隐风气对道德取向的传统哲学贡献不多。

设法跳过外来佛教思想，重回先秦原始儒家的宋明诸子最后还是淡忘了道德哲学的实践性格远较理论的铺陈来得重要。理学和心学的冲突始于鹅湖之会，至今仍为新儒家“刻意求异”而无法“存异求同”的心态所限制。纵使在21世纪的今天，中国已经对内“改革”，对外“开放”，开始大量吸收外来哲学之际，仍有些故步自封的学者，排除宗教哲学的层面，对西方哲学也只局限于康德主体性一派思想，否认外在原因，只强调独立主体在道德上以及在本体上的自立自足。

其实，中国哲学的道德取向向来都以实践（行）为主。康德的实践不在“行”，而在理论的铺陈。儒家哲学最可贵的是“悦”“乐”精神（《论语》开宗明义的“学而时习之，不亦悦乎！有朋自远方来，不亦乐乎”就看准了这点）。“悦”“乐”是灵性生命的实现，不是理论性的，而是实践性的。康德词典中，“悦”“乐”始终没有落实到生命中。把康德理论的主体过渡到儒家实践取向的主体，算是一种误植。

从亚里士多德到托马斯·阿奎那，都以“知即德”的实践取向作为哲学的“用”，应该比较符合儒家道德精神。半个世纪以来，台湾地区辅仁大学哲学系一直在努力让经院哲学能与儒家对话、对比、融通，共同缔造未来的具有“世界观”的中国哲学。

第五节　全方位知识进程

一

中国在 19 世纪末 20 世纪初备受西方船坚炮利的凌虐，在反省的片面探讨中误认中国积弱的原因：一来乃传统道德文化不重视科技，二来是西方基督教作为西方侵略的先导。因而认定中国道德文化的危害，因而要“打倒孔家店”(1919 年五四运动后遗症之一)，对西方要“非基督教联盟”(1922 年的文化宣言)。反伦理、反宗教思潮于是启动。

因此，在教科书和报章杂志中，西方极盛时代的中世纪（公元 313 年至 1517 年）就被贴上“黑暗时代”的标签。

二

其实西方数千年文化流变中，13 世纪应是其最辉煌的时代。从 1200 年开始，继巴黎大学、牛津大学创立之后，西方诸地区的大学如雨后春笋，发展神速。大学显然是全方位知识发展的场地，其中收集了过去知识分子的研究成果（图书馆中的藏书），集合了当代优秀的知识分子（大学老师们），同时招收并训练未来的知识分子（学生）。知识分子（过去的、现在的、未来的）的大集结，原就是“大学”（Universitas，拉丁文字义是 Versus unum，“趋向统一”）的最主要功能。有了各方面的人才，就可以有全方位的知识摄取。

知识分子的集结是图书、老师、学生。知识的全方位集结就比较复杂，但是，中世圣贤还是从《旧约圣经·创世记》“人性”的“三重祝福”中获得启示，《圣经》中的“三重祝福”依序是：人的灵魂乃上帝的肖像、亚当获赐伴侣夏娃、人掌管万物成为万物之灵。

三

第一重祝福涉及人性的尊严，大学中的人文学院专门探讨这门学问；第二重祝福的伴侣形成人际关系，这就催生了社会学院；第三重祝福，上帝把世界托付给人类管辖，是为“人与物”关系的自然科学院的研究课题。大学数量上（质量上）的三学院，由是定立。

中世圣贤又意识到，社会中常有两种特殊工作的人：一种专门关怀人的精神问题，这是教士；另一种是治疗人的肉体病痛的工作者，那是医生。教士因为贯通天人，因而大学有神学院的设立；医生要为人治病疗伤止痛，因而有医学院的创设。

综合大学有人与自己关系的人文学院，有人与人之间关系的社会学院，有人与物之间关系的自然科学院，再加上人与天之间关系的神学院，以及人与自己身体关系的医学院，可以说完全顾及人的多方面的关怀。

大学的确是全方位的知识进步的场所。13 世纪大学的创立在人类文化的贡献上看，就绝不会是“黑暗时代”，反而是极其光明的岁月。

目前，全世界对各民族、各地区、各国家的发展判断，大学是否办好总是许多的指标中最重要的因素之一。因为大学是全方位知识进步的场所；它拥有足够的知识分子，拥有全面的知识。

四

哲学在诸学问中常排在前面。在人文学院的各科系中，其划分是依照人性基本功能的“知”“情”“意”，也就是今天文学院最基本的三系——文、史、哲。中国最古老的三本书：《诗经》以抒“情”，由文学系负责探讨；《尚书》言“意”，由历史系担当重任；《易经》求“知”，由哲学系主导研究。人的“情”“意”“知”，也就分别由文、史、哲负责研究。文、史、哲一家的说法，意谓都属“人文”，都在探讨人的价值，肯定人的尊严。

大学中的人文学院成为“普遍学院”，其中三系的科目必成为“共同科目”，大学中其他院系的同学在大学“低年级”（一、二年级）时都必修文、史、哲的基本课程。唯有经过“低年级”进入“高年级”（三、四年级）后，才修习各个科系的“专门”课程。

哲学成为整个大学的“共同必修科”，由此可见其在学术上的地位。难怪在当时，哲学被称为“诸学问之学问”（Scientia scientiarum）。

五

13 世纪是大学创设的世纪，也是哲学最兴盛的世纪。尤其是经院哲学（Philosophia scholastica），以托马斯 · 阿奎那为首，传承了希腊亚里士多德的哲学，又浸润在基督教信仰的情操中，发挥敏锐的头脑以及丰饶的心灵：敏锐的头脑把握住全方位的知识进程——“知物”“知人”“知天”；丰饶的心灵实践着完善的道德进程——“用物”“爱人”“敬天”。

哲学的从“知”到“行”，从理论到实践，也就从经院哲学开始厘定；更具体地说，就是从认识论奠定形而上学，再落实到伦理学。

“知行合一”“理论与实践并重”“敏锐的头脑”的训练与“丰饶心灵”的潜修同步，完成人性于哲学的探讨中。

第六节　三史六论

一

中国开始学习西方兴办大学时，大学中开设哲学系，主要修习科目是“三史六论”。“三史”是“中国哲学史”“西方哲学史”“印度哲学史”，涵盖了世界三大思想传统。西方哲学史中凸显出从希腊哲学就已开始的对“自然世界”的兴趣，开创了自然科学和艺术；这种“人与物”的探讨主题，也就成为往后西方文化流变的主轴；顺着这主轴发展下来，先以“知”为主要工具，继而有罗马的“行”，中世的“信”，都在给宇宙和人生安排适当的位置。

近世以来的怀疑，表面是针对知识，实际上是对传统信仰的挑战；而在怀疑与信仰的对立中，凸显出理性的作用，重新检讨人类悟性的功能，在“知”“情”“意”的分立与合作中，对“定位宇宙”以及在宇宙中“安排人生”的学术取向，选择“成一家之言”的哲学流派，而再次超越中世思想“书同文、车同轨、统一度量衡”的局面，回归希腊时代的百家争鸣的气象中。思想的多元、学派的林立，甚至思想的对立，就成为西方哲学从近世以来的基本特色。

二

中国哲学史从《易经》的“定位宇宙”，并在宇宙中“安排人生”的开始，衍生出道家和儒家。道家问及《易经》符号出现以前的原始状态，以“不可名状、不可道”的“道”作为天地万物的根源。儒家则关怀《易经》文字系统所启示的意义，以人际关系的伦理道德作为人生实践生命的典范。宇宙本体问题以及人生问题，在先秦哲学中分由儒、道二家去全面处理。不过，儒、道哲学都重“行”，无论儒家的“有为”，或者道家的“无为”，都是实践取向，其所有的理论都指向同一目的，那就是实践。道家比较重视一个人生存在天和地之间纵向的人生意义，儒家则把人与人之间的关系作为横向的人生意义，论及道德规范和道德实践的课题。

一旦人际关系的探讨蜕变成“人与物”的宇宙论问题时，“行”的主题就由“知”的探讨所取代，这也就是汉代宇宙论问题的开展。

中国哲学宇宙论时期“人与物”课题的研究成果，虽然有道家自然观的高度发挥，而到达“物我相忘”的深层艺术境界，但却没有像希腊一般，除了欣赏自然的艺术之外，尚有“驾驭与利用自然”的自然科学。后汉以来的“人与物”关系的研究，陷入炼丹、风水等迷信之中。及至魏晋，其玄学虽有某种程度的形而上学意涵，但却深陷在“长生不老”的肉体生命以及肉体不朽的追求中，淡忘了先秦就已领悟的“立德、立功、立言”的三不朽。

佛学东来，给中国哲学加添了强劲的“信”仰的因素。首先就是人生三大时间流变的“前生前世”“今生今世”“来生来世”。再来是道德层次的善恶报应，从“今生报”扩大到“来世报”。最后在“人皆有佛性”的教义探讨中，同样在佛教经典中找出“人皆可以为尧舜”，使得道德与宗教间有共识，肯定人性超越自己的功能。其中更重要的是：本土文化与外来文化相互间的开放心胸，互相尊重，存异求同，终于缔造了儒、释、道共存共荣的局面。

宋明以来的“复古”，减低了宗教情操，而高唱伦理道德。宋明之后的新儒皆无能摆脱对“主体”膨胀自我的潮流，而模糊了超越的“天”概念，代之以兴的则是“人性”。人性至高无上的畸想，一方面否定了超越的形上本体，另一方面亦没有好好发展“人与物”关系的自然科学。人文精神升级成人本主义。在人本主义成为主流之后，封闭的人生观也就以道德排斥宗教和科学。

当代中国思想的大潮流，一方面有经济制度的借鉴，另一方面亦有主张回归传统道德文化的声音。不过，后者分贝过低，只在哲学与文化的层面上有些理论性的表现，在社会政策的推动上还是以西方文化马首是瞻。中华文化本身在发展和进步声中，尤其在竞争的心态中已逐渐模糊。

三

印度的哲学发展史属于神秘的类型，早在公元前15世纪就开始的神话时代一直延续到公元前8世纪；此期的《梨俱吠陀经》糅合了天、地、人的混沌状态，但同时亦有着神人关系的讨论。《梨俱吠陀经》催生了婆罗门宗教，此教的极盛时代是从公元前8世纪到公元前5世纪，此时经典为《夜柔吠陀》和《奥义书》。

宗教不只是联系此世与彼岸、今生和来世，而且亦落实社会人生；不幸的是，阶级的形成也成了教义的一部分，人生和奥秘理论不断给予阶级制度成长和延续的机会。

幸好，从公元前5世纪到公元前3世纪时兴起了佛学思想，有了涵盖道德性的“轮回报应”观念的产生和发展，用比较理性的眼光看人生。佛教在印度一直没有发扬光大，却在中国和亚洲其他国家蓬勃发展。公元前3世纪到公元6世纪，历经900年，佛教经典大量问世。

公元6世纪，婆罗门教又开始复兴，其阶级制度卷土重来，掩盖了佛教的“众生平等”的努力，这时期一直延续到公元11世纪。

接着比较理性的印度教成立，虽然没有摆脱阶级的困境，可是也把宗教引向多元化，催生了各家各派。

11世纪到16世纪，印度教的多元化及多样化蓬勃发展，而且伊斯兰教也传入印度。16世纪之后，印度不幸深陷殖民主义之手，西化的步履当然走得十分艰辛。殖民地背景，再加上阶级制度，使得原本有救苦救难功能的佛教无法复兴。

再后来，印度虽然曾经出现过民族英雄，也出现思想上的先知，如甘地（Mohandas Karamchand Gandhi，1869—1948）、泰戈尔（Rabindranath Tagore，1861—1941）、拉达克利斯南（Sarvepalli Radhakrishnan，1888—1975）等，数度伸手设法拯救印度传统文化，并以自身主体融通外来文明，但似乎功效不彰。

综观印度文化中的哲学，是“由神话到宗教”（from mythos to religion），它不像中国哲学的“从道德到宗教”（from ethos to religion），也不像西方哲学的“从自然到宗教”（from kosmos to religion）。世界三大流派的哲学（印度、中国、西方），不但在开始时呈现鼎足之势，就是今天，其内涵的取向——科学的、道德的、宗教的——三者仍是哲学的重点所在。

四

作为“六论”开始的逻辑学以及认识论，一方面探求人的悟性的能力，它有“确定性”（Certitudo），能肯定自己的认知能力；另一方面则认为事物可以被认知，事物有“可知性”（Evidentia）。由主体的确定信念，以及客体的清晰明了，于是主客关系可以建立起来，也就是“认识”的成立。

传统对“认识真理”的理解，从亚里士多德到托马斯·阿奎那，甚至到黑格尔，都以“符合”（Conformity，adequacy）为真理的判断标准，而定义真理为“主客符合”（Conformitas inter intellectum et rem）。当代从海德格尔开始，认为真理乃“显现”（Aletheia）；此“显现说”促成了欧陆的“诠释学”（Hermeneutik），成为西方认识论的显学。

英美方面的认识论，利用“语言分析”（Linguistic Analysis）探讨哲学，以“实证原则”（Verification）审断真理，因而对形而上学采取怀疑乃至否定的态度。

欧陆“诠释学”和英美的“语言分析”，都对“语言”有兴趣，亦都对“意义”有所执，也许在存异求同的开放心胸下，能融通西方哲学于一炉，开创方法多元而真理唯一的学说。

五

“六论”中，认识论乃入门。在哲学上，无论是对宇宙问题（定位宇宙），或是对人生问题（安排人生）的探讨，认识本身不是目的，只是入门。“为认识而认识”的高调，事实上并不合乎哲学的研究。认识的目的指向形而上学的建立。形而上学才是哲学的“体”，才是哲学的特征体现。

形而上学向来分成“一般形而上学”（Metaphysica Generalis）与“特殊形

而上学”（Metaphysica Specialis），前者讨论最抽象的存在（传统译为“本体论”，Ontologia），后者是存在所显现出来的宇宙和人，是“宇宙论”（Cosmologia）以及“人性论”（Anthropologia）。存在（本体）的“质”究竟是“物”（唯物论）还是“心”（唯心论），或是综合性的“心物合一论”？存在的“量”是“一”（一元论），是“二”（二元论），是“多”（多元论）？存在的“能”是否足以“从无生有”？潜能与实现之间有无通道？

宇宙问题主要有宇宙起源的问题和宇宙演化的问题。有关宇宙起源的“创造”（Creatio）、“流出”（Emanatio）、“生”（Generatio）、“进化”（Evolutio）、“创化”（Creative-Evolutio）等课题，本书都有简介和短评。有关宇宙变化的问题，是“目的性”或是“机械性”，都是“形而上学”问题。

有关“人性论”的课题，首先是人——纵向的灵与肉，横向的男与女——这种结构与安排究竟有何“意义”？“分”是否为了“合”？落实到具体生活中，是否应摆脱兽性，产生人性，再从人性超升到神性？

传统伦理学是“规范伦理学”（Ethica normativa），是探讨人类思言行为的规范。在这里，丰饶的心灵要比敏锐的头脑重要；道德哲学是实践取向的，它诉求人要实践，而不只是要人理解。“行”是伦理的目标，“知”在伦理学上只有附加的价值。

当代英美“分析哲学”以“后伦理学”（Meta-ethica）之名，把实践取向的伦理学转化成知识性的预设，认为一定得“知而后行”，而无法认同“知难行易”或是“知行合一”。“分析哲学”分析“道德语言”以有无“意义”来审断其价值。

六

半个世纪来，新儒家设法以康德“主体性”的道德哲学为主流，概括西方哲学的未来流向，同时以之作为儒家道德的正统解释。在膨胀“主体”从道德蜕变成“本体”之后，堕入到“人本主义”桎梏中，成为封闭的自我道德意识，不向上天开放，不向其他道德哲学开放，陶醉在“唯我主义”的哲学思维中。

“六论”中的“价值哲学”涵盖极广，其中包含了认识价值的“真”、伦理价值的“善”、艺术价值的“美”、宗教价值的“圣”。事实上，西方传统哲学的“存在”的“超越属性”，就是“真”“善”“美”“圣”。人类历史发展中也的确涵盖了这些超越属性，以科学、道德、艺术、宗教的文化阶段和阶层，逐步把“真”“善”“美”“圣”呈现出来。

我们在西方哲学史演化与发展中，看出自然科学与艺术皆源自“人与自然”的接触关系所开展；同样，在中国哲学史演化与发展中，亦能从“人与人”的关系中开展了道德，后来更从人际关系跃升到天人之际而有了宗教的情操和制度。在印度哲学史流变中，非常强劲的宗教气氛笼罩着这几千年的文明古国。“真”“善”“美”“圣”的价值的确是人类价值观的全方位内涵。

“六论”的最后，也是最紧要的，便是“哲学概论”。这本《哲学概论》是要负责非常浓缩地简介“哲学”全方位的内涵。纵向地看，我们设法以历史发展的线索，分别把中国哲学史、西方哲学史、印度哲学史中的精华部分呈现给读者。横向上，我们认真地分别讨论认识论、形而上学、价值哲学的各方面，使得哲学的入门者能在最短的时间内统观哲学的全貌。

第七节 什么是哲学

一

从上面相当仔细地铺陈了有关哲学问题的种种之后，“什么是哲学”的问题也就可以浓缩成：“字义上是‘爱智’，爱慕智慧就是哲学。”

在这里，智慧的意义可以从知识和常识的角度探讨。我们生存在天和地之间，生活在人与人之间，活得愈长愈久，其经验、常识愈丰富。可是，常识可以作为知识的素材，但毕竟还没有进入知识的境界。任何一位乡村老婆婆都可以大声说“我过的桥比你走的路长，我吃的盐比你吃的米多”，老婆婆虽然经验丰富，常识很多，却离知识分子还很遥远。而她的孙子比她年纪小，无甚经验，常识不足，但却学到了一些知识。会用常识，才叫知识。同理，很有知识的专家学者却不一定会生活，也不一定会选择比较高的人生价值，那些有才无德的知识分子便可作为佐证。原来，会用知识才是智慧。

因此，哲学的“爱智”是要贯穿知识和常识，而且超越知识和常识之上，成为智者。智者是会“独善其身”的君子，又能“兼善天下”的圣人。

君子自身能“安身立命”，圣人能使社会“安和乐利”。

哲学字义的“爱智”，也的确给人智慧，不但知道如何做人处事，而且实践做人处世的规范。这也就是哲学的具体功能——“安排人生”。

二

“安排人生”是实践的问题，这实践需要理论的支持。哲学的理论部分就是“定位宇宙”。我们生存在天和地之间，总会意识到自己是“在世存在”(In-der-Welt-Sein)，意识到自己存在于世界上，遵守着世间的一切规律——物质、生命、意识、精神各阶层有各阶层的存在法则以及活动规律。我们通过对世界万物的认识（尤其是智慧型的“默观”），获知世界存在的本质，以及存在的意义，然后一步步问及人生，问及人类出现在地球上成为万物之灵的结构和意义；也就是“定位宇宙”，然后在宇宙中“安排人生”。

哲学是人的哲学，上帝不需要哲学，物质世界不懂哲学。

人的“顶天立地”“出人头地”的诉求，需要哲学的智慧去引导。

第八节　为什么学哲学

一

亚里士多德认为所有的学问都是“爱智”，都是哲学，只不过，哲学中的形而上学，被称为“第一哲学”。其他的所有学问统称为“第二哲学”。亚里士多德特别凸显“第一哲学”的理由是：世间学问众多，每一种学问又众说纷纭，大有“学术为天下裂”的危机；于是设法在诸学问之外，在诸学问之上，另设一门旁通统贯的学问总汇，称之为“第一哲学”。“第一哲学”的任务不是针对某一门单一学问谋求解答，而是对学问总体提出一个根本解决之道。这种想法初看起来有点夸张，可是仔细想来，又属必需。我们前面已阐明了“哲学是什么”的“何谓哲学”的课题，如果界定哲学是“定位宇宙”，并且在宇宙中“安排人生”的“爱智”之学，就不难了解哲学的重要性、基础性、根本性。诚然，如果一个人穷其一生钻研跳蚤，非常了解跳蚤右后腿的寄生虫的性格、寿命、生活范围等，当然是位专家学者；但是，如果他不晓得人生的意义，不知道如何做人处世，我们还是会为他惋惜，认为他的生命是舍本逐末。为什么？因为人生的首要任务是“做人”，完成人生的目的，而不是在“做学问”。做人是本，做学问是末。

二

哲学具体上讲就是“爱智”，就是教人“成为人”的智慧。而在这智慧发展中，“定位宇宙”优先，“安排人生”殿后。哲学的目的到最后还是“安排人生”，还是在个人的“安身立命”，还是在社会的“安和乐利”。“定位宇宙”是在为“安排人生”找出如此这般的终极理由。

作为“学问的总体”“学问中的学问”（Scientia scientiarum）“旁通统贯所有学问”的哲学，其重要性就是因为其他所有学问的特殊性、个别性，而哲学用其普遍性统一所有的学问，使其最终目的都定位在“安身立命”“安和乐利”的人生目的的完成。

无论对宇宙问题或是人生问题，哲学都要从根本上着手，提出根本的问题，并且尝试提出根本的答案，以彰显人生的意义以及人生的目的，并指出完成此意义和目的的通路。

第九节　如何学哲学

一

无论做哪一种学问都得有三种本事。首先，站在该学问的外面，以纵向的巡视仔细审视该学问的“历史发展”：它如何开始？它存在的合理性？有哪些思想家在这方面投注了心力？又有何成果？

第二重做学问的本事就是：走进该学问的核心，探讨它的内在含义。内在含义是了解该学问的核心课题，分析该学问的结构、各部分相互间的关系，这是属于横向的探讨。

学问的第三重本事就是不可陷入内在含义中成为该学问的俘虏，而应该脱身出来，再回到自身主体性的地位，站在当代的立场审断该学问的当代意义。当代意义显然是学者本人的创见，不像前面的历史发展和内在含义方面，学者要尽量客观地阐述该学问的种种。在当代意义中，学者就必须用智慧，相当主观地批判该学问，论断它当前的意义，对当代人生的利弊得失等等。

二

学哲学因而要熟读哲学史。中、西、印三大文明发生的背景不同，过程亦各异，对宇宙和人生的体验及见解亦不尽相同，因而需要分开来读。当然，其中最好有某方面的比较，就如西方先有神话、然后从神话产生哲学，不像中国先有哲学、其后才有神话的出现，二者都设法解释宇宙和人生的根本意义和价值。当然，中、西哲学史，无论分期或分段，或是主题的定位，都有许多相似处；而印度哲学史流变中毕竟是神话和宗教为主导，其神秘部分远比理性的探讨为多。

三

哲学内涵上，“重知”“重行”“重感”“重信”各有不同的内容。但也总离不开“爱智”的根本，也离不开“定位宇宙”以及在宇宙中“安排人生”的思想进程。

哲学“入门”的认识论，哲学的“体”的形而上学，哲学的“用”的“价值哲学”（尤其是伦理学），各有不同的内涵和方法，但亦总是“爱智”以及能使个人“安身立命”，使社会“安和乐利”。

四

哲学的当代意义也就有许许多多的问题必须加以探讨，由于社会的多元化，人际关系也愈来愈复杂，生活的困境也愈来愈多，哲学也就显得更加重要。在商业化时代一切以“利”为重的环境中，价值观、宇宙观、人生观的奠定和坚持成为当代非常迫切的问题。而许许多多的学问非但没有指导人生的功能，反而在“利”的增长上着眼，更混乱了价值体系，使人生的目的模糊，使人更陷于无助的困境。“安身立命”的哲学体系以及“安和乐利”的哲学方案就更加迫切了。

（邬昆如）

第一部　认识论

有些认识被古人奉为金科玉律和认为绝对错不了的，后人却发现事实上并不是那么一回事。譬如，从前人们以为太阳绕着地球转，哥白尼发表了《天体运行论》之后，人们才恍然大悟，原来事实正相反。还有些时候，对于同一个问题，大家持有不同甚至对立的立场，并且各个都能够从自己的观点提出充足的理由来，而彼此争论不休。康德关于宇宙理论所提出的理性“二律背反”，就是哲学史上无法化解的宇宙论对立立场的一个综合性理论。由于这些混乱的情况，无怪乎有学者对于人类认识的真理性产生了怀疑，从而产生了各种的“怀疑论”、与之唱反调的“独断论”、想要彻底解决认识论问题的“批判论”，结果反而形成了的“不可知论”，以及以为可以息事宁人的“相对论”。

认识论引言

我们首先涉猎认知问题讨论在西方哲学史上之源起，与认知理论正名之经过；继而从“认识论”一词之字义作体会，借此把握这门学科的内涵、探讨范围与研究项目；再进而概括地提示人在认知过程中的来龙去脉，也给本单元各章主要内容作总体介绍，以让读者预先知道我们行文的走向。

如果哲学是一部卡车，则形而上学和认识论就是它的两只轮子，共同支撑起哲学的整个体系。形而上学旨在探讨万事万物的最后根源，而认识论则在于追问人如何知道它。当初，泰勒斯［米利都的（Thales of Miletus），公元前640—前546］就以其形而上学问题——什么是万事万物的最后本原？——而揿起了西方哲学史的序幕；自此以后，认识论问题——你如何知道它就是万物的本原？——就如影随形地与形而上学问题一起展现……

第一节　认知问题讨论源起

认识论问题的讨论，其起源之早几乎与形而上学问题一样久远。二者之形影不离，可借助下列的例子而得知：

赫拉克利特（Heraclitus，公元前544—前484）在标榜火作为万物的本原的同时，也凸显火象征着人的理性，以致人可借着理性反思而获得此答案。简言之：

——他对形而上学问题的回答是：火。

——他对认识论问题的答复是：人借理性来把握。

与他同时期的巴门尼德（Parmenides，公元前540—前470）则以那独一无二的“存在”作为万物的总根基，并强调人并不通过感官经验来知觉此道理，而是借着理性思考来得知。那就是说：

——其对形而上学问题的回答是：存在。

——其对认识论问题的答复是：人借理性来把握。

姑且不论他们的答案是否中肯，上述的例子至少可让我们举一反三地体会到形而上学与认识论的密切关联。如果形而上学的论述为西方哲学揭开序幕的话，则认识论的探讨就是它的亲密伙伴。

第二节 认知理论正名

古典时期的西方哲学家基本上以致力于建立形而上学为己任，以人能认知为理所当然，而不觉得它是一份迫切的困惑。为此，上古哲学的全盛期已有亚里士多德（Aristotle，公元前384—前322）所撰写的《形而上学》一书作为形而上学探讨的专著，认识论问题之研究却只散见在其形而上学、人学、神学、逻辑学等部门内，而缺乏以专书专题的形式出现；也并未为认识论正名，虽然上古自柏拉图（Plato，公元前427—前347）起就已对认知问题的讨论有着精深的反省。

但自近代以来，批判之风炽盛，认知问题的探讨遂起而受世人所重视，并且尚有凌驾形而上学的趋势。哲人们体会到：我们若不预先从认识论上反思人如何认知，则无从稳妥地建立形而上学。为此，我们在近世就见到洛克（John Locke，1632—1704）在1693年出版其《人类理解论》（*An Essay Concerning Human Understanding*）一书作为西方认识论研讨的第一部专著。自此以后，认识论探讨之名家辈出。

然而，“认识论”（Epistemology）一词之正名，要等到费雷（I. E. Femier）在1854年印行《形而上学基构》（*Institutes of Metaphysics*）一书才被凸显；他在书中分辨了认识论与存在论（Ontology）作为哲学的两门基础学问。至于德文之同义词Erkenntnistheorie（Theory of Knowledge，认知理论）一词，则由康德派学者莱因霍尔（K. L. Reinhold）在1789年至1791年间之作品中加以使用；再有齐勒（Eduard Zeller）《认识论之问题与意义》一书在1862年间问世；至此，“认识论”之名始大行其道，为世人所熟悉。

第三节 “认识论”一名之字义

字义的分析，往往可让我们从一事物身上获得相当多的启发。谈及“认识论”一名的字义，我们可分别从西方语源学与中国文字学上作为讨论的开端。

一、西方语言学的提示

Epistemology（认识论）一词，语源自希腊文之 episteme 与 logos 二字之合并。

Episteme 一词意谓“认识”，泛指人的一切阅历、见闻与学习心得。起初在认识的体会上，希腊先民尚未清楚地辨别感性知觉（aisthesis）与智性之知（episteme）。至柏拉图出，始有意识地分辨感官经验所导致的一般日常生活之意见（doxa）与理智理解所引致的对事物本质的智悟（episteme）。继而，亚里士多德还进一步地把“智性之知”（episterne）划分为“理论之知/theoretike”（如数学）、“实践之知/praktike”（如伦理学）与“技艺之知/poietike/techne”（如造船学），再把“理论之知”区分为“数学/mathematike”“物理学/physike”和“神学/theologike”三者。至此，“认识”之义愈显周密。episteme 一词意义丰富，它涵括着“学识”“智能”“有系统的体系”等；凡得着知识，就是把握了世事那“普遍”“永恒不变”“放诸四海皆准”的一面，人们可以借此而为事物下定义，并可以借语言而辗转传授，乃至成为人类共有的精神财产。

至于 logos 一词，则意味着“理论”（Discourse），涵括着“言辞”（Speech）、“论述”（Account）、“理性”（Reason）、“定义”（Definition）、“原理”（Principle）、“思考”（Thought）等。希腊先民还有意无意间把 logos 与 mythos（神话）对比起来看待，借此标榜其为一“分析性之论述”（Analytical Account），以与“象征性之叙事”（Symbolic Narratire）有所分别。希腊某些宗教甚至以 logos 一词来作为那化育宇宙万物之原理，日后基督教继承了这一重点，而以 logos 作为那天道降生成人之“圣言”（verbum）。时至近代，西方语文往往借着它来寓意“学问”一义，以至于我们可从英文之 Biology（生物学）、Psychology（心理学）、Physiology（生理学）等术语而体会此意。

当 episteme 合并 logos 而为 Epistemology 一词，顾名思义，我们可得悉其为一门研究知识之为知识的学问；也就是说，它是以对人的认知作一认知为主旨的探讨，即以“什么是认识”“人如何认知”等问题作为研究核心的一门论述，故又被称做“认知理论”（Theory of Knowledge）。

Epistemology 一词被译为中文之“认识论”，可谓实至名归，因为我们也可从中国语文上印证到相应的含义。

二、中国文字学的提示

若从词源上扣紧“知”“识”“论”三字的来龙去脉，我们可窥探到以下的一些意蕴。

（一）知

许慎《说文解字》云：“知，詞也，从口矢。”“詞，意内而言外也。”段玉裁《说文解字注》进一步指出：“识敏，故出于口者疾如矢也。”又：“司者，主也。意主于内而言发于外，故从司言。”按以上的指引，我们可获得如此的提示：

1. “知”有其内容，即所知内容被心智所把握——此所谓“意内”也。

2. “知”可外传，被知内容可表达于外而为“言辞”，以传递给他人——此所谓“言外”也。

3. “知”意味着了悟，段玉裁注“识敏”一语，尤以“敏”字意味着认知心识的一份豁然贯通、捷然地洞察到事物之核心意义，以至可以急速地用口语来发表，故又云“出于口者疾如矢也”；盖人心口一致，心智敏捷，自然口齿伶俐。

4. “知”蕴涵意向——许慎谓“知，从口矢”，“矢”又象征着“指向”活动，即心有所向，意向着被知对象如同箭矢般指向着目标似的。为此，“知”蕴涵意向义，涵括着“能意向之心识功能”“意向之活动”以及“所意向之对象”；即人之所觉、所思、所悟、所言，皆意有所向，而非无的放矢，以致不论“意内言外”，皆思之有意，而言之有物。

（二）识

许慎《说文解字》谓："识，常也，一曰知也，从言戠声。"段注补充云："常，当为意字之误也……心有所存谓之意。"上述的解释可给予我们这样的提示：

1."识"意味着记存于心。按段氏之补充："识"者"意"也，"心有所存谓之意"。上文又谓"意主于内"，以与"言发于外"作区别，以至我们可肯定"识"以"记存于心"作为其原初义，如古人所言之"默而识之"是也。至于"识"字被体会为"辨识之识"，则是后来的引申义，于此不另作讨论。

2."识"与"知"为同义词，若把"知"与"识"二字一并观看，我们可有以下的察觉：

（1）分解地言，"知"与"识"意义重叠而各有偏重，并非互相等同。"知"与"识"之比对，乃"意内言外"与"心有所存"之对应；即"知"乃有所悟而表达于外，而"识"乃有所悟而记存于内。换言之，"知"与"识"二字吻合于"意内"（即皆寓意着内心有所悟），但"知"尚且有"言发于外"之方面，"识"则偏重在"记存于内"这一焦点上。

（2）圆融地讲，"知"与"识"可合并而混为一谈，在一般的用语上我们惯常把此二字合并为一词，而不刻意地对二者加以分辨。原因是："知"之"意内言外"与"识"之"记存于内"之偏重并非全然地绝对对立。"知"与"识"除了互相均有"意内"之义外，尚且或多或少地牵连着"言外"；那就是说，"言外"不必然是向别人发表为口语才算"言外"，也可借默识而成为内在的"心语"，即人可向自己发表言语而记存于心。"心有所悟"一事并非全然与语言无关。人在辨识推理中固然不缺乏语言，而那记存于内心的概念也并非全然脱离语言来存在，我们可方便地说：概念不异于心语，概念即心语。

（三）论

《说文解字》谓："论，议也。"段注："论以仑会意；仑，思也……理也。""议者……人所宜也，言得其宜之谓议。""凡言语循其理、得其宜谓之论。""论"字至少蕴涵着以下的意义：

1."论"寓意着"思"——有思考内容在议论中呈现，故曰"论以仑会意；仑，思也"。

2.“论”乃“思”被编成“理”——在“论”中被呈现的思想并非杂乱无章的“胡思乱想”，而是具有法度、条理的理论，故曰“仑……理也”。

《说文解字》谓:“理，治玉也。”段注引《战国策》而谓:“玉之未理者为璞，是理为剖析也……凡天下一事一物必推其情至于无憾而后即安，是之谓天理，是之谓善治。”是故“理”字原初的意思是“治理”雕琢璞玉使之成器以显其文采之义，再引申为“修理”“清理”“料理”“整理”等义。再者，当“理”字放在思考议论脉络上看，则其意义丰富而多元，其中计有:

（1）推理义——即按部就班地思考，把思路“尽精微”地推至极致，也“致广大”地把概念加以区别。是以段氏引戴氏《孟子字义疏证》云“理者，察之而几微，必区以别之名也”。

（2）义理义——思路“尽精微”地被推至极致，而把握到事物之核心本质，致使那些环绕着这核心义之论点得以呈现其来龙去脉，共同被建构成一套首尾相连之义理。如朱熹在补充《大学》“格物致知”项目时所说:“天下之物，莫不有理。”（此“理”指事物之核心义。）又云:“学者即凡天下之物，莫不因其已知之理而益穷之，以求至乎其极。至于用力之久，而一旦豁然贯通焉，则众物之表里精粗无不到，而吾心之全体大用无不明矣。”（为此，“理”一方面意味着事物之核心义，另一方面以此作为焦点而涵括众相关论点，透过穷究而被洞察为一套义理。）

（3）条理义——那环绕着核心义之众论点经“致广大”地分门别类、排列成序而显得井然有序，是为“条理”。是故段氏引郑注《乐记》而谓:“理者，分也。”即分辨清楚，各有定分，并补充说:“得其分则有条而不紊谓之条理。”

（4）合理义——所推论出来之义理并非违反理性，而是合情、合理的论说。合情者指不违反人之常情，合理者指合乎平正中立理智之引导，纵贯地相应天道天理，横摄地放诸四海皆准，广为有理性之人所接纳。是以段氏谓“凡天下一事一物，必推其情至于无憾而后即安，是之谓天理，是之谓善治”。

总括言之，“理”字意义多重而彼此连贯，共同汇合成一整体义，指谓着那按理性与含条理而思维之义理。至此，“仑，理也”一义可明矣。

3. 所思之“理”被表达得宜而为“论”。《说文》又以“论”与“议”为同义词，而一般用法又惯常把二者合并为“议论”一词，则二字之密切关联可见一斑。站在“议”的前提来探讨“论”，则如段注所云：“议者……人所宜也，言得其宜之谓议。”“论”乃是指那恰当地被表达之思路。凡思维理路本身“持之有故，言之成理”，说起来头头是道，言辞恰当得体，适合时宜与场合，是谓得其所宜。故段氏谓：“凡言语循其理、得其宜，谓之论。”

4. 表达得宜之“理”禁得起非议而为“论”。当“论”字勾连着“议”字时，则表示所发表的理论不再是独白，而是可供议论的对谈，积极地可听取别人的建议，消极地可回应他者的非议，甚至可力排众议而禁得起挑战，乃至自成一家之言而发人深省，给后人引发更高更深远的启示与思维。

总而言之，“论”字意味着一套有条理之思考、表达得宜、禁得起考验、可供作开放性的探讨。

三、字义透显下的认识论

我们已先后分析了 episteme 和 logos 之字义，也探讨了“知”“识”“论”三词的义涵，相信大概可猜测到认识论这门学科的宗旨。诚然，不论是 episteme 与 logos 二字合并而为 epistemology，抑或是“知”“识”“论”三词合并而为“知（认）识论”，皆向我们透显着一门以研究“认识”为己任之学问，它以“认识之为认识”（Knowledge as Knowledge）作为探讨目标，企图“对认知作一认知”（Knowledge into Knowledge），以能对人的“认知活动”（Act of Knowing）与“被知视阈”（Horizon Known）作一“体认”（Appropriation），并以对“能知”与“所知”之“符合”（Adequation）作一检示，借此有条理地兑现出一套相关论述。换言之，顾名思义，“认识论”向我们投掷出一个研究范围，其中蕴涵着以下的一些要点：

（一）认知心

认识有其“主体极”（Subjective Pole），即认识的获取预设着有一认知主体（the Knowing Subject）进行着认知。诚然，凡谈论知识，就须预设并肯定有一能知之心识、拥有着一系列之认知器官（Knowing Organs），如那能知觉的眼、耳、鼻、舌、身等五官，以及那能了悟的理智（Intellect），以作为认知活动之根据。

（二）认知功能

能知之主体及其器官蕴涵着一套认知功能（Knowing Faculties），即五官之视觉、听觉、嗅觉、味觉、触觉等功能，以及理智之悟性功能（Power of Understanding），以容许人借此意识外物、了悟事理。

（三）认知活动

以认知功能为本，人可引申一系列认知活动（Acts of Knowing），即视、听、嗅、尝、触等知觉活动（Acts of Perception）以及理智的理解活动（Act of Understanding），借此容许人实际地把握被知事物。

（四）被知客体

知识也有其“客体极”（Objective Pole），即认知活动寓意着有“被知对象”（Object Known）被把握。那就是说，有“被知境界”（Horizon Known）临现于认知主体以构成知识，例如视、听、嗅、尝、触等知觉活动摄取着色、声、香、味、触等外界事物，而理智的理解活动也对应着被理解之对象本质内容（Essential Contents of Objects Understood），借此孕育着知识。

（五）主观认识与对象之符合——真理

当能知心识对应着所知对象，致使心智所把握之内容符合着被知事实，我们就此把握到事物之真相，我们称之为真理之达致；真理乃理智与对象之“符合”（Adequation），亦即主体所把握之内容与被把握对象事理之互相吻合应和。诚然，人在认知中求“真”，“真”乃是人作为认知者所向往之价值，达致真理，就是达致求知之目标。

上述的论点都会在认识论的探讨中涉及。然而，我们仍会继续追问：人究竟如何认知？即人如何经历其认知过程（Process of Knowing）才达致真理？亦即人在认知中究竟经历了怎么样的阶段始达致认知心与被知事物之符合？此等问题显示了认知过程作为认识论的一个核心反思。

第四节　认知过程

或许我们可以借着以下的典故来对认知过程之究竟作一初步的体认。

《韩非子・说林上》有这样的一段记载：

> 隰斯弥见田成子，田成子与登台四望，三面皆畅，南望，隰子家之树

> 蔽之。田成子亦不言。隰子归，使人伐之。斧离数创，隰子止之。其相室曰：“何变之数也？”隰子曰：“古者有谚曰：‘知渊中之鱼者不祥。’夫田子将有大事，而我示之知微，我必危矣。不伐树，未有罪也；知人之所不言，其罪大矣。”乃不伐也。

原文大意是：战国时齐人隰斯弥拜访田成子，把酒谈笑。主人家一时兴起，邀请客人同登高台欣赏风景。眺望四周，发现东、西、北三面景色皆畅行无阻，唯独南面视野却被隰子家的参天大树所遮蔽。田成子当时不发一语，只是隰斯弥自己狐疑：“对方带我登高远眺的用意何在？”返家后，隰斯弥遂吩咐管家把大树砍了。然而，斧头才砍了几下，隰斯弥又起而制止。管家问：“主人的主意为何改变得如此快速？”隰斯弥叹息道：“古人有句谚语说：‘知道渊中之鱼者不祥！’（参阅《列子·说符》：‘察见渊鱼者不祥，智料隐匿者有殃。’）田成子其人充满野心，想举大事，如果我明示自己能晓得他心中的隐微，正是自陷险境。不去砍树，没有什么罪过；知人所不言，则正好犯了人家的大忌！”为此，隰斯弥决定保留这棵大树，以免锋芒毕露而招杀身之祸！

《韩非子》的原意或许只在彰显一位明哲保身之士的聪慧而已，我们感兴趣的是他那耐人寻味的反思经过。我们可以引用它来作为人“认知过程”的一个写照，并且把其心路历程作以下的排比：

（一）大树的遮挡——经验

一个单纯的造访竟然引来了一份不寻常的经验（Experience）：主人家带自己登楼远眺，看来不失为一份友好的表示，也算尽地主之谊；谁料想到会在高处瞥见自己家门口的大树遮挡了对方的视野。隰斯弥看在眼里，也震撼在心头！

（二）第一重询问——悟性问题

于是，隰斯弥在狐疑：“他为何要带我登高远眺？田成子让我看见这景象到底有什么用意？他的这一举动究竟动机何在？”简单地说，这一类问题可被约化成这样的一重询问：“这是怎么一回事（What is it）？”“为何如此（Why is it so）？”其实此二问题都属同一类询问，就如同“什么是月食”与“月光为何被遮黑”二问题一般，目标都在乎要求理解一事物之内涵，即它凸显了一个人在经验到一事物而尚未理解它的意义时所提出的询问。这是一份悟性问题（Question for Intelligence），为的是要求在经验中寻求理解。

（三）直截洞察——理解

凡通过悟性问题的带动，人将获得一个初步的了悟——一份“直截洞察”（Direct Insight），借着它，人对所经验的事物获得了一个直截的理解（Direct Understanding），理解到一事物的含义。隰斯弥在询问中有所了悟，获得这样的洞察：“对方大概是嫌我的大树阻挡了他家的风光吧！不然，他又何必借故带我临高张望！”在这份洞察的引领下，他作了一些构想与计划：既然如此，自己也不妨给对方一个方便，给他卖一个人情，让他高兴一下，也算成人之美，反正我家的树多得是，少一棵又不算什么！

（四）第二重询问——反省问题

然而，在他吩咐管家砍树之际，另一重质疑涌现在心头：“事情就是如此的单纯吗？难道田成子就只是有意无意间让我看到大树蔽景之事而已？他是否别有用心？”这一系列的追问可被约化为“是否如此”（Is it so）这样的一个询问模式，我们可方便地称之为“反省问题”（Question for Reflection）。此时人所要求的不再是单纯地去理解一件事情，而是要确定先前的理解是否符合事实，即要求印证所得到的认知是否符合事实真相，以致我须对整个事件作一反省。

（五）反省洞察——判断

在反省问题的导引下，我们将灵光乍现地获得另一层次的洞察——一份经历反省而后获悉的洞察，我们可称之为反省洞察（Reflective Insight），其中所把握到的理解可称反省理解（Reflective Understanding）。以隰斯弥的事件为例，他此时所得着的洞察与理解可被述说为以下的模样：

1. 不！对方并非只在乎让我远眺风景。

2. 对！对方应该是在试探我是否有能力洞悉先机。

3. 大事不妙！他是在试探我而暗藏杀机，我可不要被他识破我的心思！

4. 即使他并没有这样的居心，我砍树的作为就等于给他机会知道我的底蕴，这可对我不利。

这份反省洞察可被约化为“是！正是如此（Yes，it is so）”与“不！并非如此（No, it is not so）”这样的公式，其特色在于人洞察到先前的理解符合事实或不符合事实。当人一旦获得了反省洞察，他就不得不作出判断（Judgment），以肯定或否定自己的想法为吻合真相。隰斯弥的判断是：“事情可不单纯！我可不要被他识破。”“知人之所不言”犯了人家之大忌。换言之，他洞察到“先前的理解”与事实有一段距离，不得不下判断去修正自己的想法。

（六）第三重询问——衡量问题

在一般情况下，人的认知完成于判断。例如，当我确定“2+2=4”是正确的时候，我对这道数学题的认知就此满全。然而，某些情况带动我转往实践，在付诸行动之前会出现第三重询问——衡量问题（Question for Deliberation），其公式是：“是否值得（Is it worthwhile）?”就隰斯弥的情况而言，接踵而来的问题是：“我应该如何应对？我如此对策是否值得?”“既然田成子之举动在乎试探，我以不砍树作为对策是否值得?”“衡量问题”所询问的前提是：人在实践上所该兑现的价值为何，以这价值迁就另一价值是否值得。隰斯弥所面对的是“生命价值”（Vital Value）与“快感价值”（Pleasure Value）；砍树以逞一时之快却招致杀身之祸，这样做是否值得？固然，价值分不同等级，若两个不同层级的价值不能二者兼得之时，人所应该做的是舍低就高：舍快感而就生机（例如宁吃苦药以恢复健康），舍生取义（如孟子所言“无求生以害仁，有杀身以成仁”），隰斯弥的个案并未需要他面对“道德价值”（Moral Value）来作抉择，却需要他在面子与生死之间选取。

（七）德践洞察——抉择

因着衡量问题的指引，隰斯弥达致另一层面的洞察——德践洞察（Practical Insight），他的洞察是：应该明哲保身！不要因一时冲动而自陷险境！德践洞察带人达致抉择（Decision）与践行（Practice）。当人发现应该如何实践才算是有价值时，他就须当机立断，取其所当为而为之。在隰斯弥的例子上，他既然洞察到自己须明哲保身，就当机立断作出应作的抉择，即在大树被砍倒前及时制止。人在践行上，“有所为”“有所不为”。隰斯弥的“有所为”是制止大树的被砍倒，其“有所不为”是勿锋芒毕露。隰斯弥作了明智的抉择，实践了应实行的举动，即使他被田成子误会为笨蛋，到底他的性命保住了，而后人也认为他的因应之道是对的。

（八）思考

于此，我们发觉到这样的一件事实：当人从一个认知阶段转入另一个认知阶段之际，他总会因应着不同的问题而引申思考（Reasoning），以致思考乃成为贯穿各个认知过程的活动。换言之，人从其个别的经验中产生理解，以致下判断，并最后作出抉择，他就从不同形式的询问中思考着，借此获得不同层面的洞察，而得以从一个过程转进另一个过程，就此发展出一段完整的认知历程。隰斯弥的例子是人认知过程的一个典型，其中的经历可借下列图表来示意。

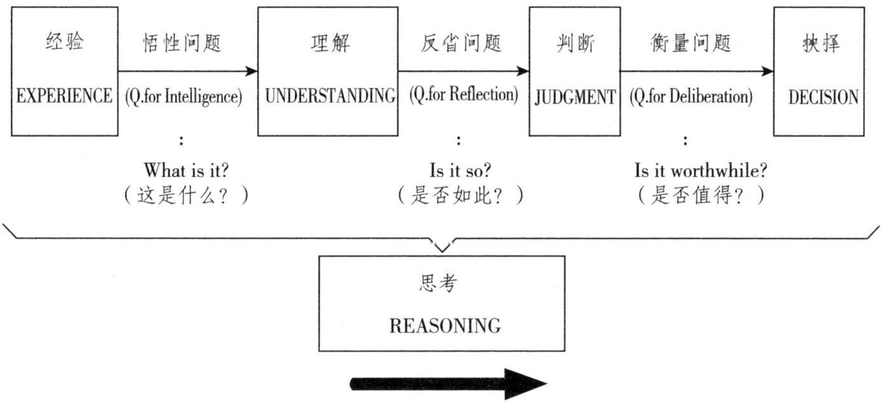

上文的分析已经让我们不知不觉间进入了认识论的领域，体会着“人如何认知”这一问题。隰斯弥的故事并不特别标榜认识论的反思，但隰斯弥在其思言行为上表现了人是有意识的认知者；推而广之，我们甚至可以在任何人物的言论或行为中俯拾即是地找到与认识论相应的例子。我们以隰斯弥的事例而举一反三，可了悟认识论的基础性。认识论所涵括的讨论范围是如此地基本，以致任何人的思言行为都逃不出认识论的权限。为此，修习哲学，就须从认识论入手，借此获得一个稳妥的路径去探讨宇宙、定位人生。

为了要对认识论作一个较深入的讨论，我们将在正文内以四个不同的章节来凸显认识论的一些重要内容。

首先，我们既已意识到思考活动贯串着整个认知过程的每一个阶段，就有必要在本单元的第一章内交代逻辑思考的分析。逻辑寓意着人须借着思考而认知，而逻辑学标榜着正确思考的运作程序。第一章以“逻辑——认识的工具”做标题，由潘小慧教授执笔，用以介绍逻辑的内涵以及思辨推理的规则等内容。

人为求达到知识，他除了思考之外，尚需经历着经验、理解、判断等认知阶段，而且还在跨越不同的过程中牵涉到感性与理性的互动。为此，我们以“认识的历程”一标题来道出本单元第二章的宗旨。此章由尤煌杰教授撰写，借此刻画人认知的来龙去脉；其中特别强调“认识”与“知识”二词之分辨、人意识的特质、认知的过程、感性与理性的互动，以及整体认知的完成。

并非所有的人都肯定并体会到人可顺利地获得知识，有部分人士对人能否获知保持着怀疑的态度，此即所谓“怀疑论”。“怀疑论”与“独断论”打对台；“怀疑论”质疑人认知的可能，而“独断论”未加批判而素朴地强调人可达知识。固然，也有哲人对求知一事提出其“批判论”，欲借着批判方式来确立认知的事实，其中还不乏部分学者因而走上“不可知论”的途径。为此，张雪珠教授特别在本单元的第三章以“认识的障碍”为标题而为我们分别阐述“怀疑论”“独断论”“批判论”和“不可知论”等形态，以显示我们在认识论的探讨上所能遇到的瓶颈问题。

此外，我们一方面可从“共时性”（Synchrony）的角度来指出认识论探讨的基本架构与项目（如第一、二、三章所展陈的反思），另一方面也可从“历时性”（Diachrony）的角度来涉猎认知理论在历史上的发展。为此，邬昆如教授就在本单元的第四章以“西方认识论发展历程”为标题来为西方认识论中各门各派在历史上的发展走向作一个纵贯的论述，从希腊时期、中世纪时期，而至近代、现代的思潮，一一作出介绍，以让我们了解历代哲人的异同、贡献、困惑与互补，使读者能借此异中求同、去芜存菁，而建立起一套属于自己的认知理论体系。

我们的讨论未必能说尽认识论范围的一切内蕴，至少会为读者们描绘出一个基本轮廓以作探索蓝本。诚然，学海无涯，每一个研究领域都是一个丰富而多彩多姿的世界，只要我们用心去体会，自会继续获得进一步的收获。

（关永中）

第一章　逻辑——认识的工具

本章共分四节：

第一节，逻辑简介。首先介绍“逻辑”一词的意义。其次从逻辑史的发展介绍两种逻辑。接着指出逻辑的对象为思想的形式及其正确性。之后说明传统三大运算律。最后指出逻辑与语言的关系。

第二节，概念与语词。首先指出概念的形成。其次说明概念的内涵和外延。接着分别介绍十范畴和五谓词。之后说明定义。

第三节，判断与命题。首先指出判断（命题）的意义与结构。其次介绍判断（命题）的类型。接着介绍定言判断（命题）。之后说明定言判断（命题）之间的关系，即四种对等以及对等规则。

第四节，推理与论证。首先指出推理（论证）的意义与种类。其次介绍直接推理的种类。接着指出间接推理两大类型：演绎与归纳推理（论证）。之后指出定言三段推理（论证）的意义与结构。最后阐明定言三段推理（论证）的八大规则。

哲学的基本入门在于讨论知识的问题。知识作为思想的结果，如同思想般，有关乎思想形式（form）的部分，也有关乎思想内容（matter）的部分。认识或思想按照一定的法则进行，此即认识或思想的形式的部分；探讨正确思想法则的学问，也就是所谓的“逻辑”。逻辑作为进一步探讨一切思想内容的真理的基础与入门，而堪称为认识工具。本章主要从哲学入门、认识工具的角度来介绍逻辑，基本上以传统形式逻辑为主。以下第一节“逻辑简介”就逻辑之译名、意义、种类、对象等基本问题作初步介绍，第二、第三、第四节则就思想三形式之概念、判断和推理分别阐明。

第一节　逻辑简介

一、"逻辑"一词

"逻辑"，英文就是 Logic，这门学问一般又称为"理则学"。在西方各国文字中，这一学问的名称，其书写和读音大体都很相近，而"逻辑"一词起源于希腊文逻各斯（Logos），原意为思考、思维与表达思维。这门学问最早传到中国是在明末天启年间，但当时尚未流传，直到清末民初才再度传到中国。刚开始的几十年间，中文名称都未能统一，有称为"论理学"的，有称为"名学"的，有称为"名理"的，也有主张称为"辩学"的，以音译的"逻辑"通行。理则学这个名称是孙中山先生所译。他说："然则逻辑究为何物?当译何名而后妥？作者于此，盖欲有所商榷也。凡稍涉猎乎逻辑者，莫不知此为诸学诸理之规则，为思想行为之门径也。人类由之而不知其道者众矣，而中国则至今尚未有其名，吾以为当译之为理则者也。"

二、两种"逻辑"

从逻辑史的发展来看，逻辑可分为两种：一为形式逻辑（formal logic），一为符号逻辑（symbolic logic）。

公元前 5 世纪希腊有所谓的智者（Sophists）出现。当时很出名的有普罗塔哥拉（Protagoras，公元前 481—前 411）和高尔吉亚（Gorgias，公元前 483—前 375）。他们重视口才辩论，重视逻辑条理，只是没给后人留下逻辑的规则。正式让逻辑学问世的应首推亚里士多德，他创立了以主谓词式的命题作为推理论证的根基，且建立以演绎法（Deduction）以及三段论证（Syllogism）为主的思想方式，著有《工具论》（*Organon*）一书。因此，形式逻辑又称为主谓逻辑，或者亚氏逻辑。

中世纪的欧洲哲学以经院哲学（Philosophia Scholastiea）为最盛。经院哲学的研究方法承自于亚氏的逻辑学。大哲学家托马斯 · 阿奎那（St. Thomas

Aquinas，1225—1274）著作主要采用三段论证。其他研究亚氏逻辑学者，有吉尔伯特・波雷塔（Gilbertus Porretanus，1076—1154）著《六原则论》（*Liber sex principiorum*），大阿尔伯图斯（St. Albertus Magnus，1206/1207—1280）和托马斯・阿奎那著《亚氏逻辑学注释》，邓斯・司各脱（J. Duns Scotus，1266/1274—1308）著《范畴论》，教宗约翰二十一世（Petrus Ispono）著《逻辑学大全》（*Summa Totius Logicae*）。

到了中世纪末，英国哲学家培根（Francis Bacon，1561—1626）以为亚氏以来的形式逻辑不足以获取新知识，于是另著有《新工具》（*Novun Organum/New Organ*）一书，创立了一种新的求知方法，即归纳法（Induction），开近代科学方法论的先河。继培根之后，重视归纳法的著名代表为穆勒（John Stuart Mill，1806—1873），他于1843年出版《逻辑学》（*A System of Logic Ratiocinative and Inductive*）一书。严复曾将该书译成中文，名为《穆勒名学》。近代哲学大师，如笛卡儿、康德和黑格尔等人仍主张演绎法，且比传统的经院哲学更严格。19世纪末叶，天主教各修会及培养教士的修道院中，经院哲学被列为必修课程，而逻辑学为诸科目的开端。2000多年来，形式逻辑一直是逻辑学的正统，故又称为传统逻辑。

符号逻辑又称为数理逻辑或现代逻辑，起源自德国哲学家莱布尼茨（G. W. von Leibniz，1646—1716）。莱氏以为亚氏逻辑有许多困难，其应用范围也有限，于是主张设立一套符号以代替文字的地位，使每一符号表示一个意义，并且以数字方式为推理的方式，以避免意义的混淆。这个理想他只作了一小部分的尝试。直到19世纪中叶英国的两位数学家狄摩根（A. De Morgan，1806—1878）和布尔（George Boole，1815—1864）发明逻辑代数学（Algebra of Logic），德国的学者弗瑞格（G. Frege，1848—1925）正式完成了一套逻辑符号演算系统，由是再发展为符号逻辑。到了20世纪，对于符号逻辑贡献最大者为英国哲学家罗素（Bertrand Russell，1872—1970），他与怀特海（A. N. Whitehead，1861—1947）合著《数学原理》（*Principia Mathematica*）一书。此后，西方逻辑有长足进步，并且影响了各种学问的研究和发展。

三、逻辑的对象

逻辑是一门什么样的学问？粗略地说，它是一门从事于人的思考研究的学问。那我们是否就可以简称逻辑为“思考学”呢？事实上，“以思考为逻辑对象”的主张是笼统不精确的，甚至会导致逻辑与从事思考研究的心理学混淆不清。为了避免这种错误，我们必须针对“思考”作一分析。

首先，从我们心理所发出的“思考”可以分析出四个要素，分别是“思考主体”（thought-subject）、“思考作用”（act of thinking）、“思考对象”（thought-object）和“思想本身”（the thought）。“思想本身”与“思考作用”对照至少有三点不同：思考系属于主体，思想则不然；思考受时间约束，思想则不然；思考关乎心理的事，思想则关乎论理的事。

单视其为实现的内心动作而言，思考属于心理学。也就是说，心理学是探讨有关实在的思考动作之发生、进展程序以及思想惯例或思想形式等问题。至于涉及思考动作实现的最后根由的问题，如思考能否追溯到物质作用，它是否是大脑所发生的动作，或者仅仅是大脑动作的一个副象；或归根结底它是一种由自我主动发生的精神动作，则属于哲学人学的研究主题。除了以上这些由思考的心理实在性所引起的问题外，还有一些根本不同的问题。它们是从思考所含的内容，即思想本身上发生的。这些问题既然是集中于讨论一种论理的事物，即思想，因此它们必不能归之于以“实在的思考”这种心理事物为对象的心理学及哲学人学的范围，而必须由不同的学问专门探讨。又因为对于论理的事物，我们无法用仅适于心理事物的方法去把握它，因此必须用适于论理事物的特别方法去研究。但这种专门研究思想一切问题的职责，是否完全能由一门学问担任呢？

我们知道，思想具有两个不同的方面：一是思想内容及其与对象的关系；一是思想内容本身所呈现的组织或内在结构，即思想形式。因此，关于思想的一切问题，至少应该由两门不同的学问加以研究。其中，关于思想内容本身能否与事物相合之真实性问题属于认识论的范围。至于思想形式以及其结构正当不正当的问题则属于逻辑的特有对象。

除了思想自身的形式外，还可以从思想和对象的关系上谈到思想的另一种形式，它是出自思想作用所具有的趋向于对立事物的方式。由于此趋向的方式有三种，即对于对象予以“纯粹表现”或“肯定、否定”或“引申出未知的”，遂形成了思想作用方面的三种基本形式，即“概念”（concept）、“判断”（judgment）和“推理”（reasoning）。其中概念是思想的最小或最基本单位，本身无真伪可言，只有清晰明了与否；判断至少由主、宾两个概念组成，认识寓于判断，故认识至少必须以判断的形式呈现，判断有真伪；推理至少由前提和结论两个部分判断组成，是逻辑的主要研究对象，推理有正确、不正确之分。

因此，我们可以界定逻辑是“研究思想形式及其正确性的一门哲学学问”。

四、传统思想律

思想是有其组织架构的，不是漫无章法的，这就是所谓的法则或规律。传统上我们以为有三条基本思想律，说明如下。

（一）同一律（Law of Identity）

这一原理的常见形式有：(1)“A = A”或“A 是 A”，如说“人是人”“牛就是牛”（牵到北京还是牛，本性难移），表达出每件事物皆与其自身等同。(2)“一个命题 P 若为真，则 P 是真”，如说“‘托马斯·阿奎那是宗教哲学家’一命题若是真，则‘托马斯·阿奎那是宗教哲学家’为真”，表达出命题真即真、伪即伪之一致性。

这一思想律之真，是一目了然，本身即足够说明其为真。在符号逻辑中，可符号化为 A⊃A（读为“A 含 A”）或 A = A（读为“A 等于 A”）。

（二）矛盾律（Law of Contradiction）

这一原理其实应该是“不矛盾律”，意即“在同一个观点之下，一事物不可同时既是 A 又是 – A”，如此就是矛盾的。它的常见形式有：(1)“A≠ – A”或“A 不是 – A”，如说“A 不是非 A”“人不是非人”。(2)“任何事物不能既是 A 又不是 A”，如说“任何事物不能既是杯子又不是杯子”。(3)“任何命题不能既是真又不是真（伪）”，如说“‘太阳从东边升起’一命题不能既是真又不是真（伪）”。这些都表达出“凡是的不能同时又不是”“对同一件事物，不可能同时是又不是”以及真与不真（伪）在二值逻辑的对立性。

不矛盾律其实是同一律的另一形式，和同一律一样都是自身明显。若同一律为真，则此律亦为真。在符号逻辑中，可符号化为 –（A· –A）或 A· –A = 0。读为：“是 A 又是非 A 为假（是不可能的）”，或“A 又是非 A 等于零（空集合或空类）”。例如：一个人不能同时既是孔子又不是孔子。

（三）排中律（Law of Excluded Middle）

这一原理是说，在一个论域范围内，任何事物不是归属于 A 就是归属于 - A（A 与 - A 构成整个论域）；也就是说，是与非两者必居其一，排除有中间或第三种可能性。这一原理的常见形式有：(1)“A 或非 A”或“不是 A 就是非 A”，如说“不是人就是非人”。(2)“任何事物不是 A 就是非 A，二者必居其一”，如说“任何事物不是人就是非人”。(3)“任何命题不是真就是不真（伪）——非真即伪”，如说“张三去年结婚了”这一命题不是真就是伪，不是伪就是真。

排中律是不矛盾律的另一形式，意思是：矛盾的双方不可能同时存在，如果我肯定一事，则必然否定它的矛盾；反之，如果我否定一事，则必然肯定它的矛盾了。排中律本身亦是明显的，其真实性如同一律和不矛盾律一样。

总之，此三条基本思想律呈现出一个事物的三种基本理解：首先，一件事物必定等同于它自己；其次，它不能同时还等同于与它自己矛盾的一方；再者，在一个范围内，一件事物不是隶属于某一小范围就必定隶属于某一小范围以外的范围（某一小范围之矛盾），没有第三种可能性。

五、逻辑与语言

语言是一种极重要的工具，在日常生活以及各种学问研究中都要用到语言。除了口说的声音语言和书写的文字以外，盲人的点字、聋哑人的手语、童子军的旗语、军舰的灯语、表达情绪的肢体语言，以及数学、生物学、化学等各种专门学问中的特定符号，都可以称为广义的语言（language）。逻辑所讲的思想，是抽象的，必须借助可感觉之物的媒介方可传达。因此，语言作为思想的媒介可说是思想的可感觉标记。对应于思想三形式，语言也有三形式：语词（term）、命题（proposition）、论证（argument）。逻辑也都要用到语言，其中有特定的符号（逻辑符号），也有日常习用的语言文字（日常语言）。

至于语言的功能，极为繁多复杂，既无法完全列举，也难有适当标准的分类。现按认知与非认知可归纳有三种主要功能：

1. 语言的认知方面，可统称为告知功能（Informative function），其中包括以对象为主要事态之报道描述。例如：“上星期六下午我陪女儿到乐团练小提琴。”“气象报告说明天会有冷锋过境。”至于解析论辩，则不一定牵涉经验事物。例如：解析证明“是否所有三角形的内角和都等于180度”。

2. 语言的非认知方面主要有两种，一是表情功能（Expressive function），在于表达情绪、抒发感受。例如文学语言中的“五月不可触，猿声天上哀”，“秋风吹渭水，落叶满长安”；日常生活中我们也经常有表情语言，例如遇到惊讶之事高呼“天哪”，气愤之事高呼“岂有此理”，凄惨之事高呼“完了”或“糟了”。

3. 语言的非认知方面，另一是引导功能（Directive function）。为了引起或阻止某种行为，便是语言的引导功能。例如说“请坐下”“敬请光临指教”等祈使句；“立正！”“走开！”“闭嘴！”等命令句。

以上三种功能是从分析上来说的，实际在语言上的应用多半是混合的情形。例如白居易的《长恨歌》这样的史诗，是以表情功能为主要目的，而以历史事实的告知功能为次要目的。为达到主要目的，次要目的就不必要求过高，所以《长恨歌》中有些不合史实的地方是较无关宏旨的。

第二节　概念与语词

一、概念的形成

一切的知识都是由感官和经验开始。例如，凭借经验我们与许多人接触，发现他们之间有很多的区别，有些是瘦的，有些是肥胖的，有些是高大的，有些是矮小的，有的是男人，有的是女人，肤色有黑有白，脾气温和暴躁不等，有的笑容可掬，有的眉头深锁，有的体格魁伟，有的羸弱不振等等。理智理会了这些区别，加以比较，发现有些性质可以去掉，而为别的性质所替换。同时也发现有些性质，在任何情况之下都是不变不易。

抽象作用（abstraction）就是理智把个体中非主要的特性抽去，只留下必要的、主要的性质。这些主要的性质是一物之所以为该物的共相（univeral），即概念。普遍概念是理智的产物，是理智在理解事物的过程中所产生的。所以普遍概念的普遍性是存在于人的理智中，不能离开理智而独立存在的，虽然它是根据具体存在的事物。所以说普遍性是在理智中，而其基础是在事物的本身。

二、概念（语词）的内涵和外延

讨论一个概念或语词有两个方面——一方面是概念或语词的意义部分，一方面是概念或语词的指谓部分——也就是内涵和外延两个层面。

（一）概念（语词）的内涵

概念的内涵（comprehension，intension，connotation，implication，intent，intention）就是思想的内容，可定义为“构成一概念元素之总和”（The sum total of all the attributes or thought elements which constitute the idea）或“特征的和”。

（二）概念（语词）的外延

概念的外延（extension，denotation，application），或称指谓，是指一概念所能应用的范围，可定义为“一概念能代表的个体和集体的总和”（The sum total of all the individuals and groups to which an idea can be applied）或“对象的和”。例如人的概念是“有理性的动物”，它的外延是一切的人，由亚当、夏娃开始，一直到最后一个人为止，不管他是中国人、外国人、男人或女人、大人或小孩、文明人或野蛮人，都是组成人的外延分子。这样，“人”字便是一个类的名称，可叫做“类名”（Class name）。但如“孔子”或“苏格拉底”这一名称，是单指着一个特定的个体而言，可叫做“专有名词”（Proper name）；“地球”“中国”等也都是专有名词。专有名词也可以看做只有一个单一分子之类名，即“个体类”（Individual class）。此外，还有所谓“空类”（Null class），即是一个类名所指之类中并无任何分子存在，例如说“飞马”“圆形方”“现任美国的国王”等是。这些作为类名都是空类，但是并非没有意义。也就是说，这些空类的类名有其内涵却无其指谓。

两个或两个以上的概念（语词），如果内涵和外延都相同的话，它们就是“同一概念（语词）”，如“盲人”与“盲人”，“孙文”与“孙文”。如果内涵不同而外延相同，它们就是“同义概念（语词）”，如类名“女性”与“女士”，又如专名“李商隐”与“李义山”、“孙文”与“孙中山”等都是。如果内涵和外延都不同的话，它们就是“别义概念（语词）”，如“杯子”与“桌子”、“花”与“麦克风”。

（三）内涵和外延的关系

一个概念（语词）之内涵和外延有其规则：概念的内涵不能增加或减少；概念的外延能增加或减少，但不能妨碍概念的本质。内涵和外延的关系成反比例：内涵增加时，外延数量减少；内涵减少时，外延增加。例如当“女人”这个概念增加“长头发”的内涵变成“长头发的女人”时，不是长头发的女人（如短发或剃光头的女人）将被排除，导致外延数量减少；又当“女人”这个概念减少“女（的）”这个内涵变成“人”时，男人将被纳入，导致外延数量增加。

三、十范畴

直接取自事物普遍性的概念，称为直接普遍概念，可比拟为普遍概念的内涵。范畴（Categories）是对事物所做的区分，是直接普遍概念的最高分类。事物的种类繁多，人们无法一一历数，最好的方式是按照其各目的性质把它们区分为若干类，这种类别称为范畴。亚里士多德把事物区分为两大类：一是“自立体”或“实体”（Substance），一是“依附体”（Accident）。此两大类为事物的两大范畴。因为一切事物或是自立体，或是依附在自立体上的存在物，再没有第三种情形。自立体本身就是一大类，而依附体则下分为九种，合称“十范畴”，分别为：

（一）自立体（Substance）

自身存在而不依附于他物者，如树、桌子、人。

（二）量（Quantity）

依附体，限制物体的物质元素，如物的大小、重量、多寡。对应“多少”“大小”等问题的答案便是量。

（三）质（Quality）

依附体，言物的质料为何，限制物体的形式元素。如智慧、健康等。对应“事物如何”之问题的答案便是性质。

（四）关系（Relation）

依附体，说明两实体之间的对应性，指一物对他物的连带情况，如父子、夫妇、师生。对应“谁的”或说“比”“同”“更”等时，其在“比”“同”“更”字前后的两个名词就是关系名词。

(五) 空间 (Place)

依附体，指一物占的位置或处所，如人在台北或高雄。对应“在哪里”之问题的答案便是空间。

(六) 时间 (Time)

依附体，指一个人的过去或将来，如今天、明天、去年。对应“何时”之问题的答案便是时间。

(七) 主动 (Action)

依附体，指人、物的一种动作或做什么，如画图的画、开车的开、打人的打。通常为及物动词所表现。

(八) 被动 (Passion)

依附体，指一物被另一物所推动，如他被推开、挨打、受辱等。通常为被动动词所表现。

(九) 姿态 (Posture)

依附体，指人、物自身的排列，指物体的状态，通常是一动作，以非及物动词表现，如坐着、站着、躺着、趴着、弯腰等。

(十) 服饰与外形 (Habit)

依附体，人习以为常的一种行为或动作，或一物外表受他物的限制，如人穿某件衣服、留某种发型、某种装扮修饰、习惯等。

以上的十个范畴是客观事物的最高类。就逻辑学的立场说，它们是思想和认识对象的最高类。范畴为亚里士多德所创，为历代哲学家所遵循。因为世间的事物，除了自立体外，上列的九种依附体确可概括事物的一切属性或形状。

四、五谓词

直接普遍概念只注意一概念的内涵，然而，理智也能观察普遍概念的外延情形：一普遍概念如何适用于其他个体，是它的全部或部分本质？这样我们就有了反省普遍概念，或称为逻辑普遍概念。反省普遍概念适合于事物的各种不同形式，称为“谓词”或“宾词”(Predicable)。“谓词”(“宾词”)可定义为“一普遍性称谓其主体的不同方式”。这样的谓词（宾词）共有五个，不能多也不能少，称为“五谓词”或“五宾词”，即类、种、种差、固有性和偶有性。

（一）类（Genus）

它是一普遍概念，存在于多个不同种的对象上，表现出主体的部分本质（不是该物体的整个物性，只是其本性的一基本部分），此部分本质为主体和其他同类物体所共同具有者。例如“人是动物”，“动物”不代表人的整个人性本质，但是人性本质的一部分，为人和其他动物所共有者。因此，“动物”对“人”而言是类，人是动物的一种。“动物”类的外延比“人”大，但它的内涵比人少。

（二）种（Species）

它是一普遍概念，表现出主体的全部本质。例如“人是有理性的动物”，“有理性的动物”之所以适合称说人，是因为其表现出人的全部本质，且可适用于世上形形色色的各个人。在中文里，种和类常连用或混合使用；但在范围上，类大于种。种是类下面的一个小共名。因为当人说张三、李四等个人时，他们的范围都小于人，人又成了他们的小共名。

（三）种差（Specific Difference）

它是一普遍概念，表现出主体的部分本质，此部分本质为主体和其他同类异种间之差异者。例如“理性”不代表整个人性，但代表人和其他动物的差异点。由此，动物是类，人是动物的一种，理性就是人与其他同属动物类而非人种之间的“种差”，也就是二者之所以有别的分水岭。“种差”加上“类”就结合构成齐全本质的“种”。

（四）固有性（Propriety）

它是一普遍概念，虽然不是表现出主体的本质，却表现出必然的由本质而来的性质。既然此“固有性”是必然的由本质而来的性质，所以与本质的关系十分密切，常和本质在一起，不可缺少。例如人会笑，人会说话，笑和说话基本上是人人都具有的能力，因为它们是由人的理性而来。另外，固有性常是来自种差。例如重是物体的固有性，但不是人的固有性。

（五）偶有性（Accident）

它是一普遍概念，既不表现出主体的本质，也不表现出必然的由本质而来的性质，所以也不常附在本质上面，只是偶然附加在上面。例如皮肤的黑白、鼻子的高低，读书写字、站立或坐卧等之于人，它们都与人的本质无关，也不必然与人有所关联，对人是可有可无的限定。

关于种类等五谓词的序位，公元 3 世纪希腊哲学家波菲利（Porphyrius，公元 233—305）曾制作一个图表，被称为“波菲利树”（Porphyrian Tree），用以阐明物体间的种类关系。

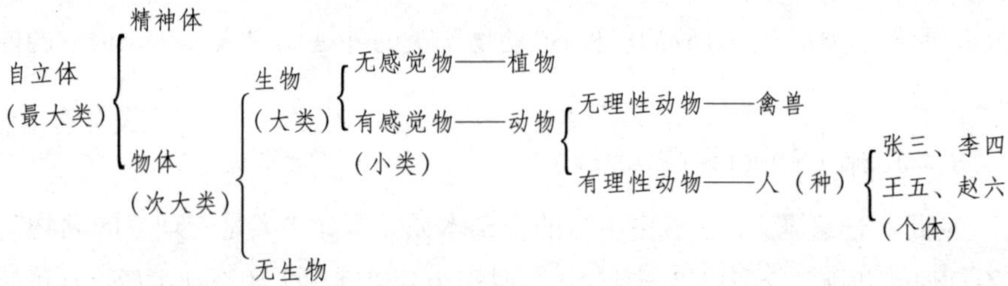

五、定义

（一）定义的目的

概念清楚明确是思想正确的先决条件，概念模糊、浮泛则是探求真理的阻碍。在已有的具体知识基础上，我们要使概念明确，必须应用两种逻辑方法，就是“定义”与“分类”。这里只介绍定义部分。

关于定义的目的，可归纳为四点：

1. 说明新词：这类定义多半用在专门学问的专门术语。例如几何学上的“圆周率”，心理学上的“制约反应”，国际贸易上的“出超”“入超”，医学上的“SARS”（严重急性呼吸道综合征）等，如果了解便不需下定义，如果了解便有这种说明新词的定义。

2. 除去双关语：在一词多义或语意双关中（ambiguity），两个或两个以上的不同解释，容易造成混淆不清的情况，此时只要以定义的方式限定上下文的意义，就可以排除其他意义，澄清混淆。例如，直截了当地指明："这里所谓的'黄牛'是指以不正当的方法卖票，提高票价以赚取利润的人。"

3. 确定语词界限：这主要为了避免词义含糊（vagueness）而引起的误解。例如，对于什么是"热"、什么是"发高烧"这些事可能不同人有不同的感觉与看法，因此就必须要以确切的温度（包括测量温度的方式）来确定。对于SARS而言的"发高烧"意即体温超过38℃。

4. 简化词语：只要第一次使用某术语或专门语词说明其确切意义后，之后再提及时即可直接使用该术语或专门语词，这就是简化词语、避免冗长之效。

（二）何谓"定义"

定义是什么？定义是一个句子，能说出一事物是什么。当我们问"某物是什么"时，所能有的最佳回答即是定义。如问"人是什么"，若回答说"人是一种有理性的动物"就是一个相当理想的定义，若回答说"人是一种会笑的动物"则略逊一筹，若回答说"人是一种不同于一般牛、羊、狗等动物的动物"则是一个虽不错误却不清楚的回答。对于一事物的观念或概念的把握必须通过认识事物而来，所以在下定义之前必先认识事物。一个理想的概念和定义，是能够将事物的全部本质毫无遗漏地呈现给我们。但人的理智有限，所以本质的定义寥寥可数不可多得，我们也只好求助于其他类型的定义。

（三）定义的种类

定义分字义（nominal definition）和实义（real definition）两种。字义是讲一个名词（物）在文字方面的意义。例如"哲学"（希腊文：*Philosophia*）一词由Philo（爱）和sophia（智）两词所合成，有"爱智之学"的意思。实义则指出该事物是什么及它与其他事物的区别。在哲学上，实义比字义更为重要。

实义之定义，还可依照所列举的特征基本与否，而分成本质定义与非本质定义两个类型：

1. 本质定义（essential definition）乃是用基本特征去解释事物本身的句子。它只包含构成事物的本质要素，也就是说，严格的本质定义必须是类概念加上种差两个要素合成的，如"人是一种有理性的动物"以及"正方形是等边直角的四方形”便是。

2. 非本质定义或描写定义（descriptive definition）乃是用非基本特征去解释事物本身的句子。这种定义固然次于本质定义，但有时也足以将一事物与其他事物分辨开来，也并不否定其在学术上及哲学上的价值。一般而言，演说家和诗人比较喜欢用这一类具体描写事物的方法。形成一描写定义，可从事物的偶有性、目的性及发生法三方面进行：

（1）偶有性定义（accidental definition）乃是举出可有可无的实然特征来解释事物的句子。例如“人是圆颅方趾的动物”，这些特征若分开来说皆不足以说明人，必须合起来才可以。

（2）目的性定义（final definition）是指用宗旨或实用等来解释事物的句子。这一类定义的特别功用是在说明人为的工具，如“指南针是用来指示方向的仪器”。

（3）发生定义（genetic definition）是以事物的发生过程来解释事物的句子，如“雨是空中的水蒸气遇冷而凝聚成的小水滴”。

（四）定义的规则

1. 在可能范围内应力求本质定义。

2. 定义中被定义项与定义项应是完全一致、可互相取代的。例如“天鹅是有白色羽毛的水禽”就违反此规则，其定义项范围大于被定义项。

3. 定义必须是明确的，应避免使用罕见难懂及意义不明确的语词。

4. 定义内不可搀杂被定义的字，以免造成定义循环的谬误，例如“形而上学是一门研究形上之物的哲学学问”便是。

5. 定义应是肯定句，至少应是肯定否定参半的句子。因为否定句，如“鲸不是鱼”，只说出事物不是什么，对于事物是什么则未加任何确定。

6. 定义愈短愈好，对于解释事物无益或多余的语词尽量去除。

第三节　判断与命题

一、判断（命题）的意义与结构

一个人在日常生活中，每天经历许多事务，下了许多判断，也说出或写出许多命题。判断和命题与思想相关，都表达出思想。判断作为思想三形式之一，有命题常先有判断，有判断却不一定有命题，因为可以选择不说出也不写出，而只停留于思想当中。

（一）判断（Judgment）的意义与结构

判断是由主概念（Subject）、宾概念（Predicate）两个概念及维系作用（Copula）三个元素构成。判断是理智的行为——维系或断定作用，判定主、宾概念间的相合或不相合。因此，判断不是肯定（is）就是否定（is not）。例如“台湾是个美丽之岛”，将“台湾”和“美丽之岛”两个概念相连（肯定）；又如“张三不吃不喝”，则将“张三”和“吃喝”两个概念分开（否定）。至于一个判断的真伪，依赖于它是否与事实相符合。

（二）命题（Proposition）的意义与结构

判断是理智的内在行为，必须借由命题方可表达而出。因此，命题可说是一种有真假之辨的陈述句（statement），表达出两个概念的相合或不相合。据此，命题作为判断的可感觉标记，也包含三个构成元素：主词、宾词和系词。中文里的系词可以是“是”“为”“系”等，常是被省略的。例如“他在演讲”即是“他是在演讲”，系词潜伏在动词中；又如“水清”意即“水是清的”，不同于“清水”，显示有时系词在命题内可借由语词的位置呈现出来。

我们可将判断（命题）的逻辑结构综合如下：

S（Subject）	C（Copula）	P（Predicate）
主概念（主词）	维系作用（系词）	宾概念（宾词）
	肯定（is）与否定（is not）	

二、判断（命题）的类型

判断（命题）的分类很多，在此我们介绍几种常见的分法。

首先，根据性质、分量和形态来分。

（一）根据性质

所谓判断（命题）的性质（quality），也就是取决于维系作用（系词）者，判断（命题）依此可分为肯定与否定两种。例如“人是哺乳动物”是肯定判断（命题），“男人不是女人”是否定判断（命题）。

（二）根据分量

所谓判断（命题）的分量（quantity），是指主概念（主词）所指示对象数量的多寡。依此可分为四种。

1. 全称判断（命题）：若判断（命题）的宾概念（宾词）是周延地针对主概念（主词）所代表的“所有对象”而加以断定的话，此主概念（主词）就是全称概念（语词），而此判断（命题）就是全称（universal）判断（命题）。例如“所有的人都会死”。

2. 特称判断（命题）：若判断（命题）的宾概念（宾词）是针对主概念（主词）所代表的“一些对象”或“部分不确定对象”而加以断定的话，此主概念（主词）就是特称概念（语词），而此判断（命题）就是特称（particular）判断（命题）。例如“有些玫瑰花是黄色的”。

3. 单称判断（命题）：若判断（命题）的宾概念（宾词）是针对主概念（主词）所代表的“单一确定的对象”而加以断定的话，此主概念（主词）就是单称或个体概念（语词），而此判断（命题）就是单称（singular）判断（命题）。例如“孔子是至圣先师”。

4. 不定称判断（命题）：除了以上三种有确定分量的判断（命题）外，还有一种不定量的判断（命题），称之为“不定称（indefinite）判断（命题）”。此判断（命题）的主概念（主词）外延未经明白指出，可以是“所有”，也可能是“一些”。例如“铜是导电体”其实是“所有铜是导电体”，“有白花”其实是“有些花是白的”。

（三）根据形态或模态

判断（命题）的形态或模态乃指维系作用（系词）的第二个功用，即断定的论理样式。因为思考的自我能确定断定的论理力量，使之增加或减少，从这个增减所获得的一些特色，就称为形态或模态（mode）。依此可分为实然、必然和概然三种，统称为形态或模态（modal）判断（命题）。

1. 实然（assertory）判断（命题）：赋予断定恰到好处的论理力量，既不加重也不减轻。通常以“实在”或“确实”等词来予以形容。例如“鲸鱼确实是一种哺乳动物”。

2. 必然（apodictic）判断（命题）：用过量的论理力量断定出“主是宾”或“主不是宾”。通常以“必然”或“不能不”等词来形容这种增添的论理强度，例如“全体必然大于部分”；以“不能”“无从”等词来表达否定的判断（命题），例如“结果不能没有原因”。由此，必然判断（命题）的真理要求也是加重的。

3. 概然（problematic）判断（命题）：通常以“也许”或“大概”“可能”等词来减少断定的论理力量。例如“明天可能下雨”“也许有外星人”。但必须注意，概然判断（命题）并不是一个可能的判断（命题），它仍然是一个实现的判断（命题）。由于它的论理力量不足，因此它的真理要求也是减轻的。

其次，根据逻辑要素的数目来看，可简单区分为单纯与复合两种。

（一）单纯（Simple）判断（命题）

判断（命题）的构成部分只是单数的主和宾，这主要是指主宾式的定言判断（命题）。例如“小孩是人”“植物人也是人”。

（二）复合（Compound）判断（命题）

判断（命题）的构成部分具有多数的主和宾。例如“小孩和植物人都是人”，“托马斯 • 阿奎那既是优秀的哲学家，也是伟大的神学家”。

单纯与复合两种判断（命题）也可以主宾关系的简洁与否为基础，区分为定言和制约判断（命题）两种。

（一）定言（Categorical）判断（命题）

这是一种将一个宾概念（宾词）指向一个主概念（主词）加以简洁断定的判断（命题）。下文详述。

（二）非定言或制约（Conditional）判断（命题）

由此建设出多个主或宾间的错综关系的命题。例如“如果将温度降至零摄氏度以下，水就会结冰”，是个假设命题；又如“星球或是动或是静”，是个选择命题。此外，还有其他类型的命题，如关系式命题、价值命题、应然命题等。

三、定言判断（命题）

上文已经提及定言判断（命题）的意义，至于标准定言判断（命题）的结构，包括质（性质）与量（分量），其中质由维系作用（系词）决定，量由量词决定。可表述为：

量词 + 主概念（主词）+ 维系作用（系词）+ 宾概念（宾词）
（Quantifier + Subject + Copula + Predicate）

至于定言判断（命题）的种类，依照其质与量之结构，两者相组合就构成四种：全称肯定、全称否定、特称肯定、特称否定。为了表达方便，我们用大写的英文字母 A、E、I、O 分别代表四种定言判断（命题）。逻辑上以拉丁文Affirmo（“肯定”之意）中的两个元音字母 A 与 I 分别代表“全称肯定判断（命题）”与“特称肯定判断（命题）”；又以拉丁字 Nego（“否定”之意）中的两个元音字母 E 与 O 分别代表“全称否定判断（命题）”与“特称否定判断（命题）”。四种定言判断（命题）的形式如下：

A：全称肯定命题　All　S　is　P　例如“凡运动员是素食者”
E：全称否定命题　All　S　is not　P　例如“凡运动员不是素食者”
I：特称肯定命题　Some　S　is　P　例如“有些运动员是素食者”
O：特称否定命题　Some　S　is not　P　例如“有些运动员不是素食者”

至于“周延”（Distribution）这个词，是描述定言判断（命题）中主概念（主词）与宾概念（宾词）所涉及的范围。假如一定言判断（命题）对其概念（语词）所指涉的对象分子的全体都明白地说到时，则该概念（语词）就是周延的（Distributed）；否则，该概念（语词）就不是周延的（Undistributed）。为了清楚起见，可将四种定言判断（命题）的主概念（主词）与宾概念（宾词）的周延（不周延）情形，以下表显示：

判断（命题）/外延	A	E	I	O
S 主概念（主词）	周延	周延	不周延	不周延
P 宾概念（宾词）	不周延	周延	不周延	周延

总之，全称判断（命题）的主概念（主词）是周延的（○），特称判断（命题）的主概念（主词）是不周延的（×）；肯定判断（命题）的宾概念（宾词）是不周延的，而否定判断（命题）的宾概念（宾词）是周延的。

四、定言判断（命题）之间的关系：对等

对等关系（Oppositions）是逻辑上的一个专有名词，这里指任意两个有相同的主概念（主词）和宾概念（宾词），但有不同的质或量或质量均不相同的判断（命题）之间的种种逻辑关系。四种定言判断（命题）的对等关系共有四种：矛盾、反对、小反对和差等（也有学者称“反对”为“相反”，称“小反对”为“次相反”，称“差等”为“蕴涵”）。以下分别叙述：

（一）矛盾对等（Contradictory O.）

矛盾对等发生在两个质量均不相同的判断（命题）之间，也就是A、O与E、I两组。其中一真另一必假，一假另一必真，不可同时为真，也不可同时为假。例如：当“所有蛋都是好蛋”（A）为真时，“有些蛋不是好蛋”（O）必假；当“有些学生是用功的”（I）为真时，“所有学生都不是用功的”（E）必假。

（二）反对对等（Contrary O.）

反对对等发生在两个同是全称但质不同的判断（命题）之间，也就是A与E之间。A与E可同时为假，不可同时为真，一真另一必假，但一假另一不一定为真。例如：当“所有蛋都是好蛋”（A）为真时，“所有蛋都不是好蛋”（E）必假；当“所有学生都是用功的”（A）为假时，“所有学生都不是用功的”（E）却是真假不定，也就是可真可假。

（三）小反对对等（Sub-contrary O.）

小反对对等发生在两个同是特称但质不同的判断（命题）之间，也就是I与O之间。I与O可同时为真，不可同时为假，一假另一必真、一真另一不一定为假。例如：当“有些蛋是好蛋”（I）为真时，“有些蛋不是好蛋”（O）真假不定，也就是可真可假；当“有些学生不是用功的”（O）为假时，“有些学生是用功的”（I）必真。

（四）差等对等或蕴涵（Implication）

差等对等发生在两个质相同但量不同的判断（命题）之间，也就是A、I与E、O两组。其中：

1. 全称命题的真可推知特称命题的真（A蕴涵I以及E蕴涵O）；反之不

然，也就是特称命题真而全称命题未必真。例如：当“所有蛋都是好蛋”(A)为真时，“有些蛋是好蛋”(I) 必真；但当“有些学生是用功的”(I) 为真时，“所有学生都是用功的”(A) 未必真。

2. 特称命题的假可推知全称命题的假；反之不然，也就是全称命题假而特称命题未必假。例如：当“有些蛋不是好蛋”(O) 为假时，“所有蛋都不是好蛋”(E) 必假；当“所有学生都不是用功的”(E) 为假时，“有些学生不是用功的”(O) 未必假。

以上对等定律，可以将定言判断（命题）间的八种对等关系（每个定言判断都各有真假两种已知预设，合计共八种），综合表列如下：

已知＼推知	A	E	I	O
A真	真	假	真	假
E真	假	真	假	真
I真	不定	假	真	不定
O真	假	不定	不定	真

已知＼推知	A	E	I	O
A假	假	不定	不定	真
E假	不定	假	真	不定
I假	假	真	假	真
O假	真	假	真	假

第四节　推理与论证

一、推理的意义与种类

所谓“推理”(作用)，是由已知的或已成立的判断（前提)，依据逻辑的必然性，引申出一个未知的新判断（结论）的一种思考作用。我们也将推理视为一种完备的思想形式。按照前提判断数量的多少，推理可分成直接推理和间接推理两种。

直接推理（immediate inference）的意义：就是从一个已知的定言判断（命题）为前提推出另一个定言命题为结论。例如："凡人皆可以为尧舜（A），所以张三可以为尧舜（I）。" A 与 I 有差等对等之关系，A 蕴涵 I。

间接推理（mediate inference）的意义：就是从多个（两个或两个以上）已知判断（命题）推出一个结论，也就是其结论是由两个或两个以上前提联合推衍得来的。

二、直接推理的种类

直接推理采取的方式主要有两种：

（一）对等法

见第三节中"四、定言判断（命题）之间的关系：对等"。

（二）换质位法

包括换位、换质及换质位三种方式，以下分别阐明。

1. 换质（obversion）

换质就是改变判断（命题）的"肯定"与"否定"，同时以宾概念（宾词）的矛盾概念（语词）来代替原宾概念（宾词）。应注意原判断（命题）与换质后的新判断（命题）的"量"要保持不变，也就是全称换质后还是全称，特称换质后还是特称。原判断（命题）与换质判断（命题）是等值的，即二者同真或同假。

例如 A 命题："（凡）男儿（是）有泪不轻弹（者）"换质为"凡男儿不是有泪轻弹者"（E）；亦即"凡 S 是 P"换质为"凡 S 不是 $\bar{P}$"；用符号表示为"$SAP \leftrightarrow SE\bar{P}$"。

例如 E 命题：$SEP \leftrightarrow SA\bar{P}$。

例如 I 命题：$SIP \leftrightarrow SO\bar{P}$。

例如 O 命题：$SOP \leftrightarrow SI\bar{P}$。

2. 换位（conversion）

换位就是从一个已知判断（命题）推出一个以原判断（命题）的宾概念（宾词）为主概念（主词），而以原判断（命题）的主概念（主词）为宾概念（宾词）的新判断（命题）。为了确保有效的换位，必须遵守两个规则：一是在原判断（命题）中不周延的概念（语词），不得在换位后变为周延的；二是换位判断（命题）与原判断（命题）的“质”要保持不变，也就是肯定换位后还是肯定，否定换位后还是否定。

由于 E 命题的主词与宾词都是周延的，I 命题的主词与宾词都是不周延的，所以这两个命题只要互换主词与宾词的位置，其他不变，就可以达到换位的目的。这种换位称为“简单换位”（simple conversion）。

例如 E 命题：“凡男人不是女人”换位为“凡女人不是男人”；亦即“凡 S 不是 P”换位为“凡 P 不是 S”；用符号表示为“SEP≡PES”。

例如 I 命题：“有些水果（是）甜（的）”换位为“有些甜的是水果”；亦即“有些 S 是 P”换位为“有些 P 是 S”；用符号表示为“SIP≡PIS”。

但是，A 命题就不能这样换位，因为 A 命题的主词是周延的，宾词是不周延的。但 A 命题可以限量换位（conversion by limitation）。

例如 A 命题：“（凡）英雄（是）难过美人关（者）”换位为“有些难过美人关者是英雄”；亦即“凡 S 是 P”，换位为“有些 P 是 S”；用符号表示为“SAP→PIS”。

O 命题由于其主词是不周延的，宾词是周延的，故不能换位。

3. 对换（contraposition）

对换就是从一个判断（命题）推出一个以原判断（命题）的宾概念（宾词）的矛盾概念（语词）为主概念（主词），而以原判断（命题）的主概念（主词）的矛盾概念（语词）为宾概念（宾词）的新判断（命题）。原判断（命题）与换质位判断（命题）是等值的，即二者同真或同假。

原判断（命题）是：S—P

对换判断（命题）是：$\bar{P}$—$\bar{S}$

例如孟子说“恻隐之心，人皆有之”之语句即等同于“凡人皆有恻隐之心”（SAP），其对换命题为“无恻隐之心非人也”（$\bar{P}$A$\bar{S}$），而这两句话是等值的。此例的 A 命题可以先换质、再换位、再换质，就可得到它的对换命题。于是四个命题的对换命题过程为：

A 命题：SAP↔SE$\bar{P}$≡$\bar{P}$ES↔$\bar{P}$A$\bar{S}$

E 命题：$\mathrm{SEP} \leftrightarrow \mathrm{SA\bar{P}} \equiv \mathrm{\bar{P}IS} \leftrightarrow \mathrm{\bar{P}O\bar{S}}$

I 命题：$\mathrm{SIP} \leftrightarrow \mathrm{SO\bar{P}}$，O 命题不能换位，故 I 命题没有对换命题。

O 命题：$\mathrm{SOP} \leftrightarrow \mathrm{SI\bar{P}} \equiv \mathrm{\bar{P}IS} \leftrightarrow \mathrm{\bar{P}O\bar{S}}$

此外，还有其他有效的直接推理形式。如以上换质位法的扩充应用，换质位可以有两种方式：一是“先换质，后换位”，A、E、I、O 均可；二是“先换位，后换质”，A、E、I 可，但 O 不能换位故不可。如此，可以获致许多与原命题不矛盾的有效的直接推理命题。

例如 A 命题先换质后换位：$\mathrm{SAP} \leftrightarrow \mathrm{SE\bar{P}} \equiv \mathrm{\bar{P}ES} \leftrightarrow \mathrm{\bar{P}A\bar{S}} \rightarrow \mathrm{\bar{S}I\bar{P}} \leftrightarrow \mathrm{\bar{S}OP}$

例如 A 命题先换位后换质：$\mathrm{SAP} \rightarrow \mathrm{PIS} \leftrightarrow \mathrm{PO\bar{S}}$

如此，原 A 命题可以依换质位法获致至少 7 个有效的直接推理命题。其他 E、I、O 命题也可依此类推。

三、演绎推理（论证）与归纳推理（论证）

前文已提及推理和间接推理，推理（论证）基本上由前提和结论两个部分组成。论证由命题组成，但并不是所有命题或语句都形成论证。例如：“哇！四川牛肉面真辣。快给我一杯水。”“这次春假真过瘾！我们先到日月潭划船，再到阿里山看日出，然后飞车到垦丁听海涛。再到台东知本泡温泉，最后回花莲外婆家唱卡拉 OK，品尝外婆拿手的古早味家乡菜。”这两段话不短，但都与论证无关。

在逻辑上，常将推理或间接推理的方法分为两大类型：一是演绎，一是归纳。一个正确的演绎推理（论证）中，前提（合起来）必须蕴涵结论，亦即如果前提全真，则结论必然跟着为真。演绎推理（论证）中前提和结论的关系为必然关系，归纳推理（论证）则为概然关系。

（一）演绎（Deduction）

演绎是由普遍推到特殊，典型的例子如：

> 凡人是会死的，
> 苏格拉底是人，所以苏格拉底是会死的。

演绎推理（论证）要求前提对结论具有必然性的（necessary）推理关系；

也就是说，假如前提完全成立，则其结论必定亦因之而成立。为了表明演绎推理（论证）在逻辑上的正误，可用“有效”（valid）与“无效”（invalid）两个专门术语来称谓。

（二）归纳（Induction）

归纳是由特殊推到普遍，例如：

> 第一次在这家卖场买东西是物美价廉，
> 第二次在这家卖场买东西是物美价廉，
> 第三次在这家卖场买东西是物美价廉，
> 所以，在这家卖场买东西多是物美价廉。

归纳推理（论证）要求前提对结论具有概然性的（probable）推理关系；也就是说，如果前提完全成立，则其结论很可能亦因之而成立。这种概然推理关系的要求，其概然性可有大小程度的不同，不适宜用“有效”（valid）与“无效”（invalid）来称谓，也不适宜用正确、不正确，比较适宜的说法是用“可靠”（reliable）与“不可靠”（unreliable）来称谓归纳推理（论证）是否符合于某种程度之概然性推理关系的要求。

演绎推理（论证）是否有效，完全决定于推理（论证）的形式，无关于推理（论证）中命题的真假。任何有效的论证不可能有前提为真而结论为假的情形。这是所有演绎论证的基本特征。由这一特征便可得到演绎推理在实用上的三大功能：第一，若是前提为真，论证有效，则结论必真；第二，若是论证有效，结论为假，则前提中至少必有一为假；第三，若是前提为真，结论为假，则论证必为无效。所谓“前提为真”是说前提完全成立，要是前提中有一个不成立，就说前提为假。

四、定言三段推理（论证）的意义与结构

（一）定言三段推理（论证）

三段推理（论证）（Syllogism）是一种间接推理，是由两个前提推出一个结论的演绎推理（论证）。定言三段推理（论证）（Categorical syllogism）则是间接推理（论证）的典型，由两个定言判断（命题）为前提推出一个定言判

断（命题）为结论的演绎推理（论证）。这三个判断（命题）（近质料要素）恰好有三个概念（语词）（远质料要素），每个概念（语词）各出现两次，分别出现在两个不同判断（命题）中。例如：

凡人是会死的。凡希腊人是人，所以凡希腊人是会死的。
M　P　S　M　S　P

三个概念（语词）：

S（小词）——希腊人——出现在小前提中的概念（语词）
P（大词）——会死的——出现在大前提中的概念（语词）
M（中词）——人——不出现在结论中的概念（语词）

一个标准的定言三段推理（论证）中三个判断（命题）的排列次序是：大前提（含有大词P的前提）→小前提（含有小词S的前提）→结论命题。

（二）格式与样式

定言三段论证的格式（figures），是以中词（M）在前提中所居的位置而定。由于中词在定言三段论证的前提中可有四种不同的排列，所以定言三段论证可有四种不同的格式。

第一格式	第二格式	第三格式	第四格式
M－P	P－M	M－P	P－M
S－M	S－M	M－S	M－S
S－P	S－P	S－P	S－P

至于（合格）样式（moods），是以三个大写字母表示，依序是大前提形式、小前提形式、结论命题形式名称。如上例“凡人是会死的。凡希腊人是人，所以凡希腊人是会死的”为“第一格式”，样式为“AAA”。

M－P	所有的人都会死
S－M	希腊人是人
S－P	所以希腊人会死

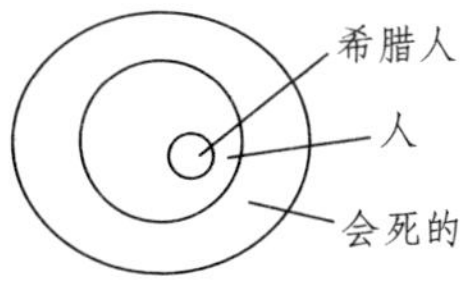

大前提中提及“所有的人都会死”，表示“死亡”的范围比“人”要大，

整个“人”的范围是在“死亡”的范围之中；小前提是“希腊人是人”，“希腊人”的范围只是“人”的一部分，所以“希腊人”的圈圈比“人”的圈圈小，“希腊人”在“人”的范围中。将大、小前提联结，所有的“人”都在“死亡”的圈圈中，而“希腊人”又在“人”的圈圈中，因此“希腊人”必然在“死亡”的圈圈之中了。这在传统的三段论证中是确定的。

五、定言三段推理（论证）的八大规则

（一）凡三段推理（论证）必得具大（P）、中（M）、小（S）三概念（语词），不得多亦不得少

此规则的根据是三段推理（论证）的“本质”。因为必须通过一个中词的介绍，其余两个名词才能建设出主与宾的关系。按三律法来说，大、小词必须是皆与中相同，或一与中相同一不相同，它们彼此才能形成一个新且真的命题。至于违反此规则的谬误，多半是从语词的各种不同代用或它的多义性上发生。例如：“凡有脚的会走路。桌子有脚，所以桌子会走路。”其中的“脚”是个多义且模拟的语词，因此严格说来，此推理（论证）乍看有三词，事实上却具有四概念，违反“必得具大、中、小三概念（语词），不得多亦不得少”之规则。

（二）构成结论命题的大小两个词所指示的对象范围（即分量），不能超过它们在前提中所指示的对象范围

此规则的理由是：大词、小词只以它们在前提中所有的外延和中词发生相同或不相同的关系。所以中词也只限于在这一定的外延内，给它们介绍彼此相同或不相同的关系。因此，不论大词或小词，若在前提中是特称的，那么在结论内也就必不能是全称的。例如：

凡　鱼°　都（是）用鳃呼吸×；

凡　鱼°　　是　　水物×；

故　凡　水物°都（是）用鳃呼吸×。

　　　　S　　　　　　P

这个论证中的小词“水物”（S）在前提中是特称的，在结论却是全称的，即违反了本规则。若将结论改为“故有些水物是用鳃呼吸”则是一有效的三

段论证。

（三）中词（M）不得出现在结论命题内

此规则的理由是：中词在三段论证内所负担的逻辑职责只是做一种媒介物，替其他两个名词介绍关系而已。所以如果中词出现在结论命题中，这三个命题所组成的整体就根本算不得是三段论证，只不过是一种连句或复合句。例如："颜回是孔子的弟子，但颜回聪明，故颜回是孔子的聪明弟子。"若要是一合格的三段论证，其中"颜回"作为中词不得出现在结论命题内，可将结论改为"故有些孔子弟子是聪明的"或"故有些聪明的人是孔子弟子"，即是一有效的三段论证。

（四）中词必须至少有一次是全称的

此规则的意义是：中词至少在一前提内应将其整个对象范围周延地都举出来。理由乃是：倘若中词在两个前提内都是特称的话，那么它与大词及小词都将只能各就所指出来的不确定部分发生关系，在这样的两个部分间我们无法确定它们究竟是否有相同的关系。换言之，这种中词是无法赋予大小两个词以彼此相同或不相同的关系的。例如：

　　　　凡　非洲人$^{\circ}$（是）　黑$^{\times}$；
　　　　凡　埃及人$^{\circ}$（是）　黑$^{\times}$；
所以　凡　埃及人$^{\circ}$　是　非洲人$^{\times}$。

此三段论证的中词"黑"在大小两个前提内均是充当肯定命题的宾词，因此均是特称的（×）。由于它两次均只举出不确定的一部分，所以无法在大小两个词之间为它们做媒介，使它们发生逻辑上的必然关系。

（五）两个肯定的前提不能产生否定的结论

在肯定的大小两前提内，中词既然与大词及小词都建设出相同的关系，那么给它大小两词所能介绍的当然也只限于相同的关系。

（六）两个否定的前提不能产生结论

因为否定的大小两个前提只建设出中词与大词及小词间的不相同关系，尤是中词无法介乎大小两个词间做任何媒介。例如："凡龟不是鱼，凡鳖不是鱼，所以凡龟不是鳖。"此论证就违反了本规则。

（七）结论常随次等前提而定

所谓“次等前提”就是指特称命题与否定命题，意即特称较全称、否定较肯定次一等。如果一个前提是特称的，这就是说，或是在大前提中，或是在小前提中，中词只以不确定部分与大词或小词发生相同或不相同的关系。因此中词也就仅能以这部分给大小词提供相同或不相同的关系，故结论一定得是特称的。假若一个前提是否定的，大词或小词中有一个与中词发生不相同的关系，在这种情况下大词与小词间就只能有不相同的关系，故结论必是否定的。本规则所根据的理由，我们也可运用前面已订定了的规则，尤其是第一及第四项规则来说明。

（八）两个特称的前提不能产生结论

理由是：两个前提若均是特称的话，那么没有可当做中词的全称名词，于是必会违反第四项规则。假设一三段论证的两个前提为特称的，则有两种可能：一、两个前提均是特称肯定的 - I 和 I，所有构成前提的名词都必定是特称的。因为按假设已知，两个命题的主词是特称的，而两个命题的宾词亦因是肯定命题的宾词，所以也是特称的。二、一前提为特称肯定 I，一前提为特称否定 O，两个前提内就只有一个全称名词，即否定命题的宾词；而这一全称名词又必须是结论的宾词，因为按第七条规则知结论须是否定的，故它的宾词非是全称的不可。由此可证明，在这两个可能下，前提中皆无可当做中词的全称名词。

（潘小慧）

第二章　认识的历程

本章之目的在于对认识之发展历程进行一个初步的描述与分析，以作为进入认识理论的准备。

认识是一种心灵活动的历程，而知识是这个活动的结果。

认识作为一种心灵活动，它活动的场所就是“意识”，所以意识是作为描述认识活动的基础。

我们由意识作为基础，对于认识行为的各个流程进行整体的分析。

认识活动主要产生感性认识与理性认识，我们对感性认识的一般通性，以及外在感官认识和内在感官认识进行描述、分析。接着探讨理性认识，分析理性的功能与理性活动的结果：概念。

真正认识活动的完成是在于判断，它是认识活动的高峰。认识行为在人类的所有活动中是最为显著的活动，却不是唯一的活动。所以，我们还需要放大格局来看认识活动在整体人性活动中的相对位置，并且从中发现其他活动和认识活动的相互影响。

第一节　认识与知识

一、何谓认识

一般而言，我们的经验知识产生的历程，包括从感官的刺激以至于判断的完成。举例而言，在我的眼前现在正出现一个物体（object），在视觉上我看见它有红色、绿色、棕色；红色的部分有一些色泽上的渐层效果，它们有许多片，层层围绕着一个中心聚成一个圆形；这个红色的部分接在一个长条状的棕色的部分的一个端点之上；同时这个棕色的部分又接上几片椭圆形的绿色部分。在嗅觉上，我闻到一阵清淡的芳香。在触觉上我感觉到红色部分的柔软，棕色部分的突刺使我感到刺痛。这些纷至沓来的感觉材料（sense data）在我的意识里形成一个完整的图像（image）。接着，我的理性能力把这个物体的图像拿来进行一项普遍化的加工，它只保留这个物象的最不可或缺的部分，而舍弃其他的细枝末节，终于形成一个普遍而抽象的概念（concept），它被命名为"玫瑰花"。最后，我形成一个判断（judgment）："这是玫瑰花。"由于这个判断的完成，使我把这个具体的物体和经由抽象作用而得到的普遍概念关联在一起，这两者的联系让我完成了整个认知的过程。

这个完成认识的初步过程奠定了我们整体认识的基础。根据已经获得的认识成果，即"判断"，我可以依循已知的逻辑规则（无论是传统的形式逻辑规则或当代的符号逻辑规则），推导出新的"判断"（即推论之结论）。由这些"判断"所表现的"命题"共同组成了一个论证（argument）的系统。集合许多论证系统共同论述一个研究主题，就形成了一个知识体系。

当我们一提起有关认识的问题的时候，我们同时混杂着作为动词的"认识"（to know）与作为名词的"知识"（knowledge）。作为动词的认识一般认为它意味着三重含义：

1. 认识意味着"了解"。例如："我认识林怡君"其实就等于说"我了解林怡君"。又，"我认识吸烟的害处"就是说"我了解吸烟的害处"。认识其实就是我们对于人、事有所了解。

2. 认识意味着"一种能力"或"知道如何去做"。例如："我认识（知道）怎样操作电脑""我认识（知道）开汽车的诀窍"。认识就是我们知道如何去执行一项工作的能力或知识。

3. 认识意味着"知道某个事实"。例如："我认识（知道）地球是行星""我认识（知道）7 + 5 = 12"。这种意义的认识都是以一个命题的形式表现出来的，这也是在科学和哲学里最常被注意到的重点。

无论对于以上的三个意思采取哪一种，我们都可以综括为"认识就是自我意识到某事物的一种作用"。它包括三种要素：认识的主体（即感觉与了解的“自我”)，认识的对象（即所感觉的内容与所了解的“意义”)，认识的本身（即感觉与了解这两种内心的作用)。

就动词形态而言，获得知识的行动，可以是凭借感官的知觉活动而认识具体的经验对象，或是凭借理智的了悟（understanding）而认识抽象的对象。因而在名词上，认识大略上可分为感性认识和理性认识。感性认识是具体而个别的认识，它是经由感官接触现象界的对象而得到的认识结果。理性认识是普遍而抽象的认识，它越过感性认知的过程，它是理智了悟一个抽象的概念或原理而得到的认识结果。

二、认识与知识

这个认识活动的结果，是一种根据理由或原因的认识。知识一旦形成，它就不受主体的限制，也不受时间长短的限制，它完全和逻辑的正确性相关，与意识内的活动脱离关系。我们在进行认识活动的时候，首先，它必须是一个由认识主体主动发出的求知的欲望所主导的活动，它和主体的认知能力息息相关；其次，它有一个时间上的起点和终点，在这个认识活动结束的时候才有知识的产生。知识的产生就如同一个有形的产品或作品被制造出来，它成为客体世界的一部分，从而独立于主体的条件的约束之外。因而，一个千百年之前的贤哲的思想可以经由知识体系的流传而和我们的心灵相交往。

总括以上所言，认识是一种主体的心能，而知识即此心能的产物，二者的关系极为密切。知识的意义在于它是主体认识的结果，没有主体对于它的理解，知识顿失其存在的价值。另一方面，知识借着各种保存知识的媒介，使它能够超越时空的隔阂，使不同时代、不同民族、不同文化、不同价值观的人们互相在心灵上沟通、交往。我们可以说知识其实是个人的主观精神世界与客观的外在世界交融的结果。

我们也可以说完成的知识系统是一座知识的殿堂或大厦，除了瞻仰这座伟大建筑物的宏伟，我们也可以试着去了解它是由何种材料构成、运用何种方法建造。所有的宏伟建构无一不是从最细小的部分一一结合起来的，如果我们能了解这最基本的构成分子，那么再复杂的结构也会变得容易了解。因此，本章将针对认识发生的历程进行说明。我们尝试了解认识发生的场域，各种知识形成过程的材料与结果，最后才达到认识的完成。

第二节　意　识

我们在日常的生活中对于所有事物的存在不加以反省，总是隐然肯定有事物存在，我也存在。这一切事物的存在，构成所有意义的基础，也构成认识的基础。我们如何肯定这些存在是真的而不是幻觉？如果我们再继续思索下去，可能要不自觉地钻进牛角尖而无法自拔了。

近代哲学家笛卡儿（Rene Descartes，1596—1650）曾说过“我思故我在”（Cogito ergo sum），他把“我思想”作为一切哲学思考的出发点。这个“我思想”的范围包含一切有意识的活动，一切发自我的行为、观念都和我的意识有关。我们可以说意识确实和我们的认知行动有密切关系，它可以说是知识活动的基本预设。举例来说，当我们从睡梦中清醒过来的时候，我们第一件要确认的事情是“我已经醒过来了”。我会先拿起床头的时钟看看现在的时间。我发现时钟上的指针指示现在正好6:30，然后我打开窗帘，看见太阳正在东方微露曙光。我发现我正躺在我睡觉的床铺上，身上所穿的睡衣正是昨晚入睡前换上的。床头柜上还摆着昨晚入睡前阅读过的杂志。这周遭所有事情的存在都符合一种合理的规律，于是我可以确定：我是活着的，我是在清晨6:30起床的。我可以很肯定，我不会发生像庄周所谓的“蝶梦庄周”或“庄周梦蝶”虚实不分的困境。

一、意识的特征

我们在进行一切活动之前，这个意识是所有认识与肯定的基础。我们再也找不到更基础的前提了。对于这里所谓的“意识”，我们初步可以将它的特征描写如下：

1. 意识包括经验（experience）、直观与验证。就所有人类的认识活动而言，经验是一切认识的出发点，所以意识涵括经验。直观意指不借助于中介者而直接获得结论，它同时可以指称感觉经验的直观或观念的直观。

2. 意识包括肯定（affirmation）。所谓“肯定”是有意识地对于某事表示态度或立场，意即下达“真”“假”“存在”等等的判断。意识的肯定活动不只对存在的事物表示态度，它也在这个肯定他物的活动中一并肯定它自己。

3. 意识包括明显性（evidence）。意识在所有的经验活动以及肯定活动中都是自我明晰的，也因为意识的这个自我明晰或自我通透，才足以有肯定的活动。

4. 意识是“真实的”（real）。当我们说意识包含肯定的时候，就包括被肯定的对象是“真实的”；也就是说，在意识内被肯定的事物或“存在”（beings）都是真实的，不是被虚幻地杜撰出来的。而反过来看这个“意识”本身，当然也是真实的意识。所以我们可以说通过意识肯定有实在的世界，而意识本身也是实在的世界中的一分子。

5. 意识是一个不停变化的意识之流。在整个认知活动的进行过程中，意识一直不停地变化、继续，因为它的活动而不停地涌现新的内容。

6. 意识的变化是连续而统一的。意识的变化是有规则的，通过对过去的意识内容的记忆，它和现在的意识保持连贯性，使得这个意识能够保持统一与同一。在现实生活中，我们因为这个同一性而得到身份的确认，也能维持行为的责任性。

以上我们对于意识的初步描写只涉及“显意识”的部分，也就是针对意识的最清晰、明显的领域所作的检讨。这并不包括在现代心理学所研究的“前意识”“潜意识”“半意识”等等的领域。哲学研究对于显意识有清楚的了解便已足够了。

二、意识的结构

对于意识的进一步分析，我们将会发现任何事物的进展都需要存在对应的两方面，就犹如人要走路前行需要两条腿一般。因此，在意识不停流变的历程中，需要对应的双方，才能使这个意识之流不停地活动下去。意识的对应的双方就是主体性（subjectivity）与客体性（objectivity），或是认识者（the knower）与被认识者（to be known）。这个二元的对应关系构成了意识结构上不可化约的基本元素。也就是说，我们不可能单独凭借主体性或客体性当中的某一方，仅依其性质就可以涵摄所有意识活动的细节。

（一）客体性对知识的影响

当我们说主体性或客体性的时候，这两者都是在意识之内的。如果脱离意识而谈客体，则因为它不存在意识之内而无法作任何的肯定。这个作为意识内的客体，它可以是来自外在的感觉经验，或内在的经验、印象、记忆、想象、观念等等。之前我们已提过客体和主体是不可化约的，因此客体所显现的内容不可能来自主体的创造。而且反过来，客体的内容指导、控制主体对客体知识的认识。如某些强光可以让我暂时或永久失明，某些强烈音响可以让我暂时或永久失聪。

（二）存在的优先性

在过去的哲学史上有许多唯心论倾向的哲学思想，相信思想等于存在，在思想界想得通的、合理的才是存在，否则就否认其真实性。例如，希腊时代的巴门尼德或是近代的黑格尔都有这种主张。我们在此要说明的主张，正好与他们所主张的相反。我们认为要先有事物存在，然后才有我们对于事物存在的思想。举例而言，我在室内工作时突然听见外面走廊有脚步声。我的第一步认识工作是去确认有声音存在，以排除幻觉的可能。然后再分辨这存在的声音确实是有人走路的声音，再用这个声音的特殊节奏，与记忆中所认识的人的脚步声比对，发现和某人非常雷同，于是等外面的人叩门而入，验证我这个认知的内容是否正确。在这个认知的过程中，我们对于客体的认识是逐步缩小范围，最初是对于“存在”的确认，先确认“有东西存在”，才能进一步知道“存在的是什么东西”，最后才知道“这是某一个别的东西”。

（三）主体性的活动

就意识活动的主体性而言，主体以尽量接近客体的方式去变成客体，或拥有客体、把握客体。我们说过客体对主体的知识内容有一种强制性的指导作用，但是知识的获得也需要主体的这一边具有主动求知的欲求。这个求知的欲望，最主要是主体发现自我的缺乏与无知，因而使得主体倾向客体，欲求成为客体，希望能因为对客体的拥有而满足无知的缺陷，所以展开对知识的追求活动。

（四）自我的发现

主体在获得知识的时候，一方面获得关于客体的知识，同时也得到关于主体自身的知识。不可否认，如果没有对于非主体的认知活动，不可能意识到主体的存在。但是，我们这样说的时候，并不是意味着认识客体是“步骤一”，然后由客体返回到主体是“步骤二”这样两阶段的认识行为。举例而言，我目前坐在我的书桌前，眼睛盯着计算机屏幕，手指触击着键盘……我并不需要时时刻刻告诉自己这是一个“我”在操作着所有的动作。我也绝对不会怀疑这发出一连串动作的根源就是“我”，所以我并不需要第二个认识活动来告诉自己“我正在认识我自己”。较准确的说法应该是，当我在做着一件朝向客体的认识活动的同时，我也意识到这是“我”在发出动作，大多数的时候这个“我”是处于“潜能”状态的或是隐而不显的。只有当我需要自我觉察的时候，“我”才会呈现于显意识当中。

经由以上的说明，我们可以发现整个意识内的活动是由主体性的一边和客体性的一边互动的结果。这两者是不可互相化约的基本元素——客体对主体的知识具有宰制的力量；而主体对客体的认识则有求知欲，因为这个求知欲而使得主体可以决定要如何认识客体——在主、客体交融合一的时候，达到认识的效果。我们也可以说这样的主、客关系完全都是一种内在的活动，都是一种意识内的活动。只有当主、客关系联系起来的时候，主体才有真正的自我意识。

（五）意识活动的特性

对于意识活动，我们可以分析出包含着三种特性：

1. 双重的经验：客体的经验和主体的经验。在意识内的活动，我们同时认识到关于客体事物的经验，同时也体验到自我意识或主体的经验。

2. 双重的必然肯定：客体和主体的必然肯定。在意识的活动场域里，主体性和客体性的不可化约特性，使我们必然肯定意识内有客体性的一边和主体性的一边。

3. 双重的明显性：客体和主体的明显性。客体和主体作为意识场域中不可化约的两大元素，是极为明显地呈现于意识当中，无法再以更简明的方式来解说了。

第三节　认识活动的分析

一、认识活动的整体历程

认识活动在意识内的活动历程，我们可以作如下描述：

我的认识的行为无论是在客体的方面或主体的方面都呈现出一个揭露特定结构的复杂性。当客体的客体性在感觉材料、印象和概念方面逐渐减弱时，主体的同化作用在知觉作用、想象力和概念作用方面相对地增强。认知行为在判断中完成。这个复杂性并不危害到这个行为的统一性。

在这个部分，我们要把认识的活动解析成三个阶段，每一个阶段都同时包含着主体性活动与客体性活动。根据亚里士多德的看法，人是有形存在的最高层级。这个存在由形式与质料组成，人体的形式即灵魂，质料即肉体，这两者紧密地结合成一个人的实体。由于人类存在的特殊状态，使我们的认识必须开始于感性经验知识，然后才逐步提升到抽象的概念与判断的完成。

人类的意识活动分别由感性知觉、想象活动与概念活动三个层次组成。认识是一种同化作用，也就是主体变成（或拥有）客体，而客体变成主体的一部分，在认识的高峰达到主体与客体的统一。

我们先把以上的主题说明如下图解，然后再依此进行说明：

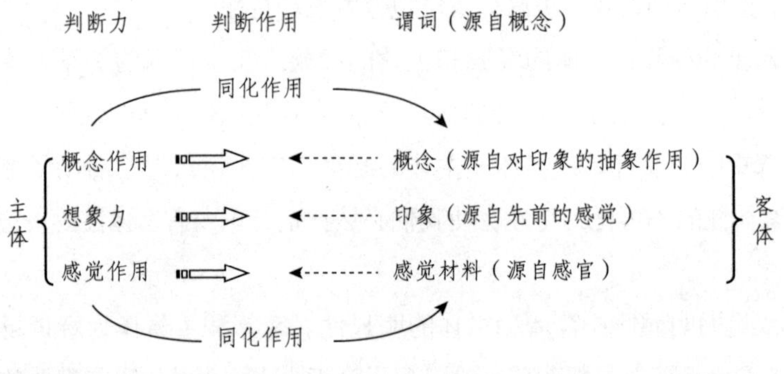

二、感性知觉

就感性知觉的层次而言，主体性即是感觉作用（sensation），客体性即是感觉材料（sense data）。在知觉的层次上，主体性的作用通过感官接收被认识事物的形象。这时候人的整个身体都有感觉能力，所以身体在这个认知的过程中是作为认知的工具。以视觉为例，眼睛感受到光的刺激和事物的影像，将之由神经传导到大脑皮层的特定区域，经意识的作用而解读成某事物。这个视觉印象，最初是和我的主体性对立的客体事物，它完全不隶属于主体甚至决定主体的认知内容，但是感性认知的结果是要让这个客体事物变成为“我的”感性知识的内容。这个结果也就是由客体性朝向主体性的同化作用，也就是主体拥有客体的结果。这个感性知识的特性是，它来自特定的空间与时间条件，因此成为“这个”感性知识，而与之前或之后所获得的感性知识完全不同。根据哲学的术语称之就是“具体的”（concrete），也是“个别的”（individual）。

三、想象作用

我们的感官对于感觉对象并不是随时随地都保持联结的关系，或保持接触的状态。当感官与感觉对象脱离联系的时候，我们的意识对于先前的知觉内容仍然有所印象，并且只要我愿意，我的意识随时可以将这个知觉印象召唤出来。这就是所谓的“想象活动”的层次。在这个层次中，凭借记忆将过去知觉印象召唤出来的内容，就是想象活动的客体性内容，我们将它称为“印象”（image）。它的基本特征与感性知觉层次的知觉内容相同，也就是说它带有“具体的”“个别的”特性。在这个“想象活动”的层次，主体性的活动被称为“想象力”或“想象作用”（imagination）。经由想象力的活动，一件过去知觉内容的意象再现于意识中，可以不完全按照原来客体性所展现的特征或细节。想象力可以综合数个意象，或改变任何意象，而创造出一个新的意象。这种创造力表现于艺术创作，或科学发现的创意，或是对于过去事件的回忆。这个创造力或想象力，它可以脱离客体性的限制，对于某些意象的局部特征加以提炼，并和其他意象的特征重新组合。这种能力意味着想象力不必完全受限于客体性，它可以根据意象的某些特殊结构或形式，加以把握或提炼，这个活动的结果仍然是具体而个别的意象。由于想象力的特殊能力，使它成为介于感性认识与理性认识之间的过渡阶段。

四、概念作用

认识并不是以获得对某个个别事物的认知为目的。例如，某一位动物学家曾经对台北木栅动物园的大象林旺进行学术研究，知道了它的脾气、它的口腔内的第几颗牙齿有蛀牙、它的右前肢的趾缝有某种寄生虫、它的膝关节有某种病变等等。随着林旺的去世，这些关于林旺的种种细节也就不再继续存在，这些知识具有什么价值呢？除非有关林旺的种种科学记录可以被引用于其他有关象类的研究上，否则前述知识的价值就只能是一些归档的文献。因此我们发现一种知识的价值和它是否能广泛地被运用于其他事物的普及性有密切的关联。一个能被广泛运用的知识，它的学术价值就高。这种普遍知识，自古以来被哲学家们称为“共相”（universal）。早在古希腊时期，自苏格拉底、柏拉图以至亚里士多德，均一致认定学术的目标就是追求共相。我们如何追求共相？有无可能获得共相知识？

我们通过“概念活动”寻求有关共相的知识。在概念活动中主要是根据理性（intellect）来进行。就主体性的一面而言，它通过“抽象作用”（abstraction）将原来具体、个别的意象抽取出共相而成为概念（concept）。概念是作为理性活动的客体性的一面。就抽象活动而言，广义的抽象就是抽取对象事物的某一特征。例如，我们可以从白花、白雪、白羽、白云、白粉笔等事物抽离出“白”这个性质；或者，我们可以从师生、父子、母女、朋友、同学、同事等抽离出“关系”这个性质。但是就狭义的抽象而言，特指将对象事物的空间、时间条件抽离的活动。例如，对于苏格拉底或孔子而言，他们都是生活于某一特定的国度与时代的个人，如果把他们的空间因素与时间因素抽离，则某一个人的形象就消失了，只剩下一个普遍的“人”概念。就抽象作用而言，在理智里也被区分成“主动理智”（intellectus agens）与“被动理智”（intellectus passivus）。主动理智是属于主体性活动的一面，而被动理智是属于客体性的一面。这两者可以比喻为指环与蜡版的关系：指环可以在蜡版上留下印痕，指环本身并不在蜡版上留下任何东西，而这个蜡版上的印痕就如同我们所谓的普遍概念。

第四节　感性认识

一、感性认识的种类

我们通过感官而获得的认识就称之为“感性认识”。对人类的认识的形成而言，感性认识非常重要。除非我们就像某些极端唯心论者所言我们具有先天的认识，否则我们的任何理性认识都是从感性认识抽象而来的。我们的感官可以分成外在的感官和内在的感官。所谓外在的感官就是五种感官：眼睛、耳朵、鼻子、舌头、皮肤。而内在的感官有四种：公共感官（common sense）、想象力（phantasy）、记忆力（memorial power）、评估力（estimative power）。

感性认识的形成在过程上极为复杂，认知心理学也有许多探讨，但是就认识论而言，我们主要关注的是感性认识的真实性问题。如果感性认识的真实性发生问题，则感性认识无法成为其他认识的基础，我们所有认识的基础都将动摇，难以成立。古代有许多怀疑论的兴起，其中一种理由就是认为我们的感官经常犯错误，感性认识不可靠，所以一切认识也就无从成立。感性认识虽然不是认识发生历程的主要目标，但是它如果有疑问，就会使我们的认识目标落空，所以关于感性认识的研究不可忽视它的价值。

二、外在感官认识

（一）感官认识的对象

就外在感官的认识对象而言，可以说有专有对象和公共对象两种。专有对象，如眼睛只能认识颜色，耳朵只能听声音，这两者的对象不能交换。公共对象是被不同的感官共同认识的对象，如物体的广延性可以被视觉所认识，也可以被触觉所认识。

外在感官在与认识对象接触时，有些是直接接触，有些是间接接触。例如：视觉与听觉产生的过程，眼睛和耳朵都要和感觉的对象保持相当的距离才能被感知到；而触觉需要我们的皮肤直接和感知对象直接接触才能认知对象。外在感官发生感觉作用的时候，是一连串的物理、生化、生理以至于心理层面的变化而形成的。例如：眼睛在知觉外界的光线的时候，首先是一个光学上的效果使光线能聚焦于眼底（物理变化），而眼底视网膜上的感光细胞对光线产生生化反应，引发视神经的刺激作用，而将这一连串的神经脉动传导到大脑皮层的视觉反应区（生理变化）。大脑对光线的视觉予以分辨之后，视觉作用的结果成为意识中的意识内容（心理变化）。同理，听觉的发生，也是首先发生在耳朵的震动变化（物理变化），而后有听觉神经的传导，到达大脑皮层的听觉反应区（生理变化），然后成为意识内容（心理变化）。

当外在感官的知觉由生理变化转变成心理变化的时候，也就是转变成精神变化。既然进入精神变化，则其特性不再有物理上的特性。我看见一张书桌，并不是一张真实的书桌进入我的意识里，我们认为感性知识只是接受这张书桌的“可感觉形式”（sensible form）或“可感觉心象”（sensible image）。这个形式或心象被外在感官接受之后，就在我们的意识里留下一个感性认知的印记，就是“印入的心象”（impressed image），这个印入的心象可以被我们的意识所觉察或重复再现，就成为“表达的心象”（expressed image），于是我们可以说外界的事物被我们的外在感官所认识。

（二）外在感官认识的历程

在感性认识的历程上，我们只说感官接受外在事物的“可感觉”形式，这个说法同时也对于外在事物的所有属性是否全部都是可感觉的有所保留。例如：我们的眼睛只能对于光线之可见光的部分有所感应，还有超出眼睛能感应的部分。

我们在以上对于外在感官认识的解析上，无意将它说成外在的客体（physical object），主动地把它的可感觉心象印入意识中，而意识也只能被动地接受这个印入的心象。在感觉认识发生的过程也有主体性的一方和客体性的一方，这两方面发生一连串的互动关系。首先，在意识的主体性的一方不是全然地被动地接受所有客体的感觉属性，主体性的一方虽然对于接受印入的心象无法改变，但是可以决定要不要去接受这个心象，而且当外在感官不再接触外在对象的时候，可以利用回忆的力量将过去认识的心象唤起，使其重新显示在意识中。但是感官所接受的心象不等于客体性质的全部。例如：眼睛对光的知觉，限于390nm至760nm之间的波段，这个范围之外的电磁波成为紫外线或红外线，只有仪器可以侦测出来，肉眼无法看出来。耳朵对于听觉也是有一定范围，能够听见空气中每秒20次到20000次之间的震动频率，超出这个可以听见的范围就是超音波，也是只有仪器可以侦测出来。以上是就人的感官能力而言。根据科学家的研究，我们也知道狗所看见的是黑白的世界，因为它是色盲；而它的听力和嗅觉能力都比人类强，所以有些驯兽师可以用超音波的口哨对狗发出命令，也可以训练狗嗅出毒品或歹徒的踪迹。这些事实都可以说明：我们所感知的内容不是这个世界的完整面貌，更不是它的全部形式。

就客体性的一方而言，它有完全的主动权来决定印入的心象的内容，有时候甚至客体的刺激过强，会造成感官的暂时性或永久性伤害。例如：眼睛直视闪光或直视太阳光，将造成眼睛暂时或永久失明。耳朵听到强烈声响，超过一定强度也将造成耳朵暂时或永久失聪。其他感官也有类似情况。总之，客体的存在内容控制主体的印象，决定主体的感性认识的内容。虽然客体的可感觉的心象印入主体的意识内，但是客体被主体感知并没有任何损失，主体意识内的心象却可以成为主体形成客体感性知识的表征。主体可以在知觉层次上借着这个心象来再现这个对象。这就好像我们拿着一架照相机对着一个花瓶拍下一张照片，原来的花瓶并没有跑进照相机里面，装在照相机里面的底片却留下了这个花瓶的形象。在现代科技中，这张花瓶的照片可以利用各种方式流传或复制，就如同我们可以利用这个心象一再重复再现同一个感性对象。

（三）外在感官认识的真实性

通过外在感官所获得的知识到底有多少真实性呢？我们可以如下说明：

1. 外在感官的知识是我们求生所必需的条件。在人类还处于原始状态的时候，他们的感官能力比起生活在现代文明环境之下的人更敏锐。如果不能眼观四路、耳听八方，就可能成为敌人的俘虏或野兽的食物，或不能适应渔猎的生活而挨饿。所以，我看见、我听见……和我存在、外在世界存在等肯定，息息相关。

2. 外在感官的知觉不会错。有许多人（包括某些哲学家）认为我们的感官经常发生错觉，所以感官的知识不足为凭。例如：一根直棍插入水中，水面上和水面下的部分看起来呈现曲折现象，这是光线折射的缘故。又，在一个转盘陀螺上涂上不同的颜色，转动陀螺之后，转盘上的颜色呈现混合的颜色，这是视觉残留的缘故。我们的感觉器官经常发生某些错觉，但是可以经由科学原理而得到解释。这些错觉总是在相同的条件下得到相同的结果，如此正好解释感觉知识的恒常性。如果我们把一根一半插入水中的直棍看成笔直的，反而违反了感觉的常态。所以，我们的外在感官就其本身而言是不能错误的。

3. 我们的外在感官是我们生活的指导。当我的手碰到火焰的时候，我的本能反应让我立即把手缩回去；如果没有这种知觉，我的手将受到伤害。如果发生地震的时候，我不立即疏散到空旷地区，我的生命就会有危险。我们的外在感官所提供给我们有关外界的知识是十分明确的，绝非如怀疑论者或唯心论者所认为的只是幻觉而已。

4. 我们的外在感官有其自然的欲望，这个欲望必须实现，因为“自然的欲望不会落空”。眼睛的自然欲望是看见东西，耳朵的自然欲望是听见声音，其他的感官也都有它们所欲望的对象。我们的感官与它们所欲望的对象有紧密的关系，可以说明我们外在感官知觉的真实性。

三、内在感官认识

对于内在感官的种类有多少种，在哲学史的发展上各个不同的哲学家有不同的看法，大多数经院哲学家主张有四个，托马斯·阿奎那也是持这种看法。四个内在感官就是公共感官（common sense）、想象力（phantasy）、记忆力（memorial power）、评估力（estimative power），其对象与性质分述如下。

（一）公共感官

公共感官有四种功能：

1. 分辨我们不同外在感官的感觉。每个感官都有它的对象，如眼睛认识颜色，耳朵认识声音；但是眼睛不能分辨颜色与声音的不同，耳朵也不能分辨声音与颜色的不同，这时候就需要公共感官来做分辨的工作。

2. 把不同外在感官的认知综合在一个共同的对象之上。我们前面所举过的玫瑰花例子：我的眼睛看见花瓣艳丽的颜色，鼻子闻到清爽的花香，手触摸到花梗上尖锐的凸刺等等，这些不同的感觉最后归结到一个统一的对象之上，我了解这些感性材料（sense data）都共同隶属于一个叫做“玫瑰花”的对象。

3. 产生自我意识，使我们知道外在感官的认知，就是“我的”认知。我们在进行外在感官的认识的同时，我们也了解到这个认识活动的根源就是“我的”认识。

4. 使我们认识公共可感觉对象（common sensibles）。所谓“公共可感觉对象”就是不隶属于任何外在感官所认识的对象，但是它和感官认识有密切关系的。例如：空间和时间不属于任何一个外在感官的认识对象，却是外在感官认识的条件。公共感官的功能可以认识空间和时间。

（二）想象力

当我们的外在感官不再注意于它原来所知觉的对象，这个知觉的内容仍然会以某种方式停留在我们的意识当中。当我们不觉察它的时候，它被储存在记忆的某个位置；当我们刻意要把先前所知觉的对象内容再次唤醒的时候，我们可以回忆起过去所知觉到的内容。这个内容会随着它的时间长短或对我的意识冲击的强弱，而有清晰或模糊的表现。所谓的“想象力”是一种认识的能力，它能以在意识中显现的“印象”(image) 为认识的对象；或者它是以这个印象作为媒介来认识事物。例如：我设想一条青龙活跃于天空，这条龙的各种姿态与神力的表现，我需要通过想象力来认识它。这个想象力是属于第一种的认识作用。此外，在我的印象中“我的朋友的脸上有一颗很明显的痣”，所以即使多年不见，我还是很快地就在众人当中认出他来了。这个想象力是属于第二种的认识作用。

我们的想象力可以区分成：“再现的想象力”(Representative imagination)、“创造的想象力”(Creative imagination) 以及“构成的想象力”(Constructive imagination)。第一种再现的想象力，它使我们外在感官的以往经验再次出现在我们心灵中，但是它不显现完整的确切时间与空间等细节（这是过去的记忆），而是只让我们看到过去经验的大概。例如：我可以将我看过的淡水河上的关渡大桥的形象再现在我的意识中，但是这个大概的形象不包括我在何年何月何日何时与何人在何种情境之下看见过这座桥梁。

第二种创造的想象力，它就是一种艺术的创作活动。创作者把先前得自不同时空背景、不同对象的知觉“印象”，以人为的方式予以重新组合，成为一个全新的形象。例如：中国传统的神兽——龙，它结合了鹿角、马脸、虎牙、蛇身、鱼鳞、鹰爪等动物特征于一体，形成了一个前所未有的新形象。这个新形象是由我们的想象力所组合起来的。

第三种构成的想象力，它不同于艺术创作的想象力，充满天马行空的任意性。它包含着一种解决问题的逻辑性，经常出现在科学研究的新发现。例如胡适先生的名言：“大胆假设，小心求证。”我们都知道许多伟大的科学发现都来自大胆的假设，但是在还没有任何证据时我们根据什么理由去假设？当第一个科学家发现地球是环绕太阳运行的时候，他并没有直接看见地球在环绕太阳运行，而是根据过去的观察经验想象地球环绕太阳运行的可能状况。这个想象的可能状况是由构成的想象力完成的，对于这个想象内容的确认需要后继的科学活动才能真正证实它。

（三）记忆力

它就是一种感性的记忆，把先前感官的认知内容重新呈现于意识当中。这种想象力的出现，不需要原来获得这种感觉内容的感官的活动就可以呈现。这个记忆力使我们在想起过去的经验时，能将情节、时间、地点等都整合在一起，形成完整的经验。

（四）评估力（价值判断力）

评估力是使我们评估事物对自身有益或有害的能力，所以评估力也称为利害感。所有动物天生有一种自然感觉的能力，促使它们趋利避害。例如：在非洲的大草原上，一群斑马看到出猎的狮子，自然感受到生存的威胁感，立即作出逃离的动作或团结避难的动作。这种能力不必学习，自然天生，可以称之为动物本能或自然的评估力。当发生与自身利害相关的事情，人类由于独具有理智能力，理智也参与对事物的评估活动，所以在人身上则称之为思想的评估力。例如：当一个人突然遭遇到他人无理的攻击行为时，不见得会马上采取反射性的反击动作。他会仔细观察攻击者的行为动机与下一步动作，同时参考所处环境的各项因素，才会决定如何反应。理性推理能力愈强的人，愈能以理智代替评估力。但是在突发状况的时候，人们也往往不用理智反省，而只用评估力来作决定。

（五）内在感官认识的真实性

我们的内在感官认识的真实性和外在感官认识的真实性一样，它们都是原始的事实（primitive facts），我们没有办法举出更根源的知识来证明它们。如果一个人否认他有内在感官认识，那么他立即面临许多生活上的危机。

首先，他一旦否认记忆力，则包括他的身份、名字、家人、社会地位甚至人类历史都要一概否认。

其次，如果他否认想象力，则他必须否认一切艺术创作乃至科学知识的可能，因为艺术必须依赖想象力，而且科学知识的普遍观念的形成也须借助于想象力。

再者，如果他否认公共感官，则他必须否认一切认识的可能性。因为如果没有公共感官把不同性质综合在一起，我们的知觉就是零散的，就无法完成对外在事物的认识。

最后，如果他否认评估力，则他面临危险也不知道回避，将立即危害生命。

所以，综合以上所言，我们的内在感官认识和外在感官认识一样重要，都是不可或缺、不可否认的。

第五节　理性认识

到目前为止，我们对于认识的过程都是处理具体、个别的感觉或印象，它们的共同特征就是单一个体，受到一个特定空间与时间条件的限制。我们的认识活动绝对不会仅止于这些个别的表象，当我们说“这件绿色夹克是丝绒布料做成的”或“丝绒布料是高级的衣料”时，我们在作这些判断，所使用的谓词都是比主词外延更大的语词。这代表“丝绒布料”不专属于这一件夹克，“高级的衣料”不专属于丝绒布料。这意味着我们还可以找到更普遍的概念来涵盖单一的语词。这表示除了单一的个别表象，还存在着普遍的共相。而这个共相既不能被感官所认识，也不能被想象力所认识，所以只能通过理性能力来认识。

一、理智的意义

从字义来了解“理智”这个词的意义，它的拉丁文是 intellectus，这是由介词 intus（在内、向内）及动词 legere（念、诵读）的过去分词 lectus 合成。这两个词合起来就是“向内读”“向内念”，引申的意义即是“研究”“探讨”“了解”，最后被当成“理智”来使用。

理智获得概念的关键在于它拥有“抽象作用”（abstraction）的能力。这个英文字源自拉丁文 abstractio，它是 ab（从）和 trahere（抽出）的组合。此外它的希腊文αφαιρεσις（aphaeresis）意即 take away。“抽象”的字面意义就是“抽取共相”，另一方面它也带有“排除个别性”（individuality）的意思。就抽象的实质意思而言，可以区分成广义的抽象与狭义的抽象。所谓广义的抽象，就是从一具体的对象事物当中抽取出某一特征，例如颜色、声音、形状等等。这些特征都是不能单独存在的性质，我们的理智却可以把它们单独从一个事物当中抽离。例如我们讨论“白”雪、“白”云、“白”羽、“白”球、“白”石等等，我们把“白”单独从事物中抽取出来。狭义的抽象是指分离事物的具体形象，也就是把一个事物的空间与时间序列上的定位加以抽离。

有许多近代的学派并不认同抽象作用。例如：经验主义者认为观念的产生是经验、印象不断累积的结果，把观念视为一种对于事物模糊的印象。我们需要概念或观念作为事物在意识内的代表，以此概念作为思想的基本单位，以建立完备的知识体系。如果把这个概念当成只是印象的模糊聚合，则一堆具体个别的印象的累积仍然是具体个别的东西，它对于普遍知识所要求的普遍性毫无帮助。

二、主动理智与被动理智

我们的意识对于被认识事物的呈现在不同的阶段有不同的心象。感觉材料的呈现是“可感觉的心象”，而后成为“印人的心象”。这两种心象都是具体而个别的。它们的呈现都是受限于空间、时间的条件限制。而理智通过抽象作用把这“印入的心象”抽离它的空间、时间条件，形成一个普遍的“可理解的心象”。这个关系如下图示说明。

概念（源自对印象的抽象作用）	：可理解的心象	客体
印象（源自先前的感觉）	：印入的心象	
感觉材料（源自感官）	：可感觉的心象	

这个心象被认识，不是认识活动的目的而是认识的媒介。我们认识的最终目的是要认识真实的事物。理智在认识可理解的心象时分别由两种不同的能力来进行工作：“主动理智”（agent intellect）和“被动理智”（passive intellect）。主动理智的工作就是进行抽象作用，以便对事物进行概念的认识。主动理智对事物抽象出概念，然后传递给被动理智。被动理智的主要工作便是接受物的概念，并认识物的概念，进行理解。

三、概念的种类

经过理智认识的概念可以区分为两大类：存在的概念（the concept of being）和经验的概念（the empirical concept）。

存在概念是所有认知成果的基本概念，凡是认识的成果它都是存在（being)，不管它是哪一种存在。而我们认识到某一个种类的存在，那是建立在这个存在的基本概念之上的“存在的样式”。这就如同我们揉面粉制作蛋糕，不管做出来的蛋糕是何种造型、何种口味，它的基本材料是面粉。各种蛋糕的形式都是基于面粉这个材料而被制作出来的，它们都是基于面粉所制作出来的特殊形态。

经验概念的基础是存在概念，它是存在概念的某一特殊形式。虽然从认识的历程来看我们不是先认识存在概念，但是存在概念是经验概念的基础。从一般的认识经验来看，我们虽然预设存在概念的存在，但是如果没有经过反省，我们很难感觉到它隐然地存在着。

经验概念的获得是源自感觉印象的被抽象化。理智靠抽象作用将具体、个别的感觉印象抽离空间、时间条件，形成具有普遍、抽象特征的经验概念。

经验概念从它的来源可以分出两个类别：（1）根据客体或感觉经验而获得的经验概念，如物体的概念、三角形的概念、红色的概念等。（2）根据体验而获得的经验概念，如自我满足、欢喜、忧伤、饥饿等概念。

经验概念从它的形态可以分出两个类别：（1）简单的经验概念，如红色的概念、单音阶的 Do 音概念、温暖的概念等。这类概念只能和它所代表的事物直接相关，不能再分出任何更小的组成分子。（2）复杂的经验概念，如人、小狗、树木、三角形等概念。这些概念都是由其他更基本的单纯概念所构成的。

经验概念从它所代表的事物可以分出两个类别：（1）实体经验概念，如人、树、圆环等。（2）关系经验概念，如大于、连续、方位、介于等概念。这些概念都不表示任何具体的对象，都在说明两个或两个以上实体的对应关系。

四、概念的特征

在一般的语词的使用上，我们经常浮泛地把概念（concept）与观念（idea）这两个语词混用，视为同义词。严格而言，经过认识历程而得到事物之普遍而抽象的认识，这个认识的结果称之为“概念”。它的存在是后于事物而存在，是对于事物的认识的结果。而“观念”则是事物之存在的规范，事物根据观念而成为某一种类的存在物。所以观念是先于事物而存在的，它是事物存在的模范。概念与观念两者本身同为普遍而抽象的存在。

概念所表现的特征如下所示：

1. 概念是我的意识的实在元素。经由以上的分析，我们可以肯定概念不是在意识里由主体性主观地杜撰而成的幻影。它是根据知觉、印象抽象而来，而且这些知觉、印象也是根据客观的实体而产生，它们也具有客观实在的根据。所以概念是一个意识里实在的内容。

2. 概念是意识的内容，它不能被化约成有形的知觉。虽然我们获得概念需要从对经验知觉的认识开始，但是经验知觉之具体、个别的特征和概念之普遍、抽象的特征完全不同。经验主义者认为"概念"是比较模糊的印象，这是混淆两种完全不同属性的事物。概念与印象的差别不只是分量上的不同(概念可以同时代表一整个系列的事物，印象只代表一个单一事物)，而且在性质上也不同（概念显示为事物之可被理解的形象，印象只显示为事物之被感受的具体形象)。理智把一切对象综合于统一的概念之下，以一个单一的概念涵摄杂多的个别事物。

3. 概念是抽象的，摆脱一切有形客体的具体时空条件。个别经验知觉以空间和时间作为其呈现于意识的条件，但是普遍的概念已抽离空间和时间的条件。

4. 概念经常直接地或间接地表现一个客观的或生活的经验。认识主体不能无中生有产生空洞的概念，它若少了经验知觉的协助就无从产生。没有任何概念是天生的，除非它依赖经验而获得。

5. 概念具有稳固的与精确的内容。一般缺乏抽象思考训练的人总是认为抽象的概念比起具体的感觉印象难于把握。因此，经常会有一种习惯把抽象概念以具象的印象来表示，例如：思考"三角形"的概念，意识中立即浮现一个三角形的印象（不管是等腰三角形、直角三角形、正三角形，或是红色的三角形、黄色的三角形等等)，有了这个具体的三角形的形象，似乎帮助我们认识三角形的属性。但是如果我们现在要思考一个"正二十一边形"的概念，我们的想象力对于图形的把握恐怕要比理智对这个几何形概念的把握来得模糊与不精确。再者，感觉印象总是受到具体、个别属性的变迁而流动不定，而概念总是确定不移。

第六节　认识的完成

我们从一开始就指明知识的完成在于判断，接下来就要从判断的意义开始，并说明判断的性质。同时，我们也要接着处理认识的统一性，说明认识的历程虽然复杂万分，却是有其一贯的统一性在协调各个不同的功能与认识结果。一个认识历程并不是单独倚靠理智就能单独完成，意志与情感因素也和认识的结果互相吸引、互相影响。最后，我们应反省认识活动的目的：它究竟是一个观念游戏，还是一个深入实体的探测工作。

一、判断

判断是认识行为的完成，它是意识内主体同化客体的最高峰，经由判断使我们确信主体确实已经认识或拥有客体。我们根据由一个判断的形式来分析判断的构成部分。例如“这个是蜗牛”这个判断可以分析成主词（“这个”，subject）、系词（“是”，copula）、谓词（“蜗牛”，predicate）。主词所代表的是意识里的经验知觉，也可以说是这一连串认识活动的最初起点。而谓词所代表的是经由概念化活动（即抽象作用）所获致的普遍概念。经验知觉和普遍概念在属性上已经完全不同（具体对抽象，杂多对统一，个别对普遍），却是同属于一个首尾相连的认识历程。于是需要一个把这个首尾连贯，或主、谓词联合的动作，就是通过判断作用宣布这两者原来是有从属关系的，系词就是把这两个词加以结合的关节。

到达了认识活动的最高峰，再次回顾我们的认识历程可以发现它是如此展开的：主体首先受到具体客体的支配，客体在意识里吸引主体的注意；接着主体通过抽象作用产生客体在意识内的表征，也就是概念。最后，经由判断作用将主体与客体加以结合，在这个综合作用当中找到主词概念与谓词概念的相应关联。

二、判断的特征

1. 联结抽象概念和具体事物之间的统一。消弭概念形成过程中抽象作用对实体的抽离而引发实体被分解的难题。

2. 延续概念的统一工作。借助于类概念对个体的断定起作用。

3. 完成认识的初步工作。借助于意识对感性知觉的统一与同化起作用。在这个认识的初步工作完成后，也就代表主体对于客体采取一种立场，亦即主体对客体表示一种认识的评价工作，采取肯定或否定的判断形式。

三、认识行为的统一性

经过了对认识历程一系列的分析之后，我们可以明了在意识里的主体性一面和客体性一面，一方面展现在知觉作用、想象力、概念作用、判断作用等主动认知的功能，另一方面则展现在感性知觉、印象、概念、判断等认识的结果。这两方面的工作与成果，绝不是纷乱失序的杂乱无章，而是复杂而有秩序的统一性工作。我们可以发现在感性层次、理性层次，主体性的一面与客体性一面，都是二元平行地相对应，就犹如人靠着两条腿一前一后的移动才能向前行动。

源自主体性的认识活动和发生在客体性的认识结果，两者不是自始至终都要一直面临分离的局面。我们只要从判断作用的结果，就可以明了主、客二元的分析，最后要结合于主、客融合，或主、客相互同化的效果之中。这一切认识的最终目的并不是认识任何先天存在的观念，而是经由概念的把握得到对实在界的认识或拥有。这最终的境界就是肯定主体在实在界之中，而实在界也经由主体而得到意义的显扬。

四、认识主体的完整活动

认识主体作为一个存在实体，它不只是一个“有认识能力的人”而已。我们应该说人是一个拥有各种能力的完整实体，而认识能力只是他的诸多能力当中的一个显著项目而已。就一个人的组成部分而言，可以区分成肉体与精神两大部分。我们可以说整个人体各个组成部分都多多少少与认识活动有关，肉体的完善与认识的完成有相互影响的关联，精神各方面的状况也影响认识活动的表现。

（一）身体因素与认识活动的相互影响

从肉体的方面来看，肉体的神经系统和感官活动都是作为认识活动的工具；在认识活动中，主体凭借肉体的感官吸取外在的经验，对于体内活动吸取内在的经验。认识活动与肉体的关系呈现交互影响的状态。认识活动的内容可以影响肉体的状态。例如，当一个人发现他买的彩券中了大奖，他的生理反应可能是突然脑子一片空白，不知所措，因为过度兴奋而引发呼吸急促、心跳加速、无法睡眠等症状。或者他在黑夜突发的火警当中发现自己身陷火海，为了逃生他的肌肉运动发出超乎平常的能量，让他能大步跳跃、奋力举起重物等等。这些都是因为对外在状况的新认识而影响了肉体的反应。另外一方面而言，肉体所引发的状况也会影响认识的结果。例如，当一个人感冒的时候会食不知味，甚至原来是甜味的食品，现在也尝起来变成苦味的东西。又例如，当一个人牙痛很剧烈的时候，可能连做简单的思考或加减法运算都感到很苦恼。

（二）情感因素与认识活动的相互影响

从一个人的精神状况来分析，他的精神活动包括情感、意志、理智三大方面。虽然理智是进行认识活动的主角，但是情感因素与意志因素也会和理智的认识活动互相影响。就情感因素而言，　个人对于认识对象如果有情感上的好恶，会影响理智认识的结果。例如，某人对于榴莲这种热带水果有特殊的喜好，则他对于榴莲的认知将会朝向有关这种水果的正面价值，如高热量、高营养等方面，而忽视它那独特的气味无法让人忍受的一面。又例如，某人对于他的兄弟钟爱有加，所以在他的眼里其弟无论是仪表、举止、学识都是优秀绝佳(尽管在他人客观看来不过尔尔)。另一方面，认识的结果也会影响情感的发展。例如，某人对于某极度受大众欢迎的公众人物（电影明星、体育明星或政治明星等等）原本有极高的好感，因为在偶然情况下看见了这个人物的人性怯懦自私的一面，尔后不再有好感甚而产生厌恶感。

（三）意志因素与认识活动的相互影响

意志的活动主要表现在欲望的活动上，我们可以说欲望的复杂性和知识的复杂性是平行发展的。在感性作用、想象力、概念作用等层次的活动上，都有欲望的平行发展，由于某种欲望的驱动力而推动了进一步的认识的作用。欲望表现为对于欲望对象的占有，这种占有的形式和认识活动主体占有客体的形式类似。被欲望的客体在整个过程也是一个同化作用的过程。欲望的活动表现于各种层面，如对于肉体欲望的满足，也有对于精神欲望的满足。知识的欲望活动属于精神欲望，表现为求知欲或好奇心。求知欲或好奇心起源于人类精神的无知，即知识的缺乏。这犹如食欲起源自人类肉体的饥饿，即食物的匮乏。当获得适当的知识，也就是求知欲获得满足，在精神上就能显示为对获得知识的享受。这种享受源自对知识的清晰认知，当获得的知识愈是精确、澄澈、透明，知识的享受就愈高级。

五、知识的目的

我们反复从各种方面来分析知识的形成过程，并不是为了一个知性上的游戏，或追逐空泛的概念、观念，甚至只是一个空洞的声音、符号、标志。我们的求知欲之所以不断追逐新的求知目标，实在是源自真实知识的要求与满足，最终就是要真实地拥有客观实体。这就好像当我们饥饿的时候光看着菜单上的美食名称并不能真正满足我们，必须真的有食物被我们所占有、消化。同理，知识的匮乏不能以获得观念或名词为满足，必须要这个观念能够真正呈现实体事物的本质，观念或概念完成它表征实体的任务，我们的知识才算完成，我们才能真正享受知识所带来的满足。

根据这个计划而达到对实体认识的结果，才能成为形而上学的前导。形而上学的主要目的在于探索一切“存在”的真相与属性及其相关问题。面对各种怀疑存在之真实性的理论，或对存在之肯定不置可否的“不可知论”，如果不能对存在加以澄清其价值与意义，形而上学的研究将趋于寸步难行。为免遭遇这种重大危机，认识论为形而上学的存在研究清除障碍，是其极具价值的工作目标。

（尤煌杰）

参考文献

王臣瑞：《知识论·心灵与存有》，台湾学生书局，2000 年。

汪斯丹博根著，李贵良译：《知识与方法之批判》，台湾商务印书馆，1967 年。

Fernand Van Steenberghen：*Epistemology*，New York，Joseph F. Wagner，Inc.，1970.

第三章　认识的障碍

探讨怀疑论、独断论、批判论、不可知论以及相对论的内容，这些理论的来龙去脉，以及它们出现问题的症结所在。

认识论探讨我们获得正确认识的可能性，但是历史告诉我们，人类有些认识并不正确。有些认识被古人奉为金科玉律和认为绝对错不了的，后来人却发现事实上并不是那么一回事。譬如，从前人们以为太阳绕着地球转，哥白尼发表了《天体运行论》之后，人们才恍然大悟，原来事实正相反。还有些时候，对于同一个问题，大家持有不同甚至对立的立场，并且各个都能够从自己的观点提出充足的理由来，而彼此争论不休。康德关于宇宙理论所提出的理性“二律背反”，就是哲学史上无法化解的宇宙论对立立场的一个综合性理论。由于这些混乱的情况，无怪乎有学者对于人类认识的真理性产生了怀疑，从而产生了各种的“怀疑论”、与之唱反调的“独断论”、想要彻底解决认识论问题的“批判论”，结果反而形成了的“不可知论”，以及以为可以息事宁人的“相对论”。这些理论，除了独断论夸大了人真实认知的可能性之外，或是全盘否定，或是缩小了我们真理性认知的可能性范围。下面我们讨论这些理论的来龙去脉与它们的问题症结所在。

第一节　怀疑论

怀疑论是否认人有获得真理性认识的可能的学说。它几乎存在哲学史的每一个时代，产生的理由不同，遂形成各种的怀疑论。关于怀疑论，王臣瑞教授在他的著作《知识论 · 心灵与存有》中有非常详尽的阐述。本章除了参考其他学者的著作之外，主要根据王教授的著作作综合的陈述。

一、古希腊哲学的怀疑论

怀疑论在哲学史上最早可以推到赫拉克利特。他的怀疑论有两个动机：一个是神学的，另一个是宇宙论的。他不相信我们人能够认识真理，因为我们的理智是分享神的灵性而来的，但是分享得太少，所以认识的能力很小，不能了解神所创造的真理，就像小孩不能了解他父亲的真理一样。另外根据他主张的“流动说”，宇宙间的万物都处在永恒的流动变化之中，如同他的名言所说“你不能两次踏入同一条河流”，因此人根本不能真正认识客体世界。

另一个在哲学史上以否定人类知识成名的是诡辩派的高尔吉亚。他提出了三个命题：（1）无一物存在。（2）即使有所谓存在，也不可认知。（3）即使可以认知，也不能够传达。

还有就是柏拉图的第一位老师克拉底鲁（Cratylus），他本人则是赫拉克利特的学生，所以也主张万物流动说，而且比赫拉克利特更极端。赫拉克利特说人不能两次踏入同一条河流中，他则认为连一次也不能，因为河水不断地在流动，当人踏入河流时水已经流失了。宇宙万物亦复如此，无时不在流动消失。因此他认为我们对于任何事物都不应当作判断，在我们作判断时已经事过境迁，我们的判断与事实永远不会符合。

二、学院派的怀疑论

柏拉图逝世后，他创立的学院走向了怀疑论的路线。首先有阿尔克西劳（Arkesilaus，公元前 316—前 241）主张“我们什么都不能确定”。他直接反驳的是斯多亚学说（the Stoics）。根据他的说法，斯多亚学派主张“我们可以得到某些真知识”，还主张“我们应当修德行，因为德行就是善，而且是唯一的善”。阿尔克西劳认为这是独断论。

接着卡涅阿德斯（Carneades，公元前 214—前 129）不只如同阿尔克西劳一样反驳斯多亚学说，他也驳斥伊壁鸠鲁学说（Epicureanism）。后者否认理智认识真理的能力，却承认感官认识真理的能力，因此主张我们应当追求快乐，避免痛苦。卡涅阿德斯坚持我们什么真理都没有，既没有理智的真理，也没有感官的真理，当然也不知道什么是快乐、什么是痛苦。我们没有分辨真理与错误的任何标准；真理超越了我们的能力，我们的能力只能达到概然性。至于他主张"我们只应寻求概然性，不必追求真理"有两个理由：第一，物的表象在心灵的形成，与心灵的活动状况有关，心灵有怎样的活动状况也就有怎样的物的形象。所以物在心灵上的表象与物的真相决不相同。第二，我们不能证明任何物的真相，因为要证明一个物的真相需要假定，然而假定是对或是错还需要另一个假定来证明，如此证明下去，以至于无穷。一言以蔽之，我们永远得不到真理的证明。

三、皮朗学派的怀疑论

真正有系统地倡导怀疑论的是皮朗（Pyrrho，公元前 360—前 270）。他的怀疑论可分为三点：第一，我们没有能力认识物的真相，因为不同的人对于同样的物有不同甚至相反的感觉。所以我们认识的只是物的现象，而不是物的本质。物究竟是什么，我们无从得知。物的现象是什么，我们也无从查考，因为我们无法把物的现象与物的本身作比较。第二，我们既然不能认识物，那么对于任何事就不应当作判断。对于不同哲学家的主张，既不接受，也不驳斥，常常保持缄默就是了。第三，由于我们对于物一无所知，又常保持缄默，所以我们应当追求安静，过平安宁静的生活。

皮朗学派后来著名的怀疑论者，尚有爱奈西德谟（Aenesidemus）和阿格利帕（Agrippa）以及塞克斯都・恩披里柯（Sextus Empiricus，150—210）。塞克斯都将以前的怀疑论者的理论编纂成书，此书是研究怀疑论最清楚、最有系统和最具权威的著作。他主张怀疑论的理由是：第一，我们对于物的认识与一般动物对于物的认识不同，是否我们对于物的认识才是对的，一般动物的认识则是错误的，或者相反，我们无法知道。第二，不同的人对于物的认识也不同，我们无法知道哪一个人的认识是对的、哪一个人的认识是不对的。第三，我们有不同的感官，各以不同的方式认识同一个物，我们无法知道哪些感官的认识是对的、哪些感官的认识是不对的。况且，我们是否有足够的感官认识物也是未知之数。第四，我们常在不同的环境中认识物，我们无法知道哪一种环境使我们真正认识物、哪一种环境使我们不能真正地认识物，何况物又随着环境改变自己。第五，认为可以得到真理或概然性的“独断论者”，他们在证明的时候，不是犯了循环论证，便是犯了无限追溯的错误。因为独断论者在论证的时候，不是把应当被证明的事拿来作为大前提，就是他们的论证常需要另一个论证来证明这个论证的真实性，这样一直证明下去，至于无穷。因此，塞克斯都认为我们应当如同皮朗所说的，不要对任何事作判断，不要对任何的主张作无谓的争执，因为我们不会得到真理的结论。人生就是要过安宁的生活，不为任何事所骚扰。

不管是学院派的怀疑论或是皮朗学派的怀疑论，在实际生活上既无法履行，在理论上也矛盾重重。第一，他们不能怀疑和否定他们自己的存在，他们所以能主张怀疑论，不是因为他们活着吗？第二，在食、衣、住、行等实际生活中，他们不可能不作判断，而且时时刻刻都要作判断。第三，如果真要在生活上贯彻怀疑论，疑东疑西，那么他们什么东西都不能吃，什么事都不能做，只能坐以待毙。

在理论上，怀疑论者不是陷于自我矛盾，就是强词夺理：第一，怀疑论者说“我们对于任何事都不能确定，所以不要作判断”，然而他们已经率先确定了一件事，即“我们对于任何事都不能确定”，同时他们自己也作了一个判断，即“我们不要作判断”。第二，怀疑论者主张“我们不要接受任何主张有真理的学说，因为那些学说不能被证实”，这不禁令人质疑，到底他们要我们接受他们的怀疑论是真理性的学说呢，或者要我们因此不要接受他们的主张呢？第三，怀疑论者主张“我们对于任何事都应当怀疑，因为我们不能认识真理”，但是，如果有人对什么都怀疑，那么他在某种意义上一定认为自己才知道什么是真理。况且，如同奥古斯丁（Augustinus，354—430）和笛卡儿所说的“我怀疑，我存在”，如果我怀疑，证明有“我存在”的真理。第四，学院派的怀疑论主张“我们虽然不能得到真理，然而能够达到概然性的知识，而且还能够得到较高的概然性的知识”。什么是概然性的知识？只能够说是距离真理不远的知识。因此，如果我们能够达到概然性的知识，那么在某一个意义上假定了我们知道什么是真理。总而言之，怀疑论者的基本主张在于两句话：“我们对于任何事都应当怀疑”和“没有真理”。但是，这两句话包含着自我矛盾，因为至少怀疑论者不能怀疑自己的存在。至于说“没有真理”，奥古斯丁已说过：“如果没有真理，没有真理便是真理。”因此，当怀疑论者说没有真理时，他们已经犯了自我矛盾的错误。

除此之外，怀疑论者批判主张有真理者的推论，不是犯了循环论证的错误，就是犯了无穷推论的谬误。对此需要澄清两个概念，一个是知识的“最后基础”。一个判断需要一个理论的基础才能够被承认它是真实的，如果这个理论基础本身也需要另一个理论基础来证明它的真实性，那么它不是那个知识的“最后基础”。知识的“最后基础”本身是自明的，它显示它自己，而不需要其他的理论基础来证明它的真实性；相反地，其他的理论判断最后需要建立于它才能够证明自己的真实性。另一个需要澄清的概念是，对于将自己显示出来的对象下判断，我们根据的不是其他的判断，而是那个对象本身，因为它将自己显示出来，所以它自己保障了对于它认识的真理。因此，对于真理的追求，无所谓怀疑论者所指控的循环推论或无穷推论的错误。

四、近代的怀疑论

在文艺复兴时塞克斯都的著作再度在欧洲出现，怀疑论也随之再次兴起。蒙田（Montaigne，1533—1592）是近代最著名的一位怀疑论者，他坚决主张我们的感官和理智无法得到真理，他的理由如下：第一，我们的知识是靠理智推理和感官经验得来的，而理智推理最后必须依赖感官的经验。问题是我们的感官经验不到事物的本质，即使连我们的认知官能（理智和感官）的本质是什么，我们也经验不到。第二，我们认识的能力与我们所处的环境，以及我们当时的信念有密切的关系，然而我们的环境与信念常常在改变，因此我们的认识能力也随之在改变，在这种情况之下我们无法把握真理。因为我们以前认为是真的，现在可能认为是假的；反之也是可能的。例如哥白尼推翻托勒密的天文学说。而我们现在认为真的，不保证将来不被认为是错误的。科学的真理是如此，其他的真理亦莫不如此。第三，我们的知识都来自感官的经验，也许我们并没有足够的感官以经验事物。而且，纵然我们有足够的感官，幻想与错觉也会欺骗我们，疾病与醉酒也可以误导我们。有时梦境与事实也很难分清。还有我们的经验不但与动物的经验不同，人与人彼此之间的经验也不尽相同，甚至我们自己的经验也会有前后不一致的现象出现。究竟哪些经验才是真实的经验，我们无法分辨。第四，为证明我们的经验的可靠性，我们需要使用一种标准；但是这个标准是否可靠，需要另一个标准来证明它。这样证明下去，一直到无穷，永远得不到一个结论。有的人会想，我们可以用理智作为经验可靠性的标准，也就是说，以理智判断我们经验的可靠性。但是我们不能凭空就认为我们的理智有这种判断的能力，所以我们需要有理由来证明理智的能力，而这个理由又需要另一个理由来证明它，这样证明下去，照样永远得不到一个结论。根据以上的理由，蒙田得出结论说：真理对我们而言是遥不可及，单凭我们自己永远达不到真理，只有靠上帝的恩典，我们才能得到某些真理。

沙朗（Pierre Charron，1541—1603）承续了蒙田的怀疑论，和蒙田一样认为：除非得到上帝的启示，我们不能认识真理；因为我们的感官经验是否与客观事实相符合，我们的理智是否有分辨真理与错误的能力，都是可疑的。沙朗认为，单靠我们自己根本没有得到真理的希望，得到真理的唯一方法是，抛弃一切主张和学说，将我们的心灵腾空出来，以准备接受上帝的启示。

桑切斯（Francisco Sanchez，1552—1623）以对亚里士多德的认识论的批判为途径，提出他的怀疑论，即“无物可被认知”。首先，他指出亚里士多德的认识论是从物的定义切入，而他认为物的定义不代表物的本质，物的定义来自物的名字，而物的名字是约定俗成的、人随意定的，所以亚里士多德的认识论是错误的。根据他的说法，任何的认识论无不从物的定义开始，所以也都是错误的。其次，他认为亚里士多德的三段论证含有循环推理的谬误。因为三段论证的结论是大、小前提的一部分，所以是无效的。除非我们知道大、小前提的意义，否则我们不能得到一个真正的结论；然而如果我们知道大、小前提的意义，那么我们就不需要论证了。因此三段论证并未给我们带来什么新的知识。此外，亚里士多德提出，我们对于物的认知与对物之原因的认知有关，如果我们知道一个物的原因，我们就得到那个物的真知识。但是，物的原因我们永远不得而知——为了知道一个物的原因，我们必须知道那个原因的原因，如此一直往后推溯，永远没有一个终结。为知道一个物的原因，我们需要有无限的原因的知识，这不是我们人的能力所能办到的。除此之外，桑切斯认为认识的不可能还有另外的一个理由，那就是：所谓真知识，就是对于一物有完全的了解；对于一物有完全的了解，就是对于一物所有的性质有直接而直观的了解，而这是我们人做不到的，只有上帝才能做到。一切事物都是彼此关联而环环相扣，人不可能对于物的一切关系都完全了解。况且一切事物时时刻刻都在变化，没有一个固定的形式让我们能够来了解它们。更何况我们认知的官能根本不可靠，因为我们认识物时我们对物的观念是由感官得来的，然而感官只能认识物的外表，不能认识物的本质。因此，我们根本不能认识任何事物。

近代怀疑论者之中值得一提的还有伽桑狄（Pierre Gassendi，1592—1655）。他受到塞克斯都、蒙田、沙朗与桑切斯等人怀疑论的影响。不过，他不是个极端的怀疑论者，而是一个缓和的怀疑论者。首先，他主张，我们认识的来源只有感觉经验一个途径，但是感觉并不能使我们获得物的本质定义。借着感觉我们只认识物的外表，我们的感觉也仅感觉到局部性的物，更何况我们的感觉常有新的经验。根据伽桑狄的说法，我们不能有普遍的命题，自然也不能得到确定而绝对的原理。其次，即便我们能感觉到物的外表或现象，然而为什么物有那种现象也不是我们所能够了解的。譬如，我们尝到蜜是甜的，但是为什么蜜是甜的呢？它的原因是什么？这就远超过我们的理解能力了。总而言之，我们不可能认识物的真实性，我们只能认识物的现象。

五、休谟的怀疑论

（一）否认普遍概念

最彻底和最有系统的怀疑论者，则首推休谟（David Hume，1711—1776）。他的主张代表了经验主义的怀疑论。他赞成贝克莱（George Berkeley，1685—1753）的观点，认为我们不可能有抽象的观念。自然地，他也否定了一切所谓的普遍概念，因为普遍概念来自心灵的抽象活动。他否定了普遍概念，顺势地也就迈入了怀疑论。因为如果没有普遍的概念，我们便不能定义任何事物，提到人时只能说这个人或那个人，谈到事物时就仅能说这件事或那件事。但是，知识的性质就是得脱离物的个体性，以形成普遍的概念。如果没有普遍概念，不但没有科学，其他一切学问也不可能存在。虽然休谟并没有说我们什么学问都没有，但是他的学说会导致我们怀疑认识的真理性。

（二）否认因果原理和齐一原理与归纳推理

此外休谟否定因果原理。他认为原因的事实与结果的事实是两回事，它们之间没有必然性的联系，但由于在经验中我们发现它们经常地一先一后相继发生，久之也就“习惯”它们这样发生，而“相信”前者的事故必然具有能导致后者事故发生的能力。事实上，原因并没有可以导致另一个事故发生的能力。因为一切有关事实的知识都是从经验得来的，从经验得到印象，由印象得到观念。而我们并没有原因必然产生结果之能力的印象，自然也就不能有原因与后果必然相联系的观念。

否认了因果原理之后，休谟进一步否认大自然的齐一原理。也就是说，我们不能证明我们没有经验过的事故会如同经验过的事故一样发生，因此也不能证明将来会有与我们经验过的事故相似的事情发生。

否认了因果原理和齐一原理之后，归纳推理也成为可疑的，因为归纳推理及其应用是建立于因果原理和齐一原理。也就是说，从特殊事件归纳推理的结论不能成为普遍的真理，更不能由此有效推断未来的事件必定与过去的事件相似。

（三）否认对物独立存在的认识

否定了普遍概念、因果原理、大自然的齐一原理以及归纳推理的有效性之后，不可避免地要产生“我们到底能不能够认识事物”的问题来。休谟先是排除我们由感官认识事物的可能性。他以反证的方式解释说：如果只有当物呈现在我们的感官前时我们才知道物的存在，那么当物没有呈现于我们的感官时我们就应当不能知道物的存在。因此，如果说感官使我们认识物的独立存在，那么感官就必须时时不停地工作，即使当物没有呈现于我们感官前时也不例外。这显然是一个矛盾而不可能的事。

休谟不但否认感官有使我们知道物继续独立存在的能力，也否定了理智有这样的能力。按照他的说法，我们的心灵认识物时只是对于物的知觉（perception），而且是经由感官才有的知觉。因此，感官不能使我们知道物的独立存在，理智同样没有这样的能力，因为我们的心灵知觉物时常随着感官中断而中断。此外，我们的心灵对于物的知觉仅存在于心灵上，我们的理智不能从我们的心灵对于物的知觉推论出物有继续独立的存在。因为这种推论是由原因到后果的推论，而原因与后果的关系只是建立于习惯的关系。

既然感官和理智都不能使我们知道物是独立的存在，那么为什么我们相信物是独立的存在呢？休谟将之归于物本身具有的恒久性（constancy）和一贯性（coherence），以及我们的想象力。譬如，在我窗前的那些山、房屋和树木，常以同样的姿态显示给我，有时我转过头去暂时不看它们，当我转过头来再看它们时它们依然如故，没有什么改变，这就是休谟所谓物的恒久性。再譬如，如果有几堆炭火，它们是同样的木材、同样的体积，在同样的时间内燃烧，它们的变化会是相同的，这就是所谓物的一贯性。物的这种恒久性和一贯性，使我们相信物脱离我们心灵的认知，继续而独立地存在。

问题是，物的恒久性和一贯性虽然使我们相信物是独立的存在，然而它们并不使我们的信心达到坚信不疑的程度，毕竟我们对于物的认知或印象随着我们的感官与物接触的中断而中断。因此，纵然物有它们本身的恒久性和一贯性，它们并不能绝对地保证，物在脱离我们心灵的认知后仍然是独立的存在。为了解决这个问题，休谟提出了我们的想象力。这就是说，由于我们看到物显示于我们的恒久性和一贯性，我们的心灵便会想象，在我们心灵的认知中断时必须有一个继续而独立存在的物，否则物不会在显示于我们时有它们的恒久性与一贯性。换句话说，是我们的想象力将物的恒久性和一贯性与物继续而独立的存在给联系在一起的。

综合以上所述，究竟我们有没有充足的理由相信物可以脱离我们心灵的认知而独立地存在呢？休谟持否定的态度。因为他的基本主张是：我们直接所认识的对象只是我们对物的知觉或印象。我们对物的知觉或印象是否就代表实际存在的事物呢？对休谟而言，这是永远不能解决的问题。这也正是所有怀疑论者都认为是永远不能解决的问题。

（四）否认对自己人格同一性的认识

在休谟的经验主义理论下还会产生另一个问题，就是对于自己人格同一性（personal identity）认识的问题。一般我们都相信我们有人格的同一性，也就是说，我相信我就是我，我常是我，这是不会变的。但是我们真能认识自己人格的同一性吗？休谟认为在哲学上没有比这个问题更难的了。我们先问：我们能不能认识自己的身体？休谟的回答是：真正来说，我们认识的不是我们的身体，而是我们的感官所得到的一些印象而已。但是我们不仅感觉经验到我们自己的身体，也经验到在我们的身体之外许多的物体。在我们自己的身体与我们身体以外的物体之间有一条清楚的界限：我是我，它们是它们，泾渭分明，绝对不能混淆。因此，我们不能不认识我们自己的身体。不过，休谟认为这仍然是一个无效的论证。因为根据感官我们固然认识许多在我们的身体以外的物体，但所认识的仍然是一些印象。他的意思是：我们直接所认识的对象只是印象，印象不代表物的本身，所以我们不能由印象结论出物的独立存在。简单说，他否认有所谓实体的存在。

再看一看休谟如何看我们对于心灵认识的问题。休谟不否认我们有心灵，然而他否认心灵是实体。他认为我们没有心灵是实体的观念。如果我们有心灵是实体的观念，我们也必定有心灵是实体的印象，因为观念来自印象；但是我们并没有心灵是实体的印象，况且印象不能代表实体。那么心灵究竟是什么？休谟说："心灵是一座剧院，在那里不同的认知连续地出现、过去、消失，而混入形态与环境的无尽的变化之中。"或说："我只是一堆不同的知觉，或不同知觉的集合，那些知觉以不可想象的速度一个接一个地发生，且在永恒的流动之中。"这就是哲学家们所说的休谟的"一堆的理论"。很清楚地可以看出，他否认了我们人格的同一性。

（五）对感官和理智的认识能力的质疑

关于我们感官的认识能力，休谟强调，我们在认识事物时事物并不能直接与我们的心灵相接触，我们心灵认识到的只是事物的形象或知觉，而感官是事物的形象或知觉进入我们心灵的入口。因此，哲学强迫我们要抛弃对感官信任的本能，必须另外寻找一个合于理性的理论来。然而这对哲学而言是一个尴尬，因为哲学使我们看到相信感官的自然本能是错误的。可是理智又不能证明事物的形象或印象仅是事物的代表，实在的事物不是形象或知觉；也许事实上事物就是形象或知觉。

休谟认为，我们没有任何论证可以证明我们的心灵所得到的物的形象或知觉是来自外界的事物，然而我们也没有任何论证足以证明那些形象或知觉与外界的事物完全不同。那些形象或知觉是否由我们心灵的某种能力所制造的？或者是一个不可见的神体给我们造成的？或者是我们不知道的一种原因给我们造成的？这都是不能证明的。总而言之，由于以上对于我们感官知觉与形象的质疑，休谟认为怀疑论者怀疑感官认识真实性的理论是有理由的。

关于我们理智的认识能力，休谟分别从"抽象推理"与"事实推理"两方面来考察。从抽象推理方面来看我们理智的能力，休谟认为使我们对理智发生怀疑的理由，主要在于几何学家与形而上学家所讲的空间与时间的理论。根据几何学家与形而上学家们所说，有形实体可以分成无限的部分。譬如甲这个有形实体，在它内部包含乙这一部分；乙这一部分与甲相比，能够无限小于甲，因为甲这个有形实体可以分成无限的部分。同样在乙这一部分内包含丙，丙这一部分与乙这一部分相比，也能够无限小于乙，因为乙这一部分也可以分成无限的部分。而后丙又包含丁……这样推演下去，一直到无穷。休谟说，这种理论充满荒谬与矛盾。论到几何学家们与形而上学家们对于时间所讲的理论，休谟认为更是荒谬绝伦。根据他们所说，时间有无限的部分，每一部分都是真实的，而时间一部分接续另一部分地耗尽而消失。休谟说，不论谁，只要他的判断力没有被腐化，永远不会承认这种理论的。

从事实推理方面来考察，休谟把怀疑论者分为两派：普通的怀疑论者与哲学的怀疑论者。前者认为我们理智认识的能力不可靠，是由于看到不同时代和不同地区的人有不同的主张，即使我们自己在不同的情况之下也会有不同的判断；这个指的是皮朗主义的怀疑论。休谟认为这种怀疑论经不起实际生活的考验。因为在日常生活里我们无不根据我们的理智在生活，谁也不怀疑我们理智认识的能力。休谟赞同哲学的怀疑论，它只限于对事实与存在问题的探讨。这类的问题容许矛盾命题的成立，因为任何的存在者可以不存在；事实的否定不含任何矛盾；任何一个物的不存在，和它存在一样，都是一个明白而清晰的观念。这是建立于经验的事实知识，不是来自先验的推论。换句话说，休谟支持的哲学的怀疑论，只承认由经验得到的事实知识，不承认或是怀疑由先验推论出来的理性认识。

综观以上休谟对我们的感官与理智认识能力的理论，没有人会怀疑他不是怀疑论者，但是他不承认自己是怀疑论者。为什么呢？有两个理由：第一，如同他反对皮朗主义的理由一样，如果我们在日常生活上作判断，我们便不是怀疑论者。第二，如果他承认自己是怀疑论者，那么他也必须怀疑他自己的主张。

（六）评休谟的怀疑论

首先我们评休谟有关因果关系的理论。他不相信原因有产生后果的能力，认为那完全是习惯问题。对此我们可以提出两点来反驳：第一，有时我们只要一次看到一个事故使另一个事故发生，不必有一百次或一千次看到，就相信它们之间有必然关系。第二，如果我把手放进火里，我“知道”火会烧手，不是我“相信”火会烧手。休谟还强调，我们是靠经验才知道原因与后果的关系，因为我们不能证明我们没有经验过的事。因此，我们也不能以过去来证明将来。但是每当我们作某一行动的决定时，我们无不假定了将来会相似过去。没有大自然齐一原理的观念，我们不可能作任何的决定，而是盲目行动。此外休谟也质疑建立于因果原理和齐一原理的归纳推理的有效性。然而大半的自然科学、社会科学、人文科学，都以归纳推理为主要的依据；如果归纳推理被否认的话，那么这些科学的基础就动摇了。这样的结果显然非常荒谬，而且不符合事实。

休谟的“一堆知觉”的理论否认了我们人格的同一性，没有所谓的“自己”。但是，如果没有一个知觉者，如何能够有那一堆的知觉？如果“自己”只是“一堆的知觉”，我们如何分辨这“一堆知觉”和那“一堆知觉”的差别？我怎么能够知道这是我的认知，那是你的认知？我如何说“我”“我自己”“我的”？对于“我”认为“我”常是“我自己”的事实，休谟解释说，那是因为我们有记忆力的关系。记忆力使我想起我以往的认知和它们之间的关系来，因此我便认为“我”常是“我”，有一个人格的同一性，其实那是虚构的。休谟以记忆力说明我们人格的同一性，犯了循环论证的错误。因为记忆力要求“我常是我”，没有“我”人格的同一性，不可能有“我”从前认知的记忆。

休谟的基本问题是，他是一个彻底的经验主义者，认为经验是一切知识的来源，反对心灵抽象说，而否定一切普遍概念，进而否定一切普遍命题。但是，休谟自己的经验论中就预设了一些普遍命题，诸如“经验是知识的唯一源头与判断标准”。所以休谟的经验主义怀疑论是有问题的。

第二节　独断论

在认识论上，与怀疑论对立的极端立场是独断论（dogmatism）。怀疑论质疑我们认识的可能性与真确性而陷入自我矛盾，是我们应当避免的一种认识论立场。独断论肯定我们认识的绝对可能性和绝对正确性，同样也是我们应当避免的另一种极端主张，因为它对于人类认知能力未加说明的夸大肯定会阻滞我们的哲学思考。

一、独断论的定义

哲学家从不同的认识论立场所反驳的独断论，所意指的不是完全相同立场的独断论。学院派的怀疑论者和皮朗学派的怀疑论者，当他们提到独断论时，所指的仅是不认同他们怀疑论的主张而跟他们唱反调的学说，也就是泛指认为我们人能够得到某些真知识的学说。譬如，学院派的怀疑论者阿尔克西劳反驳斯多亚学说是独断论，因为根据他的看法，斯多亚学派主张我们可以得到某些真知识，我们应当修德行，德行就是善，而且是唯一的善。皮朗学派的怀疑论者爱奈西德谟和塞克斯都所驳斥的独断论者则不单单指斯多亚学派，还包括了伊壁鸠鲁学派和亚里士多德学派，因为这些学派的学者们都认为我们能够得到真理或至少某些真理。后来德国古典唯心论者费希特（J. G. Fichte，1762—1814）所说的独断论者则是指康德（I. Kant，1724—1804），因为康德的认识论承认，认识的构成除了悟性的思想之外，还需要感性的材料，而假定了物自身的存在。对费希特来讲，如果假定物自身的存在，“我”便会失去自由，因为悟性的行动还要受到质料的限制，而他的观念论（idealism）肯定“我”的整个自发性，就是质料也必须是来自意识主体的设置。对康德来说，凡是不知道我们认识能力的性质及界限却仍大发议论者是独断论者；所有的理性主义者都是独断论者，因为他们的形上知识未经过批判却认为真。鉴于以上对“独断论”名词使用的混乱现象，我们有必要对独断论作一个界定，以分辨真正构成认识障碍的独断论与不同学者所说的独断论；后者不一定是我们应当抛弃的独断论，相反，驳斥别的主张是独断论者的，他自己也可能才是真正的独断论者呢！

在与怀疑论的对立比较之下，邬昆如教授给予独断论的定义是：“未经哲学论证就肯定一切，而且信以为真者。”换句话说，独断论是未经过批判就相信，是一种绝对的假设。它包括了四种特性：第一，肯定认识主体与认识客体之间关系的存在，主客的二元对立是个定案，绝不加以怀疑，而且肯定主客之间能够相通。譬如，经验主义者肯定通过感官可以得到知识，理性主义者认为通过理性的思考可以得到知识。第二，肯定认识主体的一切印象都与客体相同，不论是属于感官世界中的“我看到……”，或是在理性层面的“我确定……”，都无疑虑。第三，未加证实地坚持，或是本来可以证实的而不再证实就相信，或是根本无法证实却硬说已经证实了，而最坏的状况是反方面已经证实了却不肯承认，而仍固执于自己的独断中。第四，单凭某一种权威。譬如，经验主义的独断以感官的作用说“我看到了”，理性主义的独断说“我想通了”。极端的怀疑论者的独断则是认为我们根本无法认知，知识的最高峰是“无知”。

由以上的描述可以看出，独断论事实上不是一种学说，而是做学问的一种态度，把未经证实的知识当做不可改变的真理。这种独断态度使真正的哲学工作无法进行，是我们应当避免的一种态度。不过，哲学的建构是允许从某个或者某些自明的观念或原理开始的，只是这些自明的观念或者原理后来也得以证实。例如，笛卡儿的哲学从“我思故我在”开始建构，而在建构中“我思故我在”也获得了说明。

二、“三个第一真理”

在认识论上，巴尔梅斯（J. L. Balmes，1810—1848）首先提出，为建立真理的确定性，我们必须承认三个基本的真理，那就是“我的存在”“矛盾原理”以及“我的理智能够认识真理”，即所谓的“三个第一真理”。梅西耶（D. Mercier，1851—1926）和孙振青教授对这个“三个第一真理”有异见。梅西耶认为，“三个第一真理”的理论混淆了本体论与逻辑学的分别：以“我的存在”而言，在本体论中如果我不存在，当然不能谈任何真理，因为没有认识真理的主体；然而在逻辑学中便不能同日而语，因为在我作一个真理的判断时，我并不需要先肯定我的存在，而后才作那个真理的判断。譬如，二加二等于四，不论我先肯定我的存在与否。由此看来，我的存在并不见得必须先被其他的一切真理所假定，因此很难称为第一真理。论到矛盾原理，梅西耶承认，那的确是一个最先或最基本的原理。因为不承认矛盾原理，我们不能肯定任何真理。但是矛盾原理绝不是我们判断一切真理的大前提，仿佛一切真理都是从矛盾原理推导出来似的。至于我的理智能够认识真理，梅西耶认为这和我的存在的问题一样。在本体论中，如果“我的理智能够认识真理”不先被肯定，我们便不能谈任何真理。在逻辑界，我们不是先肯定我的理智能够认识真理，而后才实际地认识真理；相反，由于我们实际认识了真理，所以我们才肯定我的理智能够认识真理。

孙振青教授认为，对于“三个第一真理”的理论，如果只是接受，而不再去询问它们的根据，就是坚持独断论的方法。按照他的看法，这三条基本真理的确很明显，为了寻找认识论的起点，还是可以追问它们的逻辑基础，而不能只是“假定”它们具有逻辑基础。其次，这三条基本真理本身含着一些困难。“我存在”这个真理需要一些反思的工夫才能建立，就像奥古斯丁和笛卡儿这些敏锐的大思想家所做的。另外，“我的存在”这个命题蕴含着“我是什么”这个问题，相当复杂。矛盾原理也蕴含着一些复杂的问题，直接涉及认识论的整个体系。例如：这条原理是分析的呢，还是综合的呢？是先天的，还是后天的，或是先天的兼后天的？它只有逻辑的应用，或者也能有本体的应用？至于“人类具有认识真理的能力”这句话更不明确了。首先，对于真理的定义，大家各有不同的意见。其次，所谓“人类具有认识真理的能力”，是不是说人类能够认识客观存在的事物呢？但是面对如此众多的现象论者、唯心论者、怀疑论者、经验论者，如何能作这样的预设呢？它岂不正是认识论所要研究的问题吗？基于上述的情形，孙振青教授认为，只接受“三个基本真理”的理论，而不探寻它们的理论根据，这种独断论者的方法是不妥当的，他们预设得太多了。

面对“三个第一真理”理论所受到的质疑，尤其直接针对梅西耶的反驳，王臣瑞教授一方面澄清：我的存在、矛盾原理以及我的理智能够认识真理所以称为三个第一真理，不是指在直接认识的层面是最先认识的真理，而是在反省认识的层面是最先认识的真理。也就是说，在我们反省或考察真理时，我们发现那三个真理是其他真理所预设的基础和条件，不先承认那三个真理，其他的真理便不能建立。意思也就是，“三个第一真理”先行于其他真理的认识，是从本体论的次序所作的判断，而不是从逻辑次序来的了解，因此没有梅西耶所说的将本体论与逻辑学混淆的情况。另一方面，他解释说，这“三个第一真理”所以称为第一真理，是由于别的真理都假定它们的真实性，纵然在我们否认或反对它们的真实性时，仍然必须暗含着承认它们的真实性。既然它们是第一真理，没有别的真理比它们更在先的了，所以它们的真实性不能有严格的证明，只能说明。既然能够有所说明，因此接受“三个第一真理”理论的不必然就是采取独断论的方法。

第三节　批判论

独断论的方法是未经批判就相信，与之相反的则是批判论的方法最彻底的批判论的方法出现在康德的《纯粹理性批判》。鉴于理性主义过分强调理性的洞悉能力，经验主义太夸大感官经验的认知作用，康德意图调和两者。他采取的方法是，对我们的认识能力作彻底的分析，找出认知的先天因素，即主观的认知条件，探讨我们认知的过程，然后以这种分析为根据，划定我们认知的范围。按照他的分析，我们人的认知能力具有三层的结构：感性、悟性及理性。这三层能力各有其先天的结构，各有其功能，不能混淆，次序也不能颠倒。

一、感性

感性的功能是“直观”。所谓直观即是直接地“看”。康德视之为接触对象的最前线。感性怎样地直观，怎样地看，决定我们认知对象的方式。

感性直观能够怎样地看，决定于感性的先天结构。就像我们的肉眼能够怎样地看，决定于我们眼睛的先天结构一样。有些人的眼睛的先天结构与一般人稍有不同，遂产生所谓的色盲。换句话说，颜色并不是单纯物的本色，而是光线的刺激加上我们的眼睛按照其先天结构的改造所形成的。

感性直观的先天结构是空间与时间的先验模式。空间与时间本身不是什么客观存在的东西，也不是取自经验的概念，更不是物自身，而是感性直观的先验模式。空间是外感官的主观先天模式，它不是事物关系的普遍概念，也不是事物客观的存在方式。时间是内感官的主观先天模式，即直观我们自己和我们内在状况的先天模式。由于通过外感官的模式，即通过空间所直观到的，在认知过程中要成为内在的表象，而也要受到内在感官模式的时间的限定。因此，空间就为一切外在直观之纯模式，只是外在现象的先天条件，时间则是一切现象的先天模式条件。

空间与时间是使感性直观成为可能的主观模式条件。在空间与时间的先验模式内所直观到的不是物自身，而是物的现象；也就是已被空间和时间模式所接纳，而被安顿和被改造了的表象。物自身是不能被感性直观的，而我们人只有感性直观——康德只承认上帝有理性直观。因此，对我们人的认知能力而言，物自身是不可认知的，虽然康德假定了物自身。他说，在直观发生之前必须有东西呈现出来，刺激感官，引起感官的活动。这些东西是认识最原始的材料，它们是混沌而无意义的。但是，这些原料与物自身的关系不明。而当它们被感性知觉（直观）时，则又是已然通过空间与时间之先天模式所安顿了的现象，它们与物自身的关系更是暗昧不明。

感性直观到的现象杂多，为形成概念，需要加以综合统一。综合统一杂多的现象是悟性的工作。

二、悟性

悟性是反省思考的能力。悟性的工作是针对感性直观所产生的现象进行思考与判断。现象就为悟性思考的原料，也是杂多；悟性的思想，就是以共同的概念，即先验范畴，去统一和安顿这些杂多的表象而产生普遍的概念。针对这些普遍概念，悟性再按照自己的先验原理进行判断，而构成所谓的普遍的与必然的判断。因此，直接涉及对象的只是直观，悟性的概念从不直接涉及对象，而是涉及对象的表象，不管它们是被直观的现象或是已被思想为概念的表象。换言之，悟性的思考与判断，是对对象间接的认知活动。

悟性的思考根据先验范畴。先验范畴是悟性官能的先验形式。它们取自亚里士多德的范畴论，而与亚里士多德的应用有所。除了数目不同，最大的不同在于：对亚里士多德而言，范畴表达的不只是我们思维的方式，也是事物存在的方式；在康德的应用中，范畴只是主观思维的先验形式，而且它们只对现象有效，不涉及对象客体。对思考所获得的普遍概念，悟性进行判断。悟性的判断根据先验的原理。这些先验原理如同先验范畴一样，表达的只是主观的认识原理不是客体的存在原理。

要完成认识，对悟性所获得的普遍与必然的判断，还要进行系统统一。这是理性的工作。

三、理性

理性是以先验观念系统统一悟性之概念与判断的能力，这个工作称为推论。理性对认知对象具双重的间接关系，因为理性的推论不是对感性直观，而是针对悟性的概念与判断。理性从不直接涉及对象，而只涉及悟性。所以理性的观念比悟性的范畴更远离了客观事实。

理性不制造概念，而只是安顿概念，即通过一个先验观念对悟性的概念作最大可能范围的系统统一。如果说，悟性是以规则（概念）统一现象的能力，理性就是以原理（观念）统一悟性规则的能力。

理性的行动是推论。理性的每一个推论，在求有条件存在者的先决条件，此先决条件本身又预设其先决条件，条件系列之总合或最终原理是个无条件者，即一个统一原理的先验观念。通过先验观念，理性进行系统统一。康德提出三大观念进行三大系统统一："灵魂"是思想主体无条件的绝对统一观念，"世界"是现象条件系列的绝对统一观念，"上帝"则是一切可思对象之条件的绝对统一观念。

理性的先验观念，不是指涉存在而可以扩张对象认知的结构原理，即存在的原理；而是先验的调节原理，即理性在认知的时候用以系统统一经验认知之杂多的一个主观原理。因此，先验观念没有本体的应用性，而只有理性主观认知的应用性。

其中"上帝"是最高的先验观念，康德称之为"先验理想"。它只是理性的"先验理想"，它不是一个结构原理，即不是一个本身必然存在而能说明世界一切存在的充足理由。它是理性最高的调节原理，也就是说，在"上帝"这个理想观念之下，理性这样看世界内一切的联结，"拟似"它们都出自"上帝"这个一切充足的必然因。换句话说，"上帝"不是一个存在的原理，而只是一个认知的原理，是理性的一个先验的纯观念。它的作用是，使理性在认知过程上能够尽可能地系统统一表象。

总而言之，一切认识由感官开始，经由悟性，结束于理性；或者说，一切认知由直观开始，经由概念，结束于观念。其中，悟性只对感性现象加工，理性则只对悟性加工。悟性与理性两种能力不是直观的能力，因此不具认知的积极性格，对感性直观而言，它们并不提供有关对象新的实在的认知。按照人的认知方式，我们的认识决定于感性直观。感性直观所获得的是现象。因此，人能够认识的只是现象，不是物自身，与物自身无关。

四、批判

康德对认识论的贡献在于他提出认知的主观先验条件。他的认识论最受争议的是：按照他的批判，人只能认知现象，与物自身无关。虽然康德承认首先必须有东西刺激我们的感官，感性才开启认识的活动，但是这东西（即原料）与物自身的关系暧昧不明。如果你说原料应当来自物自身，那么你已应用了因果观念；而在康德的认识论里，因果关系属于悟性的先验范畴，它只能应用于现象界，不能应用于现象之外的东西。此外，当我们知觉到东西时，这东西已是被感性直观了的现象；也就是说，它是通过空间和时间的感性先天模式的安顿、已被改造过了的表象，它与物自身的关系比原料与物自身的关系更不清楚。这样的认知如同无源之水，完全不可理解。而且，若人的认知果真是如此，则令人质疑：自然科学是怎么可能的呢？自然科学预设我们能够认识事物本身的实在。问题在于，康德以为人的认知决定于直观，即决定于与对象直接的接触关系。因为只有直观能够直接“看”到对象。要认知，就必须看；而哪个官能看了，哪个官能就决定认知的方式。而人只有感性直观，感性直观到的只是物的现象，因此人能够认识的仅是现象。

虽然康德说“思想无内容是空虚的，直观无概念是盲目的”，好像知识无差别地出自直观与概念、感性与悟性的组合。即使他强调构成我们人的认知有两大主要内容——感性提供对象，悟性思想对象——但是仔细地分析，不难发现，感性与悟性不仅在作用与作用的方式上不同，而且它们的作用有一定的次序，不能颠倒。先有感官提供对象，然后才有悟性的思想对象。提供对象的不是悟性，而是感性。没有感性直观对对象的传达，不能有悟性的范畴提供对象的概念。悟性的思想只透过感性直观才间接与对象有关。它只以概念综合感性提供给它的材料，所以它对对象并不提供新的认知。能够被认知的，自始已经由感性直观所提供。因此，决定认知方式的还是感性直观，而不是悟性的概念。

与对象有直接关系的是感性直观。因此，认知的目标应当是感性直观的目标，即现象的状况。反过来，认知对象的判断标准决定于感官的知觉。能够被感官知觉的，才可能是认知的实在对象；不能够被感官知觉的，不可能是认知的实在对象。换句话说，感性直观已规定了人的认知不能超过现象的范围。

至于理性的先验观念，对于对象的认知，在内容上也无所增益。它们在感官方面没有相对应的对象，因为感官不能直观先验观念所表达的对象。它们本身不是结构性的原理，不能提出对象来。它们只具调节性的作用，在认知上系统统一悟性的概念。理性对认知对象因而隔着双重的间接关系，理性的先验观念比悟性的先验范畴更远离了客观实在。因为理性的推论不是对感性直观，而是针对悟性的概念与判断。换言之，悟性只对感性直观加工，理性则只对悟性加工，所以认知的可能性与对象存在的方式决定于感性直观：与感性直观的条件相符合的则可认知，与之不相符合的则不可认知。所认知之对象的存在方式则被限定为现象。也就是说，我们认知的范围被限制于现象的范围，因为感官只按其主观先验条件传达对象。

从以上的分析可以看出，康德在"认知"与"直观"之间划了等号：认知是直观。为什么康德会在认知与直观之间划等号呢？这只能说是由于他将对象世界当做一个"图片世界"来观察所致。面对图片世界，要认识，就得"看"；但若对象不是图片世界，而是存在的世界，那么状况应当有所改变。把握对象的不再是直观，而应当是意向；意向以存在作为认知追求的对象。认知也不应毫无批判地决定于某个认知官能，更不能决定于感性直观，因为感性直观的只是原料，而原料本身是混沌的，所以将认知决定于感性功能是无意义的。认知应当决定于整个的认知过程，完成于判断。

第四节　不可知论

不可知论可以追溯到古希腊诡辩学者高尔吉亚，他有三个命题，其中的第二个命题就是："即使有所谓存在，也不可认知。"这样他排除了一切认识的可能性与真实性。中世纪的唯名论也与不可知论有关联，其中可作为代表的首推奥卡姆（Wilhelm von Ockham，1285—1349）。按照奥卡姆的理论，普遍概念只是思想物，没有存在的意义，它们只是记号，代表着某个事物。因此，普遍概念事实上只是普遍名词。但是，作为事物的记号，普遍名词常是约定俗成的，也就是来自于人的虚构。换句话说，普遍名词只是一个名目，我们以此称它所标记的事物，但是它们不能表达被标记的事物的内在本质。对于事物的内在本质，我们根本无法认知，只有上帝能够洞察。在奥卡姆的唯名论下，对于事物内在本质的认识可能性也遭到排除。不过，真正有系统架构的不可知论出现在近代，洛克和休谟及康德为代表。

一、洛克的不可知论

洛克区分物的第一性质与物的第二性质。物的第一性质是实际存在于物的性质，包括坚实性、广延性、形态、运动、静止及数目等。物的第二性质则根本不存在，它们只是物的第一性质在我们的感官所产生的不同的主观感觉观念，诸如颜色、声音、气味等知觉。物的第一性质实际存在，洛克把它们归属于“某个东西”，并称这个“某个东西”为“实体”。他还说“实体”就是“支持性质的东西”，或者就是“性质所依附的东西”。至于这支持性质的“实体”究竟是什么，他说那是我们不知道是什么的某个东西。洛克承认有实体的存在，而且区分精神实体与物质实体及第三类实体（上帝）。但是对于实体的性质进一步的认识，他认为是不可能的。

因为按照洛克的理论，知识的起源是观念，人没有与生俱来的观念，一切的观念都来自于感官感觉或心灵的反省。观念分简单观念与复合观念。心灵接受感官的冲击所产生的观念，这是简单观念，心灵不可能排斥或改变它们。心灵对于简单观念而言，“只有被动”或“完全被动”，因而所有的简单观念都是清晰明显的和“正确”的观念，心灵能使储存于自己内在的简单观念再现、作比较、结合或分开，以便制造更多的观念。这些由于心灵的能力所制作而成的观念，洛克称为复合的观念。心灵对于这些复合观念是主动地制作或改变，不是被动地接受。因此，复合观念不必然是“正确”观念，在存在界能够没有跟它们相对应的存在。“实体”观念即是一个复合观念。

洛克认为我们根本没有实体的简单观念。至于个别实体观念在心灵中的形成，是由外感官提供给心灵许多的简单观念，而内感官（即反省）在内部运作上发现某些简单观念经常地相随相伴，设想它们是“属于”同一个物，为了在语言使用上的方便，用一个名字去称呼它。在言谈上往往会误认它是个简单观念，其实它是“许多观念的混杂”。因为我们习惯于假设这些简单观念不能自存，需要存于某个“始基”（substratum），也就称这个复合体为“实体”（substance）。洛克的意思不是在否定个别实体的存在，他只是要指出个别实体观念在一般人的用法上被当做简单观念来使用，事实上它是一种复合观念。要回答“实体”究竟是什么的确有困难，因为个别实体观念是来自心灵对简单观念主动的组合，在存在界不必然有相对应的存在。

至于是否有普遍实体的存在，洛克的回答不够明确。他时而说“不知道”，时而又肯定它的存在。按照他的说法，“一切事物的存在都是个别的”。所谓“普遍的”或“共相的”的存在，并不指谓着事物的实质存在，它们仅是悟性的发明和创造物，只用来作为记号。在日常生活经验中，我们只见到个别存在者，从来没有见过所谓的普遍实体。共相观念或实体观念都是悟性通过抽象作用而得的。把相同的抽出来之后，当做普遍观念去使用，并且把它当做模型（pattern）或形式（form）而附上名称去称呼它，当实存的个体事物被发现跟它相符合时就把它归属那一类。总而言之，从普遍实体观念的形成来看，根据洛克的理论，照样无法回答实体究竟是什么的问题。

二、休谟的不可知论

按照洛克的理论，实体存在，但是不可认知；到了休谟的怀疑论，实体的存在被否认掉，因为我们并没有实体的感觉印象。我们知觉到的只是某具体事物可感觉的属性，例如一张桌子的长、宽、高、硬、褐色等，它们持久联结着。我们并没有看到、听到或尝到什么桌子的实体。严格地说，并没有实体观念这一回事。

休谟的怀疑论包含了某些的不可知论。按照他的经验知识论，感觉经验是人类知识的唯一源头。理性的功能只在于将感觉经验所提供的材料加以组合与整理。如果理性的推断超越了经验材料，则其推断便是无效的。而感觉经验所能掌握的是呈现在我们面前的现象。所谓事物的本质，根本就是一种幻象，因为它没有呈现出来，不是我们感觉经验的对象，是不可知的。所以肯定本质的存在，按照休谟的理论是不合法的。

如果事物的本质不可知，那么对事物普遍而必然的判断也不可能了；因为否认了事物本质的可认知性，对事物普遍而必然的判断就失去了立足点。因为呈现在我们面前的现象都是个别的和具体的，其中没有普遍性与必然性。我们不可能根据具体和个别的现象求得普遍而必然的判断。一切普遍而必然的判断或原理都超越了经验或现象，所以都是无效的。

但是，我们怎么有普遍而必然的判断和原理呢？例如因果原理，休谟解释说，我们之所以肯定某些原理是普遍而必然的，那是因为通过经验的重复而养成了一种“习惯”，每次遇到类似的现象就发生类似的想法。久而久之，我们就不由自主地得出结论说“一切类似的事件都必须遵守同一的法则”。其实，这完全是主观的，在事实及逻辑上都没有根据。

休谟的中心思想是感官无法接触事物的本质，也不能摄取事物的普遍性质和必然关系。因此，感官所提供的印象中没有本质，也没有普遍性及必然性。理性对事物之本质与普遍而必然的原理的推断，已经超越了感性的界限，所以是不合法的、无保障的和无效的。

休谟肯定了感觉经验的价值。事实上，感觉经验在认知过程上的确扮演着极重要的角色。不过，他的学说过分偏向感觉经验而产生了自我矛盾的问题。对此，孙振青教授在他的著作《知识论》中提出了正确的批判。首先，根据休谟的学说，普遍而必然的原理是无效的，但是他的根本主张“经验是知识的唯一源头”就是一条普遍原理。按照他的说法，普遍原理不可能是单靠经验成立的，所以他的这个原理也不可靠，它只是理性一个荒谬的假设而已。其次，我们必须承认感觉对象应该有其客观的和独立的存在，有其客观的本质，否则我们的感觉的“被动性”不可能获得合理的说明。另外，客观对象中即使不含普遍的性质，但却含蕴着“具体的通性”。这些具体的通性即是普遍概念和普遍原理的客观基础。最后，悟性之能够形成普遍而必然的原理，我们必须承认，乃是因为悟性具有先天的模式与逻辑规律。关于这一点，休谟完全忽略了，而康德已经提出纠正了。

三、康德的不可知论

康德假定“物自身”或“本体”的存在，但把它归列了不可知的范围。按照康德所说，呈现于我们感官面前的是些不确定的东西，称为“经验材料”。经验材料被纳入感性先天的时空模式而取得了空间性和时间性之后，称为“现象”。现象再被悟性的先验范畴综合统一之后，才能形成概念与判断。“现象”是一个关系名词，是物自身或本体的现象。如果说现象是“现”出来的东西，那么物自身或本体就是没有对我们的认知官能“现”出来的东西。如果说现象是进入感性和悟性之先天模式的东西，那么物自身或本体就是不能进入感性及悟性之先天模式的东西。如果称现象为“可感的”，那么本体就是

“可理解的”。现象与物自身或本体这两个概念是分不开的，现象是物自身或本体的现象，物自身或本体是现象的物自身或本体；因此，康德的现象认识论必须假定物自身或本体的存在。但是，物自身或本体是不对我们的认知官能“现”出来的东西，所以物自身或本体是不可知的。

“本体”这个名词具有两层意义，一是消极的，一是积极的。其消极的意义是，它不是感性直观的对象。其积极的意义是，它是理智直观的对象。按照康德的说法，人类没有理智直观，只有感性直观。因此，对人类而言，“本体”只有消极的意义，而无积极的意义。这即是说，它不是人类认知的对象。因此，虽然我们有“本体”这个名词和概念，然而它并不代表任何内容。我们永远无法确知，现象背后是否有一个可以称为本体或物自身的独立存在的世界。

所以，“本体”是一个有问题的概念：一方面我们不能肯定本体的存在，因为我们对它一无所知；另一方面我们也不能否定它的存在，因为本体概念中不含有矛盾，它的存在不是不可能。从人类认识的观点而言，本体是一个“界限概念”，意思是说，我们的认识到此为止，不可以再向前进了。认识的对象即是现象，在现象之外没有认识的可能。

康德将物自身或本体排除在可能认知的范围之外，完全符合他的哲学系统。按照他的哲学系统，因果原理只能应用于现象界，而不能应用于本体界。我们不能根据经验材料通过因果原理而推论出一个本体界。其次，“原因”和“存在”都是悟性的先验范畴，若将这些先验范畴应用于本体界则毫无意义。如果有一个本体界的话，那也应该是不可认知和不可言说的。

关于康德对现象与本体的看法，孙振青教授的批判切中问题所在，我们摘要引述如下：第一，依照康德的理论，范畴、图式、原理、统觉等等这一切认识的主观条件，都不是凭经验或论证而获知的。它们是根据普遍而必然之知识的事实而设定的。我们有普遍而必然的知识，而这只能来自这些先验的主观条件，所以我们必须设定这些主观条件。否则，普遍而必然的知识这一事实即是不可理解的。孙教授采取同样的步骤证明物自身或本体的实存。因为呈现于感官面前的经验材料是一项事实，根据这项事实，我们必须设定客观对象的存在，否则无法解释经验材料的事实。第二，依照康德的理论，因果原理不仅是先验的，而且是纯粹的。这即是说，在实在界并没有相应的因果关系，因果原理没有丝毫的经验基础。依照康德的理论，因果原理只能应用于现象界，而不能应用于本体界。对此，孙教授指出，因果原理虽是先验的，却是以客观事实为基础，因此它可以应用于“整个”实在界。所以可以凭着因果原理而证明客观对象的独立存在，即物自身或本体存在，第三，经验材料被纳入感官的模式之后，称为现象。所以现象是客观经验材料与主观模式的结合体。本体则是指客观对象的本然状态，它们不能被纳入感官的模式。就此意义言，现象与本体是有区别的。但是，依据孙教授的分析，我们的先天模式只能“改造”经验材料，而不能“创造”经验材料。经验材料必须另有来路，这来路即是本体。如果否定本体，则经验材料变成无源之水，而不能获得充分的说明。经验材料既然来自本体，则它与本体必有密切的关系。一切现象皆含有指涉性。它们虽不能与本体相符，却必然地“指涉”着本体。现象是本体的作用与表现，本体是现象的根本与能源。就此意义言，现象与本体是绝对分不开的。第四，我们的感性至少间接地触及了本体界。我们的概念不仅代表现象，并且指涉着整个实在。我们的原理不仅统辖着现象，而且统辖着整个实在。我们的认识是不能分割的，认识的对象是整个实在。

康德的不可知论还表现在他对形而上学对象的主张。按照他的说法，灵魂、自由及上帝等等形而上学对象是不可知的，所以形而上学是不可能的。他认为，认识的材料只来自感性直观，而这些形而上学的对象不是感性直观相称的对象，因此不可知。它们只是理性的先验纯观念，仅具有认识的作用，即是认识的原理，不是存在的原理。不过，这些观念不含矛盾，因而我们也不能肯定它们不可能存在。我们根本不知道它们是否存在。

但是，如果我们承认知识完成于认识的整个过程，而不是单单决定于感性直观，那么不能如同康德一样，以能否被感性直观来决定可知不可知。所以，康德以不是感性直观相称的对象来断定灵魂、自由及上帝等形而上学的对象不可知，是一个错误的理论。况且康德所列出的人类知识的一切先天因素或主观条件、时空模式、悟性的范畴及原理等，也都不是感性直观的对象。它们是《纯粹理性批判》的中心思想和主要讨论的内容。康德如何列出这些先天因素的呢？这是因为他认为，普遍而必然的知识是一项不可否认的事实，这一事实“要求”我们设定先天因素的存在。所以，康德的理性批判实际上也是一种形而上学，后人称之为“内在的形而上学”，以别于“超越的形而上学”。就此来看，康德并不反对一切形式的形而上学。

第五节　相对论

相对论者主张世界上没有所谓的绝对真理，只有相对的真理。对一个人来讲是真理的，对别的人不一定是真理；在一个时代人认为是真理的，在另一个时代人能够认为是错误的；在某一个地区人奉为真理的，在另一个地区的人能够不那么认为。支持相对论的理由不同，产生不同形态的相对论，根据柴熙教授的分析主要可分两种：真理决定于认识主体条件的相对论与真理决定于认识目的相对论。

一、决定于认识主体条件的相对论

在哲学史上首先出现的相对论是普罗塔哥拉所提倡的感觉相对论。按照他的说法，对于事物的感觉因人而异，对于事物的感觉认知也因人而不同，就像老人与少年走路不同一样。因此，事物对于我显示如此，对你显示不见得如此；一阵风刮来，我觉得冷，你可能觉得不冷。他的名言“人是万物的尺度”“什么对我是存在的物，什么对我是不存在的物，我是审判者”“我们每一个人都是什么存在与什么不存在的尺度”，都说明人如何衡量事物，事物就是那样。问题是，既然人人都是事物的尺度或审判者，而每个人对于事物的认知又各不同，那么谁的认知是对的、谁的认知是错的呢？普罗塔哥拉的答复：每个人的认知都是对的，每个人都有个人的认知情况，只是有些人的认知较好，有些人的认知较不好。

狄尔泰（Wilhem Dilthy，1833—1911）首创心理说的相对论。他认为个人的思想结构与趋向不同，对于真假的认知也不同。他依照不同的人生观将人类分属三种不同的思想类型：（1）自然主义的思想型，重视物质能力；（2）自由理想主义的思想型，主张精神能克服物质；（3）客观理想主义的思想型，否认物质能力而主张物质是自我精神的形成物。三种思想类型的心理因素不同，个人的真假认知也就有了差异。此外，斯普兰格（Eduard Spranger，1882—1963）主张一切人都不出下列六种思想类型：社会的、经济的、政治的、理论的、美术的和宗教的。他同样把认识的原因归于人心理的不同结构，主观的色彩浓厚。

另有学者认为我们对真理的判定受社会环境或团体与时代的“客观精神”或“时代思潮”的影响，也就是说，真理是有时间性和地方性的，随时代和地区而变迁，这种主张叫做历史观的相对论，其中斯宾格勒（Oswald Spengler，1880—1936）为代表。他认为真理属于文化的个别精神。他将西方文化区分为埃及、希腊、罗马及阿拉伯等四种文化，各自有其特殊精神与特殊性格。在此地承认的真理，只限于此地适应；属于此种文化内的人，绝不能晓得另一种文化内的人的思想。即使在同一文化下培育的人，由于时代精神的约束，只能看见自己先人的文化产物的外表，难以体会其真相。

二、决定于目的的相对论

支持目的相对论的学者认为我们的思想为目的所支配。按照他们的主张，人类的认识，概念、判断、推理以及一切信念之所以有价值，不是因为它们符合客观的事物，而是因为它们有“效率”。也就是说，因为它们能推进并且提高我们的生活，所以是真。对生活不同面的强调，看出不同的需要，而产生不同的相对论。譬如因果律被认为真，因为它能够满足我们理论的需要，帮助我们了解新事物的发生。自由意志对于道德生活是必要的，所以也被认为真。总而言之，意志实际上是否自由，因果律是否合乎实际的现象，无须考察其客观的真实性，只要探究这些信念或假定有着什么效验。

三、对相对论的批判

相对论者主张人类具有不同的思想类型和不同的认知目的。这种讲法在某种意义下是真的。我们的判断往往受到主观因素，诸如个性、心态、教育、环境以及文化背景等等的影响。这些的确能够说明对一个对象所以有不同思想甚至错误的产生，但是若把它看做一种理论学说则缺少足够的基础。正如孙振青教授指出的，真理之为真理，除了主观因素之外，还有客观事实为依据。有些真理绝不是任何主观因素所能左右的。它们具有真正的普遍性与必然性。第一原理、逻辑真理、数学真理以及其他许多自然科学的真理，都有如此的情形。此外，他们有另一个主要错误，就是他们否定了一切客观因素。有些客观事实是十分明显、十分稳固的，它们不容许任何人随意抹杀或曲解。

相对论者提出相对论，无异宣示有一个绝对真理，即人的认识是相对的，而这恰与自己的主张相反了。即使他们欲避免自相矛盾而主张“只有认识的相对性是唯一的真理，任何其他思想都是相对的”，仍不免陷入矛盾。因为在认识相对性的认识内已经包含了其他绝对的真理，如对人类心理的组织或是对于目的、价值、人生观等等认识。

（张雪珠）

参考文献

柴熙：《认识论》，台湾商务印书馆，1991 年。

孙振青：《知识论》，台湾五南图书出版公司，1994 年。

王臣瑞：《知识论·心灵与存有》，台湾学生书局，2000 年。

第四章　西方认识论发展历程

1. 以纵的历史发展，依编年次序介评自古到今的认识论学说。西方认识论较有体系的铺陈，而中国认识论多隐藏在道德之中；不过，二者都以“才德兼备”作为学者的条件。

2. 认识乃哲学入门，入门的意义是要引导学者登堂入室，进入形而上学。形而上“本体”的认识以及其开展的宇宙和人生，虽可以是认识论的范围，但毕竟超越认识而进入本体。

3. 认识论学说多姿多彩，百家争鸣；我们设法存异求同，让人类知性能发挥功能，攀爬至“存在本体”高峰；而不去刻意求异，褒贬各种知识的真假对错或学说优劣。

4. 本章重点在于下列几大课题：认识如何产生、认识的内涵是什么、认识功能为何、求“知”方法大观。

第一节　希腊时期

一

早在公元前8世纪，远在哲学萌芽之前，希腊就有神话解释宇宙和人生的课题。荷马的史诗以历史纵的坐标设法厘清人神之间的种种交往。人的认知受限于大众信仰的神话，理性尚未能独立运作。

哲学的开始也就意味着人类设法摆脱神话，用理性处理宇宙和人生的问题。

首先，希腊诸哲利用人性向上超越的功能，从认识的对象走向形而上的“无限”（A-peiron）；同时亦利用人性往下探索的功能，钻研物质世界的最小微粒，获得抽象的“不可分”（A-tom，原子）。这极类似我国《庄子》书中惠施所提出的“至大无外，谓之大一”以及“至小无内，谓之小一”；“无限”原就是“至大无外”，“不可分”（原子）也就是“至小无内”。前者“无限”是形而上学的课题，“不可分”则是物理学的课题。到了希腊哲学辉煌时代，苏格拉底、柏拉图、亚里士多德分别展开了“认识”的坚实研究。

二

苏格拉底述而不作，但从其弟子柏拉图的著作中可以获知苏格拉底对“认识”的贡献。

首先就是苏格拉底那句名言“认识你自己”。苏格拉底认为“认识”是实践取向的，以“人”为中心。“认识自己”是“认识”工作的第一步。

再来是“知即德”的宣示。苏格拉底对学问的观点是“才德兼备”，“才”是锐敏的头脑，“德”是丰饶的心灵。在苏格拉底看来，有学问的人就该有德行，有才无德就不是苏格拉底正统的认识论。

更重要的，苏格拉底用“概念”（eidos，concept）一词画出了第一幅蓝图：概念的获得是人性归纳和抽象的功能。我们能把具体的、个别的事物，抽象和归纳成普遍的、共相的概念。比如张三、李四、王五、赵六等，可以用“人”的共名来存异求同。当我们有了“人”的概念，这“人”不但代表了我们经验过的张三、李四、王五、赵六，而且包含了所有的人，没有任何一个人被遗漏。

在我们生活的体验中，除了“人”的概念之外，接近“人”的尚有天上的飞鸟、地上走兽、水中游鱼，这些鸟兽虫鱼不也可以归类为“禽兽”？再进一层，“人”和“禽兽”亦可归类为“动物”。

“动物”旁边存在着数不清的花草树木，这些称为“植物”。“植物”和“动物”可以用更高的总名（共相），称之为“生物”。“生物”涵盖了所有生灵。

“生物”旁边有更广大的沙土石头，称为“矿物”的世界。“矿物”和

"生物"之上，可用抽象和归纳成为"物""存在"，成为只与"无"对立的"有"(Being)。

于是我们通过归纳和抽象的知性功能，架构了一个金字塔型的宇宙蓝图。金字塔的底层有所有个别的、具体的存在物，如张三、这头牛、那棵树、这块石头等等。金字塔的顶端则是"存在"，"存在"能涵盖一切。金字塔型的中间建筑就是各种归纳的概念。我们不妨用玩笑的话来说，苏格拉底画好这个宇宙蓝图，好让上帝依照它来创造宇宙。

抽象和归纳的知性功能是人天生的基本能力。幼儿园中小朋友学习堆积木，就是这基本能力的运用和训练。

在苏格拉底弟子柏拉图关于恩师的记述中，在"认识"的课题上，除了指出概念是我们获得认识的根本途径，就是对认识的功用，或者是对于认识的目的，作了明确的提示。

三

柏拉图顺着老师苏格拉底的"概念"路线，发展了"观念"(idea)，以之作为宇宙蓝图金字塔上层架构的种种，而把底层的所有个别的、具体的事物看成是与"观念"相对的"感官"世界。柏拉图建构了宇宙"二元论"(Dualism)。这是宇宙"本体"层面的内容，接着来的就是"认识"的课题。

柏拉图不但领会了老师苏格拉底的死前遗言，肯定"来生来世"与"彼岸"，而且钻研了毕达哥拉斯的"生死轮回报应"学说，以及爱利亚学派的"常与变"对立中的"常"的不动不变。经由这些思想背景，柏拉图拓展出观念世界的"常"，与感官世界的"变"，终于认定唯有不变的"常"才是观念世界的特性，感官世界的一切都是变化无常的。人有灵、肉二元所构成，灵魂常住观念世界，降凡尘世与肉体结合而成为人。灵魂在观念世界所经历的一切，都带到尘世来。于是，人的"认识"就是"记忆"(Anamnesis，memory)，记得以前在观念世界的事，即所谓的"太阳之下无新事"，一切都是观念的投射，都是观念的复印。

因为感官世界的一切都是观念的复制，我们的灵魂在生前常住在观念世界，因而认识观念，降凡肉体后通过肉体的感官功能，也就记得以前的知识。

四

柏拉图弟子亚里士多德坚持“吾爱吾师，但吾更爱真理”（Amicus Plato, sed magis Veritas），不走柏拉图的“认识就是记忆”的路线，认定我们感官在获得知识过程中有一定的作用，就是给悟性提供数据，悟性可利用感官送来的数据加工后形成知识。

在整体哲学上，亚里士多德集古希腊之大成，在认识论上强调感官作用的必需，指出悟性的接受和创造能力。在亚里士多德的《工具论》中，不但依希腊文的文法结构探讨了“思想的法则”，同时更在天文、地理、物理、生理、心理等层面找出“存在的法则”；最后能在其《形而上学》中把“思想”和“存在”等同起来，完成爱利亚学派未完成的设计。“思想与存在的一致性”，不只肯定了人的“认识”，也肯定了“认识”的“对象”的可靠性。因此，对亚里士多德而言，“知识求真”，真理的定义就是“思想与存在的一致性”，是“主客合一”，是“主客符合”。“符合”（Conformitas, Adaequatio）于是成了真理的唯一尺度。

“真理乃主客符合”“真理乃悟性与事物的符合”的准则，从亚里士多德开始发挥，到中世纪托马斯·阿奎那集大成，发挥到巅峰。

亚里士多德的认识论主要在其《工具论》中五部分：《范畴》《分析前论》《分析后论》《论诠释》《论题》。其中《范畴》（*Kategories*）说明思想的内容，提供我们悟性对“存在物”所认识的“谓词”（Predicamenta）总纲。

“范畴”有十个：首先是“实体”（Ousia, substance）。实体是“有之所寓”，所有“存在”要呈现自己时都得以实体方式呈现；它是自立体，自身可以独立存在，用不着寄生在他物之中。其他九个“范畴”是：“量”（Poson, Quantity）、“质”（Poion, Quality）、“关系”（Prosti, Relation）、“空间”（Pou, Place）、“时间”（Pote, Time）、“姿态”（Keistai, Posture）、“服饰与外形”（Echein, Habit）、“主动”（Poiein, Action）、“被动”（Pascein, Passion）。这些是依附体（Accidentia），自己无法独立存在，而是要寄生在实体身上。

“思想”所把握到的存在法则就如上述的“范畴”。思想法则本身更是认识论探讨的对象，就是亚里士多德的“逻辑”（理则学）。逻辑学分由《分析前论》《分析后论》《论诠释》三部分探讨。概括言之，亚里士多德认为人的思想是由语言表达出来，而具体表达语言的便是文字（希腊文“语言文字”是同一的，不像中文“语言”“文字”是分开的），于是，分析语言文字就可获知思想的内涵。

依亚里士多德的分析，语言的结构，首先就是概念。概念乃人的悟性由归纳和抽象所得。两个或两个以上的概念联结起来或分开，就是“判断”（Judidcium），“判断”因为要以真理的“符合”为准，因而有真假，“主客相符合”者为真，“主客不符合”者为假。

两个或两个以上的判断联结起来或分开，就是推理（Ratiocinium）。推理本身亦是一个判断，故亦有真有假；加上推论的过程，就会有对有错。认识本身就有真假对错之分，认识论的目的就是要人去假存真、去错存对。

“概念”“判断”“推理”，各有各的规则，整体上可是循序渐进。亚里士多德的逻辑学在思想进程上提出“三段论法”（Syllogism）：有“大前提”“小前提”“结论”的顺序；“三段论法”的每一段皆为判断，相互间亦有一定的推演规则；这些规则的目的都是引导人获得真的知识，而推理亦符合规则而成为“对”的判断。

“认识求真”道尽了认识的目的，亚里士多德的《形而上学》开宗明义言明“人天生来求知”，也就是意指人类追求真理的天性是与生俱来的。人的头脑有一把尺，自会衡量自概念经由判断到推理的真假对错。

“思想与存在一致性”则坚定了“认识”的可能性；这“认识”是指向“形而上”的，意味着“理知”从“形而下”的事物可以超越到“形而上”的本体。这就指出认识论的目的是在建立形而上学。

第二节　罗马时期

一

虽然古罗马时代很长，从亚里士多德的死（公元前322年）到基督教合法化（公元313年）有6个世纪，比起古希腊时期从哲学之父泰勒斯的生（公元前640年）到亚里士多德的死，只有300年，时间上长了一倍。可是，古希腊300年的哲学百花齐放，哲学家辈出，经典亦可称为汗牛充栋；而古罗马时期虽长达 6 个世纪，哲学似乎乏善可陈，只有二三流的哲学家对逻辑、伦理学有些许的研究。

二

斯多亚派如果说在认识论上有什么贡献，首先就是把逻辑引进首都罗马，引起当时知识分子的注意和参与研究。不过，斯多亚派的认识研究，一部分是修辞学（Rhetorica），配合当时的拉丁文学者所喜爱的文字路线，这对艺术的“美”有贡献，但对“认识”无甚用处。倒是另一部分学者所研究的辩证法（Dialectique）富有哲学认知的意涵，因其除了研习文法的规则，尚讨论形式逻辑，把知识融入文法之中，使“意义”从文字彼此间的关系凸显出来。

斯多亚派在形式逻辑研究的成果中终能找到“精神”（Logos）作为“认识”工作的基本的主体。“精神”就有能力把感官送回来的资料加工，使其成为“知识”。

三

伊壁鸠鲁学派则持相反的意见，以为逻辑也好，辩证法也好，都无法保证“认识”的可靠性。而“认识”唯一的来源只是感官，感官认识是最直接、最具体，也最可靠。假使没有感官送回来的数据，理性拿什么加工？这种“所有认识都源自感官经验”的命题，一直被经验主义者所运用，历久不衰。

四

古罗马时代第三个学派是怀疑论（Skepsis），它亦分成老派、中派及新派。怀疑论主要的是站在反对教条主义的立场，以为凡事都不能独断，先要有怀疑之心，不达到完全无误的状态就不轻易相信。

第三节　中世纪时期

一

中世纪在西方历史上时期最长，至少有 1200 年（如果从基督教公元 313

年合法化算起，到 1517 年宗教改革，其间有 12 个世纪）。在这 1000 多年的历史流变中，前半段是“教父时代”（Patristic Period），后半段是“经院时代”（Scholastic Period）。

中世纪思想整体看来，以革新希伯来宗教信仰为主导，融通古希腊哲学和古罗马文明，而形成基督教文化。宗教哲学的根本课题是调和信仰和知识间的冲突。“教父时代”，诸子极力融合“信”与“知”，其重点就在于此二者交流互动，而有“信以求知”（Crede，ut intelligas），以及“知以求信”（Intellige，ut credas）的双向交往，以完成“信诉求知”（Fides quaerens intellectum）的传教诉求。

“信”与“知”的融通，“政”与“教”的合一，同步发展，缔造了中世纪基督教文明。

二

教父哲学的认识论，融通“信”与“知”，以“从彼岸来的信息”的启示作为知识的另一来源，与“理知”本然和获得的“知识”等量齐观，甚至有认为启示的知识比理知的知识更可靠，更有权威性。

于是，“启示”的神学知识与“理知”所获得的哲学知识糅合在一起，成为知识的总和，天启的知识与自然的知识都同样作为可靠的知识。因此，“信徒知识分子”和“知识分子信徒”平起平坐。

在纯哲学的观点上，“信徒知识分子”由于肩负了信仰传播和知识传授的双重任务，因而设法在信仰上展现知识，而在知识上宣示信仰，使“信”与“知”成为人生飞向完美的两大翅膀。

三

这段时期最先有知识主义（Gnosticism）学者，认为我们照样可以理解“启示”的知识；因为，“启示”首先是要我们理解，然后才可相信。“理知”优先的学说，由于缺乏宗教原有的神秘并没有长久发展。

教父时代早期的认识学说多崇尚新柏拉图主义。后者以“定位宇宙”为优先，然后才在宇宙中“安排人生”。新柏拉图主义的代表人物为普罗提诺（Plotinos，204—269），普罗提诺的宇宙蓝图系追随柏拉图的“分有”说，宇宙的形成是“流出”（Emanation），宇宙原始为“太一”（To hen，the One），流出理性（Logos），再流出物质世界。“分有”了理性的人类也就如柏拉图一般，由记忆想起自己以前在观念世界住过，熟知那边的事。

四

教父中最负盛名的是奥古斯丁，奥古斯丁在认识问题上的见解，集中在“光照”（illuminatio）以及“追求”（Quaerere）二概念上。“光照”是由神到人的启示，“追求”则是从人到神的认识。追求是人性向上之道，启示则是神性向下之道，这向上、向下二途，恰好交会在人的知性处，使人有机会融通这天人之际。

新柏拉图主义由本体看认识，奥古斯丁则能从认识论证“本体”。那句“若我错误，我亦存在”（Si fallor，sum），就是后来促成近代哲学之父笛卡儿“我思故我在”（Cogito，ergo sum）的先河。

五

教父哲学和政教合一的社会背景同步发展，学术工作首先是让原来的柏拉图学院（Akademie）继续存在，宗教制度亦同样让毕达哥拉斯的寺院继续发展，与基督教并驾齐驱。这种社会多元到了7世纪时候就被融入大一统的单元之中，基督教的制度（如时间定点的“星期制”，空间定点的“教堂”，每个人洗礼时所取的“教名”为古代圣者等等），统一了西方世界。

“最后的一位教父”波伊提乌（A. M. S. Boethius，480—524）开展了全方位知识的尝试，提出“七艺”（Septem Artes Liberales）作为学者的修习课程。“七艺”包括内容的“四科”（Quadrivium）——算术、几何、音乐、天文；以及形式的“三目”（Trivium）——文法、修辞、辩证。其中辩证是狭义的哲学课题。

六

8世纪，欧洲诞生了一位非凡人物——查理曼大帝（Karl der Grosse，742—814）。查理曼大帝鉴于地中海北岸阿尔卑斯山以北的三个民族（德、法、英）一向被罗马视为“蛮族”（Barlari），而设法以“学术自强”的方式，振兴文化，提升民族的地位，设计了“养士”一途，聚集过去之知识分子

（图书馆的兴建，收集图书），集结当前的知识分子（各地区、各民族的念书人），收容未来的知识分子（学生），这显然是大学的前身。公元800年在罗马圣伯多禄大殿，教皇为查理曼大帝加冕，成为神圣罗马帝国第一位"俗人皇帝"。此后，大帝掌管政治，教皇专务宗教，"政教分立"开始。

查理曼大帝的养士之风吸引了地中海沿岸大部分的学者，昔日流亡到地中海东岸希伯来地区，或远至波斯、叙利亚、阿拉伯地区的亚里士多德的学者都回到西方，与当时盛行于西方世界的柏拉图学说（新柏拉图主义）相遇，兴起了西方学术界的盛事——"共相之争"(Universalia-Controversy)。

七

"共相之争"争论的重点在于知识与本体间互动的课题。原来，柏拉图的"观念""感官"的二元世界，以观念世界的先天性作为感官后天知识的基准，因此认为知识先于感官事物。而亚里士多德的学说则以为知识当始自感官经验，而观念则为知识后天所获得。这就形成倾向柏拉图思想的"实在论"(Realismus)，甚至发展成"极端实在论"(Exaggerate Realism)，此派主张"共相先于事物"(Universale ante rem)；偏向亚里士多德的学者则主张"共相后于事物"(Universale post rem)。这种你来我往的辩论，到后来各说各话，一直到大学成立，学术渐上轨道后，才出现折中派的"共相在事物中"(Universale in rem)，算是表面上平息了"共相之争"。

"共相"问题，基本上是苏格拉底的"概念"(eidos，conceept)、柏拉图的"观念"(idea)、亚里士多德的"实体"(ousia，substance）之间的关系问题，是在阐释我们的"思想"如何把握"存在"的认识论根本课题。"先物共相"（共相先于事物）是柏拉图的主张，"后物共相"（共相后于事物）是亚里士多德跟随苏格拉底的学说，"在物共相"（共相在事物之中）则是综合和折中二者所形成。

八

十字军东征（1096—1291）的悠长岁月给予西方世界学术交流的大好机会，学者们（尤其是犹太学者和阿拉伯学者）因不满战争而逃往"兵家不争之地"的西方（如西班牙、荷兰等地），基本上丰富了西方的学术研究。

九

13世纪各地大学的创立，的确是全方位知识发展的开始。大学乃当时政教分离后在社会改革上通力合作最伟大的成果之一。

“大学”的拉丁文是Universitas（此字由Venus“趋向、面对”以及Unum“一”构成），首先是延续查理曼大帝养士的计划：聚集知识分子，(图书、老师、学生三者涵盖了过去、现在、未来的所有知识分子)，再来是集合所有知识。后者取材于《旧约圣经 · 创世记》第一章，人的三重祝福：人的灵魂乃上帝肖像（Imago-Dei），亚当获赐夏娃伴侣（Socius），人掌管天上飞鸟、地上走兽、水中游鱼（Dominium）。这三重祝福分别为人文、社会、自然等三学院成立的基准。上帝肖像是“人与自己”关系的厘定；夏娃伴侣是“人与人”的社会关系的范本；掌管万物是“人与物”关系的规范。

设计大学的智者又发现，人类自古至今仍有两种行业不在三学院的内涵之中，那就是关怀肉体健康的医生以及解决灵性生命的教士，于是在人文、社会、自然三学院之外，再附设神学院和医学院而形成综合大学。

人文学院主要是教人“认识自己”（早就由苏格拉底界定为人生基本问题）；而人的基本功能是“知”“情”“意”，哲学重“知”，文学重“情”，历史重“意”。文学院中的“文”“史”“哲”三系，便是分工合作来“认识自己”（中国最古老的三部经典《诗》《书》《易》就在展示人的“知”“情”“意”，也是“文”“史”“哲”三系的研究对象）。其实，无论巴黎大学、牛津大学，在13世纪时，大学一、二年级皆为低年级，都必修“文”“史”“哲”，到了三、四年级的高年级才修习那些个别的学科。在大学中，“文”“史”“哲”一直是全部学生的“通识”课程，因为它是“人与自己”的学问，也是“认识自己”的最佳途径。

社会学院的主题是“人际关系”，人与人之间的行为标准，也就在“人与自己”所了解到的自己“主体”（Subjectivity）的尊严和价值之外，发展出同样对别人的尊重，而有所谓“主体际性”（Inter-subjectivity）的理解和实践；于是有法律、社会、政治、经济等科系，使得社会安和乐利。自然科学院教人“知物”，进而“用物”“驾驭物”，于是有理学院，细分为数学、物理、化学等科系。数学量化世界，物理阐明物质存在的原理，化学教人知道物质变化的原理。更有具体职业的农学院，教人种植五谷、桑麻、饲养家畜，解决人生的食和衣的问题；有工学院，教人造桥、铺路、盖房子，解决人生住和行的问题。

神学院以教义、教规、教仪的细分，疏通“天人之际”，教导并培养人的灵性生命，使今生的人能与来世与彼岸取得神秘的联系。教义是宗教中信徒当信之道，教规是信徒当守之戒，教仪则是礼拜时当行之礼。

医学院以生理、病理、药理、医理的细分，保障身体的健康，减轻或消除肉体的病痛。

总而言之，大学的全方位知识演进，涵盖了“知物”“知人”“知天”，以提供具体人生在生活中“用物”“爱人”“敬天”的实际需要。

十

13 世纪除了发明大学之外，就是教会本身的觉醒而有了修会的创设。会士们的“三愿”——“绝色”“绝财”“绝意”——使宗教情操纯净，不沾俗世的名、利、权、位。从积极意义上看，修道士心无旁骛，可专心做学问，亦恰好给当时大学提供最好的师资，如道明会（Ordo Preedicatorum，简称 O. P.）所培养的大阿尔伯图斯以及他青出于蓝的弟子托马斯 · 阿奎那，如方济各会（Ordo Fratrum Minorum 意谓“小兄弟会”，简称 O. F. M.）训练出来的波拿文都拉（Bonaventura，1221—1274）、邓斯 · 司各脱等人。

十一

如果说西方文化发展之初是地中海沿岸文化第一变的大融合——由希伯来信仰为主，消融古希腊哲学和古罗马文明，缔造基督教文化——那么 13 世纪就是西方文化第二变的大集结和融通，而且是以三大宗教（罗马天主教、犹太教、伊斯兰教）为主轴。这次的大集结和融通非属政治性，而是学术性的，地点则是在各大学校园中，其中尤以执牛耳的巴黎大学最为杰出。原来，这三种宗教的基本教义是相同的：“上帝”创造世界，人类祖先犯命有罪，“上帝”派遣先知救赎人类等等。当时的知识分子，无论是西方世界的，或来自犹太的，或者是来自阿拉伯的，在大学中不但没有对立或冲突，而且是合作无间的。如最具代表性的托马斯 · 阿奎那，因为口才出众，又受学生欢迎，三教的学者公推他在巴黎大学开设“驳斥异端”的课。这也就是后来集成讲义而定名为《反异教大全》(*Summa Contra Gentiles*) 一书。

十二

托马斯·阿奎那之所以广受欢迎，是因为他承传并发扬了亚里士多德的哲学。亚里士多德身兼哲学家与生物学家之荣衔，其哲学体系因而富有实际性。亚里士多德哲学以认识论为“入门”，以形而上学为“体”，以伦理学为“用”。把知识定位在佐证形而上学的可能性，建立“知性形而上学”。

托马斯·阿奎那和亚里士多德一样，在逻辑学和认识论的哲学入门处，坚信人的悟性功能，能把感官送回来的感觉经验转化成概念，作为认识的判断的最原始素材。感官作用在托马斯·阿奎那的认识论中举足轻重。感官送回来的感觉经验是悟性思想的根本素材，几乎可以说“没有感官就没有悟性知识”(Nihil est in intellectu，quod non antea fuerit in sense)。这种思想后来一直被经验主义者奉为圭臬。

悟性能力的肯定，在托马斯·阿奎那的认识论中有两个方面：一个就是能收集感官经验素材，加工之后，经逻辑法则而形成认识。另一个方面就是，悟性能超越具体的、个别的事物，超升到抽象的、共相的、普遍的理念中；换言之，就是从“形而下”走向“形而上”，奠基在认识论，但却建立形而上学。然后，站在“形上本体”，回过头来观察人间世的事物，而能建立人生观、价值观，使个人安身立命，使社会群体安和乐利。

托马斯·阿奎那的这种认识论，承传了亚里士多德哲学体系，把认识看成哲学的入门，形而上学才是哲学的体、哲学的殿堂；认识论的目的即是引导读者在哲学的领域中登堂入室。哲学从入门到登堂入室，在人生的观点下仍然是理论的，唯有伦理学才是实用的学问。因此，知识、形而上、伦理的三位一体才是哲学工作完美的目标；而认识论虽然只是入门，只是开始，其方向则应非常明确。

这也就是涉及“认识真理”中对真理定义的厘定和坚持，即是“主客符合为真”。“符合”的学说，在中世纪经院哲学眼中何止是“真理”的理论定义，它更是人性所有行动的典范。人的“思”“言”“行为”，莫不在“符合”的尺度中进行。思想如果与事物对象能够符合，就是真的思想；口中所言与心中所思如果符合，便成了德行的诚；言出必行，也就是行为与所言符合，而有了德行的信。做人总是要遵守诚信原则，有诚信的人走遍天下都受欢迎。这都渊源于符合原则所催生的行为，而这些行为的主体毕竟还是人自己。人的“真”“诚”“信”原就是做人的根本，而这根本在中世纪哲学中源自知识对真理的理解和执着。

哲学的知识、形而上、伦理的三位一体，人性的思、言、行为亦是三位一体。难怪 13 世纪大学教育的理念，是要教育出“虔诚信徒”“社会良民”“知识分子”三合一的学生。这种情形极类似于亚里士多德在他老师柏拉图学院中逗留了 20 年（若非马其顿宫廷召其入宫教导当时年仅 13 岁的亚历山大，亚里士多德可能一直寄居在柏拉图门下），只因为在亚里士多德的心目中，柏拉图有学问、有德行、生活幸福，实为良师。

西方大学师资来自修会，会士们在学生心目中亦是有学问、有德行、生活幸福；大学中的身教、言教不可分。

中世纪认识论的“主知主义”以理性为中心，托马斯 · 阿奎那为最杰出的代表，道明会的修会哲学亦多以此为主导。波拿文都拉和托马斯 · 阿奎那齐名，二人为巴黎大学同班同学，一起考得学位，同在母校教书，同受学生拥戴，亦在同年逝世，但二人的知识学说全然不同，托马斯 · 阿奎那“主知”，波拿文都拉“主意”。“主意主义”认为人的基本功能“知”“情”“意”三者中，“意志”为首，主导着“知”和“情”。因而，知识工作也好，道德行为也好，皆完成于意志，被意志领导，而不是随理知的导引。这乃是方济各会哲学的倾向。

中世纪经院哲学极盛时代，除了“主知主义”和“主意主义”之外，还有“主情主义”，这便是德国的“神秘主义”（Mysticism）。主要代表有爱克哈特（Meister Eckhart，1269—1327），他认为人心皆有“灵魂火花”（Seelengfuerklein），唯有人回归内心才能看清真相。

十三

后期经院哲学，起因于“主知主义”和“主意主义”极盛之后，没有新鲜血液加入，致使牛津大学为首的“唯名论”（Nominalism）死灰复燃（其中主要代表人物是奥卡姆）。原来在初期经院哲学中的“共相之争”主张“后物共相”的学说，事实上就是经验主义的前身；这“后物共相”抵抗不了“先物共相”的学说，更难与“在物共相”的理论对抗。现在，经院哲学式微，于是“唯名论”再度复活；奥卡姆提出“除非必需，存在不必增多”（Entia praeter necessitatem non sunt multiplicanda）。这句被誉为“奥卡姆剃刀”（Ockham's Razor）的语句，就成了反对传统认识论归纳和抽象功能的利器，否定人类悟性能向上超越，直到形上本体的能力，亦即否定知性形而上学的建立；认为真正的存在唯有具体的、个别的事物，否认共相的、普遍的、形上的领域。这种思想后来由英美的经验主义、分析哲学所承传和发扬。

第四节 近 代

一

近代自然科学尤其天文学的发展，带动了哲学以认识论为核心的风气。13世纪各地创立的大学，各学院的成果逐渐出现：人文学院催生了文艺复兴，更催生了民族国家的形成；社会学院带动了启蒙运动，以自由、平等、博爱建立理想的社会；自然科学院产生了产业革命，引起了私产和共产的争端；神学院带动了宗教改革，迫使一言堂的宗教多元化；医学院开启了研究生命的热潮，生物革命也因此启动。

西方近代是一个动荡的时代，反传统、开新运的呼声不断地出现。从人文主义膨胀到人本主义，人的理性和经验，批评习尚，都可以成为哲学体系；有关“认识”问题的学说，百花齐放，莫衷一是。

二

首先有以笛卡儿为首的“理性主义”（Rationalism），肯定理性的绝对功能，认为只要主体确定（Certitudo），只要客体清晰（Evidentia），知识就可无误地成立。虽然我们可以在开始之时采取怀疑一切的态度（Duitatio methodica），但到最后总会发现，怀疑的主体不可加以怀疑，而是要加以肯定，因而说出“我思故我在”。这句话不但肯定了“思想和存在一致性”的古老传统，也重新肯定理性的无上权威。

笛卡儿虽然明知“我思故我在”只能证明思维物（Res cogitans）的存在，无法指出扩展物（Res extensa）如肉体的存在，却仍然勇敢地要上帝出面保障扩展物；终于把原来难以证实的“心物二元”，演变成更复杂的“心”“物”“神”三元。

虽然，笛卡儿用“清晰明了的观念”（Idea clara et distincta）形容人的理性，而把“最清晰、最明了的观念”（Idea clarissima et distinctissima）归诸上帝，设法以“最”的最高级提升理性至神性的领域，但毕竟无法使“物”与“心”平起平坐，物理学可以成立，形而上学的基础也就式微。

笛卡儿学派（Cartesians）的机械说或是偶因说（Ocassionalism）也只能在解释层面着力，而无能在本质上提出有力的论证。

当然，笛卡儿的“体”（Substantia）、“性”（Attributum）、“相”（Modus）的学说，对存在物的解释在形上本体的阐明上是有贡献的。

三

斯宾诺莎（Baruch Spinoza，1632—1677）的“神即实体即自然”（Deus sive substantia sive natura）的本体学说，试图解决笛卡儿在认识论上的困境，直接用“永恒形相之下”（Sub specie aeternitatis）的观点来看一切（类似于庄子的“以道观之”），让原本笛卡儿“清晰明了的观念”深入到神秘的领域，让“道通为一”的氛围涵盖了本体，也涵盖了认识。

四

莱布尼茨的“单子论”（Monadologie）设法把斯宾诺莎的“泛神”复归于多元的世界真相，但仍让“中心单子”（Zentral Monade）领导所有个别的“单子”，以补足“单子无窗户”（Fensterlos）的困境；而且，最终还是回归亚里士多德的“内在目的性”（Entelecheia），统合世界的多元，统一在“终极目的”之中。莱布尼茨所提的“预定调和”（Harmonia praestabilita），实在是设法融科学与哲学于一体的企图。

五

理性主义是以“天生观念”（Idea innata）为先天知识的理论基础，这基础显然可追溯到柏拉图，而且是以“哲学家之城”（Civitas philosophorum）巴黎为发展中心。另一个学术中心牛津，在大学兴起之初就以自然科学研究为优先，与巴黎的人文科学为主流的路线不同，因而亦不走“天生观念”之路，而以“知识源自经验”为主要观点。其代表人物首先是洛克，他是经验主义（Empiricism）的首脑人物。当他随俗前往巴黎取经，遇上笛卡儿学派，获知他们认定“先天观念”时颇不以为然，而自觉一切知识来自感官经验。洛克回英后著书《人类理解论》（*An Essay Concerning Human Understanding*），用分析方法，试图描绘主体的感官（耳、目、口、鼻、手足）如何接受“客体”的声、色、香、味、触，又如何经由感受、记忆到反省，而终成知识。

相对于“天生观念”，洛克提出人心如白板（Tabula rasa），其上空无一物，唯有感觉经验可在上面写东西。上面所写的观念可以分成“实体”（Substance）、“初性”（Primary Qualities）、“次性”（Secondary Qualities）。“次性”是我们对事物的感觉，“初性”则是事物的特性，“实体”就是事物。当然，洛克还是肯定我们悟性可以把握住事物本身的实体。

对悟性认知能力的肯定，再加上对认知过程的分析，却发现主客关系并未如期地完成。在感官认知过程分析中，主客并未谋面，而是主体派出感官——耳、目、口、鼻、手足，客体则送来声、色、香、味、触，客体本身和主体本身都未能亲自出面；可是，所获得的感觉以及保存这感觉的记忆，或者是接着来的反省，都在主体的悟性之中，而不是在客体身上。这就表示，依照洛克对获得知识过程的分析，知识仍然是主观的，少有客观的成分，这与理性主义所提出的“天生观念”有何本质上的差别？洛克自己也就起了怀疑，后来在知识分类中竟也认定感觉知识（Sensitive Knowledge）是最低下的知识，其次是论证知识（Demonstrative Knowledge），最高的却是直观知识（Intuitive Knowledge）。这么一来，无疑地对感官知识的优先地位不再坚持，岂不是偏离了经验主义的初衷？

六

经验主义的第二代大师贝克莱干脆把认知问题完全主观化，而用“存在就是被感知”（Esse est percipi），而无视于客体的客观存在，走向“主观观念论”（Subjective Idealism）的路子。这种否定物质为实体，只承认精神实体的学说，唯有主体以及其思想存在，客体是主体思想的产品，本身并不存在。

七

到了经验主义第三代的休谟，更进一步，认为在认知过程中，不但客体不存在，就是主体亦不存在，存在的只是印象（Impressions），而且这印象是游离的，无所依赖，所谓的实体根本就不存在。

我们从理性主义或经验主义的学说流变中清楚地看出，所有的认识问题到后来都归结到本体问题上；原来，认识最主要的是主体，但客体亦甚重要；“知道什么”总也是认识论的核心之一。

八

在这里，经验主义对形而上学的理解多为负面的，对悟性的超越能力亦多采取否定的态度。不仅如此，更重要的是，弗兰西斯 · 培根所提倡的归纳法（Inductive Method）基本上是与传统亚里士多德的演绎法（Deductive Method）对立。原来，培根的大作《新工具》就是要改革亚里士多德的《工具论》一书。

培根提出了“四种偶像”作为“认识”的阻碍，原亦有其某方面的贡献。四种偶像是：种族偶像（Idola Tribus）、洞穴偶像（Idola Specus）、市场偶像（Idola Fori）、剧场偶像（Idola Theatri）。培根认为，传统认识论很容易掉进这些偶像崇拜之中，而淡忘了真知的追求。和传统认识论不同，培根除了在方法上转演绎成归纳之外，还有认识的功能转换——传统的“知即德”被改成“知识就是力量”（Knowledge is Power），把教育理念从“才德兼备”转换成“才能训练”。

九

西方近代以巴黎为首的理性主义以及以牛津为首的经验主义，双双走向极端之后，德语区出现了批判哲学家康德。康德做着集大成的工作，批判传统的哲学方法和内容，企图彻底改革哲学。

康德的大著“三大批判”——《纯粹理性批判》（*Kritik der reinen Vernunft*）、《实践理性批判》（*Kritik der praktischen Vernunft*）、《判断力批判》（*Kritik der*

Urteilskraft)，分别批判了人的基本悟性功能——“知”“行”“感”。这“三大批判”原是依照康德自己对哲学任务的三大问题而设。哲学三大问题即：“我能知道什么”(Was Kann ich Wissen)、“我应该做什么”(Was soll ich tun)、“我可以希望什么”(Was daft ich hoffen)。

解答“我能知道什么”问题的《纯粹理性批判》，根本否定了人对本体的把握，强调“物自体”(Ding an sich)不可知；认为我们悟性所可把握的只是物的现象(Phainomenon)而已；而“物自体”是精神本体(Noumenon)，却不可知。这就直接挑战了笛卡儿的“我思故我在”，康德批判笛卡儿是“谬误推论”(Para-logismen)，因为混淆了思想与存在。千余年来传统的“思想与存在一致性”的原则，遭到康德的否定。

在《纯粹理性批判》中，康德费了很大的功夫，不惜牺牲形而上学讨好物理学，他认为唯有数学、物理学的知识才可靠，而传统的知性形而上学不能成立。问题的出发点是：如果理性不能认识自己，又如何能认识自身以外的事物？认识的主体性(Subjectivity)的建立起自笛卡儿，但在认识论层面却被康德所否定。

当然，康德可以用自己新创的范畴，四种十二类皆非“物自体”，而是物的特性。“量”“质”“关系”“状态”四种，每一种下分思维模式的“正”“反”“合”的判断，用来支持形而上学不能成立的理论；亦可以认定知性形而上学无法证实，道德形而上学却可以而且应该建立起来。认知的主体无法证明，但道德实践的主体却一直在运作中。尤其是《判断力批判》所探讨的美学，无论是“美”或“目的”，都是我们悟性可以把握的东西。

康德的“先天综合判断”(Synthetik a priori Urteil)，一方面批判经验主义“后天”以及“分析”的知识思路，另一方面批判理性主义混淆思想与存在的认识结论，可以说左打经验主义，右打理性主义，而企图建立道德形而上学，把人的道德主体膨胀到不但接受道德规范，而且亦规定道德规范，甚至亦掌握对道德规范遵守或违规者的赏罚，简直把人提升成了上帝。

不过，康德的这种学说基本上还是针对知性形而上学的存废问题，思想是否可以达到存在，康德在这里比较大意，举出了难以自圆的比方，说明思想和存在是两回事。他说：我现在想 100 元，但伸手到口袋却没有 100 元，可见思想和存在不一致。

十

这比方引起了后来德国唯心主义哲学家（Deutscher Idealismus），也是近代哲学集大成的黑格尔的批判。黑格尔用历史哲学的“发展”和“进步”（Development & Progress）来证明“思想和存在一致性”。针对康德的比方，黑格尔说：当一个人想100元，发现口袋里没有100元，就会设法去工作赚钱，直到100元入口袋为止；可见，思想可以催生存在，毕竟“思想和存在一致性”是坚定不移的。

黑格尔的认识论，主要的是继承费希特的辩证法（Dialektik），以“扬弃”（Aufhebung）的过程展示思想和存在都依循“正”（Thesis）、“反”（Anti-thesis）、“合”（Synthesis）的思路，不断地发展和进步，最终发展到“绝对精神”（Absoluter Geist）的最高境界。“绝对精神”本身是最高之本体，是形而上学的最高峰，是最高的存在。这存在本身原和苏格拉底金字塔型的宇宙蓝图中的峰顶一般，所不同的是思想推演的顺序有很大的差异。

苏格拉底的思想推演的顺序是积极的、肯定的归纳和抽象，不断地由悟性向上超越的功能所抵达最大的“谓词”（Pridicate）；黑格尔的思想推演的顺序则是消极的、否定的扬弃和超越，不断地蜕变而剩下不再具有否定精神的“绝对精神”。黑格尔的这种“否定之路”（Via negativa），与西方向来只用“肯定之路”（Via positiava）的传统有些格格不入。

黑格尔把宇宙万物以及思想法则都看成“对立”“矛盾”“冲突”，而不把“和谐”和“整体”看成最根本的真相，只是将之看成辩证的成果；而辩证重点也不在“合”，而是在“分”。这也就造成了德国古典唯心主义哲学到最后的天罗地网式的认识和本体的结构，并且本体论（存在学）的最终本体都建立在悟性的否定功能上，成为“非存在学”（Me-Ontology）的内涵。

“绝对精神”的功能一旦定型为否定的思维方式，也就在落实历史社会的探讨中加深和膨胀了“对立”“矛盾”“相反”等相互关系，助长了后来社会中阶级斗争的风气。

当然，黑格尔的天罗地网式的宇宙架构还是有它积极的贡献，那就是全方位的认识推进，梳理了从“量”到“质”到“关系”的各项内容，通过“正、反、合”的思想进程，带动了存在亦经由“正、反、合”的发展过程，并因而肯定并恢复了传统的“思想和存在一致性”的说法。

黑格尔的确做出了承先启后的贡献。

第五节　现　代

一

到黑格尔 1831 年逝世为止，近代思想可以划为一段落，此后的 19 世纪后半期，西方各民族国家似乎都创造了自己本身的哲学。在形而上本体的内涵上，德国的唯物论（Materialism）、法国的实证论（Positivism）、英国的功利论（Utilitarianism）和进化论（Evolutionism）、美国的实用论（Pragmatism），都成为与传统对立的新兴学说；这些唯物、实证、功利、进化、实用，都对传统“形而上学”不怀好感，因而亦限制住人类悟性向上超越的功能，认定认识无法到达形而上，更和弗兰西斯·培根一般认同“知识就是力量”，而不再认为“知即德”的传统。

“知识就是力量”的落实运用促成了西方 19 世纪对有色人种的歧视和侵略，非洲殖民、亚洲通商、美洲贩卖黑奴都足以造成古代奴隶制度和殖民政策的死灰复燃。

西方现代的后半期虽然在科学方法上有长足的进步，对物质世界的驾驭和利用也有显著的成果，科学知识、科技运用都有着前所未有的辉煌成就，但由于对知识功能的认知有差距，认为“知识就是力量”，不但没有发挥知识功能攀爬至形而上的境界，更用对物统治的方式统治人类而误入歧途，违反了人道精神。

二

还好，上帝并未放弃人类，在达尔文发表进化论名著《物种起源》（*The Origin of Species*）的 1859 年，他给西方派遣了三位“先知”，分由不同的语言体系：德语区的胡塞尔（Edmund Husserl，1859—1938）、法语区的柏格森（Henri Bergson，1859—1941）、英语区的杜威（John Dewey，1859—1952）。胡塞尔的“现象学方法”（Phenomenological Method），开展了西方现代认识论，并由之建立本体论（存在学）。柏格森发展了“生命哲学”（Philosophy of Life），肯定生命高于物质，并且在生命中窥见了精神的光辉。杜威发展了“教育哲学”（Philosophy of Education），对人性精神的启发有不可磨灭的贡献。

三

西方当代哲学对于认识论最有贡献、也是影响最大的，当推胡塞尔的“现象学”（Phenomenology）。胡塞尔的学术背景先是数学博士，进而研究心理学，最后集大成于哲学体系中。数学“放入括号”（存而不论，epoche）概念，作为在未知的情况下，不对任何事物有所指陈；但心理学的主体“意识”（Bewusstsein，consciousness）却是开展所有“认识”的起点。这起点可追溯到“近代哲学之父”笛卡儿的“我思”（Cogito）。在胡塞尔看来，笛卡儿的“我思故我在”确实是给传统知识的“思想与存在一致性”赋予了再生的机会；可惜的是，笛卡儿没有能够深入意识深处，探索存在的根源，在“我思”之中找到“我在”之后，急急忙忙找寻“物质”的存在，企图从“我思”的意识出发建立物理学，因而功败垂成。胡塞尔认定主体内在的意识是认识的根源以及住处，唯有回到意识之中，而在意识之内才能找到事物本身。在心理的研究中，胡塞尔喊出“回归事物本身”（Zurueck zu den Sachen Selbst）。

胡塞尔最重要的贡献在于跳越过康德，重新肯定我们悟性的功能，能够认识事物的本质；因而，其现象学亦称为“本质哲学”（Wesensphilosophie）。现象学的认识论是可以建构本体论（存在学）的。亦即是说，认识论可以建立形而上学。

胡塞尔的现象学方法，不但影响了弟子们的存在主义（Existentialism）哲学，如海德格尔（Martin Heidegger，1889—1976）、萨特（Jean-Paul Sartre，1905—1980）等人，更开了当今的诠释学（Hermeneutik）的先河。

四

其中，海德格尔更是划时代的哲学家，在认识论上，海德格尔改变了2000多年来对真理的定义。海德格尔把传统的“符合”（Conformity）转化成“显现”（A-letheia），“显现”的意涵更能凸显主体性的积极功能；而这主体性在认识的运作上也就顺理成章地开展了诠释学的方法。

五

诠释学继承兼修正传统的解经学（Exegesis），对古典文学或古圣先贤的片言只字都有兴趣，设法以“身历其境”的灵性活动了解文字的内涵。

六

同样对语言有兴趣，但对悟性超越能力却不甚赞同的，是在英美成为显学的“分析哲学”（Analytical Philosophy）——因为对语言有兴趣，也被取名为“语言哲学”（Linguistics）；也因为不承认悟性的超越能力，故而对形而上学亦抱持怀疑，甚至采取否定的态度。

“分析哲学”讲求科学方法，认定实证原则（Verificability）为界定真假对错的基准，因而主张数理的运算才能完成认识的工作，而形而上学的语言则被视为无意义的语言。

英、美的“语言哲学”看重分析的方法，承传归纳的传统理论，比较重视“为认识而认识”，让认识论有独立的领域，而不是存在于形而上学的阴影下，更非寄生在形而上学之中。欧陆的诠释学看重综合的方法，承传演绎的传统理论，认定认识论是要走向形上本体的道路；诠释学对古圣先贤的片言只字都非常尊重，认为那是传统智慧的精华，可以作为现代人获取灵感的借鉴；这也就是从理知的功能提升到直观（Intuition）的运用，上可以与神秘世界接触，下可以与感官世界相通。

七

以天主教哲学为首的“新经院哲学”（Neo-Scholasticism），继承从亚里士多德开其端、托马斯·阿奎那极其流的哲学发展路线，发挥实在论（Realism）的哲学体系，以感官经验开始，经悟性的开导，走向直观，不但承认感觉知识，诠释悟性知识，而且对于直冲启示而来的知识也予以揭示，完成全方位的知识进程。在知识的内容上涵盖了“知物”“知人”“知天”，在知识认知主体上运用了全部认知工具——感官、悟性、理性、直观。狭义上的知识内涵固然局限于理性能知的范围，但却向着“从彼岸来的信息”迈进，是从认识论奠定形而上学的基础，也是哲学可以替神学铺路，成为“信仰先行者”（Praeambula fidei)。

新经院哲学与诠释学合作无间，二者都肯定人类悟性可以从感官经验超越至理智推理，更能运用理智的归纳和抽象，从认识走向本体，完成知性形而上学的任务。

诠释学和新经院哲学都认同传统的“知即德”理论，都接受“才德兼备”才是做学问的目的。这也就是“全人教育”的提案：学问愈好，德行愈高；学问使人头脑锐敏，德行却使人心灵丰饶。“全人”或“完人”就是要人头脑锐敏、心灵丰饶。

（邬昆如）

第二部　形而上学

我们在看过一朵玫瑰之后，不仅会对它的形状、颜色和香味留下深刻印象，还会发现它的整体与先前所看到的百合不太相同；于是在看过百合之后再看到玫瑰，会发现它们之间的明显差别。若进一步思考，我们会发现，所以拿百合与玫瑰相比，而不是拿青蛙与玫瑰相提并论，是因为在百合和玫瑰之间有一些共同性质，即共同具有的存在特性，使得它们可以并列讨论。这个在百合与玫瑰之间共同的存在性质就是在形而上学中所称的“共相”，这种用来发现存在事物之间差别特性或相似性质的方法就是模拟法。

形而上学引言

人类悟性有向上超越至抽象界的功能，即从认识超越至形上本体之潜力，能用最抽象的概念旁通统贯所有具体的、个别的事物。学问的多元性、复杂性，可以由单元的形上本体去涵盖。

形而上学分为“一般形而上学”以及“特殊形而上学”，前者即本体论（存在学，Ontology），后者即存在所开显的宇宙论（Cosmology）和人性论（Anthropology）。

本体论讨论宇宙的最终本体，可以分为“量”“质”“能”多方面的探讨，寻获本体的“单一”“精神”“完美”等积极的概念，也可以由人类历史文化的科学、道德、艺术、宗教等层次获知存在的超越属性——“真”“善”“美”“圣”。

宇宙论需要解决宇宙起源问题，问及“世界怎么来的”；同时在变化莫测的现象中，问及“常”与“变”的根本问题。

人性论先问及“人的结构”，其纵向的“灵与肉”，其横向的“男与女”，都是在抽象以及具体的层面，了解人的个别性和群体性的根本问题。再问及“人生意义”，哲学能否从今生今世，回头去看前生前世，前瞻来生来世，以至于能与宗教接轨？“行善避恶”的规范如何定位？苦难的因缘如何理解？诸如此类的问题都可以从形而上学引申到人生哲学。

第一节　知性形而上学

一

人性向上超越的功能和往下探索的兴趣几乎是相等的。往下探索是人类设法解决自身生存的课题，需认识事物，乃至于利用事物解决食、衣、住、行、育、乐等问题。这是以“驾驭和利用世界”为目的的自然科学的兴起和发展的理由。物理和化学两门科学，便是人类借以认识物质世界、驾驭和利用物质世界的学问。物理学一直要追寻到“不可分”的物质微粒为止，了解构成物质的最原始单位的性质而加以利用。

人性向上超越的功能并不在实用层面上落实，它可以是人性的好奇，对自然美景的欣赏，是人类文明中艺术的产生以及发扬；艺术和食、衣、住、行的关系不深，它不在意于“驾驭和利用世界”，而是要与物质“共存共荣”。人类以艺术的眼光欣赏自然时，就会体会出自然界的伟大，了解到自然事物的秩序井然，以及事物的“变”与“常”的原理。到最后发现整体世界都在突破时间以走向永恒，突破空间以走向无限；人性虽在时空中，但亦倾向于无限和永恒。

自然科学在人性往下探索时，对物质世界以及人性本身的“有限性”并没有察觉；可是，艺术在人性往上超越的过程中却要突破自身的限制而“与造物者游”“与外死生，无终始者为友”（庄子语）。这种“面向无限”就是走向形而上学的思想进程。

这种思想进程，可以用直观的向上超越，亦可以具体地从认识的归纳和抽象达成。那便是苏格拉底“概念”的功能。这概念功能不但发挥了归纳和抽象的功用，而且形成了一金字塔型的宇宙蓝图。

探究这宇宙蓝图峰顶的“存在”概念的便是一般形而上学（Metaphysica Generalis）的课题——“存在学”（Ontologia，本体论）。这“存在”不是静止不动的，它要活动，而其活动所创造出来的就是宇宙和人生。因而特殊形而上学（Metaphysica Specielis）就要探究从“存在”处得来的宇宙论和人生哲学（尤其是人性论）。

二

人性往下探索只催生了自然科学，其中尤以物理和化学最为明显。人性向上超越的功能，一方面是悟性的抽象和归纳作用所形成的金字塔型蓝图，另一方面却是灵性生命的自我跃升。抽象和归纳作用是锐敏头脑的训练，而灵性的自我跃升是丰饶心灵的表现。人性的完成一方面是头脑的锐敏，另一方面则是丰饶的心灵。

锐敏的头脑使人从认识论走向形而上学，丰饶的心灵则引导人从知性走向德性，完成人格而超凡入圣。

原来，人性的两个方面是必须自修才可完成的功课，不能承传，亦不可让与的。首先就是知识，这是头脑的功课，个人必须自己学习才会有知识，别人无法给予，也不能夺取。同样，德行是心灵的功课，必须依靠修炼才可拥有，别人无法给予，亦无法夺取。

“知”和“行”二重功课，造就人的知性和德性，前者锐敏了头脑，后者丰饶了心灵。

在中国哲学中，《大学》的“格物致知”就是往下探索的功夫，是知性的发微；《大学》的“诚意正心”才是向上超越的练习，是德性的训练，是完成人格的“独善其身”的君子以及“兼善天下”的圣人的功夫。

“形而上”的超越，西方以锐敏的头脑挂帅，而中国则以丰饶的心灵为主；西方重知性形而上学，中国重德性形而上学。西方的知性形而上学，是通过物理学的提升，因而是“超物理”（Meta-physica）；中国的德性形而上学是通过德行的超升，因而是“超伦理”（Meta-ethica）。

“超物理”可以是超实用，不以“驾驭与利用物质世界”为目的，而以“欣赏世界”成为“超艺术”（Meta-phorica）。同样，“超伦理”亦可以不斤斤计较道德规范的束缚，而到达心灵自由超脱的境界，这也是“超艺术”。中国道家哲学走“内超越”之路，亚里士多德的“超物理”则属“外超越”之路，二者大异其趣。

三

形而上学是旁通统贯的学问总体。早在亚里士多德时代，由于各学问已经有所分类，亦各有归属，亚里士多德忧心“学术为天下裂”，因为各门学问都只顾研究自己的范围，慢慢形成“隔行如隔山”的困境。于是亚里士多德设立一“总体学问”，贯通所有个别的学问。亚里士多德称所有的学问都是哲学，都是“爱智”；而把所有个别的学问看成“第二哲学”，把形而上学作为“第一哲学”。

在亚里士多德看来，所有学问都是在探讨诸多“存在”中的某一种，唯有其形而上学才是探讨所有“存在”的根源的学问总体。

在苏格拉底的金字塔型宇宙蓝图中，从金字塔底层以上，每一概念都可以作为学问或学科来研究，如人类学、动物学、植物学、生物学、矿物学等等。同理，最高概念的“存在”也可以作为学问的对象。而如动物学或植物学一般，“存在学”岂不也是一门学问的学科？我们有理由研究人类学，当然亦有理由研究存在学。

因此，形而上学的本题就是“存在学”：讨论“存在”的“量”，是“一”还是“多”，还是“一”“多”共存？讨论“存在”的“质”，是“物质”还是“精神”，或是“心”“物”合一？讨论“存在”的“能”，解释生成变化现象中，为何有“生”，为何有“灭”？

“存在”虽然至为抽象，却不是静止不动的，它会活动，其活动最主要是催生了宇宙和人生。形而上学在广义的部分还包括宇宙论（Cosmologia）以及人性论（Anthropologia，或曰人类学）。宇宙起源问题，是“创造”还是“流出”，还是“生”？宇宙生成变化问题，是“机械”还是“目的”？

在人性论中，问及人性纵的构成因素“灵与肉”，问及人性横切面的构成因素“男与女”。灵与肉的和谐，身心的安顿，是个别的人性完美的契机；男与女的和谐和互爱，是群体性安和乐利的基本。

一个人生存在天和地之间如何安身立命？一个人生活在人与人之间如何安和乐利？这正是哲学智慧的考验。作为哲学的“体”的形而上学，是要给人生哲学一些基本的原理原则。

四

形而上学作为哲学的“体”，其把握住所有“存在”的根源“存在”，而又认清了这“存在”不只是静态的，而且是动态的，它的活动催生了宇宙和人类。因此，针对“存在”的研究，即是研究“存在”的整体。形而上学作为“第一哲学”，作为全方位的所有“存在”，原是“存在”概念本身，就有“旁通统贯”的功能。我们从各种不同的角度研究“存在”，就是针对整体“存在”的探讨。

从这个角度看，认识论只是哲学的入门。问及如何获得知识时，这是科学和哲学共同的课题，二者都设法负责解释、描绘知识如何产生。而哲学的特有课题则是问及“为何”知识，这就探究出“人为什么能认识真理”的答案。

“通过认识追求真理”的命题当然不是孤立的，在人类历史文化中，知识之外尚有道德。正如前面论及的人性，除了头脑，尚有心灵。头脑的锐敏担负着人的知性的发挥，而心灵的丰饶则领导着人的德性超越自己。人类历史文化流变中，“知识求真”“道德求善”原是极其基本的事。此外，尚有“艺术求美”与“宗教求圣”。原来，人文社会中的知识、道德、艺术、宗教，其所针对的抽象的对象，就是“真”“善”“美”“圣”。

在存在学的探讨中，“存在”的“超越属性”正是“真”“善”“美”“圣”。原来，人们所追求的，“存在”所企求的，正是最终的“存在”；而人类文化的四阶层——科学、道德、艺术、宗教——正分别把握“存在”的四种“超越属性”。

“存在”的“超越属性”，恰好呈现了人类文化的四阶层，即展示出人性本身的活动。人类文明的整体与“存在”的旁通统贯竟是首尾相连，互感互动的。

人的文化活动针对着“存在”的“超越属性”，或者可以这么说：“存在”的“真”“善”“美”“圣”，揭示着人类文化的科学、道德、艺术、宗教。形上本体和人生是一致的。

这种人生和本体（存在）的一致性，当然是由“存在”的抽象和归纳，经由“存在”的活动，展现在具体的宇宙和人生的层面。由于宇宙和人生都是非常具体的，具体到每一事物都是个别的、特殊的，而作为一切“存在”的根源的“存在”却是共相的、普遍的、抽象的，问题在于：这共相的、普遍的、抽象的如何落实到具体的、个别的存在？这正是“个体化”（Particularisatio, Individualisatio）的可能性问题。“存在”如何蜕变成具体实在？

亚里士多德的形而上学设法最先处理这问题，认为“存在”要落实，就必须体现在具体的物质实体之中。这就是亚里士多德对“存在法则”的把握，其中的《范畴》就是要以个别的、具体的实体（Qusia，Substantia）作为“存在”个体化的代替。实体就是“自立体”，其存在靠自己，存在于自己之中；不像其他九个范畴，如“量”“质”“关系”“姿态”“时间”“空间”等等，皆为属性（Attributa）；属性自身不是“自立体”，因而无法独立存在，其存在是寄生在实体之中。在亚里士多德的《工具论》中，范畴是“存在”的法则：实体等于“自立体”，自身可以存在，不需要依赖别的事物；“依附体”或是属性，则需寄生在实体内，在实体之下存在着。

《工具论》一书大部分是讨论思想的法则（亚里士多德以希腊文法作为探讨思想的法则），认为人的思想是通过语言来表现，语言文字的形式正是思想的形式。因而，对真理的定义，亚里士多德执着于“符合”（Conformity），认为“主客符合”为真。

这“符合”当然预设了人的悟性可以通过感官获得对外界的知识。“感官”“悟性”“理性”的顺序，让亚里士多德有了最基本的认识论；而且，这认识真理性的判断标准，更使知识超越“知识”，到达形上本体所开展的“超越属性”的“真”。对“真”的把握，就是对“存在”基础的肯定。

知性形而上学的确立，原就是亚里士多德最大的哲学贡献。

五

哲学“认识论”全方位的过程，包含了“知物”“知人”“知天”。知物是自然科学和哲学共同的课题，知人是伦理学的课题，知天是宗教和哲学共同的课题。哲学部分的知天就是形上本体的范围；原来，“存在”在活动时，不但产生了宇宙和人生，亦同时蜕变成“天”，而形成“天”“地”“人”三重的设计。本体论或自然科学、人性论、宇宙论，都是本体之外，在形而上学中的必修课题。

对天的课题，因为神学院和宗教科系有相关专题的讨论，在形而上学上除了本体论（存在论）有概论性的探讨之外，有关“启示”真理，有关“从彼岸来的信息”，哲学就不深入讨论，让位给宗教以及神学。

对地的课题，因为与自然科学重叠，故有关“如何”的范围，全部让位给科学去探讨；唯有“为何”的问题，亦即是根本问题，则由哲学深入和开展。

同样，对于人的探讨，有人类学和伦理学等的专题讨论，形而上学的人性论也把范围浓缩到人生目的的探讨。

六

形而上学的根本问题，在直接讨论“存在”。人类悟性能超越感官所接触到的个别事物，而层层地提升自己认知的对象，到达所有“存在”的最终抽象，以及最后归类的“存在”，亚里士多德称这门学问为“第一哲学”（Prote Philosophia，First Philosophy），有时称之为“智慧”，有时甚至称其为“神学”。亚里士多德之所以称之为“第一哲学”，那是因为亚里士多德把其他个别的学问归类为“第二哲学”；亚里士多德之所以称之为神学，乃是“存在”完整地表现自己时的样态就是“神”；亚里士多德之所以称之为“智慧”，因为亚里士多德的学问从经验的常识出发；在常识中，感官经验扮演了根本的角色，活得愈长，经验愈丰富，常识也愈多。

乡下老婆婆常对年轻人说：“小伙子，我吃的盐比你吃的米多，我过的桥比你走的路多，你得听我的！”虽然老婆婆常识丰富，经验丰富，可是没有知识。她的孙子在幼儿园学习到“地球绕日而行”，并非太阳东边出来、西边落下，这就是知识，而且是超越经验的知识。当然，一个人觉悟名利权位，生不带来，死不带去，因而生命不值得拼命追逐时，就算进入了智慧的殿堂，可称为哲学家了。

经验愈多，常识愈丰富，会用常识才是知识；学问愈大，知识也就愈丰富，会用知识才是智能；知道知识之所以然，觉悟人生之所以然，而又躬身力行者，才是哲学家。

“哲学”字义的“爱智”，就不是定位在知识的层次，更不定位在经验、常识的层面。哲学智慧是在“定位宇宙”，是在宇宙中“安排人生”，设法让每个人都能安身立命，让社会群体安和乐利。

哲学的实质意义的“定位宇宙”，就是问及宇宙来源及变化问题；人是在宇宙中出生和成长，因而宇宙生成变化的原理原则与人类息息相关。人是自然的（宇宙的）产品，人不是人文世界的产品，人本主义要把人提升到超乎世界而且能独立自主的主体，是创造世界以及创造自己的另类神明，这显然是过分膨胀了人性的功能及权力。事实上，人的“存在”是命定的，唯有人的“本质”才是自由的；存在主义学者依据“存在先于本质”的原则，一方面肯定人性的尊严和价值，另一方面亦承认人性的无奈和限制。

其实，人类固然得天独厚，分得了“创造”和“欣赏”的能力：前者造就了自然科学，证实几许“人定胜天”的豪气，在“人与物”的关系中充分展现“驾驭和利用物”的优越地位；后者则提升艺术情怀，会以心灵的宽厚欣赏大自然的美景，在“人与物”的关系中创造了“物我相忘”的意境，觉悟“天地与我并生，万物与我为一”的境界，甚至演变成“上与造物者游，而下与外死生、无终始者为友”。后者的想法预示了几千年后的环保思潮，创造“爱物”的崇高理念。

因此，形而上学对象可以分为静态和动态两个方面探讨。静态上看“存在”，就是本体论（存在学）的课题，分由“量”“质”“能”等方面看“存在”。同时也从动态人生的文化层面，以科学、道德、艺术、宗教相对于“存在”的“超越属性”——“真”“善”“美”“圣”。

从动态上看“存在”，就是“存在”的行动，滋生出宇宙和人生，甚至，“存在”完整地自我呈现时就是宇宙和人生的合一，而合一在神明的意志中。“天”“地”“人”三重的探讨就是以动态的立场看“存在”。单一的“存在”显现自己，成为多元的“存在”，有“天”“地”“人”的区分，其中的“地”（宇宙论）和“人”（人性论）更表现出多元和多样性；这多样性“挤而不乱”“井然有序”。

第二节　第一原理

一

形上本体的“存在”，在静态上的“一”与动态上的“多”皆为特性而不至于相互冲突，呈现出“一中有多”“多中有一”的和谐景象。

无论是“存在”本身的“一”，或是“存在”活动所开展的“多”，其最终特性仍然是“一”。在杂多缤纷的世界中，每一个个别的“存在”都是“一”，具有个别性、独立性，完全与自己等同，但与别的其他事物都不等同。

这也就是“同一律”（Principium Identitatis）所呈现的公式：A = A，并非说有两个相等的A，而是唯有一个与自己等同的A。

同一律保证每个事物独立存在的资格，事物都存在自己之内，用不着和“特性”一般寄生在别的事物身上，这就是“范畴”中的实体的存在。实体是“自立体”，是靠自己而存在，并且可以容纳许许多多的“依附体”（属性，Attributes）。比如一张桌子，它是实体，是独立存在的，与世界上其他桌子都有区分；它是“自立体”，与“依附体”有所区分。桌子的长、宽、高、重量、颜色、方位等都依附在桌子上，寄生在桌子上。

二

从同一律直接导引出来的，便是“矛盾律”（Principium Contradictionis），其表现的形式是：A≠－A。即“一独立的事物不可能与自身以外的任何一物等同”。这也就是同一律“一独立事物只与自己等同”的直接引申。宇宙和人生是多元的，而多元中每一单位又是独一无二的，都是自立体，而非依附体，故而适用于同一律：“事物只与自己等同，与自己以外的任何一物都不等同。”

在思想的法则上，肯定一物就是一物之肯定，不能二者兼顾把肯定和否定等量其观，A≠－A。一物之肯定不可以否定同一事物。

在哲学辩论中，最常用亦最有效的方法，是把对方的学说引进自相矛盾之中，亦是归谬法（Reductio ad absurdum）；自相矛盾的学说就违反了“第一原理”的矛盾律，对同一事物同时加以肯定又加以否定。自相矛盾即是“以子之矛，攻子之盾”故事中的困境。本体论中“第一原理”的矛盾律，就是分清肯定与否定对同一事物的合理性。

从矛盾律可以引申出许许多多的不一致或是双重标准的事件，这些都是直接违反矛盾律，而间接违反同一律的事情。“一致性”无论在思想上，或是在语言上，或是在行为上，都是有效的。这“一致性”在真理的传统定义上就是“主客符合”（Conformaitas inter intellectum et rem）。“符合”的学说，不但在理论上，就是在人生的实践上，也呈现必然性。人的思想如果与客体符合，也就为“真”，否则为“假”；而所言与所思相符，则是德目中的“诚”，做人真而诚是君子的表现；然后，所言付诸实践，即所行与所言相符，即言出必行，是德目中的“信”。诚信原就是做人的原则，有诚有信的人可行遍天下，无诚信的人则寸步难行。

三

由同一律和矛盾律的理论，可以催生出“第一原理”的第三种思想律，就是“排中律”(Principium tertii excludi)。排中律就是“全是”或“全非”之外没有第三种可能性。在“是”与“非”之间，在“有”与“无”之间，没有缓冲的余地。“有”就是“全有”，“无”就是“全无”，“是”就是“全是”，“非”就是“全非”，没有折中的可能性。也即是说，同一事物只与自己等同（同一律），与自己之外的任何事物都不等同（矛盾律）。在“等同”与“不等同”之间，没有商榷的余地。人世间有许多事物是黑白分明的，非黑即白，非白即黑，尤其在思想的“第一原理”上更是如此，肯定就是肯定，否定就是否定，不能模棱两可。

这种思想律早在希腊哲学家巴门尼德就开始探讨。女神口中的“是则是，非则非；是不可能是非，非亦不可能是是”以及“是与非不可逆转”，就是“第一原理”的最原始表达。其后的亚里士多德的集大成，以及托马斯·阿奎那的发扬光大，为认识论提供了不可取代的思想法则。

四

思想三大定律不只是规范“思想”，同时也规范“存在”。思想所断定的“是”与“非”，可以构成同一律的“是则是，非则非”，亦可以形成矛盾律的“是不能为非，非不能为是”，更会形成排中律的“是不可能同时为是又为非，非亦不可能同时为非又为是”。

存在所断定的“有”和“无”，同样构成同一律的“有则有，无则无”，亦形成矛盾律的“有不能为无，无不能为有”，亦形成排中律的“有不可能同时为有又为无，无亦不可能同时为无又为有”。

思想的“真假是非”，存在的“有无”，事实上都由本体论（存在学）中的“第一原理”所规范。“思想和存在一致性”，不只是在说明“思想”和“存在”可以互换（Noein kai einai convertuntur），而且亦具有相同的原理。

第三节　形而上者谓之道

一

日本人在明治维新时代，在走西化的路子上翻译了西方的诸多学问；其中把学问之首的“Philo-sophia”译成“哲学”，而把“哲学”之“体”的“Meta-physica”译成“形而上学”，取自《易经 · 系辞传》中的“形而上者谓之道，形而下者谓之器”。这么一来，哲学基本上是道学，是探讨“形而上”事物的学问。

我国《易经》是古书中注释最多的经典，但对“形而上者谓之道，形而下者谓之器”的诠释，多在“道”和“器”二概念上打转，而没有对其中更核心的“形”作深刻研究。其实，“形”若已成形，就已是“形而下”之事物，是我们感官可以接触、可以把握的对象；“形”若未成形，则仍是质料（暂借亚里士多德的“形质说”，Hylo-morphism），尚未有形式界定它。但是，尚未成形，并非不存在，而是“存在”的潜能，有存在的可能性，有成形的可能性。

“形”的问题，可以由两个方面探讨：一是使之成形的创造，二是对这“形”的欣赏。人性天生来就有创造和欣赏的两大功能。人类会创造，因而能充分利用物质世界的各种资源，解决自己生活必需的食、衣、住、行，解决自己生活娱乐的育乐。人文世界的一切都是人类创造的成果，大至金字塔和万里长城，小至螺丝钉和缝衣针。

人类的创造功能，就是理念中的成果，通过物质世界改造而成形，使潜能实现；在人文世界的发展和进步中，一切的成果都是从无变有，从自然界的经验材料转化成人类的器物。

创造展现了自然科学的各种成果，一来证明人是“工匠人”（Homo faber），二来证明人是万物之灵，能够驾驭和利用世界，而成为“科学人”（Homo scientificus）。“科学人”凭其创造的能力，能够改变自然界的一些次序，使之成为人文世界的次序。“人是世界的主人”的豪语到后来竟膨胀成“人定胜天”的骄傲。

“人定胜天”固然在自然科学的成果上可以获得证明，人性自省本身的缺陷和限制时却也知道自己的渺小以及宇宙的伟大。凭着人性天生的欣赏能力，人性除了驾驭和利用物质世界，还有另外一种心境，即与自然和谐共存。人的肉体生命，需要用科学的“驾驭和利用世界”来补足；人的精神生命却愿意与自然和谐，以欣赏的心态，沉醉在“物我相忘”的意境中。无论谁，都会对落日的晚霞，或是雨后的彩虹，或是微风吹过树梢，唯有欣赏，而不会浮起占有或驾驭和利用的欲望。

二

“人与物”的关系，也就由这两种彼此相当不同的情操——创造和欣赏，一是自然科学的萌芽，一是艺术的开创——所涵盖。把创造和欣赏描绘在一起，最成功的莫过于希伯来人的祖先。他们在《创世记》中记载上帝一边“创造”，一边“欣赏”，从“无”之中把事物创造出来之后，他欣赏自己的成果，并赞叹说“好”，当他按自己的模样造人之后其赞叹词升高一级：“很好!”

在上帝的心目中，物的成形是经过其创造的化工而成；而这成形之后的美都是欣赏的对象。人类何幸，分有了这双重的功能——创造与欣赏。创造是把世界物质再度成形，使之适合于人生的诉求；欣赏一方面是针对自然界上帝的造化之工，另一方面则是人文世界的科学成果。

欣赏成形的世界，无论是自然界或是人文界，不能不冥想出创造者的伟大和智慧，由之会从“人与物”的关系转向“天人之际”。除了万物之灵可供欣赏之外，人性拥有创造和欣赏的功能，原就在其原始的“上帝肖像”的复印，不更是可以作为人性自我“欣赏”的契机？奥古斯丁就如此提倡，人皆应回归内心，在心灵深处寻找真我以及上帝的临在。

“天人之际”的探讨，原就是形而上学本体论（存在学）的课题。在“天”“地”“人”三重的根本探讨中，对“天”的理解，浓缩成对上帝的神学和宗教学，以及哲学中的精神学或自然神学（Theodicea），一方面要解答世界起源问题，另方面要寻找赏善罚恶的最终主宰问题。原来，本体论（存在学）的职责是寻找宇宙的最终基础以及人性安身立命的依靠。

三

由“人与物”的课题跃升到“人与天”的关系，问及“形而上”的终极原因和基础。这原因和基础使所有有形事物能够成形。“形”不是自有的，它是创造的成果，同时亦是欣赏的对象。对“形而上”的欣赏，与对“形而下”的欣赏当然不同。针对“形而下”，利用我们的感官作用，尤其是视觉的面对彩色，听觉的面对音调，还是“上帝选民”希伯来民族得天独厚，最先得知彩虹的“七彩”，最先得知音阶的“七音”。希伯来民族开创的“星期制”，其“七”的数目不能不说是由于视觉和听觉针对“形而下”的欣赏所得。其中的彩虹更是形容为“天人之际”的契约，而不再用洪水灭世的许诺（《创世记》九章 12 ~ 14）。

从“形而下”的“七彩”和“七音”，演变成六天工作、休息一天的“星期制”，可以说是由制度的时间定点，推动敬天的理念；这理念和制度又催生了器物的教堂建筑——这就由时间定点走向了空间的定位。希伯来民族对时空坐标的把握，思想本身就是“形而上”的，落实到制度时就是定形，就是成形，而贯穿到“形而下”的具体世界和人生。

四

“星期制”的六天工作、休息一天，是作息时间的安排；休息那天进教堂礼拜，则是空间的定点。教堂中的祷告、读经、唱诗、证道，把“从彼岸来的信息”宣示给会众，完成“天人之际”的纵向关系。

空间定点的教堂，其功能不只如此，其具体的功效是“人人平等”的实习。教堂中不排位子，无论帝王将相、贩夫走卒，在上帝面前都平起平坐；因为人性在理念层面都是“上帝肖像”，众生平等，人世间的名利权位都无法进入教堂。

这是“人与人”的“人际关系”设计并实践。

形而上学中“天”“地”“人”三重的探讨，在希伯来的“星期制”中表现得最为清楚。形而上学中的“人性”，其尊严和价值是定位在灵魂乃“上帝肖像”之中。人除了灵魂，尚有肉体；而肉体有许多缺陷，虽说人性是顶天立地的。顶天，因为有上帝可作依靠；立地，就必须承受“形而下”的诸多缺失。

人生哲学因而也就必须正视人生过程中有欢笑也有眼泪，有成功也有失败，有顺心之时亦有逆境。“人际关系”的互助合作，人与人之间的爱与关怀，因而也显得特别重要。

这些都是从“形而上”的原理原则落实到具体人生的境遇。特殊形而上学中的人性论，就必须回归到本体论（存在学）的基础。“存在”的“超越属性”的“善”，原是要人类的伦理道德的实践去完成的。

第四节　本体论（存在学）

一

无论从苏格拉底所画出的金字塔型的宇宙蓝图，或是人文世界历史文化所开展的科学、道德、艺术、宗教诉求的“真”“善”“美”“圣”背后的本体，对“存在”的学问都可以成立。再则，我们“向上超越”的天生能力的作用，亦可以从具体的、个别的事物一步步跃升至抽象的、普遍的概念；在这“向上之道”的整个进程中，逐渐摆脱时间和空间的束缚，到达永恒和无限的氛围中，这也正是存在学对象的“存在”之境。

为“存在”排除了时空的束缚，可以用别的范畴探讨“存在”的特性。首先就是“质”和“量”的问题。

“存在”的“量”，前文曾提出“一中有多”以及“多中有一”的特色。“多”本来是自然界的特色，多样性是构成世界成为欣赏的对象的理性。世界不是单调的，是多彩多姿的，是挤而不乱的，是和谐的，因而是美的。

“存在”的“量”是单一的，意即同一律中的“与自己等同”的意思。与“存在”对立的唯有“虚无”，可是“虚无”并不存在，因而亦无从与“存在”对立。“存在”的唯一性，不但因为其只有“与自己等同”，而且是没有任何对立。

再就以“存在”作为“实在”次序的第一根源，它如果是“多”，则世界和人类的不同源，就真的无法做到“多中有一”的事实。

二

“量”的“多”不只是“量”的课题，它所涉及的更是“质”的问题。“多”本身是“量”的概念；“量”的出现必尾随“质”的到来，如果“存在”是“多”，则这“多样性”彼此间是否有融通的可能性？“质”相同，“量”的多寡便无关重要；但是，不同“质”的“量”则是分裂的根本原因。

“存在”的“量”的问题，先从希腊文法上的“一”“二”“多”开始，而有“一元论”(Monism)、“二元论”(Dualism)、“多元论”(Pluralism)的划分。“一元论”的“单一”意义，不只是展现出“存在”的“超越属性”的“一”(Unum)，而是指数量上的“唯一”(Unicus)。这一元论的提出原就与东方文化（希伯来、阿拉伯）的一神论（Monotheism）有密切的关系。神明虽然众多（希腊、罗马），但“至上神”是唯一的，并无太多的争议。继承希伯来信仰的基督教也好，阿拉伯民族的伊斯兰教也好，都是至上神论或一神论的信仰。

一元论的存在学与至上神论的一神论信仰有密不可分的关系。存在是“一”，上帝是“一”，其所造生的万物则是“多”。这种“一多共存”的模式，并没有达到“一中有多”以及“多中有一”的融洽，而成为“一多对立”的神与世界分隔的因缘。

三

“质”的课题是比较复杂的课题，单就从柏拉图的“二元世界说”看来，观念世界的精神性，与感官世界的物质性，虽有“分有”概念作为桥梁，但毕竟是两个截然不同的世界。虽然后来，柏拉图利用“人”的出现，以人的灵、肉结合，作为观念和感官二界合一的楷模，但是，人的灵、肉“二元”无法圆融，不但没有融洽观念和感官二界，反而更在灵、肉“二元”中更突现了分立。

柏拉图的“二元世界”不只是“本体”中“量”的课题，更是“质”的讨论。灵、肉“二元”就暴露了观念的精神性与感官的物质性无法融为一体。

新柏拉图主义者在这里就顺水推舟，把“存在”的精神性界定，摈弃“存在”概念中的任何物质性。基督教承传了新柏拉图主义的论证，认定“存在”为精神体，不只是因为“物质”可以由于部分的分崩而失去存在，更因为物质本身诸多缺陷，而无法承载永恒和无限，而后者则必须是“存在”的特性。

柏拉图的“二元世界说”，物质世界有变化，因而不是“永恒”，亦非“无限”；精神的观念可以恒常不变，既“永恒”又“无限”。“存在”的特性因而适合于精神，不宜是物质。

可是，人的周遭无一不是物体，物质事物何其多；物质之上的生命（生物）比起物体来真是少得可怜；生命之上有意识的动物比起植物来数量也很少；至于有精神的人类则更是稀少了。在这个世界上存在物的四个阶层——“物质”“生命”“意识”“精神”，每一层都有物质，每一层都是物体，都可分割成部分；把“存在”看成纯精神体，其中没有物质的因素，理论上虽不太困难，但实际的精神不是那么容易证明。

显然，人是灵、肉合成的物体，有属于精神的灵魂，也有属于物质的肉体；灵、肉合一也就等于是精神与物质的合一。人是“心”“物”合一的存在，自当毫无疑义。就感官世界的四阶层——“物质”“生命”“意识”“精神”的层次看来，显然，生物的生命是本质地提升了物质的存在；因其新陈代谢的作用，在生物中的物质结构就与纯物质的泥土沙石不同。在动物的世界中，感觉的出现，更是活化了动物的物质结构，也就是说，感觉提升了物质的存在本质。至于人的精神层次，既已涵盖了意识和生命，同时在其上有思想的依附，是成为“主体”的荣耀。依着这种超越物质的渐进性格，我们很容易到达完全摆脱物质束缚的纯精神境界，这也就是“存在本体”的特色。

本体（存在）是精神的，不是物质的。

因为“存在”的精神性，所以其特性的呈现，无论是“[illegible]”“真”“善”还是“美”和“圣”，都是在人类精神文明中凸显。科学的“真”，是人“驾驭和利用万物”的成果，也是人之所以为万物之灵的理由。人性锐敏的头脑，能分辨真假对错，及对于“真”的诉求和对于“假”的排斥，以及对于“对”的诉求和对于“错”的避免，都是精神的作用，不是物质的表现。

同样，“良知”的丰饶表现在分辨是非善恶以及有能力“择善避恶”的行为抉择。“善”是精神生命在道德层面的追求对象，“美”是精神文明中的艺术对象。艺术求“美”，虽然不像真排斥假、善排斥恶，但亦不会以丑代美，顶多认为"其丑无比"亦是一种美；美与丑还是呈现对立的。至于神圣的宗教，无论其教规、教义、教仪，亦都是圣与俗的分野；甚至，教学庙宗教人士神职的神圣与俗人的世俗，亦都属于精神文明的范围，超脱了物质世界的束缚。

科学、道德、艺术、宗教，以及其所诉求的"真""善""美""圣"，都是精神的花朵，前者是精神文明的创造，后者则是"存在"的"超越属性"。

"存在"的精神性，在19世纪"唯物论"（Materialism）兴起以后就被认定为"唯心论"（Idealism）。精神性"（Spirituality）和唯心论并不能等同视之：因为前者是指最终本体的性质，而后者则是涵盖了认识论（观念论）以及本体论的两个层面。

"存在"的精神性，一方面消极上要说明"最终实体"的超时超空，另一方面积极上要说明"存在"的"常"与感官世界的"变"相对。

相对的、偶有的事物，是需要绝对的、必然的事物作为"存在"的理由。世界的相对性和偶有性，也就由因果原则，指证出"存在"的必然性和绝对性。

四

"能"的课题，从"量"和"质"的方面看"存在"，多少都是站在静态的立场看"存在"。但是，"存在"是生命，是活动的，不是静态的。"存在"的活动产生了"天""地""人"三重世界。"天"是"存在"的全部呈现，因而在西方当代把传统的本体论（存在学，Ontology）看成是"本体神学"（Onto-theo-loty）。本体论和神学等同起来，意味着神就是"存在"，神就是最终本体；而作为神的最终本体，创造了天地万物，也创造了人类。

"能"的课题首先要解决的，是"存在"创造现象界的过程，即是万事万物"从无到有"的情形。世间的一切都有开始，开始之前都是"无"，开始之后就是"有"。在"有"的世界中，因了开始，那原是"无"的事物忽而变成了"有"的领域。这种"有"和"无"之间的情事，我们称之为"能"，为"潜能"（Potence）："有"便是从"潜能"到"实现"（from potence to act）的过程所催生。

任何"可能性"（Possibility）都是"从无到有"的契机。绝对的"无"是不可能变“有”的；但只要不自相矛盾的事物，都有可能存在；只要其原因开始运作，原来是“无”的事物就会变成“有”，而从“不存在”变成“存在”。这点我们可以在生活体验中通过对周遭的事物的观察就可证实，一切新事物都是从“无”变成“有”，都是从以前的“没有”变成现在的“有”。

这种“有”的过程，是需要已经有的、已经存在的事物作为原因，而新事物原是结果的地位，因果关系就是事物“从无到有”的原理原则。

另一种“能”的思考是：每个事物都是形式界定质料而成，形式（Form）界定质料（Matter）也就是我们通俗所谓的“定形”。雕刻家把一块木头雕成一个雕像，木材是质料，雕像是形式，人则是创造者。所有“从无到有”的事物都是由形式界定质料而定形，成为个别的事物、个别的存在。这“形质说”（Hylo-morphism）最先由亚里士多德发明，由托马斯·阿奎那发扬光大，解释事物的缘起、变化、形成。

事物都有开始，开始之前的“无”是潜能，有质料，等待“有”的实现和形式的降临：一旦实现超度了潜能，一旦形式界定质料，事物就“从无变有”了，事物就从不存在变成存在。

“能”的问题，如果用质料作为观察的起点，则是把“存在”的四阶层的最底层的物质作为对象，任何物质可以作为质料，用形式界定而成为事物。但是，“存在”阶层中，从生命的层次开始，其“从无到有”的进程就不一样，不再是形式界定质料，而是直接用“生”。

“生”是“流出”（Emanation），是从母体流出子体；母子关系不是创造，亦不是制造，而是生命的“流出”。母子是同质的，像一粒豆子，发芽、吐叶、开花、结果，结出许许多多与母体完全相同的豆子来；每一粒豆子又和母体一样会生、会发芽和吐叶，开花结果。结出和母体一样的果子而生生不息，原就是生命世界的“从无到有”的情形，所有的新生命都是由母体“生”出来的。

形质说在讨论“存在”的“能”的课题，事实上是开始因果原则的探讨。亚里士多德对生成变化的问题所提出的形质说，是以非常具体的桌子为例，说明事物从无到有的过程。凡是一张桌子的形成都必须有原因，原因又可分为内在的以及外在的两种：桌子的内在原因就是质料和形式，桌子的质料是木材，形式是桌子的样子。形式界定质料之后，桌子就形成。但是，形式本身不会去界定桌子，它需要原因，需要木匠；是木匠依照桌子的形式组合木材，使之成为一张桌子。有了木材，有了桌子的图样，又有了木匠，桌子就可以形成了？哲学尚要问及“桌子为何形成”，这也就问及桌子存在的“终极因”，这才是桌子存在的最终理由。因为有这终极因，才请这位木匠，才用这种图样，才用这种木材。终极因不但决定桌子的存在，也决定其他三个原因。

在因果原则的阐释上，亚里士多德称木材为“质料因”（Material cause），称桌子的图样为“形式因”（Formal cause），称木匠为“形成因”（Efficient cause），称“终极因”为“目的因”（Final cause）。质料因和形式因是内在因，形成因和目的因是外在因。

目的因最为重要，因为它决定其他三个原因。在这里，亚里士多德用了一个“内在目的性”（Entelecheia）概念，形容天地万物的存在都有目的（Telos），都是目的性（Teleologie）的；宇宙的一切都内存目的，不是机械的。

本体论（存在学）的最终发展，就是因果原则的最终真实，是形质说的纯形式（Pure form），是潜能实现说的纯实现（Pure act）。这纯形式和纯实现相会在“存在”的顶端，形成“存在的存在”，“真”“善”“美”“圣”的集合，成为至善至美的“上帝”。神学与哲学相会于“终极存在”之处。“本体神学”的意义就在此。

第五节　宇宙论（宇宙学）

一

“存在”活动时，不只开展了存在学，也更具体地创造了宇宙。无论是柏拉图式的“造化神”（Demiourgos）把混沌的物质世界秩序化（from chaos to cosmos），或者是亚里士多德式的“最终原因”造化宇宙，都承认宇宙有开始，因而在学术上有“宇宙起源论”（Cosmogonia），“流出”“创造”“造化”“生”等等学说杂陈，都在设法说明宇宙的开始，都在回答“世界怎么来的”的问题。

宇宙起源问题原是科学、哲学、宗教三者共同的课题，而三者的答案也有许多重叠的地方，是三者所共同承认的，也即是三者的共识，就是“世界有始”。无论世界的存在已经有多久，总是有个开始。我们所体验到的一切属于物质世界的东西，尤其是人文世界的一切，都有开始。除了理念中的一切原理原则，如“A = A”“二加二等于四”是永恒的，没有开始，没有终了，凡是具体的事物都有开始。于是，“如何开始”也就成了科学、哲学、宗教都同样关心、设法提出答案的课题。

人类早期没有细分学问，科学、哲学、宗教尚未细分，一概都承认“创造”，尤其是“神明创造说”被广泛接受。柏拉图提出“流出说”(Emanatio)作为其二元世界解释世界起源；附带的有关物质世界，又提出“造化神”的“次序说”，把混沌的世界改变成秩序井然的“宇宙”(希腊文的 Kosmos 原就是“次序”之意)。后来，柏拉图弟子亚里士多德利用自然科学的研究，以因果原则的推论，推出神明为动因，是推动宇宙生成变化的原因，尤其是“形成因”和“目的因”；不过，亚里士多德并没有提出“创造说”。

提出“创造说”(Creation)的是地中海东岸的希伯来民族以及阿拉伯民族。希伯来民族的《旧约圣经》，阿拉伯伊斯兰教的《古兰经》都记载了上帝创造世界的事迹。这创造事迹的记载虽充满神话的色彩，亦提出狭义的创造。尤其是《旧约 · 创世记》的记载更是细微，分段式的“创造”和“欣赏评鉴”，都是上帝对世界的情意描绘。

“创造说”所包含的内容，不但说明世界的来源，其中更具有价值的，还是对“人”的创造过程：人的灵魂是“上帝的肖像”，界定了人的尊严和价值，是“人与自己”的关系。上帝看见亚当孤独，给他造了夏娃做伴侣，使“人与人”之间的关系厘定；还有就是上帝把天上飞鸟、地上走兽、水中游鱼都托管给人类，形成“人与物”的关系。“创造说”的这些内容造成西方后来13 世纪成立大学时的主要院系设置：“上帝的肖像”是人文学院的内涵，“人与人”的关系是社会学院的课题，“人与物”的关系便是自然科学的范围，人类全方位的知识进程就蕴含在“创造”的学说中。

二

柏拉图以及新柏拉图主义所主张的“流出说”，似乎比“创造说”的天人关系来得密切。原来在“创造说”中，上帝是造物主，而世界和人类都是受造物；在造物主和受造物之间有很大的鸿沟，人、神之间亦有无限的距离。“流出说”指出神流出世界和人类，二者似乎同质，关系自然比较密切。

不过，“流出说”的前面有“分有说”，这同质的认定似乎又未必全对。在柏拉图学说的核心，观念世界是完善的、自满自足的；但感官世界却是有诸多缺陷的，因而，新柏拉图主义的核心人物普罗提诺所揭示的“流出说”，还是在整体宇宙中，完美性是有差别的，就如阳光与太阳的关系一般：原初的“太一”犹如太阳，当然光芒万丈，其射出的阳光，先有逻各斯（Logos），再有精神（Nous），后来就是理性以及物质世界；到了物质世界或许暗淡黑黝，已是光明的尾声了。因而，新柏拉图主义的“流出说”，实际上并未拉近造物者与受造物的距离。表面上看“流出说”因为是“太一”本质的流出，很容易被误解为泛神论（Pan-theism）。

三

19 世纪兴起的进化论（Theory of Evolution），严格上说来，不是解释宇宙起源论，而是探究宇宙生成变化的过程。理由就是：进化论并没有解释最早开始进化的物质从何而来。预设物质没有开始，根本就非科学所能处理的课题，在哲学的范围内更是说不通的方式。进化论者当然可以依科学的推断，说明世界上的四阶层，应是依序为“物质”“生命”“意识”“精神”的先后。但是，时间的先后，并非因果的先后；换句话说，“在此之后”（Post hoc）与“因此之后”（Propter hoc）之间，并无必然的关系。纵使有必然的关系，是谁订立了这关系的原则？换个说法：进化的原则是自成体系的，或是本身应由原因来界定？是谁制定了进化原则？谁创造了“物质”？谁推动“物质”进化为“生命”，再进化为“意识”，最后进化为“精神”？若这种进步和发展的进化，为何到“精神”的人类就停止了？是否从人还要进化成神？

这些进化论的难题，事实上也有较新的“创化论”（Creative Evolutionism）来解答。从柏格森到夏尔丹（Teilhard de Chardin，1881—1955），都认为宇宙原始问题应由创造，而宇宙变化问题可以用“进化”解释。

四

中国哲学从《易经》开始就以“生生不息”的原理定位宇宙，安排人生。宇宙起源论虽然用“太极生两仪，两仪生四象，四象生八卦”的方式，容易使人误解“阴”“阳”为两种物质，致使有“阴阳五行”一说，把“阴阳”与

"金木水火土"的物质元素混同。事实上,"阴""阳"二元素倒是类似亚里士多德的形质说，是所有事物"从无到有"的必需条件和必然的过程，并非用精神或物质的范畴可以涵盖的。

中国哲学的"生"解释"宇宙起源论"，也正可以消除二元对立的学说困境。孔子对自然现象的观察所得，分成"四时行焉"和"百物生焉"，唯有后者完全符合"生"的原理，前者似乎有机械之嫌;"四时行焉"的真义是在指出次序，指出宇宙间事物杂陈、挤而不乱，因而使得春耕、夏播、秋收、冬藏的人间次序恰好与自然的秩序相符合，是"天人和谐"的意境多于叙说"机械"或"目的"的区分。"生"的原理原则毕竟是"生生之谓易"，宇宙和人生都在"生"的原则下存在和发展。

老子承传了《易经》的"生"概念，因而直接用"生"阐明万事万物的存在,"道生一，一生二，二生三，三生万物"，甚至更直接说出"天下万物生于有，有生于无"。

五

宇宙起源的"生"因为是"同质"的，当然有泛神论之嫌；可是，中国哲学不以"至上神论"为主轴,"泛神"与否并非难题或困境；在宇宙起源论中的"生"，倒是为后来的"天人合一"的人生理想铺路。人生目的是通过顶天立地的志向，让人生在"天""地""人"三境合一的境遇中完成人性。这也就展现人生有"目的"，并因之推演出宇宙的生成变化也是"目的性"的。

人生的"止于至善"，始于"明明德"(孔子)，在于"知天"和"事天"(孟子)；世界的发展也在尽善尽美。

亚里士多德用"内在目的性"形容其从"科学进路"获得的宇宙整体原理，配合其因果原则的运用，肯定宇宙的变化不是"机械的"，而是"目的的"。

第六节　人性论（人类学）

一

有关人类，首先是其构成元素：纵向的有灵有肉，横向的有男有女。灵肉关系形成个别性，男女关系开展了社会性。灵肉的合一完成人性顶天立地的性格，男女的结合组成家庭；在家庭中个人能安身立命，群体能安和乐利。

家是个人修成的处所，也是群体生活的开始，从“修身”到“齐家”，再到“治国”“平天下”，完成了人生走向完美的步骤和蓝图。

个人修成需要知性头脑的锐敏，有“格物”后“致知”的规则；需要丰饶的心灵，则有“诚意”和“正心”的途径。一个人头脑锐敏，又心灵丰饶，方是才德兼备，方是“独善其身”的君子，又能成为“兼善天下”的圣人。君子和圣人的数目愈多，社会福祉亦会愈大；社会中个人愈能安顿生命，安家立业，社会亦愈能安和乐利。

二

故人生的目的，一方面是创造今生的美满生活，又能设计来世的福祉。道德规范在消极方面禁止人际关系的罪恶，在积极方面提供人们整体生活的互爱互助。宗教则在受苦受难的人群中发挥救苦救难的精神，在互爱互助的群体生活中，达到和平康乐的社会理想。

人生的意义，因而在个人的“独立性”“个别性”上灵肉和谐，使个人“知”“情”“意”都得以安顿；在人的“群体性”“社会性”上男女互爱互助，成家立业，家和万事兴，社会亦能达到“人人有事做，事事有人做”的安和乐利。

人生不只是从生到死的“今生今世”，它可以延伸到死后的“来生来世”；甚至还可以通过轮回教义的理解，回溯到“前生前世”。这种“三世说”，一方面可以解释善恶报应，另一方面亦可以安排人生。

针对存在主义的责难——“既生，为何要死”的荒谬结论，佛教有“轮回再生”之说，基督教有“复活”教义，都可以在荒谬的人生中送上“理知”的寄望。

人生不是荒谬的，它有关怀和垂爱，它有牺牲和奉献的灵性生命，它有高尚的目的，它要完成自己的人性，以至于达到神性，完成“天人合一”的境界。

（邬昆如）

第一章　早期形而上学家

人们面对宇宙人生万象的繁复多变，始终是感到好奇与惊怖的。基于此一好奇与惊怖之感，人类渐渐产生探求宇宙奥秘的欲望与努力。其呈现的作品，或者是驰骋想象力，表现为深具意义的宇宙开辟的神话或自然泛神式的神话；或者是提炼生命感受，表现为臣服于梵天或俯服于上帝的原始宗教。但在希腊，基于其特有的抽象思辨能力，泰勒斯提出第一个哲学问题："宇宙万物所据以存在的第一原理是什么？"由此打开了特有的探索之门，进入形而上学世界。早期西方形而上学的发展分为三个时期：第一为宇宙论时期，致力于说明自然存在的本原及其性质或即宇宙论问题；第二为人性论时期，主要从探讨人本身的存在问题，说明人的理性思维较感觉能力更具优越性，进而以理性思维为基础全面性地说明真实存在的特性及其与各领域，如自然万物、灵魂、伦理、政治、国家、法律间的存在关系，发展出体系性的哲学理论；第三为神性论时期，从伦理学繁复讨论以寻求人生出路的努力中脱颖而出，致力于说明宇宙的第一原理就是神，以期探讨人如何提升自我内在灵魂，超越世俗的限制，与神合一。

"哲学"（Philosophy）一词最早的形式是以 philosophos（爱智者）出现的，据说是毕达哥拉斯所使用，以取代先前所使用的 sophos（智能的人、贤者）；而其最早的文献依据则是出现在赫拉克利特的残篇中，他说"爱智慧的人应当熟悉很多的事物"。直到亚里士多德才将哲学和其他的学问区别开来，以研究"作为存在的存在"为"第一哲学"，而非研究自然、运动的原因和原理，哲学开始有了比较明确的内涵。

在古希腊与世界几个主要的文明发源地，其哲学思想与神话、宗教一般没有分化，甚至可以说哲学的前身就是神话。哲学是以抽象的观念、合理的推论和体系性的论证来说明世界，而这必须等人类思维发展到具有一定的抽象和推理等理性能力之后才会产生。但早在这些能力成熟之前，人类就已经针对宇宙的生成、世界的起源、日月风雨雷电等自然力量的展现以及权力争夺、善恶消长、秩序与混沌交错、表象与真实的模糊难辨等展开种种解说的尝试，只是这些尝试主要是以想象及猜测的方式表现，而这就是神话阶段。

一如在荷马的诗作中奥林匹斯山上诸神的存在，是人们对浩瀚宇宙中各种自然力量及其互动关系的一种人格化的解释；而比奥林匹斯山上诸神更令人们感到畏惧和敬仰的是那永不变更的命运之神，命运是一个冷酷现实的抽象对象，是人们深刻领略到一切事物都必须受到某种外在于自身的律则所支配的感受产物。再如赫西奥德（Hesiod）在《神谱》一书中力图设计一种诸神的系谱，安排一种关乎宇宙的演化过程。他清楚地提出了混沌（Chaos）、该亚（Gaia）、爱欲（Eros）等名词，说明宇宙在形成之前是混沌，那是绝对的空无，像是幽冥的深渊，充满无穷的黑暗。其后，该亚诞生了，她是广阔的大地，是一切诸神、人类和野兽得以安然栖息或行走的平台，孕育万物。爱欲，是宇宙中原始的爱，与男女间的性爱不同，它表现出一股推动力，与生命力推动着该亚大地，使其深藏在内部的众生得以生发出来。首先从该亚生出的便是无垠的星空与众水汇聚的海洋。这些个人创造的神话语词及其所表现的宇宙解说，成为后来的哲学中许多观念及思想的雏形。其中也有一种模糊的史观，认为众神与人类的发展是善与恶、清明秩序与混乱混沌不断争斗的历程，而如廉耻和正义则居住在宙斯所主宰的奥林匹斯山上，离开不正义的世间；也粗略地指出了人类和动物界是不同的存在类别，受到两种法则所支配，按照宙斯的旨意，动物界受强力支配，人类则受正义的支配。这样，赫西奥德以其严肃和好思的性格向人们讲述真理，表达他希冀人们从道德上去改善品格的看法。

哲学性思维出现以后，对神话及基于神话的宗教迷信产生了极大的破坏作用。神话中虽然包含了许多对宇宙及世界的想象与解释，也有许多对人生的反省与智慧的隽语，但这些解释是基于拟人化的神灵之存在，缺乏自然的与科学的依据，而相关的反省与隽语则多是诗人个人的感性情怀，缺乏普遍的与理性的检视；至于逐渐成熟的哲学思辨则逐步区分出人的感觉活动与理性活动，并将对宇宙世界的解释置放在理性的普遍原理之下，于是传统中对神灵的崇拜转而变为对 Logos（逻各斯，即原理、道或神）的探索。

在历史上，使哲学与神话区别开来的，是在公元前 6 世纪的一个重要的问题意识："宇宙万物所据以存在的第一原理是什么?"回答这个问题的方式不再是神话式的臆想，而是渴望真理的理性思辨。希腊哲学自此发展，粗略可分为三个时期。第一，宇宙论时期，约自公元前 6 世纪至公元前 5 世纪中叶的前苏格拉底时期，主要的研究兴趣集中于人周遭的世界，即宇宙，包含万物的本源、宇宙的生成、自然的存在和变化的原理等；直到智者学派把研究兴趣转向为人的精神和道德品质为止，哲学的内容才开始转向与人事现实生活相关的实际问题。第二，人性论时期，自哲人学派至亚里士多德为止，主要的研究兴趣为人，从人理性思维的认知活动开始，探讨人在宇宙中的地位、宇宙万物存在的依据与活动的原理、人性的特质、合正当性的行为及伦理的生活等，从而建构出包罗万物、架构完整的哲学体系。第三，神性论时期，主要从探索生命的幸福与满足等伦理学问题开始，进而寻绎到对人的灵性解说，再上达于以上帝的神性存在为依据，作为说明世界生成与人性尊贵的唯一终极，以公元 3 世纪的新柏拉图学派为发展的最高峰。

第一节　宇宙论时期

一、米利都学派

希腊最早时期的哲学发源地是在爱奥尼亚（Ionics）的米利都（希腊殖民地）开始的，所以这个时期的主要哲学家又被称为"米利都学派"。这个时期的哲学思考的特点之一，是把对世界的解释和实际生活的观察结合在一起，特别是结合科学上的观察和研究。此一时期的哲学家把自然看作是一个持续在形成和变化中的对象，并在此一前提下追问：宇宙万物变化无息，当有一不变的起源，那么这不变的起源是什么？宇宙万物又是如何从此一不变的本源中生成？他们的共同倾向是将这个本源看成一种物质性的根基，称为"太始"（arche，始基），宇宙万物自此生成，并在历经变化之后复归于它。这个学派主要的兴趣又集中在物理现象上，尤其是有关天文和地理的现象，所以他们的哲学按其所探讨的对象而言可以被称做是宇宙论式的哲学。这个时期主要有三个代表人物：泰勒斯、阿那克西曼德（Anaximader，公元前 611—前 546）、阿那克西米尼（Anaximenes，公元前 588—前 524）。

（一）泰勒斯

泰勒斯为当时“七贤”之一，他参与过政治，但更著名的是长于数学和天文学。传说他是第一个研究星象学的，预言了日食和冬至、夏至的日期。他还提出了一些基本的几何命题。这些表现预示着一种不依赖神话去说明事物终极原理的新兴趋势正悄悄地展开。

泰勒斯把水解释成是一切事物的太始，认为万物都由它构成，最初从水中产生，最终又复归于它。同时，他认为大地浮在水上，像是木头浮在水上而不是浮在空气中。依照亚里士多德的推断，泰勒斯把水看做是万物的太始，很可能是因为他观察到万物都以湿的东西作为滋养，而热也可以从潮湿中产生，并且依赖潮湿以维持其继续生存；更可能是因为万物的种子就其本性来说都是潮湿的，水就是这些潮湿的东西的来源。此外，泰勒斯把动力看做是一种灵魂，充满在万物之中。他曾说过“磁石有灵魂，因为它吸动铁”。这似乎是把一切物质都看成是活的，具有生命性质——灵魂，而灵魂即是具有引起物质运动的能动性原因。这样一种类型的哲学看法，往往也被称作“物活论”（Hylozoism）。

泰勒斯被称作是最早的哲学家，并不是因为水作为万物的基质有什么重要的价值，而是因为他是第一个尝试基于现象的观察，用理性思辨的抽象方法而非神话方法提出宇宙起源的问题并给予解答的人。尽管他的答案在现代人看来显得粗糙，但是“宇宙现象变化万千，必有一个单纯而不变的本质可予说明那是什么”的哲学探索是由他所开启的；并且他以物质性中常住不变的特性作为万物太始的这一解答方向影响深远，不但整个宇宙论时期的哲学家都在找寻更恰当的物质性太始并作更精致的论述，就是以后的哲学家也都在各种哲学问题中努力辨识多变的表象与不变的本体之间的差异与关系。这些丰富的历程的重要开端，可以说是泰勒斯的哲学特质所带动的。

（二）阿那克西曼德

阿那克西曼德以天文和地理的知识出类拔萃。他发明了日晷用来测定冬至和夏至的平分点，还造了定时器，绘制了第一幅陆地和海洋的轮廓，造了一个地球仪。

在思考万物本源的问题时，他并不认为太始是空气、水、火还是别的什么，而认为万物的太始是“无限”（to apeiron），万物由此而生，又消失复归于它，这是命运规定了的。按亚里士多德的解释，任何一个东西若不是太始，就是由太始里产生的；阿那克西曼德所说的“无限”，没有它所从生的太始。因为如果说“无限”有它的太始，就是说它是有限的，所以“无限”不会被生出来的，它是“不生”的；凡是产生出来的东西都是会消失的，而一切的消失都是有限的，因此“无限”既是不生的也是不灭的，它本身是其他万物的太始。如果我们要找寻超越变化的永恒之物作为万物的本源，那么它必须是超越有限的、常变的经验性物质事物，永不衰竭，所以“无限”是一种超越经验概念的宇宙物质，不会在永恒的创世运动中消耗殆尽。

至于宇宙的形成就是这个“无限”的永恒运动的结果。这种运动产生了特定基质的分离，最初是分出“热”和“冷”，然后产生出火球围绕着包围大地的空气，并继而产生日月和星辰，像车轮一样一层一层地箍在地球外旋转。“冷”产生“湿”，受太阳的热力发动而膨胀成风；而生物也是从太阳所蒸发的潮湿元素中产生的，人和动物最早是像鱼一样生活在水中，等到长得更大时才上到陆地，脱离水中生活。

阿那克西曼德的哲学相比于泰勒斯的有进步，主要是其思想的抽象性较高。他在经验性太始中区分出非经验性太始的概念，而且也尝试对宇宙及万物的生成发展过程进行初步的解说。同时，他将宇宙运动变化的原因视为内在于太始自身的基质对立，即冷与热的分合作用，并不需要外在的力量（如神的推动），便能产生宇宙万物的变化现象。

（三）阿那克西米尼

阿那克西米尼肯定地指出万物的太始是“气”（pneoma），是一种特殊的物质，如同泰勒斯对水的说明一样；但这个太始具有无限性和永恒运动的属性，又如同阿那克西曼德对“无限”的描述。他认为“气”不仅自身可以无限扩散，而且也处在不断的运动和变化之中，并由此变化而产生出宇宙万物。在永恒的运动中，气的变化产生两种主要作用，一是稀化，一是凝聚，前者是一个热化的过程，后者是一个冷却的过程。通过稀化作用，气变成火；通过凝聚作用，气先变为云，再厚重一点，便形成水、土和石头。大地的出现是由于气的压缩，呈现出扁平状，为空气所支撑；至于太阳、月亮和其他星辰，则是从大地产生出来的。这个主张表现了一种特殊的想法，即稀化与凝聚两种作用，是气的量性变化；由于不同量的气的凝聚会形成不同的物质事物，具体事物的呈现即是气之量性变化所致。

阿那克西米尼在理论的创造力上明显地不及阿那克西曼德。如果说他的哲学相对于前人有进步，则主要是指他对太始如何生成宇宙万物的原理性说明；也就是他明确地使用稀化和凝聚两种作用解释宇宙发展进程，其中包含有对万物的演化与其构成物质的量性变化的初步探索。这为后世原子论的哲学家们打开了一个解释的空间。

二、毕达哥拉斯学派

毕达哥拉斯在公元前 532 年因暴政离开故乡而移居到南意大利克罗顿，并在当地建立了毕达哥拉斯学派。这个学派特别受到俄耳甫斯（Orpheus）神秘主义的影响，相信灵魂轮回说。毕氏宣称灵魂依照命运的规定，会从一个生物体转移到另一个生物体中；他也主张一种特殊生活方式，从肉欲中净化、重视音乐的力量、注意体育运动及医药保健等，解说生死轮回，走解脱之路，以便再度进入神的极乐世界。

尽管毕氏学派充满了某种神秘的色彩，但他们对科学知识的追求、对宇宙万物在终极知识上的领悟，以及对伦理生活的严格要求，也是很有特色的。这个学派的主要哲学理论为：一切事物的太始是数。毕氏学派的哲学家们认为在现实生活中各种现实物是可数的，两件事物间的相互关系也可用数的比例来说明。因此，数与各种存在事物以及正在生成中的事物间的相似性及许多特点，比在火、水、土中所能找到的更多。比如某种数是正义，某种数是灵魂和理性，某种数是机会等，几乎所有一切东西的存在特性都可以用数来表达。

此外，他们还认识到音律的特性和比例也可以用数来表现，如音调的高低取决于乐器的弦长，而音乐的和谐取决于音调上一定的数学比例。由于在数目中见到了各种和谐的特性与比例，一切不定事物的明确呈现也都可以用数目来规范与说明，所以他们就推出数为一切存在物的基本范型，而且整个宇宙就是一个和谐、一个数目。他们把数分做奇数和偶数，前者是有限的，后者是无限的，宇宙万物都是由于奇偶的对立比配而形成的。此外，毕氏学派似乎还认为数具有空间性：一是点，二是线，三是平面，四是立体，而一切物体都是由点或这些空间性的单位所成，甚至“4”这个数字的特殊内涵，还包含生物成长中种子、种子向长的生长、向宽的生长及向高的成长等四个阶段。自然界的春夏秋冬四季，社会组织中个人、村庄、城市、国家四个层级等，都可用数来加以说明。

毕氏学派的这些主张，使他们在抽象思维的路途上又向前迈出一大步。他们得到了一个不包含在物质之内且可以超越感觉经验的原理，水、火、土、气等都是一种可以感知的、有形的物质，以它们作为太始，即便是不断陈述其抽象特性，但终究是一个包含着物质性质的观念，与通过它们所要解释的现象都还是同一类的东西。

毕氏学派的学者们不仅仅满足于只解释感官可见事物，还有一些抽象的存在也应该是我们讨论的对象，这些抽象的对象，如正义和理性等，其本原也应该予以讨论。数在性质上不同于水、无限或气，不具物质性但又与物质密切联系着，是一种限定物质并给予物质形式的原理，同时还能兼及对抽象的事理和法则等的解释，因此在理论的层次上是更进了一级。

毕氏学派发现了事物间的数量关系，这种数量关系是通过数目的比例予以呈现的。毕氏学派主张整个宇宙万物的存在包含着某种规律，并由此规律可以说明其存在的秩序和变化的法则，而这对日后不论是科学或哲学的研究都产生了重要的影响；即理性思维所面对的，不再局限于探求具体的经验事物的本原依据，而更进一步需发觉一切存在事理的内在律则，此一探讨将表现出人类更普遍而抽象的思维能力。

三、赫拉克利特

出生在爱奥尼亚地区爱菲斯城邦的赫拉克利特主张：宇宙世界是一团永恒的活火，火是万物的太始，一切物质不过是火的变形，火产生了一切而最后也都将复归于火。火在性质上是一种物质性元素，这个观点使赫氏与米利都学派的哲学家们观点一致。但他为什么要选择火作为万物的本原呢？首要的理由是火是各种物质元素中具有最活泼与最持续的变动性，而“一团永恒的活火”

足以充分说明这个永恒不断的燃烧过程，也正可以表现宇宙万物变化不居的现实特性。为了说明这种变动性，他还曾提出“万物流转”的学说，主张万物都是处在不断变化过程中，如“人不能两次踏入同一条河流中”的命题。

他认为宇宙万物虽然不断在变化，但是按照一定的尺度和规律来进行的。这个有秩序的宇宙，它对万物都是相同的，它既不是任何神所创造的，也不是任何人所创造的，其秩序的表现为“按一定的尺度燃烧，一定的尺度熄灭”。这个尺度表现为对立面的谐和统一，他主张这个变化的过程分作两个阶段，一是“向下之道”，火凝结成水和土，一是“向上之道”，土和水扩散成火。可以看出，赫氏所以选择火，更重要的原因是用火按尺度燃烧这个理论来说明宇宙的秩序，可以表达出对变化的规律或原理的掌握——这也可以看出毕达哥拉斯学说对他的影响。

赫氏指出这个规律或原理就是“道”（logos），万物都依据“道”生成变化，互相转化；人人都应遵循“道”来理智地说话，来与他人共同生活，就像城邦依靠法律而统治一样。因此，理解有关“道”的知识与人通过感觉经验来认识万物是不同的，承认一切是一，即承认万物的流变统一于一个共同的法则，才是智慧的。这个主张就使得赫氏不只是承认感官世界千变万化的现实，而且认为必须要通过理性的思维去掌握变化现象内在的原理，即一切变化不离“道”的贯通，“道”不仅是真正的知识对象，而且是常住不变的永恒存在。在这一点上，相比于米利都学派只是寻找宇宙本原，赫氏便有进步，其观点是兼具物质性与原理性的哲学。

四、爱利亚学派

爱利亚学派发源于意大利南部的爱利亚，主要代表人物为色诺芬尼（Kenophanes，公元前570—前475）、巴门尼德和芝诺（Zeno，公元前490—前425）。这个学派的基本主张是认为以繁多与变动为特征的感觉世界虽然是现实的存在，但绝非实在的“存在”。

色诺芬尼以游吟诗人的身份吟咏荷马与赫西奥德的神话史诗，同时也发现神话中的许多矛盾与问题，于是他针对神话内容及随之而来的宗教传统与迷信进行批判。其中，最主要的就是批评拟人化的“神人同形论”，他说：“若牛、马、狮子有手，能够绘画雕塑，它们便能够像人一样制造艺术品，各以其不同形象来描绘众神，则马将绘其神像马，狮将绘其神如狮。”

至于宇宙自然的存在，色诺芬尼将其看成是“唯一”的，它既不是无限的，也不是有限的，既不是运动的，也不是静止的，它不是产生出来的，而是永恒的、不可毁灭的，而且这个唯一的宇宙就是“神”。亚里士多德就说，色诺芬尼凝视整个天空，说：“一就是神。”他以神的概念说明不动不变、无生无灭的“一”，并以之作为对宇宙整体性的叙述，同时也采用米利都学派宇宙论式的哲学理论解释自然现象及变化。这个整体唯一的宇宙“神”，便以其整体性在看，在知，在听，它保持自身不动，而用心灵力量毫不费力地晃动一切事物，左右一切，统御万物。

色诺芬尼的这个新思维不强调对“太始”的探讨，也不甚关注事物生成的原因与原理，而是将万物归于一个整体的概念，即归于“一”，于是日后的哲学问题便朝向如何描绘“一”的性质及“一”与“多”的关系等方向继续发展。

巴门尼德根据色诺芬尼的思想，以存在与非存在、思想和感觉、真理和意见等三对概念范畴，取代了色诺芬尼“神”的观念，系统地说明“存在”的学说。他要在万物流转变迁中找出常住不变的恒定，以得到真理。他首先主张人们通过感觉经验所提出的对宇宙万物认识的意见，绝不能代表真理，譬如在他之前的哲学家们所看到的宇宙是一个变化不居的世界，从而产生出种种有关本原及生成变动的学说。巴氏主张那只是凡人的意见，并不是真理；圆满真理是必须经过理性的思考、全面彻底地研究并制伏虚幻的意见之后才能得到的，而这就是他有关“存在”的学说。

因此，他接着提出存在与非存在的对立，认为“存在”才是对宇宙万物真实本性的恰当说明。“存在”不生不灭，不分过去现在与未来，为单一、完整而不可分的连续整体，不动不变，没有运动变化的现象；而且因为在古代希腊人看来球形是最圆满的形状，巴氏便用以说明“存在”是有限定的，而且是球形的，对每一部分而言都是充实而完全的，没有哪一部分多于另一部分；并且“存在”是用来称谓万物的共同名称。只有“存在”存在，“存在”不是个别而具体的存在者，而是“存在自身”，因此可以被思想，被表述，而不是被感觉的对象；“非存在”并不存在，且不能被思考。因此我们只能说“只有存在是存在的”，而无法想象“存在”是不存在的，而“非存在”是存在的。

理性的思维是要掌握具有固定的、不变的内容的“存在”，而感觉只能显示事物的生灭变化以及繁复多样的“非存在”感受，并从而产生出一切虚幻与谬误的意见。由此可说：思维与存在是同一的。“存在”是思维所掌握的对象，不是感觉的对象，于是，存在与非存在、思想与感觉、真理和意见的两两对立，便互相联系了起来。

希腊早期哲学发展到了巴门尼德，可说是达到了一个新的阶段。从泰勒斯开始的米利都学派将万物的生灭及变化看做是自明的道理，他们的哲学任务是要去找寻这些变化的万物所以存在及变化的本原及其生灭的历程与原理。但是他们所找到的这些本原都是具有某种特殊形态的物质，而物质与异于该物质的事物之间如何转换始终是一个困扰的难题。于是到了毕达哥拉斯学派的哲学家们便将思考的方向转向找寻万物之间的共同性，他们对这种共同性的表述是通过数量和比例关系来说明的。数是万物的本原，是可分的，所以是“多”；而合乎比例的数又为一个和谐的整体，所以也是“一”；这样“一”就吸收了哲学观念中统一、同一等特性，而成为一个特殊的概念。这个概念被色诺芬尼掌握了之后，用来说明统一的、不生不灭的与不动的“神”。到了巴门尼德，他再将这个“神”的概念进一步抽象为“存在”，并强调这个“存在”是理性或 logos 所掌握的对象，“非存在”则与之对立。于是，日后的哲学问题便将进一步转向：我们所感觉的宇宙世界如果是变动不居的，以致没有明确与固定的内容，所以是“非存在”。那么是不是在此一世界背后有一个更真实的、本质不变的世界存在？而这个世界是不是可以依靠一种理性的、逻辑的方法去掌握？这两个世界之间的关系又是如何？凡此，都将成为长期探讨的哲学课题。而这些问题与巴门尼德提出“存在”学说有密不可分的关联。

巴门尼德的学生芝诺用纯粹的逻辑论证来捍卫“存在”学说。他驳斥多与运动的实在性，认为如果承认了多与运动是实在的，必然会在思想上产生矛盾的结论，而两个矛盾的结论不能都是对的，所以，假定多与运动是实在的这种预设便是不正确的。实在界是一个完整的存在，而且若肯定运动的存在，并用多元论的方式予以解说，只会陷入荒谬的结论，所以不如肯定“存在”是一，是不动的。他反对多与运动的论证如下：

（一）多

假如多是实在的，那么它就应当既是无穷大又是无穷小。多的概念是集合许多更小的单元而成的，而组成它的单元本身必定是不可再分割的，因而是无穷小的；多是一个量的概念，有量则必有可以由它所分出的部分，而这个部分又可以分出其他部分，以至无穷，其量无限，所以是无穷大的。无穷大与无穷小两个概念是相互矛盾的，所以多不是实在的。

（二）运动

1. 某一物体想要通过某一段距离，它必须先通过这一距离的一半，而在此之前又要通过这一半距离的一半，以此类推，它必须在有限的时间内通过无限的空间，而这难以想象；因此，运动是不可能的。

2. 如果运动是存在的，那么就有如飞毛腿阿基里斯与乌龟赛跑。阿基里斯让乌龟先行一步，则他永远追不上乌龟。因为追赶者必须首先跑到被追赶者起跑的出发点，但在追赶者达到这一点时被追赶者又向前爬了一点距离，也就是阿基里斯必须不断地奔走于乌龟爬行的每一个新起点与前行点之间的路程，所以永远追不上乌龟。但这个结论十分荒谬，所以说“运动是存在的”是有问题的看法。

3. 如果某物处于和它自己量度相等的空间里，那它就是静止的。运动中的物体在每一个瞬间中都占据这样的一个空间，因此“飞矢不动”。但这与我们的日常经验事实相矛盾。

4. 在运动场上有两排物体运动，这两排物体是由大小相等、数目相同的物体所组成，且各自以相同速度朝相对方向通过跑道，其中一排是从终点排到中间，而另一排是从中间排到起点，结果会变成是一半的时间等于一倍的时间。而这是不可能的。

五、恩培多克勒

恩培多克勒（Empedocles，公元前 495—前 435）出身西西里亚的显贵之家，曾是一个杰出的政治家，更是当时富有盛名的自然科学家、宗教预言家和神秘术士。根据他流传下来的两部主要诗作——《论自然》和《论净化》可以看出，在恩氏的哲学中对于认识自然和净化灵魂的整合企图，而这使得这位唯物论的自然哲学家的思想也带有某些神灵色彩。

恩氏处在早期希腊哲学发展的一个转折点上，而他的哲学则具有调和折中的表现。米利都学派和爱利亚学派的发展产生了两种哲学立场的对立，一为以物质原理作为万物本原的“太始论”，同时承认万物的多元存在及其运动变化的现象；一为以“存在”作为万物存在根基的“太始论”，主张万物存在的不变与恒常。这两种哲学立场也各有未能解决的困难，前者如将某种具体物质作为宇宙万物的太始，但却无法清楚说明如何从此一太始产生万物；后者用抽象而永恒的“存在”说明世界的存在特性，但竟否定了流变而丰富的现象世界。这种对立具体出现在赫拉克利特和巴门尼德两人的哲学上。而恩氏提出原素说企图调和这些对立。

恩氏认为，巴门尼德主张不存在绝对的生成和消灭的东西，“存在”是万物的共同性、恒常不变，这些观点是对的；而赫拉克利特主张个别事物实际上是不断流转变化，也是对的。为结合这两种观点，于是他举出四种不能互相转化的“原素”（rizomata）作为“万物之根”——火、气、水、土——四根之外别无其他。四根本身不生不灭，永存不变，它们结合生成万物，它们分离则该物消亡，他把这种结合的力称做“爱”，分离的力称做“恨”。万物不断的流变生灭，皆是由于四根的不断分合的结果；混合的性质不同，便产生出不同性质的个别事物。

于是，他保存了巴门尼德对“存在”的永恒不变性的主张，认为“原素”就是这些不变的太始；他也兼顾了米利都学派及赫拉克利特的立场，主张所谓事物的生灭及运动的现象其实是这些永恒不变的“原素”的结合和分离的结果。四根常住不变，而万物迁流不息。此外，四根中任何一种物质不能变为另外一种，所以火不能变为水，水也不能变成火，而保持了四根的不生不灭、常住不变的特性。这个学说，恩氏认为足以解决一与多、常与变的问题，因为“一”由“多”生成，“一”又分解成“多”，此处的“一”指的是个体事物，而“多”指的是四根。另一个值得注意的观点，恩氏是早期希腊哲学中第一个在物质始基之外寻找运动力量的哲学家，他将四根完全视做物质性的万物本原，而在四根之外另立“爱”“恨”作为运动的原因。至于这两种造成分合的对立力量究竟是一种物理力量或是一种精神力量，恩氏并未说明，但这种将动力与物质始基分离的想法，已预藏其后原子论发展的理论基础。

六、阿那克萨戈拉

阿那克萨戈拉（Anaxagoras，公元前500—前428）生于小亚细亚克拉苏米尼（希腊殖民地），贵族子弟，自小即好学深思，醉心于科学与哲学，年轻时便迁居雅典，长居30年，将小亚细亚所流行的爱奥尼亚哲学和天文气象知识传入迷信保守的雅典，为日后以雅典为中心的希腊哲学崛起带来了启蒙之风。

阿那克萨戈拉与恩培多克勒为同一个时期的哲学家，都深受巴门尼德哲学中对“存在”思考的影响，认为没有什么绝对的创生与毁灭，只有预存物质的混合与分离，而且无中不能生有，组成万物的元素是自然常存的。但他并不赞成恩氏把火、气、水、土四根视为万物的始基。因为即便始基并非一种，不至于完全无法解释为何能从单一物质生出其他物质，但以四种物质为万物始基，似乎仍然不能充分解释万物丰富多彩的性质如何从它们产生。而若以为任何事物能从非存在产生，或消失为非存在，这是不能想象的。比如在日常生活中，我们所吃的食物里，没有头发，也没有人身上的肉，为什么却能使人长出头发或肉来？如果不是我们所吃的东西中包含有一切已存在事物的物质成分，而只是单纯的水或气，那么这些复杂的现象是如何也解释不通的。所以阿那克萨戈拉发明了他独特的“种子说”。

他主张宇宙最初是一些微小粒子的绝对混合，这些粒子在数目上无限多，在体积上无限小；而且当一切万物的性质混合在一起的时候，因为（其组成）粒子极微小，所以也不能区别分离这些性质。这种极微粒子就是万物的“种子”（spermate，seeds），它是一种复合物，具有各种性质状态、颜色和气味，不生不灭，永恒存在；它们全体的数量既不增加，也不减少，不然就是从非存在产生存在或从存在变成非存在了。也就是说，在每一个别事物之中都包含这些无数种类的微小粒子，要将个别事物中的每一种成分都分离出来是不可能的。具体事物的种种生灭变化，其实就是这些种子的分合现象而已。这个想法革新了爱奥尼亚哲学中单一物质本源的思想，又改造了巴门尼德的“存在”学说。

在阿那克萨戈拉的哲学中更为重要的一个主张，是他提出一个理性的与精神的原理——“睿智”（Nous，精神、心智）。因为在讲到宇宙的最初是混沌时，接着就要问将混沌分离开来而产生旋转运动的力量是什么。恩培多克勒说那是原素自身“爱”与“恨”的力量，但阿那克萨戈拉说那是“睿智”。“睿智”是一种异于物质性事物的另一种存在，万物是无限多元的，而且是复合异质的；“睿智”并不与其他事物混合，它是单一的，且是独立自存的。“睿智”能掌握一切事物的知识，具有支配一切有灵魂事物的力量；“睿智”推动并支配宇宙最初的涡旋运动，在运动中一切事物开始分离，“睿智”推动到什么程度，万物就分别到什么程度。

种子固然是宇宙万物的组成物质，但是这个世界的形成和发展包含了秩序、美与和谐，却是由一个外于物质的精神原理所推动与安排的，这使得阿那克萨戈拉的哲学表现出明显的目的论色彩。哲学所探讨的问题开始有了更深刻的发展，因为不只是宇宙的物质性始基和动力会成为我们探讨的主题，对于宇宙万物何以能有合理的安排（这个在人们看来是充满美善秩序的合理安排），究竟是由谁所推动的，更会是重要的探讨主题，“睿智”便为此一主题提供了非常重要的思想线索，而这也成为日后亚里士多德在讨论“四因说”中“动力因”和“目的因”最重要的依据。

七、原子论学派

开创原子论学派的是留基伯（Leucippus），大约是和恩培多克勒与阿那克萨戈拉同时代的人，其生平已失传，原子论主要理论的建立者和发扬者是他的学生德谟克利特。他学识渊博，又富有资财，周游列国，广求知识，足迹遍及埃及、巴比伦、波斯和雅典。他的哲学受到亚里士多德的极大赞赏，称他为“五项全能选手”，指他在伦理学、物理学、数学、音乐和工艺学方面具有杰出成就。

德氏与恩培多克勒一样，承认绝对的生灭是不可能存在的，但个别事物存在的多样和变化也是真实的，他宣称充实（pleon，plenum）和虚空（kenos，empty）是万物存在的基本要素，前者被叫做“存在”，是充满空间的，是坚固的，后者被叫做“非存在”，两者一样是实在的。为了说明充实，他提出“原子”的概念来解释。原子，意指“不可分性”，充实即是极微原子，其数无限，其小至极，无法为人所感知；其自身是不可再被分割的，因为它们充满了自己的空间。

其次，原子是同质的，它们只有形状上的大小和排列上的差异，只有位置上的改变，而不可能有任何质变。个别事物的一切性质取决于原子的形状、大小、位置和排列之不同。

第三，与原子相反的是虚空，也即虚无一物的空间，为原子提供运动场所。原子与原子之间是由虚空所分离，而其聚合和分散的运动变化就是在虚空中进行的。

第四，个别事物有生灭现象，就是由于原子运动的结果。原子之所以有分合的运动，并不是有什么外来的推动力量。而是原子自己的力量。原子因为有形状、大小等不同，在急剧而凌乱的移动中会互相碰撞，并因此产生互相捕捉或推挤的现象，进而形成各种不同的具体事物。这一切运动是机械的、偶然的与无目的性的。由此，原子论走到了一个机械论的方向，认为一切万物的存在变化都是其构成物质依其自身功能机械分合的结果，并不需要任何外在的力量或目标去引导，纯是偶然的。原子论的这种哲学主张，对日后纯粹依据物质原理去说明现象世界的思维，特别是文艺复兴时期以后的自然科学家与哲学家们，产生了极为重要的影响。

第二节　人性论时期

一、智者学派

希腊哲学的第一期主要是围绕着宇宙论的问题打转，它提出了一个终极原理来解答宇宙起源的问题——不论这个原理是水，是无限，是气，是火，是数，是种子，是原子，还是“睿智”，它都超越了只是提出一个科学假设来应答问题的层次，更超越了只是利用想象与咏叹的神话层次。但是这个时期的哲学还是会碰到“一”与“多”的协调问题，如何说明这个终极原理与现象世界中万物复杂与多变的关系也成为这个时期重要的课题，只是他们的努力仍然不能获得完善的解答。而具有追问这些哲学问题特质的人类，其存在不过是宇宙万物的一种类型，并未特别被突出；因为此一时期所关注的对象是人所身处的外在世界，即宇宙。只是在涉及有关如何认出终极原理的认识问题时，这些宇宙论的哲学家们开始区分感觉经验与理性认知，如巴门尼德和阿那克萨戈拉都辨识出在感觉经验之外的能力——理性或“睿智”，而且主张只有理性或

“睿智”才能认识到真正的实在，而非感觉。虽然如此，但这个有关人认知能力的课题并没有获得完整的讨论。而且，关于宇宙自然万物真实本性的形而上学课题，也还没有得到经由理性认知而形成的系统性说明。

继此而起的是人性论时期，也就是开始探讨人在宇宙中的存在地位，人性自身具有哪些能力，人类社会制度应依据何种原则建立等课题。诚如西塞罗在谈到苏格拉底时说：“他把哲学从天上召唤下来，把它安置在城市中，引进家家户户，使它成为探究生活和道德、善与恶所必需的学问。”

这种问题意识的转向，当然与宇宙论时期各派哲学的对立而无法和解有关，人们开始怀疑是否真能获知有关宇宙最终的本源。其次，由于战争和商务往来而造成多元文化的互动，各国生活方式、伦理规范和宗教信仰都不相同，难道这些只是约定俗成的结果吗？文明的开化与否纯属自然，还是人们努力的结果？人们开始对更具体而切近的人类社会与文化产生兴趣。再次，希腊城邦由于平民与贵族的长期争斗而形成的平民政体，使具有政治野心的人整日思考如何才能雄辩无碍、操纵民众情感以赢得执政选举，从而表现出很严重的人性贪婪与自私，这也使人们去思索：什么是人间的正义和美善呢？宇宙论的关怀便逐渐地被人性论的课题所取代，而探索真理与知识也必须能与生活技术相结合并能驾驭生活才称得上是有价值的。

智者学派应时而生，他们自成一个阶级，散布在全国各地，并无明显的组织或师承，甚至有同业敌对的情形发生。他们多以教授为业，以数学、天文学，特别是修辞学为主，并索取巨额学费。他们的学生以政治人物为主，这些政治人物求学并非是为了真理，而是为说服大众去相信他们所要传达的想法。这就使得智者学派的教育产生了极大的危机，他们所教导的修辞学与辩论术可以把最坏的讲成最好的，不论什么问题都可以不必具备丰富的知识便可以信口开河，几近诡辩，便得了一个“诡辩学派”的称谓。

开智者学派先河的是普罗塔哥拉，他有一句名言：“人是万物的尺度，是存在事物存在的尺度，也是不存在事物的不存在的尺度。”这也就是说，根本没有客观的真理，所有的认识都是主观的，也因此是相对的。他也主张智者应采取有效的行为而放弃无效的行为，这产生了一种特殊而现实的观点：知识与道德是为了特定的人为目的而成立，只分有效、无效，并无真与假的差别。

更极端的是高尔吉亚所提出的三个论断：（1）什么都不存在。（2）如果有什么东西存在，我们也无法认识它。（3）如果能够去认识，我们也无法告诉别人。这三个论断就根本断绝了知识建立的可能性，也断绝了沟通和学习的桥梁，走向彻底的怀疑论。

正是在这种充满怀疑论调以及破坏道德与真理的混乱氛围中，苏格拉底带来了清明的理性与秩序，而正式开启了人性论的大门。苏格拉底早年曾困惑于哲学的众说纷纭而无所适从，当他读到阿那克萨戈拉的“睿智是一切自然法则与秩序的原因”时便豁然开朗，发现了思维法则的独特性——它是说明一切变化多元现象的主要依据。其后便满心欢喜，研究阿那克萨戈拉如何说明睿智在宇宙中运作，说明万物的存在性质；结果却大失所望，此后便完全放弃宇宙论的探讨，转而关心人的问题，并集中于伦理问题的讨论。与智者学派不同的是，他专注于事物普遍的定义，也就是去发现如何能获得确定的概念，而不随俗地站在相对主义的立场。他认为，个别事物的感觉认知会因万物的变化而随时改变，定义却是以普遍而不变的万物特性而成立；而且，道德的判断也是以通过普遍概念而得来的知识为基础所成立，如善与不善、公正与不义等等，而不能依照个人的经验及主观去任意论断。苏格拉底的这种概念说本来是一种思想的范畴，但却成为后来柏拉图建立理念论的重要启蒙。

二、柏拉图

柏拉图的理念（eidos，idea，观念、相）不只是一个思想的范畴，还是一种形上实体，独立于心智之外。他认为，当我们给众多个别事物以一个共同的名称时，它们就有一个相应的理念存在，而这就是所谓的“共相”，即借由概念来表达众物的共同性质。例如生活上许多引发美感经验的事物都具有一个“美”的理念，凉爽的月夜、整洁的湖畔、温柔的歌声、恋人的双眸、芬芳的玫瑰，都有可能被我们赞叹为美。它们俱是不同的个别事物，但都可被称为美，必然具有某种类似性被我们的思维所掌握，也就是必须存在有一个“美”的理念被我们的思维所掌握，而可以与这些事物的共同性质相比较，因此我们才能用“美”这个理念去称谓这些事物。所以，理念不仅仅是主观的思维对象，还具有客观的实在性。思想是掌握实在事物的，因此思想的对象也具有实在性。除非“美”是实在的，否则怎么可能有“美”这个理念被我们掌握？而且，这个“美”的理念是更真实的实在，因为个别美感事物经常容易变化，月夜不凉爽、湖畔堆满垃圾、歌声不再温柔、恋人变心，因而不会再被我们赞叹，但这并不妨碍我们在峻朗的高山或婉转的鸟语中再度发现美。所以“美”的理念是不受限于这些个别事物而存在的。它独立自存，甚至是更为客观地存在。柏拉图从而主张，理念才是最真实的实在，而现象界中一切个别事物的存在只是理念世界的摹本，“美”如是，“善”“正义”莫不如是，所以他说理念是“在万物的一切假象和幻影之中，那绝对的终极的实在，是万物可由之以说明的东西”。

柏拉图这个理念论将世界区分为二，一个是感觉经验所对的感官世界，一个是思想所对的理念世界。理念世界是绝对的实在、绝对的存在，现象世界则并不具有绝对的实在性，并非最真实的存在。因为理念恒存不变，自成一个超越世界；感官世界的可觉事物受制于生灭变化，并不具有永恒的存在性。而感官世界的一切存在都是由于理念流注其中的结果，它们都是理念的摹本，它们实在的程度依赖于它们与理念类似的程度，而它们非实在的程度也视它们与理念相距多远而定。因此，感官世界和理念世界的关系是分享，万物各以不同的程度分享、体现、复制理念而存在，就好像美的事物存在是因为参与了美的理念。所以，理念既超越又内在，既独立自存又参与感官事物。理念世界中有多少理念呢？它们之间的关系又如何呢？我们已知的有伦理的理念，如善、正义；有几何形状的理念，如三角形；有数学的理念，如等于、大于；有具体形状的理念，如人、马、树、石、床、衣服；有性质的理念，如白、重、甜……似乎主张有多少事物的类名就有多少理念。柏拉图认为，只要理念“负载着伦理的、审美的性格”，那么其内部的殊多便不构成问题，因为一切殊多都将统一在绝对的“善”或“美”之中。他主张这些殊多的理念自成一个完整的系统，有高级、低级之分，统合在“一”的原理之中。柏拉图说：“理念是万物的本质的成因，而‘一’是理念的本质之成因。”如白、红、黑，就必须归纳在“色”之下，而色、味等理念又必须归纳在“性质”的理念之下，于是理念世界便也像一个金字塔，理念的抽象性逐级高升，其中最高的理念就是“善”。

柏拉图把“善”比喻为太阳，阳光使万物可以被看见，阳光是视觉与被看见事物的原因；善就好像太阳，是理智和可知对象的原因。柏拉图进一步推论：如果光是介在视觉与视觉对象之间的媒介，那么真理与知识就是介于善与理智和可知事物之间的媒介。由此可知，善的理念还要高于真理与知识之上。而且，善也与太阳一样，是使得万物得以产生、成长的原因，善也是使知识的对象成为真实的存在的原因。所以，善在尊贵和能力两方面都高于本质的存在之上。在谈到心灵超升到万物的第一原理时，柏拉图主张善的理念应被称为"一切美善事物的普遍作者，光明之父，现世一切荣耀的主宰，彼世的真理之源与理性之本"。所以，善的理念不仅具有知识论上的意义，更具有本体论与目的论的意义。

为了说明理念的实在性，柏拉图还用灵魂回忆说来予以加强。他说，当我们第一次看到相等的事物而能作相等的判断时，发现它们总是不能绝对地相等，而这种发现必然是因为我们已经有了关于绝对地相等的知识作为标准。但是我们在感官经验的世界上并没有机会认识到绝对地相等的事物，那么这个绝对相等的理念必然是在我们出生前便拥有的，也就是在灵魂与肉体结合之前就先认识了，只是在出生之后忘记了，必须等到我们经由感觉到一些相等事物的经验刺激后，才又"回忆"起了这些理念。所以，这些永恒的理念，是早在我们出生之前就存在的。

从这样的学说发展，柏拉图提出灵魂不灭说。灵魂是肉体活动的原因，分成三个部分：一个是理性的部分，是人认出理念的部分，纯一不杂而且不可分；一个是勇敢或意志的部分，具有企望、光荣和伟大的向往；一个是感觉和情欲的部分。只有人能同时具有这三部分的灵魂，人比其他动物高贵，正是因为人具有理性，其他动物只具有意志和情欲。而灵魂的不朽不灭，也只有灵魂的理性部分始能享有；人在理念世界掌握各种理念，并在感官世界中回忆理念的，也正是灵魂的理性部分。这样，柏拉图对传统的哲学既继承又扬弃，发展成一个完整的形而上学体系，清楚说明实在界的性质与人在实在界中的关系。

三、亚里士多德

亚里士多德认为哲学是一门追求智慧之学，哲学家就是爱智之人。最高智慧不是经验，不是技术，亦即不是产生或保障效果的工具，与实用或功利无关，而是在探求事物的第一原理。形而上学便是探讨最高智慧的学问。其他的科学都是研究存在的某一个领域并在该领域中讨论事物的存在属性，形而上学则是讨论存在者自身及其具有的属性课题。既然要探讨第一原理和最高原因，那么它们必须是以一种本有的方式隶属于某个存在者，那些寻找存在事物的基本元素的人就是在寻找这个第一原理，因此这些元素就应该是存在者本身的元素。存在者具有这些元素并非偶然，因为存在者自身便是如此。

"存在者"一词意义很多，但都与一个核心点相关，即一种确定种类的事物。当我们说某存在者如何如何时，有的是说明它们是某种实体，有的是说明实体的变化，有的是说明实体走向另一个实体的发展过程，有的则是说明实体的性质或是性质的缺乏，还有的是说明实体产生的原因，也有的是对实体本身的否定说明。不论何种意义的说明，都是对存在者的说明，也都是我们探究的对象。在众多存在者之中，讨论的核心点或起点是实体，而其他则是实体的属性，例如质、量、关系、处所等。换言之，任何我们所讨论的存在者都必须与实在的事物相关；"存在者"的概念既是普遍的，又具体存在于个别事物中，不能与之分离。显然，亚里士多德并不赞成柏拉图的理念说，并不认为普遍实在的理念可以脱离个别事物而独立自存。

在我们的经验中，最具体呈现的实体就是物理实体或自然实体，是物理学所研究的对象。这些在运动变化中的自然存在者的存在原因及其自身所具有的能动性，便是亚里士多德从物理学转到形而上学所要深究的主要课题。

首先谈到的是四因说。对亚里士多德来说，原因是决定事物之所以存在、变化与认知的起点，包含四种：质料因、形式因、动力因、目的因。质料因是指事物所由构成的物质材料，例如一座肖像的材料可以是铜、铁或是石膏。形式因是针对质料而言的，也可以说是事物的本质或根本规定，例如一堆铜矿可以用雕像的形式去规定它的存在，也可以用桌子的形式去规定它的存在，而雕像或桌子就是事物所以会存在的形式因。动力因是指赖以引起运动变化的原因，例如铜像需要一个艺术家去创作，一棵树苗需要一个大树的形式去引起它的成长变化。目的因则是指运动变化所趋向的目的，例如艺术家去造一雕像是为了欢庆的目的还是为了赚钱的目的。在这四个原因之中，除了质料因，其余三个原因都是立基于形式，所以亚里士多德对于形式和质料的关系有更为精彩的说明，即"形质说"。

他认为自然界中一切事物的实体变动包含两种：一是实体的由有到无或由无到有，此为实体变动；一是实体的位置、性质和量的变动，此为偶有属性的变动。偶有属性的变动，是在"形式之缺乏"、"形式"与"质料"中的变化。

"形式之缺乏"是对质料尚未具有完成形式的存在状态所作的描述。所谓偶有属性的变动，即是作为变动主体的质料，在即将具有的完成形式与现行尚未具有该完成形式之间的变化，新形式赋予质料新的属性，而不论新旧属性，皆可被视为此一质料的偶有属性，其变化并不取消物质实体存在的事实。而实体变动必须预设有一生所来自或灭所归向的原质和赋予原质以存在实现的实形，也就是实体在出现与消失之间的变动。据此可以说，一切万物的变动就是在形式与质料中的变动。

亚里士多德进一步以"潜能"和"实现"来解释变动。原质在获得实形之前具有获得实形而成为实现的"潜能"，已具有某种形式的偶有形式在具有新的偶有形式之前已具有实现为这新的偶有形式的潜能。换言之，质料之所以能接受形式的规定而实现为形式的可能性，便是潜能；而使实体出现或使之有新的形式规定的完成，便为实现。这一个从潜能到实现的变动历程，就是宇宙万物变动的历程。就如一粒种子具有发芽成为树苗的潜能，一棵树苗具有长成一棵大树的潜能；而树苗就成为这粒种子新形式的实现，大树成为树苗的新形式的实现。宇宙万物的变化与发展依此可以得到一个完整的理论。

依上述脉络，可知亚里士多德的形而上学从探索存在者之所以为存在者的存在学角度转变为专门针对实体的研究，而实体的存在及变化中质料是向着形式的目的去变化，潜能是向着实现的目的去变化，一切的变化都是向着最后的形式或是最后的实现去进行。那么，什么是最完美的形式、绝对的实现呢？亚里士多德把它称为"神"。神是最完美形式，也即是绝对实现、绝对的善，其本身不能再变动，但却是推动一切运动变化的原因，也就是第一不动的推动者。于是神既是纯粹形式、纯粹实现、第一不动的推动者、永恒独立，而且是一切存在的基础。亚里士多德称它为第一实体，而研究这个最高实体的学问便是最高的科学，又称为"神学"。于是亚里士多德的形而上学便由存在学转为实体学，再由实体学转为神学。

在亚里士多德的这套形而上学系统中，万物的存在就依其实现形式的程度差异而有不同的阶层之别，同时表现为一个高低不同的价值层级。在存在的层级中，最低的是无机物，其上是有生命或称灵魂的有机物；有机物中最低的是植物，表现为营养和生殖作用；其上为动物，还表现为感觉与行动的活动；再其上是人，比动物更多一种能力，即理性。换言之，理性是人之所以高于动物的本质性特征。于是，人可以通过理性去超越自身动物性的存在限制，去理解并追求更高存在的形式以实现生命中的美善，而这便是使人成为最特殊与尊贵的一种存在本质。

第三节　神性论时期

一、神性论主张的早期特征

亚里士多德以后，随着亚历山大大帝的崛起，希腊各城邦独立而自主的形态逐渐消失，进入到一个大帝国形态的生活方式之中。即使是亚历山大大帝死后帝国分裂，希腊的命运并没有因此获得改善，新的国际性的、社会性的和教育性的中心出现，旧有的信仰已无法为人们提供良好的生活指标，道德陷入个人主观的享乐追逐之中，纯粹为知识而知识的学问不再具有吸引力，代之而起的是指导人实际生活秩序的伦理性学说至于形而上学与自然哲学的存在，则变成了伦理学的基础与前提。这一个时期的哲学家们逐渐出现了对苏格拉底以前的哲学的兴趣，像斯多亚学派重提赫拉克利特，伊壁鸠鲁学派则重新引述德谟克利特的原子论。

值得一提的是，虽然他们在伦理学上所强调的是精神的自主与自足，但论其形而上学的理论依据时则是将上帝视为最高的原理。如斯多亚学派主张，人生的目的是追求幸福，而幸福在于人的“品格”，即人的行为符合自然法则，人的意志符合神的意旨。上帝，或即内在的理性（logos），被描述成实在界的主动原理，是自然界的美好及其目的性的原因，足以显示宇宙中思想原理的存在，也就是世界的最高意识。上帝的远见把人的一切都安排得最好，“命运”其实与上帝或普遍理性并无不同，也与妥善安排万物的神意亦无二致，人们的自由可以表现为改变对事物的看法，即把每一事件都看成是上帝的旨意而欣然接受。虽然斯多亚学派在有关上帝的学说中认为上帝也是物质的，依其自身物质性种子而发展孕育宇宙间的个别物体，这就又回到了宇宙论时期的一般性观点，但是他们也明确地将上帝视为宇宙的原因或生成的根源，这便逐渐发展成为这一个时期的哲学走向神性论的共同道路。

希腊哲学走上神性论时期大约可以分为三个阶段。第一个阶段，大约从公元前 4 世纪末到公元前 1 世纪中叶，以斯多亚学派和伊壁鸠鲁学派为代表，主要特征为重视人的行为以及如何获得个人幸福；同时也溯及先苏时期的哲学，作为其思想的宇宙论基础。第二个阶段，约从公元前 1 世纪中叶到公元 3 世纪中叶，这个阶段的哲学大体延续了上一个阶段与两派哲学针锋相对的怀疑论思潮，以及某些折中派的主张。而对古代各大学派哲学创始人的生平及其学说的研究，与宗教上神秘主义倾向的出现，则是这个阶段的两大重要特色。第三个阶段，约从公元 3 世纪中叶到 6 世纪中叶，以新柏拉图学派为代表，想要把古代哲学理论与宗教思想中一切有价值的东西全都结合起来，形成一个完整的神性论体系。

二、神性论主张的中期发展

怀疑论学者（The Sceptics）对于人类认识能力的怀疑，也是刺激神性论哲学出现的原因之一。如第一个阶段的皮朗主张人的理性无法看透事物的内在本质，我们只能掌握事物所显现的外表，而且，同样的事物对不同的人会有不同的呈现，我们无法知道哪一种才是真实的，所以我们无法确定任何事物。因此，智者必须保留自己的看法，终止任何善恶、对错或美丑的判断，而保持灵魂的平静。诸如此类的怀疑论调持续数世纪之久，主张知识不可能成立，也没有所谓的真理判断，而人生的目的并不在追求这些外在于心灵的知识，如何保持心灵的平静与纯粹才是人生之道。

但另外一个思想系统不能满足于只是怀疑的态度，便转而思索如何将人的思维与宇宙最高的原理结合为一。这是斯多亚学派、折中学派、新毕达哥拉斯学派及中期柏拉图主义等不约而同追寻的目标。中期的斯多亚学派发现整个存在世界具有一种内在的统一性，像潮水的涨落与月亮有关等，自然世界的每一个细节都展现了宇宙的普遍和谐与统一的结构秩序，也就是都有神意的安排，上帝便是遍在宇宙万物的“理性活动”。这个学派到了第三阶段甚至直接强调人与上帝的亲属关系以及人类互爱的责任。倾向于斯多亚学派的犬儒学派宣道家克利索斯顿（Chrysoston）也主张上帝观念是人人内在所共有的，只要我们静观宇宙中的秩序与神意就能完全觉察上帝的存在。

新毕达哥拉斯学派（Neo-Pythagoreanism）在公元前 1 世纪出现，其代表人物之一纽曼内斯（Numenius）主张神性层级论，认为神有三个阶层：第一是上帝，也就是存在原理或称大父，是纯粹思维的活动自体，是至善者，与世界的形成没有任何直接关系；第二是借用柏拉图在《蒂迈欧篇》(*Timaeus*) 中所提到的德米奥格 (Demiurge)，德米奥格分享了上帝的存在而具有善性，并且成为世界的塑造者，它以原始理念为范型，从物质中塑成世界；第三是世界或受造者。灵魂寄居肉体是一种罪恶，而解脱或救赎的唯一途径，是复归灵魂的纯净以及神的知识。这个学说使得上帝的绝对超越性被特别地凸显出来，使上帝具有“超越存在”的地位。

中期的柏拉图主义 (The Middle Platonism) 也肯定上帝的超越性。哲学家欧多路斯 (Eudorus) 甚至说哲学的目的就是要“尽可能肖似神”。他提出三层太一论：第一层是至上神，存在的最终根源；第二层太一是由至上神所产生的，它是奇数的、光明的；第三层是未定二元，它是松散的、偶数的。另一个学者普鲁塔克 (Plutarch) 认为人可以直接体认超越界，并建立了一个较纯净的上帝概念，否定上帝是恶之源。

以上种种哲学主张，无疑为新柏拉图主义预备了许多重要的观念及架构，将神性论发展到了高峰。

三、神性论主张的晚期代表——普罗提诺

新柏拉图主义 (Neo-Platonism) 的主要代表人物是普罗提诺。他主张上帝是绝对的“太一”(The One)，超越一切的思维与存在，是万物的始源，也是至高的善 (The Good)。它不是某一个存在，因为存在的事物有存在的形式予以限定，是有限的，而它是没有形式的。太一创造万物，但并不是万物之一，所以它既不是一个实体，也不是性质，不是数量，不是心智，不是灵魂，不动不止，不在空间中，也不在时间中，而且它先于一切的运动与时空，先于形式与心智；它不是个别事物的总和，因为它是创造者，而不是被造者。

太一也高于心智，因为心智所观察的对象既是至善的，也不在心智之内，所以它思想的对象会先于它而存在；如果心智既是思维又是思维的对象，那么它就是二元的，而不是单纯的，当然也就不能是太一。心智如果观察外在于它自身的东西，那么它一定会观察比其自身各方面都更好而且先于它自身的对象，况且心智是一个与善相通，与一切事物中最高的原理、最先的存在相通的

存在，所以心智预设了能思与所思的对立，当然也绝不会是太一。

所以，上帝不是万物中的一物，也不是万物的总和，也不是心智，而就是太一，是至善，永恒不变，自性常存。太一与万物的关系，是一种类似“流出”的关系。普罗提诺认为太一并不是通过意志或任何其他活动去创造出万物，因为一切完满的事物不会只存在于自身之内，会因其自身的完满与充溢而展开其次一级的存在。太一的存在像太阳，其充盈像辐射一样发散出来，从它自身的力量、本质中产生出次一级的存在，而其自身仍永保不变。于是从太一流出了心智，从心智流出世界魂，从世界魂再流出个人灵魂，最后则是流出物质。太一的辐射如光芒一般，到达物质之后就完全地黑暗，物质仍然是太一所流衍出来的存在者，只是它是光的消失、光的阙如（steresis），普罗提诺把它视为恶的根源。人生的目的是要逃出物质世界，使灵魂上升到心智的直观，而最后在“神魂超拔”（ekstasis）中进入绝对的一，也就是与上帝合一。

在普罗提诺的太一流出说发展后，神性论的思想发展到了极致，开启了中世纪神学建立的契机，理性的尊贵地位已为上帝的神性所取代，而成为证明上帝存在及其美善的存在特性的重要工具。这无疑便宣告希腊早期的形而上学发展到了尾声，思想要进入另外一个新的阶段了。

（谢仁真）

参考文献

邬昆如：《哲学概论》，台湾五南图书出版公司，1990 年。

《古希腊罗马哲学资料选辑》，台湾仰哲出版社，1981 年。

Fredrick Copleston 著，傅佩荣译：《西洋哲学史 I》，台湾黎明文化出版公司，1986 年。

沈清松：《物理之后（形而上学）的发展》，台湾牛顿出版公司，1987 年。

W. T. Stace：《希腊哲学史》，日本双叶社翻印版，1986 年。

E. Zeller 著，翁绍军译：《古希腊哲学史纲》，山东人民出版社，1996 年。

汪子嵩等：《希腊哲学史》，人民出版社，1997 年。

凡尔农著，马向民译：《宇宙、诸神、人——为你说的希腊神话》，台湾猫头鹰出版社，2003 年。

第二章　天学（本体论）

形而上学可以分为一般形而上学及特殊形而上学两种。特殊形而上学是讨论宇宙论的问题，如世界的生灭变化、人性的结构、上帝的存在等；一般形而上学是讨论存在的学问，又称为“本体论”，其内容为讨论存在之所以为存在的原因、特性及其属性，也要讨论最高存在的终极形式。作为万物存在根据的第一原理，就其量来说，是一元的、多元的，还是不可化约的对立二元，这是本章第一节讨论的内容。就其质来说，宇宙万物的存在根据是精神的原理，还是物质的原理，这是第二节讨论的内容。就宇宙万物变化自身来看，这种种的变化似乎内存一种生之“潜能”向“实现”的发展历程，这是从能的角度看出的结果，也是第三节所要介绍的内容。

“本体论”（Ontology，又译“存在学”）一词源自拉丁词 ontologia，是由两个希腊单词 onta（实在的存在物，真正的实在）与 logos（对……的研究，对……的解说）所组成，为一门针对存在者自身本质特性的研究，而不同于对个别事物或专门领域的研究，如医学、天文学、法律等等。本体论主要询问的问题为“什么是存在自身”“什么是存在者之为存在者的本性”。这类问题在形而上学的发展中展现为对实在界（reality）秩序和结构的探讨，主要使用的概念包含存在与生成（being and becoming）、现实与潜能（actuality and potentiality）、真实的与表象的（real and apparent）、变化（change）、时间（time）、存在与非存在（existence and nonexistence）、本质（essence）、必然性（necessity）、作为存在的存在（being-as-being）、自存性（self-dependency）、自足性（self-sufficiency）、终极的（ultimate）、根据（ground）等。

在早期的希腊哲学中，哲学家们主要是在可见可感的万有事物中，从找寻一个最具理想的物质元素开始，发展到需要发现超越物质性本原的终极原理，以作为一切事物存在的终极依据。这种宇宙世界的最终依据，也是最高本体，在当时哲学家的思想中被描述为水、无限、气、原子、数、火、道、理念、第一不动的动者、太一、绝对、永恒的完满形式等，不一而足；他们进而描述其特性，如不生、不灭、不朽、单一或混沌、绝对、可分或不可分、不动或自动等；同时也会去演绎此终极存在如何在万物中显现其存在性，包含其形成万物的历程，以及其与万物的关系等等。

这种思路发展到亚里士多德，得到一个十分庞大而完整的体系，通过四因说、潜能与实现、实体与属性等架构清楚地说明存在者本身及其根本属性，但也受限于其物理性思维的影响，最终以“第一不动的动者”（即“神”）将本体学中对存在者的探讨转而为实体学，再转而为神学。此种模式成为此后西方形而上学研究的主要范型，受到20世纪德国哲学家海德格尔的批评。海德格尔区分存在与存在者，存在者是指那些呈现在现前（presence）、可以用思想来予以控制的对象，但存在问题是“展现为现前”的动态显现。他认为亚氏讨论了存在者及存在者性，却遗忘了存在问题，主要是因为在讨论形而上学的问题时使用的方法是根据思想的法则，即逻辑学的方法，来规定存在者的性质，其结果是把存在问题当成存在者的问题，遗忘了存在的动态开展。海德格尔的这个批评把本体论的讨论带到了一个新的路径。

“本体论”一词于17世纪中叶开始通行于世，由R. Goclenius于1636年首先使用；其后，卡洛弗（Abraham Calovius）认为“存在论”一词可以与“形而上学”互用；到了克劳贝格（John Clauberg），他认为“本体论”是“存在的智慧”（Ontosophy）；但真正把本体论当做一门独立学科的，是德国哲学家沃尔夫（Christian Wolff，1679—1754）及鲍姆加登（Alexander Baumgarten，1714—1762）。根据沃尔夫的主张，本体论是一门讨论存在的学问，要用整体的眼光去看整体的存在，探讨所有存在最终实在的本质及其属性等课题。

什么是“存在”？

宇宙自然的世界包罗万象，我们很容易依据个人的感官经验来认识生活周遭个别的事物，对个别事物产生个别而具体的经验。但是这些个别而具体的经验很难仅以其个别性与特殊性存在，因为个别性必须在一个共同性的观念掌握中才会被凸显出来，特殊性必须在一个普遍性观念的对照下才能表现。例如我们在看过一朵玫瑰之后，不仅会对它的形状、颜色和香味留下深刻印象，还会发现它的整体与先前所看到的百合不太相同；于是在看过百合之后再看到玫瑰，会发现它们之间的明显差别。若进一步思考，我们会发现，所以拿百合与玫瑰相比，而不是拿青蛙与玫瑰相提并论，是因为在百合和玫瑰之间有一些共同性质，即共同具有的存在特性，使得它们可以并列讨论。这个在百合与玫瑰之间共同的存在性质就是在形而上学中所称的“共相”，这种用来发现存在事物之间差别特性或相似性质的方法就是模拟法。

通过模拟法，我们会发现百合、玫瑰、牡丹各有姿态，展现不同的“殊相”，但它们都有一种“共相”会被我们把握，而且我们会使用一个能够涵盖它们的概念来称呼此共相——“花”。依此，在现实世界中根据个别感官经验所得到的个别而零星的认知，将会逐步上升到对于事物更普遍性原理及更整体性系统的掌握。比如从个别认识的张三、李四，其普遍性可以上升到认识他们都是“人”；从认识了普遍概念中的“人”“狗”“鱼”“鸟”，再提高其普遍性而认识到它们都是“动物”；至于“花”“树”“草”更普遍的共相是“植物”，从而将动物、植物认识为“生物”；将生物与矿石等“无生物”紬绎其更高的共相，形成为“物”的概念；若将这些占有空间的具体事物称为“物”，那么还有一些不占有空间、不依附实体而同样具有实在性的对象，如思想、情感、意志或相等、美、正义，甚至也可能是上帝、精灵、灵魂等，与“物”也有共同性，他们都可以被称做“存在者”或“存在”。这种紬绎个别存在的普遍性而形成的一种类金字塔般的结构，便成为我们思想中的理念世界的结构。

以上的思考途径主要是跟随苏格拉底到柏拉图再到亚里士多德的方式，而这似乎是从认识论开始所作的探讨，先对个别而具体事物的认识再进入普遍而抽象的性质或本质的认识；但是经过更深刻的思考后，我们会发现，在对个别事物产生认识和感受之前，我们对存在世界早已先有了一种模糊而整体的掌握，即“万物存在”，即有“有”。我们对这个“有”也有一种模糊而整体的掌握，不论是觉得这个“有”充满了神秘还是和谐，表现为秩序或是混乱，万物的存在与变化是必然的或是偶然的，不同的哲学思考会产生自各个殊异的体会，但这种对存在整体的把握会先于我们对于个别事物的认识与感受，而且我们也是依据这个对“有”的掌握为基础才去说明我们具体所接触的事物表现如何，是很自然、很正常的还是很特殊、很不寻常；在这种更具普遍意义的“存在”理念架构下，万物存在的个别性与特殊性才能被辨识出来。

再者，也似乎正是因为这种“存在”理念架构的稳定性更高，即它具有恒常不变的性质，而成为我们辨识与说明现象世界时可以依据的原理，使我们在复杂多变中保持一定的平衡观察；据此，这个普遍而抽象的理念架构中所包含的概念或原则，似乎具有比个别存在事物更高的实在性，而且在逻辑上应先于个别事物而存在。于是，我们据以说明个别事物的存在依据及其存在特性，即是此一预存的理念架构。

但是，这个理念的世界与感官世界都是真实存在的吗？它们是两个不同的实在世界，还是同一个？如果它们都是真实的，能不能比较哪一个是更真实的呢？如果能，那是感官世界呢还是理念世界？如果我们要说明这个存在世界的存在依据，它是一元同质的，二元异质的，还是多元的呢？若要问宇宙万物的第一原理或终极原理时，那么它是精神性的还是物质性的？此外，这个宇宙世界是业已完成的作品而其自身只是依已有规律变动而不再发展了，还是它处于一个不断变动发展、继续更新或趋向完满的历程之中？如果它还在变化发展，那么其能动性表现为何呢？

以上这些都是在本体论中重要的探讨议题，依主题的不同，下分三节作具体的讨论：一、从“量”的角度看，宇宙的存在是一元的，或是二元的，或是多元的，依此而有“一元论”“二元论”“多元论”的不同主张。二、从“质”的角度看，宇宙存在的根本性质究竟是精神的还是物质的，依此而有“唯心论”“唯物论”。三、从“能”的角度看，从混沌到秩序，宇宙万物生成变化的事实究竟表现出什么样的一种能动性。

第一节　从“量”的角度看

我们探讨宇宙万物的存在依据或终极原理时，将会问：这个存在依据或终极原理是唯一实体或唯一本质呢，还是二元对立？或者，由于宇宙间事物是繁多的，因此其存在依据也是多元的？历史上，依据立场的不同，便出现不同的形而上学观点。

一、一元论

一元论（Monism）认为整体实在界有一种而且只有一种真实存在的实体、本质或原理，通过这唯一的实体、本质或原理，我们得以说明杂多事物的存在本源及其特性。最早使用这个概念的是沃尔夫，他把哲学分为两大类：一是从“怀疑”的角度从事哲学思考，一是从“独断”的方式回答哲学问题。以“独断”方式处理哲学问题，即认为我们可以肯定宇宙万物的存在，并且可以认识和说明其存在的原理及其性质。其结果又有两种，分别是一元论与二元论。一元论是指可以把事物的多样性归本于一个和它们不同的根源（或实体、本质）来加以说明，又分为唯心论和唯物论。

一元论并不否认宇宙存在事物的多样性，只是我们通过一般感官认知活动只能触及这个多元世界存在的表象，并无法说明其实在性或本质，及其何以存在的理由；而为了探求实在及真理，我们必须在这些殊多的事物中发现其所以存在的依据或原理才行。持一元论的哲学家们主张宇宙万物皆源于一个单一的终极依据或原理而得以存在，甚至认为万物皆因此单一而终极的存在依据，故在本质上没有分别，其表象上的殊异并不是真实的，而只是变化中的幻象。

在哲学发展的历史上有许多一元论的主张。例如在西方，希腊时期有所谓的“物活观”和“精灵说”，认为有一种神明控制着宇宙。泰勒斯便说过：“一切都充满了神明。”此外，泰勒斯所说的“水”、毕达哥拉斯学派所说的“数”、爱利亚学派所说的“存在”或即“思想”的法则、阿那克萨戈拉所说的“睿智”、普罗提诺所说的“太一”等，都是一元论的主张。其中，以为“水”是一切万物的存在依据的学说，主要是希望在物质世界中找寻一种最基础的、最原初的物质，作为一切具体的物理事物的基础。而这个基础，不仅是在物质结构中最基本的构成因素，也是宇宙中最早出现的原始物质，也就是，它是同时带有构作性及始源性的物质。万物产生于水，复归于水，而且由水所构成。因此，似乎在泰勒斯看来，宇宙万物并不是真的从无到有，又从有到无，也就是并没有绝对的产生和消灭，一切万物的变化不过是水的变化，而水这个本体是常住不灭的。

至于以“数”“存在”“睿智”或“太一”作为万物存在依据的学说，则是认识到以物质作为万物的起源似乎不能说明万物终极的依据，因为不论对物质依据作再多的超越性描述，终究无法摆脱物质的有限性规定，如“具流动性的水如何转换成具燃烧性的火或具固着性与稳定性的土”。因此，若以水为本原，在解释它生成其他物质或事物时会遇到上述的困难。而且以物质元素作为本原似乎也无法说明某些非物质性对象存在的问题，譬如正义、灵魂等。最重要的是，物质性事物的存在是我们感官经验最容易接触到的对象，能认识它们的存在、特性及其运动变化的现象是理所当然的事情，但这种认识仅仅局限于物质解释便足够了吗？我们对现象世界及其万物的存在的认识，难道不是受限于我们有限经验所产生的一连串自圆其说的意见吗？更进一步，我们能从物质本原中看出宇宙如此和谐美善、井然有序的原因吗？不断深入反省的结果，使哲学家们对宇宙万物存在所依据的最终本体的思考，转而向原理性、理性或精神性的方向去说明，不论是数，是存在，是睿智，是太一，便都是在此一反省中产生，而视为万物所以如此存在的依据；也由于这些构想超越了物质性，于是用不生、不灭、不动、不毁、单一、绝对等来描述其特性，似乎更具说服性。至于这种原理性的、理性的或精神性的本体，便是一切事物所以会如此或如彼存在的规定性原理，而不再是物质性或材料性的构成因素。在这种一元论的立场中，若进一步主张这种本体具有始源性，则会形成一种带有神学色彩的学说，如普罗提诺所说的“太一”，它便不仅是精神性的本体，而且宇宙万物的物质性构成元素以及万物的形态，也都从它的精神性活动中流出，而同时成为万物之源。

一个值得注意的现象是，形而上学中一元论的主张常常会和一神论或泛神论交互影响。如西方哲学在中世纪时，希伯来文化的一神论信仰和希腊罗马哲学的理性思辨结合，产生教父哲学和经院哲学，将这个作为宇宙万物的终极原理同时理解为一种存在起源，这个起源就是上帝，于是宇宙万物都是上帝创造出来的，其根源是同一的。西方近代哲学家斯宾诺莎也就从这种体系的启发下，提出“神即实体，即自然”的“实体一元论”主张，认为神是唯一的“自因存在”，即“实体”自身，不需要其他的原因使其存在；且这个实体自身是绝对无限的存在，带有无限属性，其中的每一样属性都表现出神的永恒无限的本质特性。这个宇宙的第一原因被称为“能产的自然”（Natura naturans），亦称“太一”，内在于整个宇宙自然；而这个世界是“所产的自然”（Natura naturata），是神的无限属性分化而成，是带有永恒必然且无限秩序的现实世界。整体的宇宙其实只是一个实体的展现：在永恒形相的直观下，看到的是神，是太一；而在现实形相的经验下，是宇宙，是自然。这种把神与自然视为同一实体的不同展现的主张，是一种泛神论的想法，与中世纪的上帝观念不同，斯宾诺莎的神不具超越性，没有人格神的意涵，而更接近于3世纪的普罗提诺的“太一”学说。

近代西方哲学中带有一元论色彩的哲学，以德国古典哲学的三大哲学家的学说最具代表性：不论是费希特的“绝对自我”、谢林（Schelling，1775—1854）的“绝对（同一）”或黑格尔的“绝对精神”等，都被认为是世界唯一的实在。“绝对自我”超越个别自我，导生出一切意识活动内容及对象。“绝对（同一）”被视为实在界与观念界尚未分化前绝对无差别的根源的同一性原理，但它潜存着差别化的可能，使万物含有自然与精神在量上的差别，而没有质的对立。换言之，绝对的同一即是绝对的总体，或即绝对的宇宙自体。“绝对精神”也称“绝对”“绝对理念”“世界精神”或“上帝”，是一个在“存在发展”理念下的起点，也是终点，其自身之内包含有一切具象的实在，具体存在事象发展系列，即是绝对精神本体的自我展现；此一发展历程是绝对者最初以不具素材的纯粹思维规定（理念）而存在（正），其次，纯粹思维外化为时空中的自然（反），最后扬弃自然而自觉为绝对者之自我展现与回归的现实精神（合）。理性哲学发展到了黑格尔，传统的二元论难题获得消解，本体与现象的分别获得了统一，有限者与绝对者的隔绝关系也被打开，本体一元论的思想也走到了极巅峰的地位。

在当代海德格尔的本体观中，将“存在”视为我们探讨形而上学问题的最初起点与最终极实在。他认为当形而上学思考一切存在者共同的基础（“存在”）时，形而上学就是存在学。我们不能像传统西方形而上学一样，只从“现前”（presence）义来理解存在者的“存在者性”，而应掌握它的“呈现”（Being）的动作义，即“展现为现前”的动态历程。存在本身通过遗忘而走出自己，形成历史，并进行超越，主要的方式是存在自身将人投到存在的真理之中，好使得在存在走出之时，人能照管存在的真理，使存在者能在存在的光明照耀下如其所如；因此，人的命运即在于成为存在的显现。整个形而上学的问题被海德格尔带到了对存在及其存在之间关系的沉思之上。

西方哲学这种一元论的思想，在东方哲学中亦有类似的形态。在印度奥义书哲学时期认为，宇宙的本源、生命的根据、一切事物存在的原因是“梵”，是“梵”创造了万物。佛教的唯识宗则主张：一切万物皆为“识”所变化，故其存在不具有本质不变的实在性。在中国，老子提出作为天地之始的“道”、《易传》所提出作为宇宙现象存在变化依据的“太极”、北宋张载所提“太虚气化”的“气本体论”等，内在于万物，为万物所以存在的终极原理，也都是这种一元论形态下的学说。至于将一元论与泛神论相结合的思想模式，在中国汉代董仲舒的《春秋繁露》一书中也有类似的说法。他认为“天”是一个宗教性的实体，为宇宙的创造者与范型者，是人的曾祖父；而整个宇宙和天地万物，包含人的存在，由于其同源与同质，所以会互相感应，所以有“天人感应说”的出现，而这个学说就带有泛神论的色彩。

二、多元论

多元论（Pluralism）与一元论相对立，认为宇宙万物的现象世界不能被化约为一个单一实体、单一本质或单一原理来说明，而必须要以多数的本体或实在为依据才能恰当地说明实在世界。多元论一般主张这些多数的本体是分离的、独立自存的，而且不可再被还原；但也有些多元论说明宇宙世界被划分为多种存在领域，各有所主且各自独立，而且这些领域并不具备基本的和谐的整合性或连续性，也谈不上有共同而合理的秩序可予掌握。

在哲学史上，希腊哲学的原子论者们就已经开始了多元论的主张。如恩培多克勒提出火、气、水、土作为宇宙构成的四种基本元素，元素本身不生不灭，且四种元素之间不能互相转换，万物的生灭变化全都是这四种基本元素不断分合的结果。这种多元论是主张宇宙万物的基本构成实体，不仅量是多元的，质也是多元的。德谟克利特主张宇宙的基本构成元素，或即太始，是原始的原子，宇宙就是由这种不可再细分的原子所构成；原子在性质上是同一的，在数量上却是无限的，个别事物的差异，就是由于原子在偶然的、机械性的碰撞中，产生数量上的多寡与排列上的次序之不同所出现的。阿那克萨戈拉则不满意这类主张，而提出“一具一切，一切具一”的种子论。他认为这种种子在性质上是多元混沌的，在数量上是无限的，是宇宙万物的物质构成基质；万物之存在样态的不同及其变化，并不是来自于种子自身的盲目运动所造成，而是要由外在于种子的精神力量“睿智”来引导发展。阿那克萨戈拉的这种学说也是一种多元论的主张，但不同于机械论。

近代哲学家莱布尼茨也有一种“单子论”的学说。他主张有无限多元的单纯实体，即“单子”(monads)，为宇宙万物复杂组织的构成单元。这些单子没有部分，不具广延性与形式，不能被分割，而且除非由于上帝创造或毁灭，否则单子本身并无生灭可言。单子与单子是各自独立的小宇宙，有其自身的内在构造与作用法则，且具不同程度的“知觉”(perception)或“表象”的生机活力，得以依不同程度表象出整个宇宙。单子与单子间不能互通，即所谓“单子无窗户”，这些多元单子依照“中心单子”，即神意的预定调和(pre-established harmony)，使它们虽然独立自存，却能在一个秩序中活动，形成宇宙的美善与调和。

多元论的模式展现也常常跨越限于说明物质构成的宇宙论，在存在学上也有多元划分的学说。如赫尔巴特(J. F. Herbart)区分世界为存在的范围和价值的范围，以为在认识上感官是多元的，因此认知的客体存在也是多元的；在价值上，人的主体观念也是多元的，分为五层（赏善罚恶、正义、慈善、完美、内心的自由），不论主客，都是多元的世界。

在社会哲学上，多元论的色彩更为明显，认为社会是由许多独立团体或组织所组成，这些团体或组织各自代表不同的利益需求与价值观念，社会整体即表现为它们的多元活动，与之对立的一元论，是国家主义。于是，社会整体便可能表现为多元的团体因为利害的竞争与冲突而使国家分裂，或国家沦于这些多元团体中少数强势团体的玩物而压迫其他的团体。

三、二元论

二元论(Dualism)承认实在界存在有许多的二元对立。如在形上实体性质上的，有物质与精神、偶然存在与绝对存在、物质与生命的对立；在宇宙论上的，有理念和感官、理与气的对立；在知识论上的，有心与物、主体与客体的对立；在伦理学上的，有善与恶的对立；在人类学上的，有灵与肉、天理与人欲的对立；在神学上的，有上帝、神佛与魔鬼、妖怪的对立，或天堂与地狱的对立等。二元论基本主张这些二元对立不能被化约，同时并存且各自独立，与一元论适成对反的立场。

西方哲学最早有系统地表现出二元论的，可以说是把世界分为感官世界和理念世界的柏拉图。爱利亚学派巴门尼德的“存在”与“非存在”、赫拉克利特的“火”与“道”、毕达哥拉斯学派的“灵”与“肉”、苏格拉底的“概念”与“感官经验”等，都是柏拉图理念世界与感官世界对立学说的前导。

赫拉克利特初步区分了两种存在领域，从物质的角度所着眼的自然世界，以火为组成一切万物的基质，但主张对火本身的变化及其规律的掌握，是思维的对象，即“道”。“道”展现为向上之道与向下之道，两相对反，万物的生成变化便在此种对反的争斗中调和。巴门尼德认为只有“存在”存在，是不生不灭、不变不动、唯一不可分、连续而呈有限球形的大充实体，是唯一真实的存在；至于生灭变化的现象只是假象，只是世人以俗见所附加的名目，而不是实在本身，这是“非存在”。此种学说只承认思想所把握的存在为实在，而否定感觉所经验的生成变化的现实世界，初步把实在界作了某种程度的二分，即思想所对者与感觉所对者，而且其一为实在，其一不实在。柏拉图的理念论依赫氏和巴氏哲学，主张感觉经验所经验到的对象，是流变不已、变动不居的；我们必须依循理性思维，一步一步掌握“存在”概念普遍而明确的义涵，才能真正把握实在。据此，影像与经验构成表象世界，刹那生灭，毫无实在性可言；数理界与理念世界则为永恒而不变的实在界，数理为一种形式领域，具有恒存与实在性，理念则为一切存在所模仿分享的最高实在。至于毕达哥拉斯学派主张人的灵魂可以在肉体死亡后继续存在，而且灵魂可以移居到其他的生物体中循环反复，此种灵魂不朽与灵魂轮回的学说，将灵魂视为与肉体不同并可独立自存的另一种实在本体，成为柏拉图哲学中一个重要的思想成分，不但作为对人的理解的基础，而且也是其理念论中理念世界与感官世界二元对立世界中重要的联系桥梁。此外，亚里士多德的“形质论”、中世纪哲学的“此世与来生”二元、近代哲学家笛卡儿的“心与物”等，也都是典型的二元论。其中笛卡儿的心物二元论学说，是通过“方法论的怀疑”（methodical doubt）确立了自我意识的存在，并直观地将此自我意识等同于意识主体，肯定了意识主体的实在性。而为了要论证外在宇宙的实在性，借以把握人与世界的二元关系，笛卡儿便首先论证神之存在的事实，而后在神存在的基础上论证物质世界的存在。神是一种永恒无限的实体（infinite substance），是唯一无需依靠自身以外的他者而存在着的存在者，独立、全知、全能；而心与物为“有限实体”(finite substance)，分别具有思维性与广延性，表现出来的样态分别为认知与意欲、形状与运动，两种实体决然不同，不可再被化约。至于神的存在，在笛卡儿论证完物质世界的实在性后便被放置一旁，不论是谈到世界万物的存在形式，或是万物运动变化现象，或是心物二元的交互作用等，都不再提及神的作用与影响。所以严格地说，笛卡儿在论理的层次上有神、心、物的三元，但讨论实在界具体的问题时仍是心物二元论的模式。

在中国，二元论的思考也是不可忽略的哲学形式。例如有孟子所说的具有四端之心的大体与具有欲望的耳目四肢之小体的对立，荀子有自然之天与伦理之人、情欲之情性与大清明心之理性的对立，佛教有娑婆世界与无余涅槃、佛与凡夫的对立，宋明理学有理与气、理与事、天理与人欲的对立等，也都是二元论的基本模式。其中，北宋的理气二元论是一种颇具代表性的形上体系，以南宋朱熹（1130—1200）的理论系统最为完整。朱熹区分宇宙实在为两种形式，一为“形上之道”，一为“形下之器”。“形上之道”即是“理”，是一种以逻辑的形式存在着的形上实体，普遍、永恒，既超越又内在于万物。这是他继承了二程（程颢、程颐兄弟）思想中的“天理观”所得的理论。“理”即“天理”，是宇宙间绝对的精神实体，也是万物生长变化的第一原理，天理散在万物而为万物之理，为万物所以存在及生长变化的形式依据与实现原理。“形下之器”是指由我们经验到的个别而具体的事物所形成的现象世界，在时间中生长变化，未有已时。这个世界的形成是“气”的变化历程的结果，这是他吸收了周敦颐《太极图说》中的“宇宙生成论”与张载的“气本体论”而形成的主张，认为一切万物存在的材质性根源是气；由于气的屈伸往来、聚散生死、循环无端等变化作用，而造成了细缊变化、开合交感现象，产生阴阳五行的不同性质变化，并进而使万物得以据此展现它们不同的性质与样貌。在朱熹的哲学中，天理具有形式规范的先在性，以及“发育万物”的一种模糊的始源性，使得“理”在论理的逻辑性上及存在的实在性上皆优于“气”，但由于他一再强调理与气“不离不杂”“不一不二”，实是表明他并不认为这种理气二元是可以化约为一的，不论其后他说明理气二元如何统合在一种体用辩证的关系中，其二元论的特色是十分明确的。

二元论是哲学上一个主要的思维模式，更重要的是哲学思辨欲融合此对立二元的努力。也就是说，既然哲学想要从整体的角度来看宇宙存在，那么从殊多中探寻同一便是一种必然的方向，从二元中寻求统一的解释也是必然的趋势。在西方，爱利亚学派的巴门尼德力图说明“思想”与“存在”的一致性；苏格拉底说明把握“概念”的目的是为了确实掌握个别事物；柏拉图在理念世界与感官世界中置放“人”的存在，人的灵魂属于理念世界，肉体属于感官世界，为的是人能把理想完满的理念实践在多变的感官世界之中，塑造一个“理想国”；中世纪的神学也以人作为媒介，认为人的灵魂是上帝的肖像，肉体是属世的，而人的存在是为说明此世和彼岸的合一关系与美善秩序；到了黑格尔，甚至发展出“正”“反”“合”的辩证法，作为绝对精神和现实世界的整体性关系说明。在中国，孟子所说人的“小体”要受到“大体”的扩充与推展，成为一个“君子”，甚至“大人”；荀子谈人能“制天而用”，并能用大清明心的理性能力，展开“礼义积伪”的人为努力，成为“大儒”；在唯识宗，通过“转识成智”而进入“佛乘”；宋明理学所阐述的二元对立中，学者们也不断烦琐辩证，试图说明“理”的先在性、超越性与内在性，如朱熹所说的“天理流行”与“理一分殊”、“理”与“事”或“理”与“气”的“不一不杂”“体用不二”等，都是极为重要的创造。

从以上的努力可以看出，二元论是我们在哲学思想中很容易出现的二分模式，其目标是欲化繁为简，以简御繁，用核心原理来说明复杂现象的必然表现。二元对立的原理最终仍会因为带有理想的统一性需求而尝试寻找解消之道，不论是在生命上或是在生活上，在认识论上或是在道德实践上，二元论都不会是终极的答案。一中有多，多中有一，对立调和，层层上达，直趋理想与圆融，即整体合一的和谐一元，是一种“形上倾向”，在人类的历史上一直都是努力的方向。

留下的问题是如何描述与说明这种整体合一的理想与圆融，这就将迈入一个对终极境界进行描述的领域。终极境界，是一个万物之所始与归所趋向的“混沌”或“自然”，还是“灵魂完满之乡”或“太和之境”？或者是以为“多中之一”并非所谓的终极境界，它只是“气”或“能量”或任何一些物质历经偶然碰撞、爆发、混合而产生的无数可能世界中的一个，人类凑巧齐集在这一个有限的世界之中？还是当然存在终极境界，且那是由更高级的精神创造或价值意识所推动与开展？不论中西，各种哲学思想都在这样的问题中百转千回，希望找到一个合理的解说。

第二节　从“质”的角度看

从量的二元论的形而上学探索中我们得到一种初步的结论，即认为这个宇宙世界包含了物质的构成元素而显现为物理性质的或化学性质的特色与变化。但当询问“这些物质元素究竟是依据何种动力而产生结合或分离的运动，产生万物的构成活动”时，回答的方向就必然区别为二：一、动力内在于物质元素自身；二、动力外在于物质元素。

考察传统的形而上学思辨时会很容易发现一个结果，如果我们选择第一种方向，即动力内在于物质元素自身，那么宇宙间一切事物的生成变化皆是此一种物质动力机械变化的结果，没有物质以外的原因存在。这种动力变化之自身它是偶然的，还是必然的？如果是偶然的，那么所有的存在事物都是在一场又一场意外中产生的，无必然秩序，也无必然结果，宇宙万物所呈现的混乱及能被发现的秩序或原理是等量齐观的。

但这个结论与我们的日常经验并不相符。我们会发现许多我们不能理解的现象而被我们称为混乱的、偶然的，在一段时间的研究后会突然发现其存在的依据及其变化的法则。不论是因为好奇或是因为迫于生活的需要而产生的科学研究，其日新月异的成果逐一证明了此一趋向。换言之，被我们称为偶然与混乱的变化，常常是因为我们还未发现秩序，而人类的研究正是往发现秩序的方向前进。所以，我们并没有确实的理由认为这个变化自身真的只是偶然的。

那么，它是必然的吗？若主张变化有必然的法则与秩序，依此法则与秩序，宇宙万物呈现出一定的互动与发展。那么，它是一种类似因果律的法则吗？万物一经产生就必然受制于此类法则而终将无法逃脱吗？这种因果律一类的法则绝对必然吗？还是只是经由我们的经验积累而形成的习惯性认识？如果是绝对必然的，为什么我们会发现许多例外？如果不是绝对必然的，而是根据经验归纳的，那么我们便很难确定这种内在于物质自身的动力变化是一切万物存在与变化的唯一因素，因为归纳法所得到的法则缺乏必然性。问题的讨论就又回归到了原点，我们似乎不能轻易接受物质决定一切的主张。

那么，如果我们选择第二种方向，即认为造成物质元素运动变化而产生万物的是一种物质之外的力量，则这外在的动力就会被表述成精神、心灵、意识或某种超自然意义的神秘力量，如神、道、天等。接下来便要说明这种外于物质的力量有何特征、如何作用等相关问题。问题并不因此变得更简单，因为我们会进一步探问：如果是精神一类的力量推动物质的变化，那么是不是可以说宇宙万物的终极原理是精神的而非物质的？或者更极端地说，宇宙万物的存在与变化，是依存于这些精神性活动所创造出来的，或心灵活动所想象出来的；根本而言，物质世界的存在并不真实，或并不存在独立自存、本质不变的物质世界？或者，精神的力量与物质的存在都是真实的，两者在不同的层面上表现不同的作用，各自独立而不互动的状况是无法想象的，而宇宙的真实是此两类真实存在早已互相作用，协调一致，体用一元，显微无间？

回答的方向不同，所形成的哲学立场就不同。宇宙存在本质上是物质的，还是精神的？我们仅需掌握这就是感官经验所呈现的现象界，还是主张现象界的呈现其实是精神思维所形成的观念实现的结果？或者是认为所谓物质与精神其实是一而二、二而一的，二者必然协调作用，而并非截然独立？依此便形成两种基本不同的哲学模式：一、唯心论；二、唯物论。

一、唯心论

唯心论（Idealism，另译“观念论”）断言宇宙是精神或心灵的体现，认为宇宙世界根本的实在是精神的或观念的世界，一切存在依赖于精神或心灵的活动，而且也都是精神的或心灵的活动结果。变化万千的现象界并不是不存在，只是它并非如许多唯物论学者们以为的那样可以完全独立于精神而存在。在哲学史上，唯心论大致朝两种方向发展：一是主张只有精神的或观念的世界是真实的，而感官的现象世界并不真实，是虚幻的，如爱利亚学派、柏拉图、毕达哥拉斯学派和佛学等；一是主张所有个别现象背后都有一个不变的本体，而且本体比现象更真实，如贝克莱、王阳明等。

从第一个意义看，柏拉图是一个典型的唯心论者。他以理性所能达到的理念世界为真实的实在，而感官世界只是理念世界的摹本，其实在性不及理念世界。他认为既然我们的思想所要掌握的是真正的绝对实在，那么它必须是完满的、独立存在的、永恒不变的对象，通过感官所获得的经验知识却不能满足这些特性，所以真正知识的对象必来自于感官世界之外的领域，柏拉图便宣称这个领域就是理念世界。理念世界不仅是理性认识的对象，而且也是真实的实在。因为我们的灵魂在与肉体结合之前曾在理念世界住过，所以在灵魂与肉体结合而进入感官世界活动前就认识了理念。在感官世界，便正是由灵魂中的理性能力逐渐回忆起了理念世界的种种理念，这样才可以解释为什么我们在现实感官世界看不到绝对而圆满之物，在我们的心灵中却存在着要找寻完满与绝对的对象。所以，柏拉图主张理念世界不仅是我们的知识的真正对象，而且也是唯一真实的存在领域。

于是从柏拉图的哲学开始，唯心论便建立在这样的一条途径下：从我们欲掌握真正知识的思路起步，然后在思维与存在一致性的原则下，论证存在的真实与思想的理念是一致的。也就是说从认识论到本体论，是一脉相通的，或至少是相互符合（Correspondent）的。而这种思维模式的确也是哲学史上的一大系统，西方近代哲学家贝克莱以其经验主义的立场，主张“存在就是被感知”，认为一切被我们称为物质的东西，如桌子、大理石等，是依赖于心灵的观念的有序的集合。观念，即可感觉之物或感觉，是我们心灵知觉的对象，其本质在于被知觉。也就是说，如果没有心灵或知觉产生某物，观念就不可能存在，观念不存在，也就无所谓观念的对象存在。换言之，物质事物如果不被知觉，就无存在可言；而离开“被知觉”或“知觉的心灵”来谈物质，是没有意义的。在贝克莱的哲学中，除了人的心灵是我们知觉世界所以存在的直接原因，上帝则是我们所有观念和感觉的终极原因，因为那些未曾被人类所知觉到却确实存在的物质事物，其存在的保证是在上帝的心灵之中。

贝克莱的这种经验主义的唯心论并不被大多数的唯心论者所接受。如德国的康德认为，当我们想展开认识活动时，必须先分析人作为认识主体的认识能力，他区分认识主体和认识客体，认为认识对象的“物自身”是不可知的，而我们所认识的对象是经由我们主体的特殊结构所安排、理解的感觉印象。这个认识主体并非经验世界中个别的、偶然的主体，而是一个先验的主体，具有普遍的思想结构与形式，先于变化无常的感觉。

康德之后，德国古典唯心主义哲学的三大家——费希特、谢林、黑格尔继续深化这一个思想架构，把康德作为认识论基础的先验主体转变成为宇宙万物存在活动的始源依据。心灵、自我、精神或灵魂的“绝对”，被视为万物基本的和形式未定的原初实在，万物之存在皆依赖于它，它却独立自存，整体实在界，甚至包含人的主体多样性，都是此一始源流溢发展出来的必然结果。集大成的黑格尔发展出的绝对观念论中更明确地将万物存在视为绝对精神辩证发展的结果，事物存在于我们的意识中，也同样存在于与其他事物的关系中，而事物与事物之间的关系同样也存在于意识之中。事物在绝对精神的辩证发展中真实地存在，事物间关系的真实性也和事物的性质一样真实；整个大自然存在的真实性便也由此一发展中取得依据。

在中国，唯心论也是一个主要的形而上学模式。带有人格神内涵的天在董仲舒天人感应的哲学中具有明确的主宰地位。汉魏之际传入中国的佛教思想中，解说宇宙世界本体及现象的缘起论，成为中国大乘佛学中重要的理论建构。力图复兴先秦儒学精神的宋明哲学，也不免受到魏晋玄学及大乘佛学重视并发展本体论相关问题的影响，在论及儒家哲学的本体论时也发展出陆九渊与王阳明等心学体系，强调精神与意识的存在地位与作用具有先在性及超越性，并为解说一切世间存在的根本基础。

其中，佛学的缘起论是着重于说明现象界的生起、因由和次第，以及本体与现象间的复杂关系，而西方哲学中的“本体”概念在缘起论中勉强可用意识主体的意识作用来说明。最早的缘起论主张宇宙万物的生成，都是由有情众生的业因感召而来，业，主要是指身、口、意三业，是指内心的意识活动及其所产生的言语与行为。于是人生现象就从无明到老死分为十二阶段（十二因缘），众生依业报而生的国土世界，则是来自于众生共同的业力对地、水、火、风所形成的特殊凝结而造成的，所以世界及宇宙万物的存在、其特殊样态的呈现及其运动生灭的变化过程皆是源自于有情众生的意识活动及作为，意识或精神力的表现便成为现象界所以如此存在的根据。这种业感缘起说发展到了更精致的理论，便是唯识学中的赖耶缘起、如来藏系的真如缘起与华严宗的法界缘起。赖耶，是阿赖耶识，为意识活动中的第八识（前七识为眼识、耳识、鼻识、舌识、身识、意识、末那识）。阿赖耶识，由于自身涵藏了万物所以产生的本质依据（种子），能变现出一切现象；而每一个有情众生都有其自已的阿赖耶识，可以变现出森罗万象的宇宙万物。宇宙万物的现象都不离开识的作用，此即“万法唯识”的意思。真如缘起说，则把宇宙万物所以生成而显现的根源到了一个更高的本体，即宇宙的心（心真如），宣称过去、现在、未来“三界唯心”。真如是指真正如实、常住不变的存在，不但是整个宇宙现象的真实本原和样貌，也是有情众生本来具有并得以成佛的主体依据。而华严宗的法界缘起，是指如来藏自性清净心（真实不妄、常住不变的本心）生起一切世间与出世间的现象，这些现象与如来藏自性清净心互为因果，相资相待，相即相入，圆融无碍，在重重无尽的交互联系中，于一中见一切，于一切中见一，于每一个别具体事物或事象中可以看见整体万象的本质与显影，也可以在观照整体万象的本质与显影中照见每一具体而个别事物的清晰而独特的存在特征。

整体而言，唯心论（或称观念论）所呈现出来的形而上学特性，带有一定的目的论色彩，必然影响其伦理学或社会哲学的建立。例如康德认为通过先验主体的认知结构，我们所认识的对象不及于物自身，而仅为关于物的统觉内容。与作为认知的理论理性并立的是实践理性，是人道德实践的重要依据，以严肃的道德精神凛然超越于一般浮面的意见及现实经验感受之上。在黑格尔的精神辩证中，一切的存在都不能停留在它所暂时存在的形式之中，而必然地要朝向更完满的自我实现方向去发展。佛学中的各种缘起论，其解说的目的也不仅仅是我们想对现实世界的存在有真实掌握而已，更重要的是人如何能摆除妄识与妄念的束缚，避免永无止境的烦恼与妄作的轮回，得到清澈真实的人生洞见，成为一个“觉者”，臻至“常、乐、我、净”的心灵境地，无入而不自得。

二、唯物论

唯物论（Materialism）主张宇宙万物都是物质性存在，并且其存在变化完全从属于物质力量。心灵、精神、意识、灵魂等活动，也都是运动中的物质现象，或甚至以为心灵只是由物质变化所引起的副现象，其本身不能离开物质活动而存在。宇宙中一切的活动变化都有物质的原因，并且可以根据其物质状态予以唯一合理而正确的解释。万事万物的物质结构可以有各种改变，物质本身也可以以繁复多样的方式存在，但物质就是最原初的存在，不是被创造的，也不可被毁灭。万物的生灭变化、成住坏空，都在物质之中发生。

历史上，唯物论形态的哲学体系最早出现于希腊时期的原子论学派。从恩培多克勒提出火、气、水、土开始，到德谟克利特提出具有不可分性的原子作为宇宙原始的构成元素（即太初），这个学派主张宇宙万物都是以物质的形式存在，原子与原子之间并无性质上的不同，只有形状、大小和排列次序的差异；并且，可见物体所以形成及其运动变化，并不是来自什么外在的推动力量，而是来自内在于这些物质性元素或原子的力量。不论是“爱”（主结合）与“恨”（主分离），或是原子互相碰撞与挤压的结果，一切过程都是机械的、盲目而必然的，目的性原理并不具有任何意义。因此，只要用物质的原理就可以说明宇宙的一切。

其后的哲学发展，唯物论大约可以分为两大方向，一是机械唯物论，一是辩证唯物论。前者是主张宇宙及其万物就仿佛是一部机器，所有的存在万物及其变化皆可以从数、量的角度加以测量及说明，所有的事物及现象都是物质机械运动的结果。笛卡儿及其学派便主张世间万物只有数、量与位置的运动，除了造成运动的机械力，并无其他力量，也没有目的性，甚至植物、动物也都是没有意识的机器。其后，许多自然科学家循此途径，主张一切现象都可以归结于物质的或能量的因素来解释，完全不必肯定还存在着任何超物质的因素。如达尔文的生物进化论，以为一切生物的存在皆源于一个原始而单一的细胞，人类也不能例外；或者某些人类学家以为人类的灵魂现象其实只是物质上物理的及化学的变化结果，灵魂或心灵现象并无独立实在性。

辩证唯物论则是费尔巴哈（L. Feuerbach）、马克思（K. Marx）、恩格斯（F. Engels）等人发展黑格尔辩证法的结果，其后受到列宁（Lenin）的发展，使辩证唯物论逐渐从对资本社会反省批判的社会哲学变成了世界革命理论。他们在本体论上的基本立场，是主张一切存在皆是物质的，物质世界的客观实在性是自明的，不容置疑。一方面，物质是为人的感觉所感知的对象，并不限于物质性元素及由其所构成之物，也可以是指具有物质性的事物的组织或结构，例如社会阶级、经济结构或生产劳动力；另一方面，物质的存在并不依赖于感觉，思想和物质一样是实在的，只是思想的实在性必须依存于物质解释。物质的变化发展不是外来力量的推动，而是物质本性内具的变化张力，即“矛盾”——它不是机械的，而是辩证的。这个辩证的规律为正、反、合，即每一事物（正）自身皆包含了矛盾的张力（反）。矛盾导致冲突，产生新发展（合），而此一辩证发展出来的新事物，会成为下一阶段的发展起点（正），宇宙万象便是在此一辩证的历程中不断开展。而这些发展的实质是在物质性的“量变为质”与“质再变为量”的变化规律中进行的。物质世界如此，人类社会亦复如是，物质世界中的矛盾到了人类社会就成为斗争，阶级的矛盾性及斗争促进政治社会的变迁。

唯物论在本体论的哲学层次上本来是强调物质的原初性及唯一性，不谈目的，否定超物质性的精神、心灵实有的独立性。到了辩证唯物论，因为社会哲学或政治哲学的研究兴趣及特殊的独断预言，为唯物论带上了某些目的性的色彩，而将唯物论变化成了某种特定的政治哲学的理论预设，也是一种哲学上的特异发展。唯物辩证法在哲学上存在的重要性及影响性，不及它在现实政治上及社会上的影响性。

在中国，唯物论的形态在某些强调气一元论的思想中也曾出现。如唐代柳宗元（773—819）反对韩愈的天命观，主张宇宙万物的基本构成是气，天体是由元气所自然形成的，一切的自然现象无非是气的运行与变化所导生，而作为物质本体的气内在地具有运动变化的动力，并无外在于气的力量去主宰或推动气的变化。换言之，一切万物的生成及变化都是源自于物质性的气自然地运动而成，绝无他因。更积极主张气本论的是明代的王廷相。王廷相（1474—1544）批评朱熹的"理为气本""理能生气"，而主张天地的本原是元气，元气是"天地万物之宗统"，在元气之外并无一个高于元气的主宰或规范力量存在；元气永恒存在，只有聚散，并无生灭；其内自有"太虚真阳之气"与"太虚真阴之气"，前者感于后者，互相触动后，产生日月星辰，再从"日月之精"交相变化中产生出火、水、土、金、石、草木以及一切万物。而所谓的"理"，只是万物形成后所表现出来的性质与生成变化的法则，必须依于气而存在，各有差别。王廷相约晚于王阳明50年，其气本论的主张未如心学受到当时及后世的重视，表现出极其鲜明的唯物论色彩。

第三节　从"能"的角度看

不论从量的角度看宇宙或是从质的角度看宇宙，我们所表现出的形而上学态度是把宇宙本体看成一个静态的整体。虽然这个整体宇宙的运动变化也会被讨论，尤其是在唯心论或唯物论的形态中都未曾忽略过，但是其重点并不是运动变化的自身及其所呈现的特性，而是将它置放在精神的或物质的概念下第二序的地位。从"能"的角度看宇宙，就是希望将宇宙万物的变化自身看作一个研究主题，从而发现宇宙万物的变化并非只是单纯的生成变化，而是表现为一个特殊的历程。这个历程在具有生命性的事物上特别明显，即一切生物存在，其变化绝对不仅是数量上、形态上及位置上的变化，而是从出生到死亡，从无到有，从混沌而含藏着各种可能性发展，直到其存在特性的完满实现与最高美善为止。这个具有走向完满与最高实现的变化特性，在西方亚里士多德的“形质说”表达得很完整，在中国儒家强调“生生之德”的形而上学也发展得极其精彩。

一、从“潜能”到“实现”

亚里士多德思考宇宙万物变化的原理时，发现在万物的动静变化之间有一种引发变动的力量未曾被清楚说明。他研究物质事物的存在时提出了四因说，质料因提供事物存在的素材，形式因说明事物存在的具体样态，动力因说明事物形成所需的外在推动力量，目的因则解释事物存在的功能及理由。于是一幅画的产生，需要画布及颜料，这是质料因；它呈现为油画、水彩画、长轴山水画或是花鸟扇面画，这是基于其形式因来定的；画家或复制画工厂的机器，则为这幅画所以产生的动力因；而创造美善作品、表达心灵美感，或是经人订购、生产赚钱，则是这幅画的目的因。

这样的分析用在生命体上是否也适合呢？纤维组织或血肉骨骼是植物或动物存在的质料因，一棵树、一朵花、一匹马、一条鱼是这个生命体的形式因。按亚里士多德所说，动力因是该物内在自然具有的形式，而生命（魂）即生物内具的形式，换言之，是生命的动力带动生物的变化，其目的是朝向最高的生命形式去发展。所以目的因即是生物最完满的保存、发展与实现。

一幅画完成了，它便不再变化，除非我们不把它看成一幅画，而是看成一张由木浆制成的纸，才会有纸的变化，如破损、毁坏，再化为具有某种原始性的物质素材。但是生命体却不一样。如果我们再用相同的程序去制造纸浆、做成画纸、邀请画家完成画作，一幅画会同样出现，而生命体一旦死亡，物质的组成完全解体之后，我们没有办法再将血肉骨骼重新组合，恢复生命体的生命现象，生命（魂）不但带动了生命体的新陈代谢，更表现为生育活动，使族类得以延续，生生化育，作用不息。这样，生物体的生成变化与物质体的运动变化便有本质上的差异，不能一概而论。

为了清楚说明这些现象，亚里士多德除了对形式与质料作了更仔细的分析，认为一切事物，不论是物质体或是生命体，都是基于现有的材料，将现有的形式朝向更完满的形式去发展。就其完满的形式角度言，形式的完满若被称为完整形式的“有”，则未完成的形式可被称为“无”。就一棵树苗而言，种子是“无”，树苗是“有”；就一棵大树而言，树苗是“无”，大树是“有”。就一棵大树而言，被修枝或枯黄是“无”，来年的新芽再发、枝叶繁茂就是“有”。于是从无到有，有无相生，形式的完满带动质料的变化，事物之所以会变化是为了要朝向它最完满的形式去实现自我的目的。

于是，质料在成为形式之前，未完满的形式在成为完满的形式之前，是以一种“潜能”的方式存在着。质料在具有明确形式之后，或形式发展臻于其最完满的形式之后，是以“实现”的姿态存在着。万物的变化便是一种从潜能发展到实现的过程。物质体如是，生命体亦复如是，因此生命体的最高实现就是以其最完满的形式呈现的。例如，一朵玫瑰的最高形式，即其丰满绽放的样态；一只狮子的最高形式，就是将其自身奔行的速度及猎兽的能力发挥到极致的状态。而人的最完满形式，绝对不是年纪长大、胡须变长、头发苍苍，因为那只是生命中物理特性的变化，谈不上完满；按亚里士多德的理论，理性能力是人类的本质特性，也许可以推断：若充分发挥理性能力，表现在知识追求而产生的智能的长成，与价值实践而产生的德性的圆满，才是人最高形式的实现。

二、“继善成性”

在中国，儒家哲学发展到秦汉之际便已十分清楚地建立起一套生生化育、天人合德的形而上学系统，具体表现在《易传》与《中庸》的思想中。这个系统主张宇宙万物的存在绝非仅是物质性的存在只有原子排列的方式与数量、大小的不同，其生成变化也绝非机械式的偶合与分离。宇宙万物的变化就像一个有机生命的生成发展，日新月异，生生不息，各种层次的存在皆趋向其最丰美的形式去发展。

从肯定“天地之大德曰生”开始，《易・彖辞传上・乾》所谓：“大哉乾元，万物资始，乃统天。”《易・彖辞传上・坤》：“至哉坤元，万物资生，乃顺承天。”乾元主创造，坤元主成就，全体自然万物都被此一盎然澎湃的宇宙生机力量，即“乾元”与“坤元”所充盈。换言之，宇宙万物的存在乃是含生之宇宙力量所产生，而既已存在之后，便以其内在蕴蓄的生命力奋力朝向最完美的样态持续去创造与成就。在《中庸》中这个道理表现得十分精彩：

> 天地之道，可一言而尽也：其为物不贰，则其生物不测。天地之道：博也，厚也，高也，明也，悠也，久也。今大天，斯昭昭之多，及其无穷也，日月星辰系焉，万物覆焉。今夫地，一撮土之多，及其广厚，载华岳而不重，振河海而不泄，万物载焉。今夫山，一卷石之多，及其广大，草木生之，禽兽居之，宝藏兴焉。今夫水，一勺之多，及其不测，鼋鼍、蛟龙、鱼鳖生焉，货财殖焉。

天地之道是一个朝向极致发展之道：天体之高明，所以能覆荫万物；大地之博厚，所以能承载万物；生机之悠久，所以能成就万物。这也就是宇宙天地间存在一种内在于万物的潜存力量，至诚不息，得以推动万物“尽性”发展的道理。善，指此圆满的实现，所以《中庸》与《易传》皆强调万物存在变化的历程，就是一种“继善成性”的历程。

表现在物质世界如此，表现在生物界也无例外，而人类生命的存在及其发展更是具体而微地彰显这个生命创造与价值实现的道理。《易・象辞传上・乾》所谓：“天行健，君子以自强不息。”《易・象辞传上・坤》所谓：“地势坤，君子以厚德载物。”《中庸》所谓：“唯天下至诚，为能尽其性；能尽其性，则能尽人之性。能尽人之性，则能尽物之性；能尽物之性，则可以赞天地之化育；可以赞天地之化育，则可以与天地参矣。”这都是说，人类生命的活动，是以承继宇宙天地间的这种创生化育的内在动力而将其发展到极致。这个极致，不只是成就自我的生命完满与价值理想，对人类社会的和谐互动与良善秩序的形成亦责无旁贷，甚至对其所生存的宇宙世界及其万物都怀抱一种尽力使其完满成就的企盼与努力。所以，不仅是“成己”，还要“成物”，其终极的目标是“与天地参”，积极配合并参与天地的创生与成就活动，与天地同功。

在这套形而上学的观点下，生命的自然秩序与价值的秩序是同一的，宇宙万物的变化是一个趋向完满存在的发展历程，物质本身并不仅以其物质结构特性而存在，而是在一个生机充满的能量中推动其变化的发展历程性而存在，生命的本身并不仅以其构成的物质变化而存在，而是在一个提升物质结构进入完满形式的历程中发展成就。儒家的这种体系与亚里士多德的学说互相参照，真有异曲同工之妙。

（谢仁真）

参考文献

邬昆如：《哲学概论》，台湾五南图书出版公司，1990 年。

Fredrick Copleston 著，傅佩荣译：《西洋哲学史 I》，台湾黎明文化出版公司，1986 年。

沈清松：《物理之后（形而上学）的发展》，台湾牛顿出版公司，1987 年。

W. T. Stace：《希腊哲学史》，日本双叶社翻印版，1986 年

汪子嵩等：《希腊哲学史》，人民出版社，1997 年。

刘述先：《朱子哲学思想的发展与完成》，台湾学生书局，1984 年。

张永儁：《朱子哲学思想探源》，台湾汉苑出版社，1992 年。

汤用彤：《汉魏两晋南北朝佛教史》，商务印书馆，1993 年。

汤用彤：《隋唐佛教史稿》，台湾木铎出版社，1988 年。

方立天：《佛教哲学》，中国人民大学出版社，1997 年。

侯外庐：《中国思想史纲》，台湾五南图书出版公司，1993 年。

张岂之：《中国思想史》，台湾水牛图书出版公司，1992 年。

第三章 地学（宇宙论）

本章分两部分，即宇宙的起源以及宇宙的（生成）变化。为了对这两大论题有所解说，本章是以列举的方式，分别从宗教（含神话）以及哲学与科学的角度来作说明，目的是让读者有一清楚的认知，并可对不同的学理或观点作一比较。

说到地学，这是就中国《易经》中的天、地、人三重境界的地之学而言的；而以西方学术界之对哲学形而上学部门的分类，这里的地学就相当于宇宙论（Cosmology）。

那么，什么是宇宙论？它与前述的天学（即本体论）又有什么内在的关联？我们认为，如果形而上学能被诠解成“它是一门人类探讨或深究万物之所以存在的根本原因之学，或者说，它是一门研究终极事物或探究那超越形下世界诸形上事物暨其本质的一门学说”，而本体论又可被理解成“它就是形而上学中论究这作为终极事物、使万物之得以存在的根本原因，或那能超越形下世界诸形上事物暨其本质的一门学问”，那么，宇宙论便可被视为“它关切尤其探讨那使万物存在的根本原因与万物的内在究竟有何关系的课题”。

作为形而上学的一个部门，宇宙论在前述的内涵下，当是在探讨宇宙或万物的起源，其内在结构、生成变化，乃至涉及什么是时间、空间、因果法则、机械法则与（事物存在的）目的等论题的一门学问。

依其大要而言，我们想必能以“存在”（Being）与“生成变化”（Becoming）这两个范畴，即分别代表终极事物、万物之所以得以存在的根本原因，以及宇宙万物（因关联于其存在的本因，而得以）生成变化，而来涉指哲学形而上学中的本体论与宇宙论各自探讨的范畴。

第一节　宇宙的起源

什么是宇宙的起源？或者说，什么是万物产生的根源？哲学界，尤其哲学形而上学家，或形而上学界的宇宙论者，无不在关切此种问题；神话（学）、宗教家，乃至科学思想家等对此一课题的关注，亦可称得上是自不落人之后。

一、神话的观点

（一）在中国地区

首先我们来谈谈神话之对宇宙起源的看法。在中国先秦时代庄子的作品《应帝王》篇中就有混沌被倏、忽二人凿开七窍而身亡，之后即诞生出整个宇宙与世界的传说。

及至汉代的《淮南子》一书出现，则产生一颇具有哲学意味之开天辟地的神话（《精神篇》）：宇宙天地形成之前，万物只是一片的玄冥混沌；之后，在玄冥中便生出两位大神，即阴神与阳神，戮力经营天地；接着，便判分了阴阳，也置定了八方，也就形成了这林林总总的大千世界。

除了以上这两则，还有巨灵“造山川，出江河”那种类似西方的造物主创世神话（《路史·前纪三》），以及盘古开天辟地的传说（《太平御览》卷二《三五历记》）等。

（二）在希腊地区

古希腊神话当是早先流传在小亚细亚、埃及和爱琴海等地区的传说与故事，在公元前10世纪左右即形成体系。之后，经由荷马（撰有《伊利亚特》和《奥德赛》）以及赫西奥德（著有《神谱》）等人的整编，加上许多剧作家、小说家、史学家的撰述，乃至哲学家的引用等，终而被大量有系统地保存至今。

有关创世的题材多隶属宗教神话，如赫西奥德所作的《神谱》即把宇宙、人类和众神（gods）的起源作了综合的论述。据说，最早的宇宙乃空无一物。

不知过了多久，即出现了混沌（Chaos）——可视之为一未成形的生命体；混沌则生出大地（地母，Mother Earth，Gaea）和爱（生命力，Eros），之后又生出深渊（幽冥、地狱，Tartarus）与黑夜。深渊与黑夜相配则产生了白昼。此时地母（大地）也生出天父（Father Heaven，Ouranos）以及山、川、湖、海与人类。宇宙于是形成。所谓在太初即出现的混沌，以及其后出现的地母、爱与深渊，可说都是神明（gods），是最早的四大神祇。

（三）在印度地区

据说，流传在今日印度的宇宙起源神话，可上溯到公元前1500年至公元前500年这近千年期间所出现的吠陀（Veda，知识、智能）文学，即作为一种宗教性的赞歌文学所记述的创世神话。

论到古吠陀文献的创世神话，它不宜只被当成一种传世的神话来看待，在其历史的演进上已塑造出它在宗教神学与哲学形而上学（含本体论以及宇宙论）上的重要地位。

首先，且来看看它在宗教神学上的境遇与地位。

古印度吠陀的神话神学，原是产生自早先入主印度的雅利安人对太古自然界的现象及其背后所潜藏的力量多有其特殊的认知，因而或由畏敬，或由礼赞，乃至崇拜的冲动中，渐次去确认他们神格化的信仰。

古印度（雅利安）人的神，其数目虽多，但并不固定。可以确知的是：他们所敬仰的众神多是一些能配合天、地、空三界的力、作用、职能而形成所谓的抽象神。譬如，在天界，即有太阳神（Sūrya）、世界维持神（Visnu）和律法神（Vāruna）等；在地界，有酒神（Soma）和火神（Agni）等；而在空界，则有风神（Vāyu）与雷神（Indra）等。这样的一种宗教，自可称得上是多神教的信仰。不过，印度早期的宗教神祇多半具有共通的性格，使彼此的神格、性质难以区分，因而便带有交替神信仰的倾向，最终乃必然走入泛神教信仰的局面。

古印度吠陀宗教神话神学思想发展到一定的时期即出现了杂音，而有拟把多神教导向一神教信仰的试探。有学者分析，在这样的一种宗教探求中，即显见此一时期之宇宙的起源或创世的神话有它在哲学上重要的认定与含义。这个认定与含义，分别呈现在以下所示的创世（神话）与其主导的主神彼此的对位关系上：

第一阶段：认为宇宙的太初即“彼一”，为有与无尚未分化开来的境界。之后，“彼一”便开展出欲爱（意识的缘起），而后又开展出现象界。从本质上而言，此时的“彼一”与现象界的本体原为一；若从现象界的出现而论，它则是“彼一”（本质）的流出之结果。“彼一”在这一阶段仍具有抽象意味。

第二阶段：认为“彼一”是具有人格神意味的“生主神”；现象界或万物的世界即是由“生主神”（化为金胎）所造生。“生主神”在此一阶段已具有主宰神或创造主神的特性。

第三阶段：径把“生主神”的创造力予以人格神化，而使之成为“造一切神”。“造一切神”便是以自体去造化万物。“造一切神”在此一阶段则成为万物神教的信仰对象。

第四阶段：以“祈祷主神”的神格，统合前述的“彼一”“生主神”与“造一切神”的神性。并且认定：“祈祷主神”在太初便是由无生出了有（物质），有又生出地、空间与力等。

第五阶段：认为宇宙即为“巨人”的进化或生化。“巨人”生“遍照者”，“遍照者”生“原人”（神我 Purusa，又作自我 atman），“原人”则生万有。在这一阶段的思想可说是同时兼具了一神教与多神教信仰的特色。

在古印度神话宇宙观后来的思想进程上，则出现《净行书》的祭坛哲学时期以及《奥义书》的自我哲学时期这两大发展阶段，而有各自的创化世界观。此两时期虽曾各取自身的批判、补足与诠解的角度，而由前述的“生主神”“祈祷主神”或“原人”的思想以开展自己的宗教、神学暨哲学见解，但在所谓“造物主”与万物的关系上则依然抱持同质、同体和同性的泛神论立场。这样的一种宗教神学宇宙观或哲学形而上学的宇宙观，可称得上是一种混杂一神与多神乃至一神与泛神信仰的独特宗教哲学思想，或联结神话、宗教神学与哲学三位一体的独特的宇宙生化观。

二、宗教的观点

对古印度的吠陀文献所富含的创世神话，不宜只把它当成一种神话，而是应辅以宗教、神学与哲学（形而上学）的角度来认知，那是因为吠陀宗教有它自身内在的发展及演化。特别是，它有神学、哲学（形而上学）思想的产出，当是其内在发展之必然的结果。在此，我们想纯就宗教的观点，讨论什么是宇宙的起源。我们以犹太教、基督教以及伊斯兰教这三大宗教为其范例。

（一）犹太教的认知

说起犹太教之对宇宙起源的看法，从其宗教领袖摩西（Moses）所撰述的《创世记》就可得知：耶和华即是宇宙、天地、万物的起源，因为他是一切的造物主。这可不是其经由哲学思考、科学观察、玄学冥想或个人私意的揣摩而获得思维的起点，而是其在所谓的信仰中，被他个人的神所验中而交付给他的。这里说"神交付给他"一语，以犹太教自身的观点来说，便是指他们的神耶和华极乐意把他的思想、旨意或他的创世经纶教示他所喜爱的人。说神"教示"人，跟神"交付（给）"人某种东西或某些事物等，这类在神学、宗教学或信仰上的用语，就是"启示"（revelation）。从而，我们便可以这样认定〔按：其完全超出世人所有理智的思考、揣度和判断〕：摩西是受到他的神的启示或教示，而记录下神亲自交给他有关万物的创造历程。

同样道理，我们解读在摩西之后犹太教或犹太民族其信仰进程上所出现的先知言论，富含他们的神的话语，也充满他们的神对人类的旨意。为此也能这样认定：他们的先知总是凭其所拥有的神单赐给他们个人的启示而在向犹太人，乃至全世界的人类发言。

在公元前 8 世纪左右犹太民族出现的一位名为以赛亚（Isaiah）的先知的言论中可略知一二：

> （神说：）我是耶和华，在我以外并没有别神，除了我以外再没有神……从日出之地到日落之处，使人都知道，除了我以外，没有别神……我造光，又造暗。我施平安，又降灾祸。造作这一切的是我耶和华……
>
> 耶和华，以色列的圣者，就是造就以色列的，如此说：将来的事你们

> 可以问我。至于我的众子，并我手的工作，你们可以求我命定。我造地，又造人在地上，我亲自铺张诸天，天上万象也是我所命定的。（以赛亚书四十五：5—7、11—12）

以上，提到了犹太教信仰教义中有关天地万物或宇宙起源的认知，姑且不谈其所谓的启示是真或假——就算我们试想作一讨论，那也无从讨论起，因为它完全超出人的理性思维之外——套用维特根斯坦（L. Wittgenstein，1889—1951）在他那著名的《逻辑哲学论》（*Tractatus Logico - Philosophicus*）一书中的说法，便是“确实有不能讲述的东西，这是自己表明出来的，这就是神秘的东西”。这些可提供我们世人，尤其那些一生矢志探求宇宙真相的思想家、哲学家、神学家、科学家乃至玄学家等一种思维的题材或想象的空间。

（二）基督教的认知

我们提到的基督教，当是指与前述犹太教的教义、精神相关联，而在公元1世纪出现于犹太本地的基督教而说的。

基督教在其历史的进程上虽然曾衍生若干的阶段，如初期的使徒教会、天主教、东正教、基督教（狭义的）和基督教派等，但就核心教义的角度而言，这些教派或教会显然都脱离不了前述犹太教的原始教义（包含摩西五经、众先知书信与诗篇等讯息和精神）。

就因为这种关系，论及基督教之对宇宙起源的认知，自然令人联想和比较犹太教与基督教。

据基督教耶稣的外邦大使徒保罗（Paul）的看法，基督教同犹太教一样，是信仰这位曾经创造万物并且经管万物的永恒真神——人类的救世主。像他就这样形容着：

> 深哉，神丰富的智能和知识。它的判断，何其难测，它的踪迹，何其难寻。谁知道主的心，谁做过它的谋士呢？谁是先给了它，使它后来偿还呢？因为万物都是本于它，倚靠它，归于它。愿荣耀归于它，直到永远。（《圣经》，罗马书十一：33—36）

保罗对这位创造万物的永恒真神有他独特的见解及体认，认定基督（耶稣）的永在性，以及基督就是“神的能力、神的智慧”。

我们之所以提及保罗的认知基督，并认定它有永在性，是基于他有这样的看法：

第一，认为人在基督耶稣里，这是本乎神；神又使它成为世人（尤其基督信徒）的智慧、公义、圣洁与救赎。（哥林多前书一：30）

第二，基督本有神的形象，也就是指它是不能看见之神的像，是首生的，在一切被造之前，万物（包括天上的、地上的、能看见的、不能看见的、有位的、主治的、执政的、掌权的……）一概都是借着它造的，又是为它造的；它在万物之先，万物也靠它而立。（腓立比书二：6；歌罗西书一：15—17）

第三，基督是神的奥秘本身，因为（神）所积蓄的一切智能知识，都在它里面藏着；如用另一个角度来说，便是指："神本性一切的丰盛，都有形有体地居住在基督里面。"（歌罗西书二：2—3、9）

此外，从基督教《新约圣经》的《希伯来书》的记载，也可得知基督与神的独特关系。它的论点自也响应前述保罗对此一问题的认知：

神既在古时借着众先知，多次多方地晓谕列祖，就在这末世〔按：公元1世纪，以及自其后至今〕借着它儿子（耶稣基督）晓谕我们，又早已立它为承受万物的，也曾借着它创造诸世界。

他是神荣耀所发的光辉，是神本体的真像，常用他全能的命令托住万物，他洗净了人的罪，就坐在高天至大者的右边。（一：1—3）

从以上的列述不难了解，基督教之对万物起源的看法是同于前述犹太教的观点，却有另一番的见地及诠释：基督耶稣是宇宙真神的智能知识本身，更是这位神借以创造万物、托持万物、立定万物，以及使万物"归"返于它自己的能力本身。

以上的言论真是令人费解。西方当代的存在（主义）哲学之父、丹麦的宗教哲学家克尔恺郭尔（Stören Kierkegaard，1813—1855）在1846年出版的《对哲学片简之最终非学术的附笔》一书中，这样提及基督教的困思性格：

基督教的困思性格，即系于它不断利用时间与历史以和永恒（者）

建立关系。基督教的特征记号，就是困思，即绝对的困思。一种所谓基督教的思辨，一取消这个困思，而且把这项性征化约成一个无常的因素时，一切的领域便混乱不堪。

他此前在 1844 年出版的《哲学片简》中即说：

> 信并不是和本质，而是和存在者〔历史的存在〕〔按：耶稣〕有所关联；而且神永存这项假定，乃是永恒地而非历史地对他作了限定。
>
> 对于一个当代人，历史的事实是：神已“进入了存在”（come into existence）。对于后一代的人来说，历史的事实是：透过“已进入的存在”（having come into existence），神业已存在。在这里面，正相矛盾。从来没有人能直接和这项历史事实同处一时代……它乃是信（心）的对象。因为，它关切着“正进入存在”（coming into existence）。

（三）伊斯兰教的认知

伊斯兰教的创立者穆罕默德（Muhammad，570—632）之所以把他的宗教命名为“伊斯兰”，当是取其意：服从和降服于真主（安拉）的意志。

伊斯兰教和前述的犹太教、基督教一样，标榜的是独一的真神论。因为其相信宇宙间存在一位至高、至大、唯一又正义的真主。从历史渊源来看，伊斯兰教并不否认和《圣经》（尤指基督教）的传说有关，但仅把基督教新约时代的耶稣当成历代所辈出的众先知之一，而未将他当救世主来看待。

伊斯兰教最主要的教义是：笃信真主安拉真神的唯一性、统一性和先知，《古兰经》，以及神的最后一位先知穆罕默德。

至于论到“宇宙的起源是什么”这类问题，从《古兰经》就可清楚明白：真主安拉是唯一的造物主，他并不假手其他的能力与智能，他单靠自己伟大的权能以创造一切、托持一切：

> 你说，他是真主，是独一的主；真主是万物所仰赖的；他没有生产，也没有被生产；没有任何物可以与他相匹敌。（112：1—4）

其中“没有任何物可以与他相匹敌”这句话，读来可与犹太教徒所信奉的耶和华神的无可比拟性相当类似。耶和华神的本意，即是“我是”自有永有的神，并没有任何事物可以来代替它、形容它。

对伊斯兰教的信徒而言，真主安拉是万物中至高、唯一、伟大、全知、全能和无始无终的一位创造者。

三、科学的观点

谈到科学之对宇宙起源的观点，著名的有“宇宙大爆炸”（the Big Bang）理论。这理论是由当代英国理论物理学大师史蒂芬・霍金（Stephen W. Hawking，1942—2018）所提倡，而广为科学界人士所接受。

美国天文学家哈勃（Edwin Powell Hubble，1889—1953）在1929年对星空作观测，提出一项惊人的理论，指明宇宙正向外膨胀。他的观察与结论是：地球上的人类，不管他站在地面上的哪个地点径往星空望去都会发现，远方的星球、星系或星团正以急速的方式远离我们。

宇宙为什么会自我膨胀，向外扩张？这个“外”到底有无边界？……1988年霍金的《时间简史：从大爆炸到黑洞》（*A Brief History of Time：From the Big Bang to Black Holes*）一书的问世，或许称得上是针对这类疑难问题的一部接近哲学性的推理之作。

霍金就哈勃的实际观测和提出的宇宙膨胀学说，作出一种显然在实质上是违反两人科学基准（重视经验的可观察性，强调实验的可检测性）的推测，即指明：宇宙会自我膨胀，主要的原因，当是在宇宙诞生之际，其密度是无限大，而尺度却是无限小。哈勃的发现，暗示存在一个大爆炸的时刻。

霍金相信我们的宇宙是产生自最早的一次大爆炸（距今约在100亿至200亿年之前的某一时刻）；因为有了这次的大爆炸，才使得宇宙万物，即时间、空间、物质、能量，乃至尔后有生命物相继出现。

为了建立此一大爆炸模型理论，霍金还提出了令宗教信徒（特指犹太教、基督教、天主教和伊斯兰教等）格外兴奋的另一个“假设”：

> 人们可以想象：上帝（神）在过去的任何时刻创造宇宙……人们仍然可以想象：上帝是在大爆炸的瞬间创造宇宙，或者甚至在更晚的时刻，以使它看起来就像发生过大爆炸似的方式创造。但是，设想在爆炸之前创造宇宙，是没有意义的……大爆炸模型，并没有排斥造物主，只不过对它

何时从事这工作加上时间限制而已！

宗教信徒虽能相信其伟大造物主的无限权能，但显然他们并不敢逾越自己的有限认知，而竟自揣度其所信仰的真神究竟是以何种方式来创造这个神奇、难测的宇宙（霍金是一个无神论者，或在信徒眼中是一个不“信”神的异教徒）。

霍金提出造物主（真神）观念，且将之强加在早先的科学论述及推测上，惹来不少的批评。其中最突出的是认为他有意把纯科学性的观察与学理的提出，导向于哲学性的理论推估，以及（甚至是）宗教性的信仰认定。

霍金是持一切皆有其开端这种起源性的思维，在他的文化背景（尤指犹太教及基督教）中构思宇宙万物的缘起、其首出的时刻，以及所呈现的方式。而这又易让人联想到：难道科学所力主的客观、理性又实证的观察及思维，仍无法脱离哲学性、宗教性或神学性的思考范畴？不然，霍金在构思万物的起源一事上，为何会将一般人所认定的神圣的科学，将之关联到主观的哲学的推估和宗教（神学）信念的执着上，而有“大爆炸模型，并没有排斥造物主”这样非纯科学性的学理论述？

看来，诸如此类的科学主张，总需要人们多花费时间去研究它的成因、理论的预设，乃至它可能跟其他学科（如前述的宗教、神学、哲学等）的关系，才能教人周延掌握它的完整内涵，而不致产生错解。

四、哲学的观点

谈到哲学之对宇宙起源的观点，可以说，它和前述的科学、宗教、神话一样，多有它相同的关切，甚至有更急切的认知。因为，追求“安身立命之道”乃是哲学思想研究责无旁贷的首要工作，而探讨宇宙起源的问题可视为与之有相当密切的关系。

以下就从东、西方这两大世界哲学思想脉络，来看看其对宇宙起源这一攸关个人安身立命之道的说法。

在西方，要谈的是古希腊哲学思想家的见解；在东方，则论述中国先秦时代道家的老子以及儒家的孔子的见解。

（一）在西方

古希腊哲学关切宇宙的起源，提出了一种混合宗教神话与哲学思维的物活论（Hylozoism）思想。

最早的西方哲学思想学派——米利都学派（Milesians，Miletos）三哲人的出现，惊异于这万物的存在，而亟思万物究竟是如何产生，或者说，宇宙是凭借什么力量而得以存在等诸如此类有关宇宙“太初”之问题。

从现存的历史数据可知，最早的哲学家泰勒斯，由于深受古希腊神话思想的影响，加上日常的生活经验，即感受到：水与神明（the divine）力量的联结即是万物的起源。其弟子阿那克西曼德，这位被后世视为一位博通天文、数学与地理的才华横溢之士，则明白指出：不可规定的无限（the infinite，to Apeiron）才是万物的起源。唯有不受限制的无限，它才可能衍生出繁复又多元的世界。

和阿那克西曼德的兴趣几乎一样的阿那克西米尼，则从实际的角度，以气（air，aela）的观点来补充：无边界的气，始是万物的起源。

不论他们提出无限或指明气才是宇宙的太初，他们都不约而同地认为：神明的力量也降临在他们所认定的无限与气之中。

他们对人类所生存的这个宇宙的起源有各自独特的认知，因而被后世学界视为是西方最早关切宇宙论思想的学派。如从西方哲学演进的角度来说，他们可是看重“世界统一的预设”此一涉及宗教、哲学，尤其科学思想最主要的哲学思想家。

为什么说他们看重的是“世界统一的预设”而不是别的？而且“世界统一的预设”这一课题又涉及宗教、哲学与科学的思想？

关于前者，我们从他们标定宇宙的起源这种根源性的思维向度作为探讨问题的起始就可得知：他们显然是想倚靠以果溯因和以简驭繁的手法来梳理这个既繁富又多样的视觉世界及其中可被人经验的事物。

如果能找出一种简易的思维起点，并且能因之以诠解外在繁杂事项的成因，那自然能够稍稍消解一个人（尤其思想家）烦躁的身心，甚至也能提供他一种所谓的安身立命之道。

至于后者，即关切“世界统一的预设”则会牵扯到宗教、哲学与科学思维等，这则不应令人错愕。因为，从人类在世上生命活动的事迹来看，探究事物生成的终极原因，并且关切事象演变的来龙去脉等思考，几乎是人类生命活动的终极关怀。这在历来人类的宗教神话、神学、哲学与科学等诸般的活动中多可看出。

（二）在中国方面

在公元前6世纪，中国先秦时代两学派的主要人物——原始道家之首老子（公元前580—前480或公元前571—前476）以及原始儒家之祖孔子（公元前551—前479）——对宇宙起源提出了看法。

1. 老子的认知

在现存《老子》一书当可得知："道"，又可称为"逝""大""远""反"，是老子对宇宙起源的认知。什么是"道"？当然就是指永远常存、恒有其独特作为的"常道"。老子对这"道"或"常道"，却有他令人困惑的指述："道可道，非常道。""道"，这作为万物根始的"常道"，其实是世人日常所使用的语言难以去称述它的。因为"道"的永存性、权能性与奥妙性等完全超乎人类一切的想象、思维、语言和任何的指谓。无怪乎老子会用他那极具辩证性的口才烘托着"道"的实存与玄妙：

> 有物混成，先天地生，寂兮寥兮，独立而不改，周行而不殆，可以为天地母。吾不知其名，字之曰道，强为之名曰大。大曰逝，逝曰远，远曰反。（二十五章）
>
> 道之为物，惟恍惟惚。惚兮恍兮，其中有象……其中有物……其中有精……其中有信……（二十一章）

老子的"道"是这样玄妙、神秘，是"先天地生"的"天地母"，又有话论及"道生一，一生二，二生三，三生万物"（四十二章），老子又从超越世人感官经验的角度去揣摩：

> 视之不见，名曰夷；听之不闻，名曰希；搏之不得，名曰微。此三者，不可致诘，故混而为一……（十四章）

这里与先前所提的引文（二十一章）有其相互印证之效，亦可留意到它与犹太教及基督教的耶和华的语音有其内在高度的巧合。老子纯系由人的感官经验之角度以诠解"道"的难以捉摸性，使用"夷""希""微"此三字分别形容"道"的无色、无声与无形的特征；而在老子的称述之背后，不可否认，他是震撼于“道”的神妙、权能、生化，以及能涵容诸般的特质，如有象、有物、有精与有信等。而这是与犹太教及基督教信徒之对耶和华神的伟大、奥妙、权能、信实与慈爱等之德性的信服有相互辉映之势。作为基督教耶稣的外邦大使徒的保罗，论及世人在认知上的极限，以及神对人在未来将有的完全显示：

> 我们现在所知道的有限……等那完全的来到，这有限的必归于无有了……我们如今仿佛对着镜子观看，模糊不清（如同猜谜），到那时，就要面对面了。我如今所知道的有限，到那时就全知道，如同主知道我一样。(《圣经》，哥林多前书十三：9—12)

老子的“道”，从以上所作的简述，以及将之和犹太教及基督教神学上有关“神”之属性作一对比，想必应能叫人明了：“道”之对老子而言，不仅是作为万物的太初（因“先天地生”）、宇宙的起源（因“道生……万物”），而且是富含玄秘（因“是谓恍惚”），以及充满多样美德（因“有信……”）的“常道”。这也就是说，作为“法自然”的“道”，在老子看来，当是以其自性的行使而生化万物、滋育万物，因此成为庇护天地万物的“天地母”。

为此，不论老子的“道”究竟具有人格（Person）与否，或者说“道”是否就如同犹太教及基督教教徒一向所认知的耶和华，我们要说，拥有其无限的造生活力、无穷的生机动能，以及怀有难以胜数之属性与秘意等，当是老子的“道”的独特性征及无物可与之伦比的性质。

2. 孔子的认知

谈到孔子对万物起源问题的看法，在孔子平日与其门生的对话录《论语》一书中可找到重要的线索。那就是：作为孔子向之久祷、敬畏与信仰的至高的“天”、无上的“天”及唯一的“天”，当即是宇宙的起源。每当孔子论及“天”之时，我们多能由之亲炙孔子对“天”的浓郁情感，并且据而推断出孔子对“天”的深湛认知。特别是后者，我们想说：“天”，对孔子而言，诚然无不具有造生（或创生、创造）、权能、至高、至大、鉴知、完美（包含神圣不可侵犯）、公义、对人类充满仁慈与关怀等特性，以及可作为世人畏敬、效法和祈祷（服侍）的对象等。

就因为“天”对孔子而言莫不怀有这般丰腴的性质与美德，后世学界多认为：孔子近乎把“天”当成一“人格神”（the Personal God）来看待。孟子（公元前313—前238）亦复如此：

> 尽其心者，知其性也。知其性，则知天矣。存其心，养其性，所以事天也。（《孟子 · 尽心上》）

从以上孔、孟有关“天”的认识之简述里可以看出：一者，孟子的“天”观是承继孔子的“天”论而来；二者，“天”对孔子而言是世人可向之祷求的对象，而对孟子来说“天”则是人可认知并且侍奉的主神。

至于论到宇宙起源这一核心课题，《论语》中这段话最具有代表性：

> 子曰：“予欲无言。”子贡曰：“子如不言，则小子何述焉？”子曰：“天何言哉？四时行焉，百物生焉，天何言哉？”（《论语 · 阳货》）

从孔子与其门生子贡的对话中就可得知：“天”应即是宇宙的起源。这里的“天”，当无不是一能运“行”四时（按：在天地之间流衍的春、夏、秋、冬四季）、造“生”百物的“天”。“天”，当是充满（无限）生机、活力、动能与位序意识的，可视之为创造万物的宇宙“真神”。

称它拥有“位序意识”，是因为“天”对孔子而言，它并未错乱其生化万物的存在位序，即先“生”成百物而后运“行”四时，而是先运“行”四时，让春、夏、秋、冬四季先在天地之间流衍变化，好创造出足以滋生百物、养覆百物的有利环境及美好条件，这样才来造“生”百物，俾使百物各个能生得其位，长得其序，安得其所。甚至还使有生命之物秉受天地之恩泽与灵气而得以生生不息。

进一层探测孔子的“天”论是否涵指“天”是具有唯一、无限与永恒等性质的，从对《论语》的解读中，情形无不是如此。

> 大哉！尧之为君也。巍巍乎！唯天为大，唯尧则之。荡荡乎！民无能名焉。巍巍乎其有成功也，焕乎其有文章。（《论语 · 泰伯》）

这里以“大”来称谓，显然是由对空间中事物之大小形状的指谓，将之转移成对万物的造生者“天”之拥有至大权能、无穷生机与无限活力等性质的称颂。

而前文提及“天”的运“行”及造“生”能力，显然在涵示：作为“不言”的“天”，本身却拥有无穷的潜能和不可思议的造生动能。若说“天”拥有掌理一切的威权，也不为忤。

子疾病，子路请祷。子曰：“有诸？”子路曰：“有之。《诔》曰：‘祷尔于上下神祇。’”子曰：“丘之祷久矣。”（《论语·述而》）

孔子曾提及他长久一直在祷告。如果能从逆向的角度来观察与思考，可发现：孔子所祷告的“对象”，相应于孔子长久不间断地对之做个人的祈祷，它也必定是一长久存在的，或作为一永恒的、永在的“天”。

综合以上所述可知：“天”对孔子而言，它不只是万物的起源，更可视之为随时能影响世人平日生活的一位“活神”，正如孔子的其他言论：“知我者其天乎”（《宪问》）“予所否者，天厌之，天厌之！”（《雍也》）“噫，天丧予！天丧予！”（《先进》）“吾谁欺？欺天乎！”（《子罕》）……

第二节　宇宙的（生成）变化

以上，就宇宙的起源，已分别从神话、宗教、科学和哲学等角度作一简要的说明，其要旨不外这些：各种思想学科对宇宙的起源或万物的太初多有其自身的观点，而“认定”宇宙确实有一个开始，以及一切都由之衍生而出，当可视为众家的共识。

以下来谈谈宇宙的生成变化，以及拟从学术的角度，综合说明在宇宙的起源、其生成变化和生成目的诸方面迄今曾出现了哪几种理论或学说。

一、宇宙的（生成）变化

以下，拟从宗教、哲学与科学这三方面来作一初探。

（一）宗教的认知

谈到宗教有关宇宙变化的认知，首先需要作一了解：这里的“宗教”（Religion）是指什么？是否有不同的类型？不同的宗教对本单元所关切的万物的生成及变化是否也有它们各自不同的认知？……

对第一项提问：宗教的本义有二，其一涵指“神与人之间的契约”，这是由拉丁文中的 religio 而来；其二，则是“再次约束”，它也是从拉丁文的 religare 而得。

如从所提的宗教二义来衡量，或许可作这样的说明：举凡被视为宗教的那种人性活动的产物，总是设定有一作为他个人的神（或神明）的“终极实在”（the Ultimate Reality）的永存。

这“终极实在”和我们所生存的天、地与世人究竟是有怎样的关系？它是创造主宰，宇宙中的一切事物，包括我们世人在内，全都是它的创造物。这是一种原则性的说法。其实，人世间的宗教，有的并未作出上述的理解及主张，因为它们有的只是看重人在世上如何得福、享福，或者只专注于人如何在死后能够进入另一个生命的世界。

而那些力主万物乃有其起源或留意到人与神（终极实在）的关系的宗教，至少可以列出希腊的神话宗教、犹太教、基督教、伊斯兰教和印度教等。像对犹太教信徒来讲，他们所认定的神即耶和华，这位以色列的圣者、自隐者便是宇宙的真神、天地的主宰；对基督教来说，上主、真神（或耶稣基督）或天主（此尤其对天主教徒而言）则是万物的主宰、天地的起源；对伊斯兰教信徒而言，真主即是天地间唯一又至高的创造主；而对印度教的信徒来说，梵天（Brahma）则是万物的生化之本原。

针对第二项提问，即宗教是否有它的不同类型，这该当由各宗教本身所呈现的性质来理解。中世纪的托马斯·阿奎那即针对不同的宗教神学之主张，据而认定是有自然（本性）神学与启示神学的分类。就此可以推导出：宗教也当有自然宗教与启示宗教这两类的不同。

丹麦的宗教哲学家兼存在（主义）哲学的创始者克尔恺郭尔，则针对人的本性之对信（faith）、罪（sin）和永恒者（神）等这类问题的理解，指出宗教应有宗教心 A 与宗教心 B 这两大类型的差别。后者则尤指具有启示（revelation）和困思（paradox）特征的（原始）基督教。对克尔恺郭尔而言，世上的宗教，唯独出自中东的基督教才带有启示性；至于其他，则划归为宗教心 A 的类型。论到宗教之对宇宙的变化的看法，以下将以数例来作说明：

1. 以希腊为例

古希腊的神话作品《神谱》，蕴涵了一种神话式的宗教形态，想必可以将之归类为自然宗教或者宗教心 A 的类型。

论到宇宙之与神的关系，《神谱》就曾提及：宇宙中有众神的存在，这些神明是万物的主导力量。说到主导力量，便是在表示拥有力量者，其权势自是凌驾万物、统治一切、左右一切。

2. 以中国为例

此前曾提及世上乃有几大看重万物之有其起源或留意人与神的关系的宗教，而并未将中国的宗教予以列入。

在此则就古代中国所出现的经书，如《诗经》与《尚书》，我们试想从中抽取出它们所设定的“天”之与天地万物的关联性之宗教思维的片断。像《诗经》就写道：

> 天生烝民，有物有则。民之秉彝，好是懿德。（《大雅·荡之什·烝民》）

这里表示：“天”有造生烝民、万物的生机与活力，“天”又赐给万物存在的法则。这处处显明：“天”应可被当成造物者来看待。

又说：

> 维天之命，于穆不已。于乎不显，文王之德之纯。（《周颂·清庙之什·维天之命》）

这里表示：“天”本有自己的旨意、运行规则和方向，或许可以“天道”来称述之。由于天道存在于天地之间，故其作为至为明显可见。

综括以上这两段引文，约可揣知：《诗经》的论述“天”几乎是把“天”当成宇宙中至高、唯一又伟大的主宰来看待。“天”生成一切、运行一切，“天”也倚靠赐予万物存在的法则，来统理一切，律定一切。

至于《尚书》所提到的“天”，对于万物，尤其对于世上的人，又有怎样的作为？它记载着：

> 天聪明，自我民聪明；天明畏，自我民明威。（《虞书·皋陶谟》）

这里表示：天的作为无不通过人民来表达。这就是指，天意的运行系经由人民意志来呈现。在此多少已显现出天人感应的思想。

又说：

> 天视自我民视，天听自我民听。(《周书 · 泰誓》)

这里表示：天的行事，自是由人民的言思行径来表现。此段文字亦在是显示天意与民意息息相关，其中又可见到天人感应之思想的痕迹。

综括以上这两段引文，亦可得出这样的理解：《尚书》中的“天”当是涵指在宗教意义上颇强的万物的终极实在者。虽然由这两段文字未能明确看出万物的生成变化全是由“天”的意志来操控，但就人的角度而言，《尚书》的“天”富有它自身的思想、意图、行事法则，以及它之与世人的潜在关联。《尚书》的“天”是一宗教的“天”，或可当成万物的“终极实在”来看待。

3. 以犹太教为例

约在公元前15世纪出现于中东地区的犹太教，它对万物的生成变化有其一贯的理解和主张。它认定那位自称是自有永有的耶和华即是万物中唯一的真神、世人的救主。而论到的这位神之与世界，乃至其上的世人和世物究竟是有怎样的关系，他们的宗教经典《圣经》记载着：

> 创造诸天的耶和华（耶威），制造成全大地的神，它创造坚定大地，并非使地荒凉，是要给人居住……我是耶和华，再没有别神……谁从古时指明，谁从上古述说，不是我耶和华吗？……我是公义的神，又是救主……地极的人，都当仰望我，就必得救，因为我是神……（以赛亚书四十五：18、21—22）
>
> 神将北极铺在空中，将大地悬在虚空。将水包在密云中，云却不破裂……在水面的周围划出界限……天的柱子因他的斥责震动惊奇。他以能力搅动（或：平静）大海……借他的灵使天有妆饰。他的手刺杀快蛇。看哪，这不过是神工作的些微……（约伯记二十六：8、10—14）

从以上的引文中自可看出：对犹太教的信徒而言，他们信奉的是万物中令人敬畏、称颂的大神。因为他创造诸天，制造成全大地，这一切完全出自他大能的手和神圣的灵的美妙作为。在犹太教信徒的心目中，这位真神可是独一无二的人类的救主。

深受犹太教思想的影响，在公元1世纪同样在犹太地区兴起的基督教，对犹太教所尊奉的这位真神也有同样的认知。像保罗这位耶稣基督的外邦大使徒就提到：

> 深哉，神丰富的智能和知识。他的判断，何其难测，他的踪迹，何其难寻。因为万物都是本于他，倚靠他，归于他。(《圣经》，新约，罗马书十一：33、36)
>
> 爱子〔按：耶稣基督〕是那不能看见之神的像，是首先的，在一切被造之前。因为万物都是靠它造的……又是为它造的。他在万物之先，万物也靠他而立。(歌罗西书一：15—17)

这里表示：新约时代的基督徒就认定耶稣是万物的创造者、建立者和维持者。耶稣称得上是神的智慧、权能和慈爱的展现。

另有基督教的使徒彼得则从世界未来的变迁涉谈神意之对万物的影响：

> 从太古凭神的命有了天，并从水而出借水而成的地……当时的世界被水淹没就消灭了。但现在的天地，还是凭着那命存留，直留到不敬虔之人受到审判遭沉沦的日子，用大火焚烧。
>
> 主……不愿有一人沉沦，乃愿人人都悔改……那日天必大有响声废去，有形质的都要被烈火销化，地和其上的物都要烧尽了。这一切既然都要如此销化，你们为人（就）该当怎样圣洁，怎样敬虔，切切仰望神的日子来到。(彼得后书三：5—7、9—12)

在此可要留意《新约》提到：我们所认知的这个天地将因世人的作孽而遭致空前的大灾难——被烈火焚毁销化。唯一存留的，即是灵界的天国（新天新地）和存在于其中的“（神的）义”。

（二）哲学的认知

论到哲学有关宇宙的变化之认知，我们想以中国的《易经》以及希腊的哲学思想为例来作一说明。

1. 中国的《易经》思想

《易经》最早是出自上古天道思想时代伏羲氏的首画八卦；在中古神道时代，即有周文王的演易（六十四重卦）；在下古人道时代，则有儒家之祖孔子的赞述，而使得《易经》思想灿然大备，流传千古。

话说《易经》（亦作《周易》，在中国周朝时期所出现，它是由分别代表阳与阴的符号所形成的八卦，以及由之所演成的六十四重卦，而有三百八十四爻），就其内容来看，它是由上经（以象天道的乾卦与坤卦此二卦开始）、下经（以象人道的咸卦、恒卦作起始），以及释经的《易传》（即由十翼所组成，其中有出自孔子的手笔，如前所称的"赞述"，有人则指述《易经》的十翼全是后人的伪作）所构成，它的思想即由《易传》的诠释来理解，包含了玄深的形上思维、对宇宙生成变化的解读，以及古代民间所流传的习俗等。

《易经》六十四重卦的意涵，无不在呈现宇宙中万事万物的生成变化之情况，以及世人在各时空移位上应有的对应举措，以达到趋吉避凶的生存目的。

自周朝以降，历世历代的中国人多把《易经》当成个人、社会与国家的生命资产，尤其是一个人可由之以获致其安身立命之道的思想泉源。

《易经》之首因有乾卦与坤卦分别代表事物的发生和发生所需要的资材，其末尾即第六十四重卦，有既济卦与未济卦分别代表事物的完成和未完成的情况，而可将之当成一部能解读宇宙或万物变化之历程的密码书籍。

《易经》的卦符，最早虽是为占卜而设立，其六十四重卦又在指谓万物的生成变化之情态；但考其出现的本因，原无不是在涉指宇宙事物的变迁与世间诸人、事、物的关联情况（可由《易传》"以通神明之德，以类万物之情"来理解）。为此，我们可这样认定：《易经》的成书目的，自无不涵示宇宙、人生本有其内在相应之道，人应洞悉其中的义理深蕴，以趋吉避凶。

2. 希腊的哲学思想

论到希腊哲学中有关宇宙变化的认知及主张，以苏格拉底的出现作一分界点而区分出所谓先苏格拉底期与后苏格拉底期诸哲学思想家对这方面的观点。

苏格拉底重视个人思想本身的问题，把讽刺法和催生术运用在平日的生活言谈中，发现了"共相"的存在，开启了西方日后有关认识论诸般课题的探讨方向。

就因为苏格拉底在西方哲学演进史上有他突出的地位，后世学界径指他是真正的哲学始祖，甚至有人指称他是西方的人学之父。那是由于苏格拉底的哲学人生，系源生自他个人拥有异于常人的自觉：发现自己是一无所知的一个人。相较于个人的“无知”，他肯认存在的神或永存的人格神——拥有全知、全意和全能的真神。

苏格拉底教示自己和时人，要不断地理解自己、认识自己；呼吁每个人应为自己一生的行为有所负责。

（1）先苏格拉底时期

在苏格拉底之前的哲学思想时期，可引起我们注意并值得推介的哲人，约有以下 7 位。

①泰勒斯

泰勒斯曾主张：宇宙的太初是水，水中有神明（神性力量），以及地球浮在水面上。

就水与宇宙的缘起的关联，泰勒斯的认知，则是由其传统吸取宗教神话的要素，即神性力量，而求取该问题的解答：因为有神明力量的介入，整个宇宙生气勃勃、生机无限。这种一切充满生命、生气和生机的现象，完全是拜神性的临在，才使得水能变化并生出万物。后世学界便指称：希腊早期哲学思想的起源无不充斥“物活论”宇宙观的色彩。泰勒斯可是这一学说的创建者。

②阿那克西曼德

阿那克西曼德认为：不可界定的“无限”，才是宇宙的太初。神明也是临在于“无限”中，才使得万物有其一切的生成与变化。这里的神明是爱神（Eros）。

阿那克西曼德对人类的出现有他近乎神话般的看法：鱼即是人类的远祖。他的论点是建立在这样的想象上：最早期的地球又湿又冷，这原是孕育生命最佳的一个温床。不知何时，在水中悠游惯的鱼儿，想尝试过陆地的生活，因而试行跳出水面，来到了地面。久而久之，这鱼儿终能逐渐适应岸上干燥的生活，便不想返回水域，开始它陆地上的生活。就此，有人称：这是西方最早的一种演化（进化）论。

无独有偶，法国分子生物学家墨诺（Jacques Monod，1910—1976）也曾作如此的认定：

> 当初，一条顽皮的鱼，因为选择了陆地作为它探险的旅程，便由它跳跃的行动而改变它既有的行动方式，从此便造成进化的压力。这股压力，终于天择地演化成两栖类、爬虫类、鸟类与哺乳动物，乃至于人。（*Chance and Necessity*, Great Britain: Collins/Fount Paperbacks, 1983, p. 133.）

墨诺显然是受到阿那克西曼德的进化观的影响。

③阿那克西米尼

作为阿那克西曼德的门生，阿那克西米尼曾主张：无边际的气是宇宙的太初。气之作为万物的起源，是因为气中有神性力量的介入，才使得万物可以不断生成和不止息地变化。

谈到万物如何生成变化，阿那克西米尼认为：那是因为有神性介入的气，或无边无界的气本身之带有凝聚与分散的作用所使然。所谓火，即是由稀薄之气而成；风与云则来自气的凝结；凝滞者成水；气更紧密的凝结成土或石。上述这火、风、云、水、土、石六元素的变化方式，则是万物生成的形式。

④毕达哥拉斯

毕达哥拉斯在有关万物的生成及变化观上坚持认为：作为形式的“数”（numbers），可附加在个别事物上，以使无限的变成有限的，简单的变成复杂的，而能作为万物变化的主因。

重视“数”的永恒存在，以及其能使万物有所变化的能力，毕达哥拉斯把“数”的魅力当成“神明”来看待，并且表示整个天体几乎可用“数”和“和谐”来形容。因为，和谐是最优美的，数即是和谐形式的表现。

⑤赫拉克利特

赫拉克利特系一位力倡一切事物都在流转（Panta rhei）的辩证哲学家。存在主义哲学家海德格尔就深受他的启发而有令人瞩目的哲学思想产出。

由于重视个人内心的体证，赫拉克利特力言：火和宇宙理性才是万物变化的动力及终极的原则。

对赫拉克利特来讲，火具有动态性征的事物，可作为宇宙的起源；但是，他依然相信在火的背后存在一万物动中之静的事物，那便是“宇宙理性”。这宇宙理性，应可视做是能够统括及主导一切生成、运动及变化的最终原因或最后原理。

就因为赫拉克利特一方面看重具有神性的宇宙理性的永存，当它是推动万物变化的主因；另一方面又指明火在万物变化上的角色，后世学者则当他是一奇幻难测者。有人说他是一“黑暗人物”（亚里士多德语），另有人说他是西方诡辩（Paradox）思想的首倡者。

⑥恩培多克勒

恩培多克勒生于爱利亚学派思想流衍的时期，颇钦仰该学派的哲人巴门尼德以及前述的毕达哥拉斯的哲学思想。在哲学史上，后世每把他归类为在先苏格拉底哲学时期一位力主温和机械论及多元主义的哲学家。

他倡导原质（Rhizomata；roots of all things）思想，力称气、火、水、土四元素是万物存在的总根源。爱与恨，分别代表合与分的力量，是维系一切事物之分或离、生或灭诸般运动变化的推动力量。

爱与恨的活动必须遵循一定的法则：在宇宙本身存在着一种周期的规则下，爱最先统理着一切元素。这使万事万物因为有爱而被紧密结合在一起，呈现出一团和谐。而后，在诸般的事物之间出现了些许摩擦，产生出恨而致使彼此相离。这便是今世人类所目睹的宇宙与一切事物之现象。接下来，恨即占了上风，恨战胜了爱。为此，万物即呈现分崩离析，一切流转不息。在最后时期，爱反败为胜，重新又占了上风。这时，爱使万物复归于和好而呈现出和谐和一统的局面。

综括以上所述，恩培多克勒的多元主义及其爱恨之作为万物变化的动力之学说，是深受爱利亚学派之力主“存在”唯一不变的思想的影响，而倡言风、火、水、土四元素的永存。四元素的分合变化，从中又可见到前述赫拉克利特之万物流转思想的痕迹。

恩培多克勒对其机械论学派思想的承继者留基伯（Leucippus，公元前460—前370）和德谟克利特甚至后来的柏拉图，多有影响暨启发。

⑦阿那克萨戈拉

阿那克萨戈拉一反恩培多克勒原质说思想，而力倡精神（Nous）优先或思想才是主导万物变化之主因。

阿那克萨戈拉因为看重精神、轻蔑物质而有不少有趣的传闻：他曾把太阳当成只是一堆在燃烧中的金属；也曾指出为什么不是头发的东西竟然会长出头发，不是肉的东西竟会变成了肉……

因为对平日的生活有其独特的观察和感受，加上他不满意于当时的机械论思想之一味把一切的生成变化当成仅是物质性机械因果的变化来看待，就力介精神力量的存在。他甚至表示：带有目的性的精神力量，或思想之物(thought-stuff)，才是最终主导万物变化的主因。

相传，后来也力倡精神、理性力量的重要性的苏格拉底，就曾涉猎过他的作品。后世学界则推崇他是发现了一种新的因果关系（具目的性的精神力量）的古希腊哲人。

（2）后苏格拉底时期

在这一时期，拟谈述的有以下两位。

①柏拉图

就本单元所关切的万物变化之论题，柏拉图也有他那涵容神话神学的宇宙起源论，其大意是：

a. 在宇宙出现之前，本就有善理念与造化神（Demiurgo）的存在。善理念就是存在自身，亦作善自体（auto to Agathon，the Good Itself），它是能够分施一切给万物的存在之本源。

相对于善理念，万物则分有自善理念的一切性质或美德，而有层级之分。

在善理念之下，依次又可划分出观念、数理、现象和幻影。比如说，人所居处的这个自然世界，在柏拉图看来，它本是理念世界的影像，因而实质上即为不真，或为一种幻象。

至于造化神，它是柏拉图神话哲学中所设定的一位宇宙整饬者、秩序的维系者，而不是什么造物主。这里的造化神，它是一位善神；秉受理念界至高善理念（善自体）的委托，而把本身即自有的永恒物质予以整理、定序，因而使得宇宙呈现出井然有序的局面。其方法就是：为永恒物质造出一个灵魂(宇宙灵魂)，而后使灵魂与永恒物质联结，从而使物质界的凌乱、无序变成了和谐而又有序。

b. 从实质的角度来说，被造化神整饬的宇宙及其中的一切，终因有外力的介入而成为善理念世界的一种影像或摹本，而并无自己本身的存在。这也就是指，由单一灵魂与众多永恒物质所形成的宇宙及其中的万物，它们本身的存在完全是依存于善理念世界，或一概分有自造化神所赐予的宇宙灵魂的多寡而决定。被分有多者，它的存在就愈是高级，而呈现出宇宙灵魂所具有的神性与活力；被分受少者，它的存在就愈是低级，而鲜少呈现出宇宙灵魂的活力与神性，只会显示物质的固定性。一切事物的存在，按此分有多寡的原则而呈现出有动物、植物与无机物这三种的分别：动物自是拥有较多的灵魂，较少的物质；无机物是拥有较多的物质，较少的灵魂；而植物，则介于其间。

c. 既然万物的存在完全不是自有，而是依存于善理念及造化神的整饬作为——后者系秉持善自体的委托而赐予万物宇宙灵魂，以使其中的万物有它们各自等级的存在，那么这里所呈现的宇宙灵魂与善自体究竟具有何种关系？柏拉图的神话神学式的宇宙起源论并未详述，双方之间的关系显得极其暧昧。

d. 分有自善自体（善理念）的万物，其本身的存在因为不自有、不自足而呈显得十分不完善并有它自身的变动性。在柏拉图看来，凡由宇宙灵魂与永恒物质所结合成的事物，它自身所拥有的特性，自是一种不完美，又具有它的变动性。而其存在的目的，或者说，它（们）被赋予的存在之目的便应当走向完美、追求完善，走向恒定、追寻不变。完美、完善、恒定、不变，即是永恒的理念世界的特质。而这更涵指那具有自满自足的善自体的永恒存在。被赋予存在的宇宙万物，究应如何走向完美、完善而拥有它的恒定不变性呢？那就得倚靠“爱”（Ems）这股动力。对柏拉图而言，在人类与动物身上都带有这“爱”的动力与作用。这股“爱”，在柏拉图的《飨宴篇》（*Symposion*）中被形容成是介于神明与人类之间的存在，它能沟通神、人两界。爱有如母亲一般，贫穷、脏污，欠缺日常的需要；爱也如父亲一般，爱美，拥有智慧；爱也是介于生与死、善与恶、贫与富、美与丑、智与愚之间的存在；爱本身的存在，即是对自己所欠缺的事物（美、善、幸福等）的向往及追求。爱的工作，即在于试图使自己能生在美中，拥有美善，并且永生不朽。

e. 人既如万物一般，都分有自善理念的一切，而拥有（永恒）物质与（宇宙）灵魂的成分。这里的灵魂，就其本质而言，当是非物质的不朽之物。论到由灵魂与物质（肉体）所结合的人，他的灵魂之在这个人身上，就好似被枷锁住而囚禁在肉体监狱里。

循乎此，一个人的人生目的，就应当想办法善待自己，好去追求灵魂的永远幸福；或努力回忆他的前世，效法神明，俾使自己的灵魂能回返它原先所从出的永恒界——善理念的世界。

②亚里士多德

亚里士多德在西方哲学史上有他的重要地位，他是一个兼具有理性主义和经验主义思想的古希腊哲学的集大成者。论及他的哲学与柏拉图哲学究竟有什么不同的地方，有人就指出：亚里士多德哲学的起始处，正好是柏拉图哲学停歇下来的所在。譬如：宇宙或其中的一切事物，难道只是作为永恒理念世界的一个影像，而没有自己的实质？自满自足的善自体，是如何倚靠分有的方式而造生这个宇宙和其中林林总总的一切？……诸如这一切的问题，显然在亚里士多德的哲学思考中已找着了自己的论述、诠释和解答。

而关于宇宙的生成及其变化问题，自能从亚里士多德之倚重他那有异于柏拉图的方法，即重视经验观察、理性分析和推估法，所获得的一种迥异于柏拉图哲学的成果。

亚里士多德在经验的认知上并不否定万物的存在，也不先入为主地把一切事物只是当成理念世界的一种影像，反而把它们当成人类知识的建基之所在。因为，他注意到在时空中诸事物的存在状态，以及其运动和变化的现象。既然由运动所带来的变化，是万物或诸事物的存在现象，亚里士多德便以发展（development）和关系（relation）的概念思考去处理，试图去掌握变动多样的现象世界背后的终极原因：应有一能统合一切事物之永恒存在的存在。他的处理过程是这样的：先把任何事物当成一种自身具有其各自属性（attributes，accidentia）的实体（Substance，Ousia），而后便以实体联结发展概念所构成的形质关系（relation of Form and Matter）之层化作用，以建构宇宙中一切事物的存在模式，即认定宇宙中每一具体的事物或存在物都是形式与质料的混合之产物。

事物世界既具有形质关系的层化现象，显然便有阶层的存在。就此，亚里士多德认为，最高阶层的存在物可以视之为一种纯形式的存在，也就是一种无质料的形式，可以称它为第一形式、纯粹最后因、至高存在、完美存在、第一因或至善的神。至于最低阶层的存在物，亚里士多德认为，它就是一种纯质料的存在，也就是一种无形式的质料，可以称它为第一质料或虚无。

衡诸以上的论点，应可看出：亚里士多德注意到在存在事物界中有所谓上层与下层内在的关联性、变化性，而这是柏拉图哲学所忽视或刻意否定的所在。

就万物中诸具体事物的形质关系之层化作用，亚里士多德又有他另一角度的解说：以实现（actuality，Energeia）和潜能（Potentiality，Dynamis）分别代表形式和质料，去诠解万物存在的层化现象。

他的认知是这样的：任何事物所具有的形式，其本身即可被当成一种实现来看待；而质料，则可视它为一种潜能，或仅是一种的可能性。事物世界免不了会有运动及变化现象，亚里士多德便以关系和发展概念的思维，认为由质料往形式阶层的发展，或者说从潜能径往实现推进，那就是一种变化、一种运动，更是事物或存在物之径往自身完美境界的一种追求及实现。

在这里隐约能见到柏拉图哲学的身影——亚里士多德论述宇宙下层存在界的事物与其上层存在界的事物有其关系的存在，这似乎反映了柏拉图哲学中那隶属下阶层的万物世界对上阶层（或者说是最高层）的善理念或善自体世界有它的依存关系；但是，亚里士多德在这里显然有意以万物存在本身的内在目的性（Entelecheia）之意向，代而诠解柏拉图曾自谓的“爱”（Eros）的动力。

在亚里士多德理性的巧思下，他指出四因论是能够阐明一切事物有其存在和变化的缘由。

针对亚里士多德提出这样的主张，后来的学界则是从其成果在作评断：它不但能解消历来有关宇宙的太初论与原质学说间的论争，而且也能化除那力主动态即是宇宙真相的赫拉克利特的生成（Becoming）说与力倡一切均是静从而否定世上有任何运动可能的爱利亚学派的存在（Being）思想间的矛盾。亚里士多德的宇宙起源论及生成变化观，当是糅合其先前所有哲学思想的精华，而造就他那富有自然神学思想要素的哲学形而上学及宇宙生起论。只是，其学说内所论及宇宙中那最高阶的存在（即神）当可用另一个角度来看待：它应是带有纯形式、纯实现的一种精神体，甚至可用“第一不动原动者”（the First Unmoved Mover）这一称号来指谓。神，这第一不动原动者，它本身即是能吸引万物朝其运动、发展和变化，以求其自身能作最完美的实现之最后原因、最高目的。

三、科学的认知

论到科学（理论）界之对宇宙万物的变化之认知，拟以两个事例来作引介：

（一）夏尔丹的物质进化论

夏尔丹（Pierre Teilhard de Chardin，汉名“德日进”，1881—1955）是法国的古生物学家兼罗马天主教神父。他早年深受法国生命哲学家柏格森的影响，而对演化论特别感到兴趣。他曾和精神主义者勒洛伊（E. Le Loy，1870—1954）同事，而联袂从事结合进化论与基督教的义理之工作。由于抵触当时教廷的宗旨，他的作品自 1926 年起便被禁止出版，一直到 1955 年其去世时才获得解禁。

谈到宇宙的起源及其变化，夏尔丹则是抱着独有的爆炸理论及全面演化的观点。在宇宙起源方面，他认为：早期的宇宙是一大堆颗粒物的爆炸所散发开来的结果（那一大堆颗粒状之物，到底是如何产生，或来自何处，他并未明确说明）。此间便包括有质子、中子与介子等粒状物的出现。这些粒状物又逐渐形成各式各样的原子与同位素之类的东西。

夏尔丹表示：原子具有复杂性、统一性与活动力这三种性质，可视为宇宙（存在）的质料之特性。原子本身能够依循总体（totum）原则，即原子自身能够依循一定的程序进展，其间或有各种形式的组合，它却永不重复，且只以一种形式构造自己。这样，原子即能构成各种不同的分子与同分异构物。其过程是：异质原子在收敛（集合，convergence）和浮显（emergence）的作用下，终而散发（辐射，divergence）成各种不同的分子与同分异构物。新分子，即本身结构极为复杂的分子，也是经由上述这三种作用而形成。这种新分子是一种可繁殖与具有新陈代谢之作用的东西，“细胞”（Cell）便是它的另一种名称。

生命便是始自于细胞；细胞则能演化，并且发展成各种神经系统。夏尔丹的这种细胞演进观，可佐证自达尔文与拉马克（J. B. de Monet Lamarck，1744—1829）以来在进化论上所作的过渡形式的假设，并且也使矿物和原生质之间的距离得到相当比例的缩减。

谈到人的出现，他认为是在这种演化过程中的一个产物。对夏尔丹而言，人是一种具有心意创生意象（Psychogenesis）的生物。

就在夏尔丹力主的宇宙全面进化当中能看到他的一个巧思：认为基督教中

的基督现象，即基督的发生（Christogenesis）是一种精神创生（Noegenesis）的延展，也便是宇宙创生的结果。基督，即早已存在者，是宇宙创生演化的终极目标。它是吸摄宇宙的爱的本源，可作为宇宙演化的终点或至高点——奥米加（Ω）点。

总体而言，在宇宙演化观上，整个宇宙的历史都是在作一种逐渐衍变的演化。其必经的进程，就是以发散、收敛与浮显这三种作用，作一种集中的、进步的以及不可逆转的定向进化。其最高的目标，不是某一类的物质形式，而是一种精神的创生或基督的发生点——奥米加点。

（二）科学的真空能量观

论到科学的真空能量（vacuum engergy）观，它是一种攸关宇宙大爆炸论而衍生自前者的“先行”预设（宇宙膨胀说）的一种新兴学说。

科学的真空能量观在解说为什么现今的宇宙还继续在膨胀，在不停地扩大（即自早期的大爆炸以来，整个宇宙依然还能不断地向外缘扩散而去）。

真空能量观认为：哈勃所观测到的宇宙膨胀现象以及霍金所主张的大爆炸说，都无法否认整个宇宙在运动和变化中。所谓“真空能量”早就存在于万物中。这也说明，这既已存在的能量，是促使原初的大爆炸，乃至推动初始大爆炸之后一切宇宙物质之往外不断扩散出去的神秘力量。

至于论到这真空能量究竟是如何存在于大爆炸之前，这一理论的支持者并未多作阐述。在现今的世界里，有关真空能量之能推动某一物质（仍处在真空状态中）做运动，这确已得到实验的证明。

四、宇宙论的主要学说及分类

综括以上有关宇宙起源及其变化诸现象的讨论，拟从学理角度简述若干宇宙论的学说及其分类：在有关宇宙起源上，则有创造论、流出论、进化论（又可分成创化论与层化论）以及生化论等；在有关宇宙变化上，则有机械论与目的论等。分述如下：

（一）创造论

创造论主张：宇宙中存在着一位有生机、活力和权能的伟大的（真）神；这位神就是按照自己的心意，并且凭借自己的权能，由无中创造出有的世界。

犹太教及基督教之论及神造天地万物，可称得上是力持此一学说的代表。至于中国古代的《尚书》《诗经》乃至《论语》之述及“天”的造化，虽然未见其明言“天”（或“帝”）系由无中创造，但“天”在中国古经中之扮演能主导一切事物的至高神或唯一神的角色至为明显。

（二）流出论

流出论主张：宇宙中原就存在着一位至高的能力者（可称之为善或无限的太一），它以恣意的方式流出自己的本质，而创造出宇宙万物。其流出的过程是：太一先流出精神（理性的精神，心灵），再而流出灵魂，最后才流现出自然世界。在西方哲学史上，中世纪初期的新柏拉图主义者普罗提诺是此一学说的倡导者。古印度哲学论及梵与世界的关系也多被视为具有上述这类的思维倾向。

（三）进化论

进化论主张：宇宙中最原始的存在，并不是具有精神性的事物、灵或神，而是具有生能的物质。这生能以进化方式演进成细胞（即生元），这细胞便是万物中一切生命的开始。在西方思想史上力持进化论观点的，不乏其人。其中颇负盛名的有：

1. 达尔文

达尔文力主生物进化论的思想：生物界物种的进化及变异，系以天择（natural selection）的进化为其基本假设，并以性别选择和生禀特质的遗传思想来作辅助。

2. 柏格森

柏格森力主生之冲力及创造的进化论思想：宇宙中生物个体的进化是带有目的性的演化；神，即一股神秘力（称之为生命冲力，Elan Vital），则能促使万物驱前运动和变化。因为有生命冲力的存在，从物种到人种往上的进化方向，当肯定精神（意识）为它最高的演化世界。柏格森的主张应是在反对前者的论点：生物的进化即是在顺应偶然的外在情境下所发生的。

3. 夏尔丹

夏尔丹力主物质进化论：万物中事物的变迁是从无机往有机，最后是朝精神这一最高目标进化。所谓宇宙的进化乃是具有全面性、生物性、社会性，以及心理性的内涵。至于进化的程序或步骤则有三，即辐射（发散）、集合（收敛）与浮显三种作用。宇宙万物便是经由这三种作用在作集中的、进步的和不可逆转的定向的进化。

此外值得一述的是摩尔根（C. Lloyd，Morgan，1852—1936），则是力持层化（层创进化）论之思想：大自然中各阶层的事物多具有进化的现象，却不具有持续性，而是突创性的。所谓进化的程序是：从物质到生命，再到心灵。论到物质与心灵的关系，摩尔根认为：物质，在最原始上可不是纯粹无精神（心灵）性质的物质，而是具有精神性的生命体。所以，在物质阶段可演化出精神（心灵）。只是到了精神阶段，精神则又可演化出物质。

（四）生化论

生化论主张：宇宙中本就存在着一种循环的历程，即生（to beget）、灭（to corrupt）的循环。生，是一种从无到有的转变；灭，则是由有往无的一种转变。此中的生、灭变化，则是带有性质（quality）上的差异及变化。普罗提诺的太一流出说、古代中国的阴阳五行的思想，甚至亚里士多德的物质由潜能到实现的变化观，也多带有这种生化论的思维倾向。

（五）机械论

机械论主张：天地间万物的存在、运动、变化，乃至灭亡，全是出于机械式的必然或盲目的偶然，而毫无任何目的可言。所谓机械式的因果必然现象，就是这一学理所力倡的自然界一切存在事物的唯一真实。

在哲学史上，力持唯物论、决定论或必然论者多会坚持这种的思想。像前述的恩培多克勒、原子论者德谟克利特，乃至英国的霍布斯（Th. Hobbes，1588—1679）等人，也多是坚持这类的观点。至于中国古代道家的庄子之倡言“万物皆出于机，皆入于机”、汉朝时代的王充之力称“天地合气，万物自生”，有人也会将它们归类为具有这类机械论思维的倾向。

（六）目的论

目的论主张：宇宙万物的生成或生灭之变化，完全带有其自身的目的和意向性，而不是毫无目的与方向的盲动或偶然。在哲学史上，力持唯心论、自由论或非决定论者多会坚持这种观点。此外，柏拉图、亚里士多德，乃至德国的哲学家兼生物学家特里希（H. Driesch，1867—1941）等，也多被视为带有这种思想倾向的哲人。柏拉图因曾论及万物的生成即秉有“爱”的动力，而会径往善的理念世界去追求；这种观点即被视为一种超越目的论（transcendent teleology）。而亚里士多德曾论及万物具有其内在目的性以及四因说，尤其视后者即为万物的生成及变化的原动力；这种观点即被当成一种内在目的论（immanent teleology）来看待。

（陈俊辉）

参考文献

邬昆如:《西方哲学史》，台湾正中书局，1971 年。

黄忏华:《印度哲学史纲》，台湾真善美出版社，1966 年。

第四章　人学（人性论）

本章分成三部分，即人的结构、天人之际，以及万物之灵长。本章在第一部分，以希腊、希伯来、印度与西方近代哲学所出现的有关人的思想做引介的重点；第二、第三部分，则以析理的方式作说明。总之，是让读者借着对上述这三大论题有所认知，进而对一个人（尤其对自己）之出现在此世界能有一学理性的反思及体察。

论到人学，它是自中国古代《易经》天、地、人三才之学中的“人”才之学的角度来说的。根据西方哲学的分类，则可以称它为人性论或人类学，即一种有关一个人的人性和其一切特质之研究的学问。

第一节　人的结构

人是什么，人是怎么来的，人是如何出现在这地球上的，人和其他动物为何有所不同，还有人的存在目的或生活意义是什么，以及人将来的归宿又在哪里，诸如此类的问题，诚然是关切此一论题者所必须留意的。

以下则从几个文化、地区，或中西若干不同的学说之对人的结构这一课题的讨论来作一引介。

一、希腊的哲学文化

希腊文化和希伯来文化、罗马文化共同组成今日我们所认识的“西方文化”的主流。

希腊哲学文化影响西方 2000 年来哲学思潮的演进及发展。英国的科学哲学家怀特海就曾经这样表示：“西方两千年来的哲学都在替柏拉图哲学作批注。”

（一）柏拉图的人论

论到柏拉图的人的结构观，必须先要提及一位曾影响他在此方面之见解的哲学家——毕达哥拉斯。

毕达哥拉斯不仅是一位哲学家，而且是一位数学家兼宗教团体的负责人。由于深受东方奥尔菲主行派（宗教）哲学思想的影响，毕达哥拉斯认为人是由灵魂和肉体所结合的。他笃信轮回观，相信人的灵魂〔按：曾存在于前世〕是被人的肉身所拘禁，因而有“肉体即监狱”，以及灵魂总企求能脱离肉体以求得其原先的自由的哲学之主张。在他影响下的柏拉图也同样是抱有这类的想法，这在他自撰的《对话录》，尤其《理想国》《斐德罗斯》《提迈奥斯》《法律》等篇章中就能看到。

对柏拉图而言，人的结构之要素为灵魂，它是一个人存在的核心。至于人的肉体，只不过是理念世界的一种影像。最真实的莫过于灵魂。灵魂是造化神向理念世界借下来而和物质性的肉体联结的不死之物。当一个人死了以后，他的灵魂并不会随着肉体的毁灭而消失，会回到它所从出的理念世界。

柏拉图确然受到毕达哥拉斯哲学甚深的影响，此间又可嗅出柏拉图哲学所富含的自然神学及自然宗教观的气息：人一生的幸福，并不在此世，而是在于彼岸——理念世界或善自体的世界。一个人为了能到达彼处，他的一生就必须努力思想，或借着追忆，或戮力效法神明的一切，好让自己的灵魂将来能顺利返回到神明所居处的永恒世界。

（二）德谟克利特的人论

德谟克利特是力主严格机械论与原子论思想的。在有关宇宙起源方面，他力称：原子，即作为物质最基本、又不可分割的最小单位，当是构成宇宙最根本的要素。而对于人的存在来说，不只是人的肉体，就是人的灵魂，也都是由这原子所构成。德谟克利特依据这种物质或纯元素（stoicheia）的原子观去诠释万物的构成以及人的存在结构，后世学界便称他是西方最早的一位唯物论者兼原子论思想的代表人物。

（三）亚里士多德的人论

对亚里士多德而言，人的存在结构，和宇宙中的存在事物一样，都是形式与质料相结合的产物（又可如此认知：是由形式赋予质料存在的事物）；或者说，人也是一拥有潜能与实现的存在物。

可以说，亚里士多德并未否定传统论点，即人是灵魂与肉体相结合的人；只是他有自己独特的解释，那就是他重视一个现实的人的存在。如以形式和质料的结合去解说人的结构，那只是在他的形而上学思想中可以被摆在最高阶的存在之物。他强调：人是一个会思想、会推理、会认识，以及会去追求而完成自己理想生活的人。

这时就能看出：拥有理性为其内在特质的灵魂（理性的灵魂）之对亚里士多德而言，其内涵可比先前所提的柏拉图之对灵魂的理解要扎实得多。在亚里士多德看来，理性的灵魂当能指导一个人如何去认清事实，如何去行事，以及指导人去追求这裨益于自己生命意义的事物。一个人因为有理性灵魂的指引，他就能够成为一个会追求价值的人、一个有德行意识的人，以及一个能拥有美善和幸福的人。

对亚里士多德来讲，人的身体与灵魂的关系，俨然就呈现为质料之与形式，或潜能之与实现的关系。灵魂是一种形式，或一种实现；而身体对于灵魂而言，它即是一种质料，或一种潜能。

亚里士多德本人并未否认柏拉图的三分说——生物灵魂（生魂、营养魂）是一切生物个体所拥有者，职司新陈代谢的作用；动物灵魂（觉魂、感性魂）是能动之生物个体所拥有的生命力源，职司感觉、欲求和运动；人的灵魂（灵魂、理性魂、理性灵魂），是人类所拥有的生命力源，它本身则能统合前两种灵魂的一切性质与能力——但是，他有自己完整的见解，尤其看重人的理性灵魂的无上价值。

亚里士多德能由务实的角度看待人，既不偏重理性，也不忽视经验，因而他能联结人的灵魂思维和其现实生活的一切。亚里士多德指出：灵魂拥有主动理性与被动理性这两种能力。被动理性有如白板（Tabula rasa），只能吸纳感觉世界中的一切表象；而主动理性能够把被动理性所吸纳的表象加以整理，给予归纳，以形成某一事物的观念或构建某一事物的知识。

他还表示，在人的灵魂中的主动理性，不会随着人肉体的毁灭而跟着消失。

二、希伯来的宗教文化

谈到希伯来宗教文化之对人的结构的看法，它最主要的代表思想应该就是犹太教及基督教文化的见解：人，即受造的人，原本就是灵（spirit）、魂（soul，life）、体（body）这三元要素的构成者。

说到人的受造，他的造物主耶和华，不仅造人，又造物，造光，又造暗，会降福，又降祸；它是宇宙中至高、至上又至威严的永恒真神。

根据犹太教《摩西五经》中的首卷，也就是基督教奉行的《旧约圣经》之第一卷《创世记》的记载，人类的始祖亚当与夏娃是耶和华最先创造的人。亚当、夏娃二人悖逆神，吃了禁果，因而有“罪”。这个“罪”延祸其后代的人类。所以有话这样说：

> 这就如罪是从一人入了世界，死又是从罪来的，于是死就临到众人；因为众人都犯了罪。（罗马书五：12）

亚当、夏娃，连同他们的后代子孙，都被笼罩在罪的阴影下，而不时面临死亡的威胁。因为，罪的代价就是死，而不是生。

关于罪之具有令人费解的遗传性，以及会带给人类的伤害，古希伯来人的国君兼诗人戴维曾经这样写道：

> 神啊，求按你的慈爱怜恤我，按丰盛的慈悲涂抹我的过错。求你将我的罪孽洗除净尽，并清除我的罪。因为我知道我的过错，我的罪常在我面前。我向你犯罪，唯独得罪了你……我是在罪孽里生的，在我母亲怀胎的时候就有了罪。（诗篇五十一：1—5）

又说：

> 我们的本体……不过是尘土。（诗篇一〇三：14）

而在早期基督教时代，即新约时代，耶稣的使徒保罗则这样表示：

> 因为世人都犯了罪，亏缺了神的荣耀。（罗马书三：23）
>
> 没有律法之先，罪已经在世上；但没有律法，罪也不算罪。然而，从亚当到摩西，死就做了王，连那些不与亚当犯一样罪过的，也在他的权下。亚当乃是那以后要来之人的预像。（罗马书五：12—14）

综括以上所述可知：在希伯来的宗教文化中，论到人或人的结构是如何，它当是扣紧着那外来的“罪”这有关人与其造物主的内在关联性的课题。人原是拥有神的“生气”（气息）而有灵命，但这首先的人亚当和夏娃双双因为违抗神的命令而犯罪；结果便是丧失了他们的灵命，唯肉休仍可存活一段时日。

犯罪的亚当与夏娃所涵示的训义是：存活在世上的每一个人，只要有一口气息在身，他根本就是一个“活死人”。因为他有罪，他早已“死在过错罪恶之中”。肉身真正的死亡或消灭，对他而言，是迟早会发生的事。不仅如此，人在死后还要接受神（他的造物主）的审问和审判。

对希伯来的宗教文化而言，人的灵、魂、体三元结构，在今世与来世这两个世界，应是有它不同的命运与结局。在今世，人虽具有灵、魂、体这三元结构，他的灵命却早已死亡（除非信神，罪给赦免，其灵命才得以起死回生，这就是“第一次复活”的本意）；连带地，因为人本就有罪，亏缺了神的荣耀，他的魂（生命、思想、意识、意志和一切言行能力等之表现）与体便将一直处在神的震怒中。在来世，即通过神末日的审判（人在就审中必须招供其生前所有的言思与行径，据此因而可以推知当时的人即已改变成灵体的人，他应该仍拥有魂的存在），所有的人将被分成义人与恶人这两类，而分别进入到“永生”和“永刑”（永火）的世界里去。

三、印度的宗教及哲学文化

论到印度的宗教及其哲学文化之对人或人的结构之看法，我们则想摘要谈谈古婆罗门哲学时期《奥义书》的自我哲学以及原始佛教哲学在此方面的见解。

（一）《奥义书》自我哲学的人论

《奥义书》（*Upanisad*）是古印度的吠陀文献，《奥义书》的原意指教师与学生私密对坐之间的秘传。

当时的四大种姓之一的刹帝利，有鉴于世风日下，便唤醒时人走入心灵世界的探索，如此便造就出《奥义书》思想的流衍。有歌颂《奥义书》哲学及其精神的思想家，便针对人（或对自我的观感）而提出了“我的四位五藏说”，企图对《奥义书》所呈示的纯精神我或主观自我详作说明。任何一个人当是由以下所列述的“五藏”所构成——1. 食味所成（肉身）；2. 生气所成（呼吸）；3. 意识所成（心意，或现象界的精神）；4. 认识所成（现识内那不可思议的绝对实在）；5. 欢喜所成（自照体，或纯净无垢、无父无母、无神无吠陀的欢喜情状）。

极力宣扬《奥义书》自我哲学的思想家所看重的则是五藏说中的第五藏“欢喜所成（我）”。他们认定：它才是一个人的真性实我，也是那种能和梵天合而为一的自我。

（二）原始佛教哲学的人论

原始佛教是在公元前6世纪由印度的释迦牟尼所创立。

“释迦牟尼”一语，原是由释迦（Sākya；种族名，意为能）与牟尼（Muni；为尊号，意即仁，或寂默，又为贤者）所合成，总意为能仁又能寂，是释迦族中的贤人。相传，释迦牟尼成道之前曾向当时的婆罗门教六派哲学之首数论派的学者讨教成佛（觉者）之道。之后，他自行前往伽耶山（Gajasira）严修苦行，又到尼连禅河沐浴，又赴一棵菩提树下打坐，由而悟得了十二因缘的佛理。这十二因缘是指：无明、行、识、名色、六入、触、受、爱、取、有、生、老死。

由于重视个人的智慧与实践并修，释迦牟尼所创立的佛教主要是建立在一种力主彻底无神论（亦作非有神论）的“神学”基础上；也就是力言个人一旦靠自己对万物无常性的体认，所谓缘起性空，并借着出离人世间生老病死的苦海，他就能够进入所谓的常住安乐的涅槃世界。

谈到人的结构，即其教义所称述的由心、物合成的有情众生，原始佛教（哲学）主张：色、受、想、行、识五蕴的因缘和合，即是有情众生的组成要素。这里的色是指物质，受是指感情，想是指表象，行是指意志，识则是指意识或悟性。凡是有人想执着这生的五蕴中的任何一蕴，便是苦。人生中的一切悲苦，追根究底，就是源自于人渴望“无明”的结果。所以原始佛教便有这样的主张：“无明”之外无五蕴，五蕴之外无“无明”。

“无明”可以指人的业身尚未活动，也尚未开展出来的一种原始状态。“无明”一旦开展出来，便成为五取蕴，而呈现出现实世界中有情组织的真相。

四、西方近代哲学的人论

论到西方近代，即于16世纪所出现的哲学思想家的人论，我们则想列举二例。

（一）理性主义学派的观点

西方近代理性主义学派的兴起，堪称是古希腊人文（人本）主义思想之在近代欧洲的一种复兴。在人文思想方面，我们多可看到理性主义，甚至是经验主义思想风潮在各地的流衍。特别是前者，在法国地区就有近代哲学之父笛卡儿的出现；他的后继者，则有力持理性泛神论思想的犹太裔荷兰籍的哲学家斯宾诺莎，以及力持理性的单子论思想的德国哲学家莱布尼茨。

笛卡儿就曾主张，人是心、物的构成者。这里所说的心是指一种正在思想的主体（Res cogitans）。心也指能够判知一切事物的理性我、意识我、精神我或灵魂我。至于物，则是指一种能占有空间之物，也是指在空间中能够作自我延展的事物（Res extensa）。这里的物亦是指身体或躯体。

斯宾诺莎则由理性的思辨角度，看出实体即是包括我们人类在内大自然界中一切事物的存在特性。因而表示：心、物并不可严分，心与物终究是实体内的一个部分。至于身为造物主的宇宙真神也是一样。因而有人指称：力主“神即是实体，即是自然”这种神、世界（自然、宇宙）与实体同一的泛神论思想，当可视为斯宾诺莎诠解人或人的结构的基础论调。

莱布尼茨也是由理性、思辨的角度出发，指出：具有精神性（而非物质性）的单子是万物的构成要素。人完全是由单子所构成。他的肉体是如此，他的灵魂也不例外。

（二）经验主义学派的观点

经验主义学派是在 17 世纪出现于英国本土的一个哲学学派。它重视经验的认知能力，以及强调知识仅是来自经验。洛克、贝克莱以及休谟这三位哲人是经验主义学派的主要代表。

洛克的观点是：本于经验认知的基点，人是心与物的构成者。心有如白板，全不带有任何先天的思想或观念，有的也仅是一些后天的或有关外在事物的印象（impression）。在这里，当可看到洛克贬抑理性所具有的先天能力，而重视后天经验的察觉能力。而贝克莱则既重视经验能力的重要，也强调观念认知的价值，即认定人仅是由精神（心或心灵）所组成。他表示，精神是唯一的真实，而物（即身体）则并不实在。物或身体，当基于“存在就是被感知”（Esse est percipi）的经验原则，而被视为是人所知觉出来的观念之复合。

若论及心与物或精神（心灵）与身体的关系，则可以这样认定：身体是人的精神实体的附属之物。

综括以上所述，当可作一这样评断：谈到对于人或人的结构的认知，西方近代哲学时期所兴起的理性主义与经验主义学派对后世可能造成的影响是：他们未能由存在的玄秘之角度来看待人，而只是从心、物这两样要素来理解人（这里的心，也可以指思想、意识或理性；或指受生理细胞（神经、物）所左右的心理或思想）。结果，人的结构，乃至人的人性，就只能由心或由物的角度来诠解、来认识。这样不仅易于丧失人之可能与所谓超越界沟通的渠道之认知，而且易于将人与人性予以平抑化，更将使人与人性堕入难以提升其自我境界的渊薮中。

能够保有人与所谓超越界沟通的渠道，可以指前述古希腊哲人所提到的“灵魂”；可以指古希伯来宗教文化所涉论的“灵”，也可以指古印度《奥义书》自我哲学所强调的“灵体”——一种潜藏在个人身、心最深内之处，常住又不可思议的“欢喜所成（我）”。

第二节　天人之际

谈到天人之际，首先要厘清：什么是“天”？它是和属物质性的大地相对应那高高在上的“天”？或是指中国古代思想家所谈述的义理的“天”、自然（义）的天或宗教（义）的天？答案显然是较接近后者，即中国古代思想家们所关切的那种人可努力思索且可用心去膜拜的那个“天”。这里的“天”，当是喻指形而上学家极力用其心思去探索，并且接近的形上实体（the metaphysical reality）；或者意指会作思考的人之企图倚靠自己的理性（理智）去理解和掌握的终极对象。

当然，如果有人认为它是宗教信徒或神学家之日夜企盼、内心亟想一探其究竟，并且试着将它当成可供人们整日膜拜、祈祷的永在者，这也并未言过其实。这样的“天”业已升格成一个人心目中的神，或他个人灵魂的救（赎）主。

针对此间所谈论的“天人之际”，我们就可将之定位成：它是关涉到一个人（人类）之与他个人的生命救星、灵魂救主，或一个人毕生可为之生、为之死的终极关切之所对——套用德国宗教存在主义神学家田立克（Paul Tillich，1886—1965）的话来说，这作为一个人其终极关切之所对，又可被称为“新实在”（the New Reality）、“无制约者”（the Unconditioned）、“绝对者”（the Absolute）、“存在者的根基”（the Ground of beings），或“新存在”（the New Being）等——的一个生命之大事件。如从学理的角度来说，它则无不是哲学形而上学研究的终极对象，也更是宗教、神学或信众之想探讨及信服的“终极实在”。

在上述这种认知背景下，我们则想就东西方文化中有关“天人之际”思想的流衍，摘要谈谈一些事例，以能让人理解：人类确实在他们平日的认知、与生俱来的天性，或所谓潜意识的表现上，多有希望能与其所笃信的“终极实在”或那能作为其生命之本源者相契合、相交往的根本渴盼。

一、西方

在西方，除了其传统神话和宗教本身多充斥有这类的思想，我们来看看它的哲学思想之在兴起、演进和发展上，是否也多隐含这种潜在的思维、渴盼或追求。

首先，就来查看哲学在古希腊崛起的情况。先前，针对宇宙的起源和宇宙的变化这两大课题，曾明确谈到古希腊哲学产生的特质，那就是：由于有神话中的神明因素的介入，遂使得古希腊最早的哲学学派——米利都学派的哲学主张及诉求染上了物活论的神秘色彩。由此，被后人解读成：它是杂有宗教（神话想象）、哲学（理性思维）和科学（经验观察）这三元要素的独特哲学思想。

之后，毕达哥拉斯这位深受东方主行派思想影响的哲学家的主张也有这类的倾向：在他拥有某种宗教思考下，认定“哲学”的本义，原应是爱好并且追求神明（gods）的智慧，以便使人能肖似神明。

人之企求神明所拥有的无所不知、无所不能的知识智慧，其终极目的就是使自己在人世间的生活总能事事如意、一切美满幸福。当然，如果人的一生也能够像神明那样自由、自在又自存，而且又无任何的灾难、困苦，甚至是死亡临身，那是多么的逍遥，又何等叫人称羡！这难道不在表明——能够拥有，并且进入“天人之际”此一生命的至高境界，应该就是毕达哥拉斯之界定希腊的哲学追求的原始心意?

从以上这两个事例来看，古希腊哲学崛起的初期带有如上所提出的疑虑，这就可能接近本单元所关切的“天人之际”课题所涵盖的范围。实情果真是这样，那么我们很可以这么表示：“哲学”思想在古希腊地区的崛起，它无不是带有一种想一探幽冥世界或亟想契入一般宗教理论所论及的灵性世界的企图。“肖似神明”一语给予人们的想象空间，可是何等灵异又神奇！为此，若说哲学在西方古希腊的兴起，其潜在的意动情结就含有人类想与“天”〔按：除了单指宇宙中那位至高、至圣，又极具威荣的独一真神之外，想必亦可涵指所谓天上的众神〕相契合的根本思维，在情与理上也能说得过去。

且来看看哲学在希腊大致演进的情形。古希腊确曾出现三位影响西方人文、社会思想界的大哲：一、自认为是“无知”，但却被后世学界视为最有智慧的大哲学家苏格拉底；二、建构理念思想世界，以及建立其哲学思辨王国的柏拉图；三、经验与理性思想并重，集古希腊哲学思想之大成者亚里士多德。就“天人之际”这一有关哲学形而上学的思维以及宗教上的终极关切来谈，苏格拉底、柏拉图与亚里士多德都未缺席。

我们认定，“未识之神”（the Unknown God）之于苏格拉底、“善自体”之于柏拉图，以及“第一不动原动者”“第一因”“纯粹形式”或“至高的存在”之于亚里士多德，这三哲各自对“终极实在”所作的不同的形上指涉或宗教性的喻指，几乎可以作这样的解读：他们三人各自在哲学人生的追求上，或者说他们各人在潜在的意动情结上，可称得是对“天人之际”这一生命的最高意境有其过人的终极关切。

接着来看哲学在西方（中世纪）发展的情形。当希腊哲学思想演进到一定的阶段，它即碰上了难以前行的困境及瓶颈。这时在其东方，即犹太地区所兴起的一股思想——重视人类救恩的基督教思想，它在性质上其实是与古希腊以理性思维为基调的哲学有天壤之别。这一支宗教性极强的新兴文化系统，所看中的并不是现世的一切（而是关切彼岸或来世的一切），从某个角度来说，它却能解决现实人类对自己的人生所作的精心设计及期盼。特别是后者，这一支宗教文化系统乃能提供希腊哲学在这一有关“天人之际”的形上思维及宗教喻指上所能给予的资源上的不足。

譬如，苏格拉底所关切的“未识之神”的存在，在基督教来说，就可将之予以转化并解读成：这位人所想认识的神，原来就是万物的造物主宰、宇宙的独一真神（《圣经》，使徒行传十七：23—29）。

至于对柏拉图倡言的“善自体”或亚里士多德所称的“第一不动原动者”，基督教也能对之直接作转化性的诠解：宇宙万物确实是出自“终极实在”（者）的创造之结果。不过，万物的出现，对这“终极实在”者（可称之为真神）而言，它们可是被有意识地创造、有计划地设计，而非听凭万物或遵循其自身永恒的程序（规律），或是直接以物理、逻辑等必然的方式而出现。

以上所作的比较性的说明，一者凸显古希腊此三哲人各自在思虑上的不足；另一者则试图明示基督文化思想确然已提供给希腊哲学在诠解某些问题上若干有利的资源。

正值古希腊哲学进入其自身的困境之际，在中东兴起的基督文化或基督文明思想，对当时的人，以及其后历世历代的人类，在个人安身立命之道的追寻上，提供一种极有意义和价值取向的抉择契机。

对于一个人安身立命之道的获得，除了其本身应有某种的形上思维之要求外，更重要的是，它无不关涉个人内在宗教意识的提升。总而言之，在根本上，它应该是一个人试想一探其“天人之际”的意境，或一心想证得

"天人合一"，乃至"肖似神明"这种或可称得上是人在其平日的认知，或在其天性的追求，或在其潜意识之意动情结上的一股愿望。

二、中国

大致说来，中国哲学思想的兴起，它脱离不了古代的宗教、神话，以及极具人文化的经典，像《诗经》《易经》和《尚书》诸典籍所载录的古人之对宇宙与人生的观感。

有学者就明白指出，《诗经》带有一种所谓"形上天"的思维。

在有关治国理念记录甚详的《尚书》的展读上，它有类似的"形上天"，甚至是"宗教天"的思维蕴涵其中。这里所提的"宗教天"，是指那具有颇强宗教性的人格神或人格神的思维。

根据《易传》作者的讲法，《易经》思想的形成，经历了上古的圣君伏羲氏的仰观天象，俯察地理，观鸟兽之文与地之宜，终而作出八卦。这八卦的出现，目的就是"以通神明之德，以类万物之情"。若说八卦——《易经》思想的核心——是原作者试图"通""类"天人两界的一个媒介，那么可以认定：《易经》的出现，是被设计来诠释宇宙和人生某些事理实象，它的潜在目的也当是试图要与所谓的神明世界有所交通、有所交往。

重视"天人之际"，或强调"天人合一"，几乎可称得上是《易经》思维之得以确立的意动情结。

在中国后来哲学思想的产生上，我们也多能看到儒家的孔子和道家的老子各人在此一方面的关注及思维。像孔子的称述天、赞颂天，以及涉论"天"之与其个人的关联等，是孔子勉力于下学而"上达"于"天"的一种反映。再进一层来说，他之有"巍巍乎，唯天为大，唯尧则之"的言论，这难道不在暗示人确可经由自己后天的学习、努力效法就能达到"肖似天"这个无上目的的潜在意图？

至于老子，他之推崇"道"，这人世的言语所难以表述的"常道"，也是人的感官经验与理性的推估所难以企及的所在。如从哲学形而上学乃至从宗教神学的角度，自可以将它阐释为：它是宇宙万物之得以存在的终极基础，也是在其自身充满无限生机、无穷活力和无上权能的永存者、绝对者及"无可制约者"（蒂利希语）。

老子呼吁时人要能时时遵道行德，庄子亦是如此。这难道不也在呈示：老、庄二哲的哲理意向，同样都有他们穷究“天人之际”的根本企图？

在此必须作个澄清：这里的“天”之对老、庄二哲来讲，则当替换成“道”。所谓追求“道我合一”或“人道合一”的生命最高境界，当可视为老庄哲学潜存的意动情结。

自先秦儒、道思想出现之后，历经汉、唐、宋、元、明、清，及至当代，我们能看到其对中国哲学在历来的演进和发展，尤其在研究宇宙与人生的至理真谛上也多有关于天、天道与天理……那可作为“终极实在”或者对那些有关时人追寻其安身立命之道的事物的基始性的追求。

因此，穷究“天人之际”的根本理念，或试图达到“天人合一”的意动情结，诚然是主导中国两三千年来哲学思想演进的动力。

第三节　万物之灵长

在谈到人的结构部分，我们曾指出，东西方有不少学者、宗教或学派曾认定，人的存在可能隐含极细、极难令人理解的成分；这个成分，或可称之为灵魂、灵我或灵体等。于谈到天人之际的部分，我们曾指出，古今中外哲人辈出，他们多把自己一生的终极关怀或如何求取其个人的安身立命之道，托付在对“超越界”或所谓“终极实在”的探求及证实上。

想来，在这世上，或在这宇宙中，除了有我们人类会有这方面的着眼与思考外，难道还有其他的生物，会做出这同样的动作？答案显然是否定的。

到现今为止，我们在这宇宙中，在这太阳系里，在这地球上，仍未见到有如我们人类之拥有其对宇宙、人生的关怀，并带有其对自己理想未来深切的期许，甚至肯用思虑去筑建他个人的生命王国的生物。这种种已然显示：人类确实是宇宙中的宠儿、天之骄子、万物之灵长。

特别是“万物之灵长”一语，或许能道尽人在这自然世界中的独特处境：他动用与生俱来的知能，探求人生在世的命运与真谛；他建造文化、开拓文明，并以文学、绘画、建筑、雕刻、音乐乃至哲学、科学与宗教等来彩绘这个世界，而人文化成了他生命的未来。

人有上述这方面的觉察，也有对这方面努力的成果出现。从某个角度来说，人是愈来愈远离动物性的世界，而挺进到灵性或“神性”的世界。人之有其哲学思虑、宗教上的追寻，这则更加显示：人确实是努力要把他的生命，终极地安顿在一个几近是精神性或灵性的“永恒”的未来。这个永恒的未来，或许可用“超越界”“神性世界”来形容。

（陈俊辉）

参考文献

中村元主编，叶阿月译：《印度思想》，台湾幼狮文化事业公司，1984 年。

爱德华 · J. 贾吉编，刘鹏辉译：《世界十大宗教》，吉林文史出版社，1991 年。

劳思光：《新编中国哲学史》，台湾三民书局，1984 年。

陈俊辉编著：《新哲学概论》，台湾水牛图书出版公司，1991 年。

第三部 价值哲学

假设你一生当中一直努力做一个好人，尽你所认为应尽的责任，并努力做对你的同胞有益的事；又假设有许多同胞不喜欢你，不同意你所做的，并且认为你对社会有危险，虽然他们并不能证明他们的看法正确；又再假设他们以你认为十分不公正的方式来起诉你、审判你并判你死刑；最后再假设当你在狱中等待行刑时，你的朋友安排了一个让你逃走的机会，并和你的家人一起逃亡，他们能提供必要的贿赂使你的逃亡不会有危险，而且人们都认为你“应该”逃亡，你要把握这个机会吗？以上就是“伦理学之父”苏格拉底在柏拉图《对话录·克利多篇》(*Crito*) 里所面临的情况。

价值哲学引言

在我们的生活当中，任何一件事情都是有价值的。虽然很多事是有价值的，并不代表这些价值就会永远成为一种有价值的东西。所以我们所要叙述的价值的哲学，乃是说明怎样使用一个固定的或者有效的方式帮助我们厘定一生价值的标准。

第一节　价值的定义及特征

一、词义

从中文的“价值”这个词来看，它指的是有人在交易，有人在交易说明在交换的过程中彼此之间以自己认为有价值的或者觉得值得和别人交换的东西作为交易的对象。因此，所谓的价值就是指有意义的、可以交换的、值得与他人交易的。在西文或英文里面我们使用 value 这个单词，乃是说一种可欲的东西。所谓可欲的就是指这个东西是值得我们去追求的。所以，不论是在中文的词义或是在英文的词义里面，都指明它是一种值得交易的，或者是值得我们去追求的。

二、实义

亚里士多德说：“凡是可欲的皆是值得追求的，凡是值得追求的皆是有价值的。”所谓价值乃是指凡是人渴望的、人想要去追求的或者是去欲求的东西，都是值得我们去追求的，都是有价值的。

三、特征

每一种值得追求的东西都是有价值的，价值它所显示出的值得追求的东西有下列几种特征。

（一）等级性

所谓等级性是指在价值的比较过程中具有的价值，或者我们可以这样说，甲价值比乙价值具有更高的等级性、更高的位阶性。例如赚钱，赚 3000 元和赚 5000 元，5000 元的等级性就会比 3000 元的等级性要来得高。这种等级性在相似等级性的范畴内，才可能作比较；在不同的范畴内，它是不容易去作比较的。在中国人的传统，读书是一个非常高的等级性，“万般皆下品，唯有读书高”就是说读书这个位阶比其他的位阶要来得高。从另一方面来说，等级性也是指每一个人在人生追求的价值过程中他需要有一个更高的品性。古代把读书作为唯一追求的目标，因为书读好了以后，他去参加各种考试，中选后他会因着这个成就而被国家任命为官员，做更多的事情。现代社会是一种多元化的社会，不太可能以唯一的价值作为唯一的等级性。在不同的价值领域里，在我们追求的过程中，如果都有比较高的等级性，这样的人生就是幸福的人生。现代社会，我们要追求的东西譬如说社会的成就、学业的发展、内涵的充实以及可能有的个人不同的需求，在每一个不同的需求中，它需要互相搭配，也有的等级性是互相矛盾的，不可能互相包容。在这样的状况之下，我们就了解，所谓的等级性必须建构在同一个范畴内所能产生的意义。

（二）超越性

当我们说一个价值是真的有价值，它一定要有一种超越性。所谓的超越性，我们可以简单地说在时间的概念中它都是有效的。在过去这个价值被我们所奉行，到了今天这个价值仍然被我们所奉行，到了未来这个价值也可以是仍被我们所奉行的。也只有超越了时间的限制，它才拥有这种超越性的意义。那么从时间的意义上来说，一个价值它能够在每一个不同的时代都显示出它仍然是有价值的时候，就表示这个价值是值得我们去追求的。有的价值在某段时间内非常盛行，但是过了那段时间以后它可能就不再盛行，因此这样的价值的等级性可能就没有那个可以在时间上流传更久的价值观来得有效。

（三）普遍性

普遍性乃是指在空间的有效性。这个价值在此地有效，而在他地仍然有效，我们称之为普遍性。因为地域的不同而产生社会价值或者环境上的差异，而它仍然能够拥有它的一致性或价值性，我们就称它拥有其普遍性。普遍性不但是让我们感受到它是放诸四海而皆准的一种原则，也能够让我们感受到这样的价值可以让人安身立命。

综上所述，所谓价值，就是说在追求一个事物的时候，我们能不能将其当成一个生活里面或者生命中唯一的或者非常高的一种准绳。这个时候就看我们所拥有的价值是什么样的内涵。那么我们不可能认为所有的价值都必须是这个样子，因为有的价值是一种实用性的价值，当这个实用性的价值用完了之后，它的功能就结束。例如我中午饿了，要去吃午餐。当我饿的时候，午餐对我是一个有价值的东西，但是当我吃饱了以后它的价值就不再存在了，要等到下一次饿的时候我才会再去考虑那个价值。所以它有时间性的范畴，只有在那个时间有效。我们不可能因为饥饿而去用饭，以至于把用饭这个价值作为普遍性的或者超越性的价值。同样地，在生活中我们常常使用金钱，但是金钱不是在任何地方都是有效的，它只有在你购买东西的时候才是有效的。而在购买东西的过程中，又因为货品的不同价格而导致我们对金钱的使用和量的要求有不同，以至于造成我们不可能把它们作为一种普遍性或超越性的意义。所以我们就可以理解：当我们用价值的时候，不要以为生活中的每一个细节都必须把它定为我们生命中或人生中要去追求的唯一价值。而是在我们的人生中为个人安身立命，或是为了社会能够安身立命的时候，它所拥有的价值一定要具有等级性、超越性及普遍性的意义。

第二节　价值的种类

我们按照等级性的顺序，由最低的价值慢慢说明至高的价值。

一、物理价值

所谓物理价值就是基本生理反应的价值，这有两种：

（一）感觉价值

感觉价值，就是以感觉作为价值判断的方法。例如，有的人喜欢使用第一印象来判断别人，第一印象好了以后，对方再坏，都不会改变；第一印象不好，再怎么都不会改善。如果使用这种感觉价值来判断一个人，结果会很容易后悔。因为感觉只是一时的现象，而不是长久的结果，所以使用感觉价值来判断一个人就会产生困难。

（二）生理价值

生理价值是以满足个人生理的需要作为价值判断的标准。中国人最喜欢说“民以食为天”，吃饱了天下就太平了，认为满足一个人生理的需要就是一个价值观。这是不对的。生理需要只是最基本的需求，心理上的需要比生理的需求更重要。如同我们单单有个家，家里面却没有爱，单单有个房子，房子里面却没有温暖，有什么用处？所以我们需要一种更深、更有意义的价值。现代人要求的价值中已经去除了外表的一层结构，要求怎么样去充实这个结构里的东西，这才是他要求的意义。

二、次人性价值

经济价值是现代所流行的一种价值。经济价值是人所发明的，是人和人之间交易的媒介，其方式就是金钱。金钱可以扩充增加人性的意义，可是不能说金钱就是人性、金钱就是人的价值，也不能说赚的钱多就是有价值、赚的钱少就没有价值。如果这种定义可以成立的话，则念一些较理论性科系的人就比念较实用科系的人没有价值了？干什么的？有什么用？似乎大家都以为能赚很多钱的行业就是最有用、最有价值的。我认为最重要的其实不是你所从事的行业，而是你的能力。有能力，就可以在社会中立足；没有能力，念得再好也没用。因此，一个有价值的人不要用外在形式去衡量，而是要看他是否可以增添人性的意义，以让人性得到满足为目标。

三、人性价值

（一）知识价值

一个人要有知识。如果在以前一元化的社会中，长辈说什么就照做，不需要依靠太多的知识作判断；但在今天就要出问题了，因为在这个多元化的社会中有太多不同种类的知识在流行，过去的经验不足以应付现在的社会，只有多去吸收知识才能应付现代的生活。要去规划一个高品质且有内涵的生活，就必须要有足够的知识。

（二）艺术价值

艺术价值也就是美感。我们每个人都有美感。看到一件漂亮东西，你会欣赏，说它美，那是一种直觉。如何将这种主观的直觉化为大家都可以接受的一种美的经验？美的经验，不但要能赏心悦目，或看得舒服，还要有美的知识及美的判断。有美的价值判断时，我们就可以很清楚地告诉朋友它美在哪里，在欣赏过程中我们就可以直接判断，增加我们生活中很多很多的美感。

（三）社会价值

社会价值对我们每个人都会有影响，国外的社会价值观不见得适合中国，同样的我们的价值观也不一定会适合外国人。因此，社会价值是符合当地社会的需要而建立的。中国传统的价值观中，父母年老了，子女长大了就要孝敬、奉养父母。如果你遗弃了父母，会遭别人的指责，法律也会制裁你，这就是中国社会的价值观。但在西方社会，就没有中国人这样的方式，如果以中国人的价值观去批评西方人，就失去了社会价值的意义。

（四）品性价值

品性价值就是要求每一个人在社会中有一定的品格，有一定的格调。我们常说一个人要有品位要有格调要有气质。

四、道德价值

道德价值可说是价值观中等级性最高的。此处所讲的道德不是指那些传统的教条，而是采用老子对道德的解释。老子以为“道”是原则，“德”是方法，所谓道德就是实行原则的方法。原则只有一个，实行原则的方法却有很多种。

道德有下列几种特征：

1. 自主性：即不管外在的法律、社会规定如何，你都会要求自己遵从道德，具有自己的道德规划。有一个人在念中学时是坐火车从板桥到台北上学，每次都设法逃票，在当时他觉得很快乐。毕业以后他一直觉得心里不安，非要去还这个债不可。他寄了一封信给台北火车站的站长，里面附了几百块钱，只有将票价加上利息还给车站他才能安心。像这样的行为就是自主性，也就是尽管外在的法律不惩罚你，社会也不知道，可是你内心知道自己错了，你要为自己所做错的事负责任。

2. 绝对性：不论时间、地点如何变更，道德的价值都存在。例如孝顺父母，不能因为今天开放了、社会自由了，所以我们把孝敬父母这条也改了。道德价值的绝对性是不能改变的。

3. 超越性：不管时间的变迁，它都在那里；几千年前是这样子，几千年后道德价值还是这样子。

4. 普遍性：你到哪里去都是一样的，在南部如此，到北方亦是如此。

5. 负责任：不管你做了什么，你都要为你所做过的事承担后果。

因此，在此处所谓的道德价值的特征，其实就是指道德价值是人内在的价值，是不会改变的价值。我们只有努力遵从这种内在的价值，才有可能是一个高尚的人。

我们前面所述的物理价值、次人性价值、人性价值，都是由人的本能、人所组成的结构、人的需要以及增加人的意义而产生的一种价值。道德是可以规范人的意义和价值的，也可以增添人的意义和价值。道德价值不只是由人所产生的，也可以是由人的团体的需要所产生的，而道德价值还可以更高于人的需要、人的意义。那么在实用主义与经验主义的理论中，所有的道德规范都必须建立在能够被经验以及有用的基础上，它才能够作为价值的一种标准。对功利主义而言，道德的价值必须建构在另一个基础上，不管是对个人有益或是对他人有益或者对全体有益；而真正的道德价值如果只是对绝大多数人有益的话，到了下一个时代绝大多数人若不再觉得它有益的话，它就应该被淘汰。那么在历史发展的过程里面，已经产生不同的朝代、不同的人群，我们怎么可能从后世的观点来评论前世说这样的观点是值得赞美的、这样的行为是值得歌颂的呢？显而易见，道德不是建构在经验主义者、实用主义者或者功利主义者的理论上，而是建构在一个普遍性的以及超越性的价值上。所以从道德价值的内涵来看，它不但具有一种较高的位阶性，也具有一种普遍性和超越性。古代某些英勇事迹到今天仍然被我们所歌颂，因为这样事迹是值得我们赞美的，这些德行或者是行为到今天仍然被我们视为非常高位阶的一种标准，也是到今天仍被我们所奉行的。因此我们在讲道德价值的时候，道德它是一种规范，不但规范现在的人也规范过去的人以及未来的人。如果道德只是规范当时的人或者是一小群的人，那么无形中它可能会变成一种暴力主义，也就是强权者就得势。在一个团体中，谁可以来决定这个规则？民主制度就是多数来作决定，这是经过人类很多的痛苦和经验所发展出来的一种结果。在古代 power is right，谁有力量谁就可以代表正的一方面，因此用多数的力量或者个人的暴力来作为一种判断或者一种决定，这样的道德或者规则不是就变成一种暴力主义了吗？它怎么可能建立在一种人性的基础上呢？因此，道德的价值或者人性的价值，它一定要建构在一个基础上，就是建立在人性的尊严、人性的意义上面，否则这样的价值就不能够被我们称述。我们在前面所述的人性的价值，它非常重要的一个条件是它可以增加人的光辉，增添人的力量；而道德价值要比增添人的光辉、人的力量还要更强的一点就是它所拥有的那种价值的内涵，它不但是可以增添，它还可以发扬，可以给人性定位。人性的发展要根据这样一个规则来发展，才符合人性价值的意义，而这种规定就是所谓的道德价值。道德的价值一定要和所谓的道德问题加以区分，或者说我们要在道德里面去区分它的现象与本质的问题。道德的现象在每一个时代都会不一样，到了今天，可能过去的那些道德现象就被排除了。我们如果把过去的道德现象作为今天道德本质的判断内容，那么我们当然就用现象来害本质而无法造就道德本质的建构。举个例子，在中国的传统里面非常看重孝道，“孝”是一种本质，但长辈强调的孝道的内涵常常喜欢用“顺”作为连接词，孝顺似乎就成了这种德行的本质。事实上，“孝”是本质，“顺”只是达到这个本质的方法之一。它是不是必然方法呢？在某些状况是可以顺，另外那些状况里面可能就很难顺了。所以道德的价值所要强调的不是道德的问题，也不是道德的现象，而是强调道德的本质；只有道德的本质才能发扬人性的光辉，只有道德的本质才能增添人性的意义，只有道德的本质才能造就人高尚的品位。

五、宗教价值

宗教价值对当代人而言可能是一个非常难以讨论的题目。自从科学发展以后，有许多的哲学家或者科学家把宗教当成一种迷信，理由是从宗教中找不到足以证明宗教所说的对象。由于宗教所崇拜的对象是一个超自然的事物，而科学是要求验证、证据，在有限的证据中无法证明无限的事物，因此，很多的科学家都认为宗教所诉诸的那些对象是不存在的。宗教真的是毫无价值的吗？我们从这个世界的结构或者从人的结构来看的时候，就可以发现人的意义、人的目的都是在追求幸福，常常期望的是以永恒性的、无尽的幸福，因此宗教所拥有的价值往往超过了人性的价值以及道德的价值。真正正信的宗教所能带给人类的贡献是无疑的、无远弗届的。我们从宗教的本质来看，宗教是以神设道，也就是以一个超然的、超越人类事物的对象作为人崇拜的对象。由于它的超然性，所以它具有一种遍载性，具有一种超越时代任何一种时间性的因素，因此这个神道本身所拥有的特质可以作为人类崇拜的对象。有些道德的本质是超越时代意义的且一直被人所奉行。宗教里面所强调的超越及普遍的神的存在也自然就是人所崇拜的对象。但是，我们前面所讲的道德原则，它不是自然产生的，它必须和宗教所强调的超越性的、普遍性的神结合，由那个神所规定，它才拥有这个普遍性和超越性。宗教的价值就在于它可以达到这样的目标。宗教对人的影响、对整个人类历史的影响，无论是在艺术、文学或者是在人的内在心灵的需求，它都给予了人生中非常重要的目标。

价值的种类按照价值的等级性来排列大概有以上的五种，也就是我们基于一个信心：对于一个人在追求价值的过程中，应该是以精神的条件为先，而物质的条件为后。所以，凡是注重物质条件的物理价值，或者次人性价值，都低于追求精神的人性价值、道德价值和宗教价值。而在精神价值里面，是以只满足于人自己的需要这样的价值低于那种对人类整体的关爱、对人类整体的照顾所能够看到的价值；而更高的价值是来自于对整体人类的照顾、对人类整体的关爱作为一种价值的发展。在道德价值和宗教价值里面来看，对于今世的价值，只满足于对今世的一种要求，而道德价值基本上都是在规定在今世所可能达到的这种价值性。今世的价值能不能帮助我们达到来世的可能性，道德的价值有时候很难去回答这样的问题，而只有宗教的价值可以答复这个可能性。

第三节　价值的内涵

价值不只是有它外在的意义，也有内在的意义。外在的意义是在说明这种价值所表现出来给予人们的直接利益，而内在意义指富有能够提升人性、能够使人性有发展的一种可能性。所谓价值的内涵乃是指明我们怎么样能够用价值所具有的内在的价值，帮助我们获得一个人之所以成为人的一种意义和目标。一般来说，价值内涵可以表现在三个层次：第一个层次是事实追求的层次；第二个层次是个人的修为、行为和模式的层次；第三个层次是境界的层次。在第一个层次里面我们称之为“真”或者“科学的精神”，也就是说我们在追求事实的过程里面要有一种什么样的态度，要有一种什么样的方法。而在第二种层次中，我们表现在行为上怎么样使自己的行为正确，或者使自己的行为有更高层次的表达。这种对于行为或者行为方法的要求，我们称之为“善”，也就是一种伦理。第三种境界就是如何将人生修为的一种能量提到更高，能够更具体地表达出来。这样的精神我们称之为艺术精神，也称之为“美”的精神。这三个层次是彼此独立的，也可以彼此相关，这种相关性有没有可能达到一种一致性呢？所以我们就会有第四种模式，那就是所谓的“圣”，“圣”就是达到一种最高的境界。当我们说“真”，在事实的追求上来讲，要达到最高的境界，那就是完全的真。可是我们在叙述事实的过程里面，事实都是属于一种个别事物性的模式，但如何使我们这样一个个别的模式能够达到一种整体性的真呢？因此在“圣”的过程里面它就是在说明怎么样使我们“真”“善”“美”能够融合为一而能够结合成一个完美的价值。

一、真——科学精神

在传统的解释里面，我们都以为真就是面对事实。事实在一般的呈现上来说可以分成两种模式，一种是“外在的事实”，一种是“内在的事实”。所谓“外在的事实”乃是说明整个现象的发展、现象的呈现。例如我今天看到下雨了，下雨是一个事实，也是一个现象，我的眼睛看到了，就呈现出一个陈述句，那我说“下雨了”，我们就说这个论述是真的。因为所看到的事实和外在所显现出来的东西是一致的，我们说这个叫做“真”。这不是唯一可以去检验你这样讲是不是正确的方法，还有别种模式。譬如说有一个木匠，他想要造一张桌子，他在脑海里面设计一个桌子的样子，当他把内在的想法实践的时候，这个桌子呈现出来的是木匠内在的一种观念，当他实现这个观念的时候，我们也称它为“真”。当我们说“真”的时候，它不只包含了外在事实的观察，也包含了内在观念的呈现。我们不可否认内在的观念也是一种表达事实的模式，就是“我真的有这样的一种想法”“我真的有这样的一种感觉”“我真的体会到这样的一种事实”。这是我们在“真”这个模式里面所提到的。

“真”如何去和人的价值结合？一般的哲学家，特别是经验主义的哲学家认为只有你去接受事实，你只有看到事实才能说它是什么或者不是什么。所以，事实以外的东西，你经验不到的、感觉不到的就不能够被称为事实或者真。因此当我们述说这样的一种目标或特征的时候，它都落在一种对事实执意的追求上。在当代的现象主义里面，他们认为现象就是本质，一切的现象就是本质。大部分的现象所呈现出来的只是本质的某一部分，就如同我个人内心有很多的情感，当我把它表达出来的时候，所有的情感都说得清清楚楚是不大可能的。我们以“真”为一种价值观，它乃是具有一种“追求”的精神，不只是去追求所谓的事实或者现象，也要去追求、去认识事物内在的因素。这样的精神在当代来说是属于一种科学的精神。而事实上，“science”（科学）是来自拉丁文 scientia，scientia 表明的是一种学问，学问从希腊时代到罗马时代一直显示为一种追求的精神，追求要用方法，且要使用一种有效的方法，帮助达到你想要追求的目标和结果。因此，以“真”为一种价值的内涵，这种精神是一种科学的精神，是要帮助我们认清自我、改进自我、认清他人、促进人际关系和接触万物、参与天地化育。科学精神希望从我出发，所谓认清自我就是知道自己是一个什么样的人——我的个性、我的特征，我可能会有一种什么样的情绪或者我可能会有一种什么样的表达模式。了解这样的一个模式之后，当我和他人接触的时候，可以和他人相处得非常融洽。从另一方面来说，也可能我和他人会有一些意见不同的地方，这时候我就知道为了追求真和其内涵，要和他人有一个良好的关系，就要认清改进自我的模式（即我的表达、行为的一种状况）。

认清楚自己，能够和别人相处，并不表示这样的关系就结束了，我们要借着这样一种能量和万物接触。所谓和万物接触，就是我们用这样一种态度来跟别人相处和接触，也就是我们用这样一种追求的精神来面对事物，来做研究探讨，了解事物的本质或者事物内在的意义，达成我们和事物合而为一。因此当我们理解每一个事物的真正意义的时候，可以发现当我们去做这种科学研究或者现象研究的时候，不只是去揭露现象的真相，也要去揭露现象里面的本质，它所显露的意义和价值。当我们要去处理这种科学精神或者“真”的时候，我们忠于事实和事实本身所蕴含的本质，才能帮我们建构科学的意义、科学的价值和科学的精神。

二、善——伦理精神

在价值的层面中，“善”所述说的是一种人的行为模式，人怎么样由他的行为或者对行为的理解或者对行为的开展能够表现出他生命的意义与价值。从另一个观点来看，当了解自己，能善尽自己，能够把自己需要的做到完美、做到正确、够好，我们称之为“善”。从另外一个观念来看，单单个人之善不足以表达这个完整性。人和自己、人和他人、人和社会、人和宇宙，这几个层面都是属于善的范畴。所以我们说善，首先就要考虑怎么样让自己成为一个具有善精神意义的人。

让自己变得有能力，可以处理自己的问题，能够把自己的行为变得好，以至于慢慢能够与他人相处，能够与社会团体相处，这样的一个过程在中国人来说就是“修身、齐家、治国、平天下”。每一个阶段都能够让我们建构自己对善的精神或者伦理的要求。首先从修身的观点来看，中外的哲学家们都着重于怎么样去忠于自己，怎么样将自己的问题能够澄清或者做一个妥当的安排，所以自我的修养是整个价值内涵里面最重要的一个部分。中国人的传统观点认为一个人要修身必须要兼顾两个部分，一个叫做“内”，一个叫做“外”。“内”就是怎么样让自己的心意变得纯正，怎么样让自己的思虑变得完善，怎么样让自己的观念能够正确，中国人称此为“内圣”；怎么样让自己和外在的事物具有一致的精神和状况，能够让我的思虑、我的观念和外在我所接触的人事有一致的精神，中国人称此为“外王”。一个人要达到内圣，“心”也就是他的观念，一定要是一个正确的观念，叫做“心正”或者“正心”。一个人心正，观念正确了，所表达的意念就会诚恳且清晰；若心不正，则他的观念表达常常显得模糊不清。因此，“正心、诚意”也就是内在的让我的观念能够变得完善、良善的一种重要的方法。“外王”就是在帮助我们达成对外在事物的理解，首先对每一件事物都要能够完整地看到，“物有本末，事有终始，知所先后，则近道矣”。所谓“物有本末”就指任何一个事物有它的开始，也有它的结束，这是从它的现象来看。从本质的层面来看，任何一个事物都有它的重点以及它非重点的部分。因此，“物有本末”，我抓到这个物的本质，我掌握了处理这个事情的时候要从哪里开始。所以“物有本末，事有终始”，我抓到它的终始“知所先后”，我能够掌握要怎么样去处理，就能澄清这个事情的方法。在“外王”的意义来看，就是当你认真努力地把每一件事情去处理好、去澄清，你自然就可以从里面获得一种知识，这也就是在《大学》里面所说的“格物致知”。中国一些哲学家们过去的观念认为只要用脑力和身体的力量就可以把我们的对象作一个彻底的理解；而事实上并不然，你拥有了一个主观的成分，你就不可能对事物作一个理解。只有面对事物和事物一致，你才能够对事物有所理解。在“修身”里把“内圣”和“外王”两者作一个澄清，有一个完善的修养以后，我们就能够建构一些基本的概念。这种概念就是说，跟别人的相处过程中，我们有没有一个一致的方法和态度——中国人称为“达德”，而西方人称为“枢德”（carbinal virtue）。“枢德”或“达德”指最基本的、最重要的、最核心的表达你行为的一种模式，就是使用这最基本的德行可以帮助我们建构和其他人事物的一种关系。在先秦的时候，孔子看重的是“智、仁、勇”，孟子是以“仁、义、礼、智”作为达德的表现；到了两汉，又加上“信”，变成“仁、义、礼、智、信”作为达德表现的模式。有了“达德”，德性就完备了，就可以“齐家”。“齐家”就是建构一个最基本的社会团体，“齐家”就是伦理精神的具体实现。家庭里面有各种不同的关系，有父母子女，有兄弟姐妹，构成了一个初步的社会。在这个社会里彼此有互动，互动中有规则，规则就是如何保证表达这种关系的顺畅，所以伦理精神具体地实践出关系的方法和发展。在近代的观点来看，把家庭的关系处理得好就是一件了不起的事。一般人最大的人际困扰常来自家庭，若不是和父母有不同的意见，就是和兄弟姐妹有不同的观念，所以“齐家”就是在家庭中不同的角色安置。这个角色是靠时间的因素来作决定的，如兄长比我先出生，所以我必须对他尊敬。中国传统伦理和西方伦理中家庭的观念是差不多的，后来社会的模式、社会的发展对于家庭的角色有一些挑战，以至于造成对某些家庭关系的不确定。尽管有这种不确定性，不足以去说明家庭关系就结束了，或者家庭中的伦理就消失了，它仍然是存在的。即使最极端的破坏这社会秩序的理论者，在家庭中仍然遵守着这种伦理关系。因此，当你能够认清“家”这个最小的社会结构关系，找到一个能够相处的模式，在积极面来说你善于处理这样的人际关系，在消极面来说你不要让人际关系中的冲突爆发出来，也就是忍耐、妥协。这个是我们在人生的发展过程中常常会看到的两个层面。你不可能常常用积极的层面，你可以去实践、发展，达到这样一个模式。我们就有能力到社会上去参与其制度，成为这个社会的一员，跟别人共同努力、共同生存。

从上所述各方面的层面来看，所谓“善”主要是表现出一种伦理的精神，一般的解释就是“好”，就是人对自己好、人和人之间好、人和社会团体好。所谓“好”，当然不是“滥好”。它也不是一个消极面地说只要不犯错、只要不引起冲突那就是好；而在积极面上是我如何建构这种精神、关系，我如何经营人和人的意义和价值。有这种体会，就可以在人际关系中或者在伦理精神中建构出生命的意义和价值。

三、美——艺术精神

一般的观念都认为美是主观的，美是你只要喜欢就好、能够赏心悦目就好、可以看得顺眼就好。可以说这些都是一种美的表达，美的意义却不只是这样的一种说法。孟子在《尽心篇》里说“充实之谓美，充实而有光辉之谓大，大而化之之谓圣，圣而不可测之谓神”。孟子所谓的“充实之谓美”意义是任何一个实物必须具有完整的条件，当它的条件充足了我们就可以称它为美。但是孟子很快地又发觉，这样地充实它是不是足以构成美的条件是颇为令人怀疑的。所以孟子就补充说“单单充实是不够的，它需要具有一种光辉的特质”。所谓“光辉的特质”就是可以吸引他人，单单以一个事物的充实仍然不足以去述说美的意义，而必须要能吸引人。当代的一些美学家们常常使用“充实而有光辉，能够令人欣赏的事物”作为美的一种定义。“美”是人生内在的一种渴望，希望达到美的一种境界。美给人的感觉是具有和谐、融洽及圆满的精神。美是让人舒服的，在一般的社会或事物中人们常常喜欢讨论“美”的一种呈现或表达。“美”可以是自然的美，也可以是一种人工的美。看到大地山川所展现出的和谐性或让人向往的精神，此称为自然之美；而人工之美就是人为创造出一种状况、境界让人有欣赏大自然那样美的同样感觉。“美”可以有不同的层面，当我们把美描绘、呈现出来，可能就会把美的精神浓缩在所欲表达的对象身上。当我们使用这样的模式时可能就建构了一种技术，能够使用技术把我们察觉到的大自然的美呈现出来，此称为人工之美。人工之美形成了艺术，艺术在希腊文里主要是说一种技术，也就是你使用什么样的方法能够把外在的美呈现出来、表达出来。艺术的精神就是把美具体地描绘出来、呈现出来。

如何把美具体地呈现出来，中西方有不同的模式及说法。西方人在追求美的时候会靠很多的运动表现出他们的状况：从希腊时代我们就可以感受到他们借着奥林匹克运动会展现出人体之美；借着宗教展现出与大自然、超自然事物的一种接触；借着艺术的表达，例如绘画、雕刻来表达出他们的精神。而中国的“六艺”即是用六种不同的艺术或者艺能性的东西来展现出对美的一种呈现。六艺有三种不同的内涵，一种是六种经典，第二种是六种能力，第三种是六种艺术对象。这三种内涵都称为“六艺”。所谓六种经典即是《诗经》《尚书》《易经》《礼记》《乐经》和《春秋》；而六种能力即是礼、乐、射、御、书、数；六种艺术对象即是琴、棋、书、画、诗、茶。儒家一直强调这六种经典是作为文人必须具备的基本能力，当这六种经典都熟读了以后便有能力从事社会的工作，而六种能力都具备的话就是拥有一个谦谦君子的内涵。而作为一个文人，六种艺术对象你都要会，琴棋书画要样样精通，在社会上便可以受到极高的尊重。从以上各种说明便可以体会到：不论在中国或西方，不论是在观念上或身体力行上都试图追求让自己身体内的能量能够具体展现到外在的社会和世界，乃至与整个宇宙有所沟通。在追求的精神里面，我们可以看到美的特征。美的第一个特征就是要求一种和谐，和谐就是我与对象的一致性，我和对象表达的模式是完整的。这种和谐是指在观念上和具体行为上的一致性，观念和行为的一致，造成了主观事物和客观事物彼此间有一种沟通的能量。第二种特征是要去建构一种体系，一种内外完整的体系，包括由近及远、由远及近、由亲及疏、由疏及亲等沟通表达的方式。第三种特征是所有的艺术都表现出主体性的价值，即艺术家企图经由自己的理念而将观赏者带到一种境界，或者是艺术家想要营造一种气氛能够表达出自己的内在精神和世界。艺术要让艺术工作者走向绝对性即是所有艺术工作者共同一致的观念。从以上特征来看，艺术真正的目的是要去追求美，但是艺术家努力追求美并不代表一定追求得到，甚至许多有名的艺术工作者所表达出来的，只符合艺术工作者自身的要求。因此在追求价值模式中，除非对自己的训练可以达到某一个层次，要建构艺术者随心所欲表达出自己的一种状况，如果训练不足便不足以去表达，只有在训练完整的时候艺术工作者才能自由运用他自己的思维来表达。美是一种境界，艺术工作者就是要带领他的作品与观众一起走向这个美，走向和谐、匀称的绝对性，才能建构这种美的意义与价值。

四、圣——人生的完美境界

如果我们只有真而没有善，会让人感受到个性的坚持而没有润滑；如果只有美而没有善会让人感觉到它是一种自傲；如果有美而没有真那就变成一种浮华的美。真、善、美三者要融合在一起，最终的目标是要达到整体性的融合，即“圣”。“圣”不只是一个单面发展的完成，而是整体的一种状况。所以，在人生发展的或人生追求的一种意义来说，“圣”是一种目标。假如我们把人类的发展或对哲学的追求分成两个层次来说明：“圣”就是上面的那个层次，它是一个总和的、统合的层次，是一种目的；而下面就有“真、善、美”，此三者是方法。用知识的“真”、道德的“善”和艺术的“美”分门别类去发展，整合达到“圣”的目标及境界。“真、善、美”在各自的领域中是自我体系完整性的要求，是可以达成的。譬如说要达成“真”这个层面，若没有最终的目标，只有事实而没有终局，只有现象而没有本质，这样的“真”就没有办法达到生命的意义及境界。“善”也是一样。“善”可以沦落成为一种滥好人，可以沦落到为“善”而善，没有思考到善具有一种扩充的意义和价值。“美”亦是一样。“美”若沦落就变成一种匠气，往上发展则会构成一种美的光辉及价值。因此把“真、善、美”的积极面整合起来向上发展就构成“圣”的目标。在整个人生哲学或者哲学的追求中，首先要面对自我。苏格拉底曾经说“一个未经省察的生活是不值得生活的”，但要如何省察呢？就用“真、善、美”来加以省察，省察我们生活的事实面，省察生活中的现象是否符合事实本身，省察生活行为是否符合“善”的要求。中国人和西方人皆想追求一种完美的境界。对中国人而言，此即“能参天地之化育”，即是与大化流行一致，亦是在整个世界的发展过程中能够与其一同呼吸、一同运作。此种参与天地之化育随着大地的变化而自身有同样的作为，在中国人来说是人生最高的完美境界。对西方人来说，柏拉图在希腊哲学思想中强调神人之间存在轮回关系，天堂里人的灵魂是高贵的，但神体也会有失言行为，当犯错之后便会降至肉体来受罪，等待修行完毕再回到神的地位。这给人一种启发，即是人身上有成为神的可能，只是在人性的弱点上无法使自己发展出所属的神体精神。譬如懒惰、贪念这些因素让自己无法进步而造成渴望发展自我精神完美性的阻碍。所以“圣”的目标是帮助自己发展出这样的状况。

在本节中，我们发现，当在追求价值或陈述价值哲学时必须包含四个方面，即“真、善、美、圣”。“真”是一种求知的精神，即是在知识的层面要尽自身的能力去追求清楚的、明白的、正确的知识。如同笛卡儿所说“我思故我在”，因为他要追求一个清晰且明了的观念。要如何寻求这样的观念呢？笛卡儿归纳出来说：“不管我想得对、想得错，但是有一件事是我无法否认的，就是我的存在。”也就是说，即使我思想错了，我仍然在思想。我思想这件事是存在的，即是说我存在，存在的理由是我思想，思想的原因是我存在，因此“我思故我在”。这是一种求知的精神，而求知是要有系统的，系统性的发展达到人性的目标。第二个“善”是一种行为的好，即是求行，让行为愈来愈完善，愈来愈美好，让行为符合自身的需要，亦要符合社会的规范和整个人类的目标。在人类社会中，除了个人，还有其他人和我们共同存在，因此要使自身和社会一致，在行为上要有共同的想法和态度。第三个“美”是求和谐、求匀称、求绝对性，让我们人生的意境能够永远不停地发展，达到生命的一种境界。最后“圣”是希望人生境界完美提升的早日到达，借着“真、善、美”各方的努力结合之后，达到这个层面的跃升，达到生命中的意义和价值，如此我们发觉可以参天地之化育，达到天人合一。

第四节　价值的目的

到底我们追求价值的目的为何？为何要去求“真”“善”“美”“圣”呢？人生总是要有目标，念哲学也是要有一个目标，思考也要有一个目的，即使胡思乱想也是有目的。有几种目的可以叙述：第一种是碰到困境，希望逃脱困境。此方式是消极的。第二种是已经有清楚的目的，但此目的无法完全满足自我需要，因此希望寻找更高的目的。这种目的称为积极的目的。消极的目的也有其功能，能帮助自我解决问题、面对问题，清楚困难所在，因此想到一些方法解决问题。譬如我认为我的行为不好，我碰到困境是我的人际关系不好，因此我靠改善我的行为而改善人际关系，以至于我的善行能够受到他人尊重。由此，消极性是有意义的，但是这只能往人的内在去发展，对外发挥自我能量时便无法说明。积极的层面来说，不但帮助自我完成、解决目前的困难，甚至帮助自我超越目前的问题。

而在价值的目的上来说，不只是讲述消极的目的，也讲述积极的目的。价值的目的，其一是人生需要跃升，必须不断地扩张、发展自我，让自我愈来愈有求真的精神、善的行为、美的境界、圣的状况，此种跃升即是把人性加以扩充、加以发扬，如同中国俚语说“鲤鱼跃龙门”，生命的张力迫使它往更好的状况发展。

其二是跃升的层次，在人生境界上逐步地往上发展。孙中山先生曾说“整个人类世界有一种进化性的发展”，“进化”并不是生物上的进化，而是内在意义上的进化，也就是从兽性进化成人性，由人性进化到神性。所谓“兽性”即是互相斗争，只为自身利益、想法或目标，不在乎他人。而人发觉自己在自然界中并非是最强的动物，若不依靠互助很难去抵抗其他动物的侵袭。凭借互助，产生人类的文明、社会、世界和历史。而神性即是仁爱的状况，放下彼此斗争的可能性，依靠互助进入仁爱的境界，用爱促使人类加强合作，造就整个自然界的和谐。

其三是跃升的最终目的，即是达到神性的境界。神性即是一种精神性的生活，可以了解哲学整个追求的目标、整个价值理论最后的建构不是强调兽性的发展、人类思欲偏歧的发展或者欲望的发展，而是强调人类仁爱的精神，促进整个世界人类的和谐且和平的发展，以至于我们不但是能够在人类世界中发展，还可以扩充到整个万物、整个宇宙间，由彼此的互助、友爱的精神使人类理想世界、大同世界早日呈现。孔子《礼记・礼运大同篇》中强调大同世界，或老庄强调无欲的世界，当什么都满足之后人类世界自然就得到一种和平、快乐。这是整个追求价值过程中，价值哲学可以提供给我们作这样的一个思考和反省。从下面开始，每一章分别叙述“真、善、美、圣”不同的模式、不同的状况，提供人类发展的原则。

（黎建球）

第一章　认识价值——真

在价值哲学的范围中可以分为四种：一为“真”，二为“善”，三为“美”，四为“圣”。“真、善、美、圣”构成了整个价值体系。本章中将介绍认识的价值。我们追求知识的目的乃在寻求事实的真相，能够找到我们欲求知的内容及其特征。知识能提供我们判断的准距及方式。第一节简单地叙述在西方历史上对于“真”追求的意义和方法。第二节将介绍“真”的定义和内涵。第三节将叙述“真”的种类。第四节说明“真”与“假”的关系。

第一节　西方哲学求真简史

在此节中向各位介绍在西方哲学中追求真的意义和价值。必然会有读者询问为何没有介绍关于中国哲学家对于真的意义和说法，所基于的理由是在哲学系统发展的过程中西方这个部分的研究更胜于中国。有一些哲学家以为中西哲学最大的不同在于：西方哲学看重知识的价值，在真理道路上的追求比较迫切，而中国人在行为上的修养或善做得比较独特。

一、古希腊哲学家

古希腊哲学家们在仰观天文、俯瞰地理的过程中一直渴望将自己定位，也就是在这宇宙范畴中找到一个宇宙不变的规则。泰勒斯在观察宇宙现象时就以水作为宇宙不变的因素或万物发生的因素，一切事物都是以水而生，水是一切事物发展的状况。其他哲学家的研究发觉火才是宇宙的因素，也有认为气是发展的因素。

米利都学派着重宇宙的“太初”问题，问及宇宙的原初状态。以人生问题为主要探讨对象的毕达哥拉斯学派，专门用修行的方式，使人摆脱人世间的各种束缚，而步入解脱的自由境界。毕氏的学理在于认清人性的烦恼以及人世间的各种苦恼，尊重精神生命，认为唯有放弃肉欲的生活才能获得精神的自由与幸福。毕氏的这种实践取向的学说，影响了柏拉图的灵肉二元，亦在亚里士多德的伦理学中占一席之地。

到了希腊三哲（苏格拉底、柏拉图、亚里士多德）时，他们一反前人对宇宙的观察，而走入哲学思考。

苏格拉底理论与实践并重，把“知”和“行”联结起来，用“知即德”的原理，既着重于“知性”的发挥，也把“德性”的完美作为做人处世的根本。苏氏的“德性”体认，指向“正义”。他深深地感受到人世间有诸多不公不义，而推论出来生来世的正义领域。也就凭了这信念，他毅然接受了国法的不公制裁，饮毒而亡。苏格拉底在观察人世间和宇宙的关系时，认为忠于自己、过正直的生活才是一个哲学家真正要去努力的。他从对万物的观察中看到了德（aretē），即是一致性，以人生的一致性、思想行为的一致性作为生活的准则。苏格拉底以知为思辨的出发点，找到“德性”的实践方案；同时，多少超乎了理性的极限，而以“信心”作为对彼岸幸福、正义的追求。其知性和德性的融通，间接说明了思维的观念世界以及现实的感官世界相互的关系。更重要的是：灵肉的二分，以及对灵魂不死的信念，与毕达哥拉斯学派的学说不谋而合；其必须通过今生今世的“知性”进路，虽与毕氏的学说相异，但却开创了西方此后知识取向的道德观。在苏氏看来，“知善”和“行善”才是善，无理性的行为不能算是伦理行为。这种理性的道德观后来成了西方哲学的主流，尤其是亚里士多德的伦理学极力发挥了这以知为中心的人生哲学理念。从“认识你自己”开始，苏格拉底发展了“知即德”的人生观，进而又指出“知者就是智者，智者就是善人”。这样，由知识走向道德的通路，就成了苏格拉底以及西方人生哲学的根本取向。

到了柏拉图，认为真即是最高的观念，只有在那里才有意义和价值。善的至善性、观念的至理性是真的渊源。柏拉图哲学中最重要的重点大致有五：一是他的共相理论；二是他的理念论（它是解决迄今仍未解决的共相问题而作的首次尝试）；三是他主张“灵魂不朽”的论证；四是他的宇宙起源论；五是他把知识看成是回忆而不是知觉的认识论。从柏拉图的思想中我们可以看到几位哲学家的影子：他从赫拉克利特身上获得了“感觉世界中没有任何东西是永久的”的观点，从巴门尼德那里得到了“实在是没有时间性，是永恒的”的论点。根据逻辑来说，一切变化都是虚妄的想法和赫拉克利特的学说相结合起来，就得到了“知识不是由感官得到的，而只是由理智获得的”这一结论。柏拉图又从毕达哥拉斯那里得到了灵魂不朽的信仰、出世的精神、僧侣的情调、宗教的倾向，以及他对于“地窖”的比喻中所包含的思想，还有对数学的尊重等等。从苏格拉底那里，他或许学到了对于伦理问题的首要关怀，以及他要为世界寻找出目的论的解释，而不是机械论的解释。

到了亚里士多德时，认为知识始于感官经验。面对着他的老师柏拉图之论点，我们可显见其质疑——观念真的是独立自存于另一世界吗？观念是先天地与生俱来的吗？人是借着回忆来把握观念的吗？亚里士多德否认了人与生俱来的先天观念，亦推翻回忆前生理念的说法，而主张人生来心灵空白无一物，仰赖感官经验的渠道，一如在白板上写字而得到了知识。感官知觉（Sense Perception）对外物产生经验，理智从而于当中抽出事物的观念。亚里士多德认为倘若失去感官，就无法学习或理解任何东西。感官经验，就是人类的身体感官和外界事物的接触而引起了一定的感应，与外物因为刺激而交感，产生了共鸣，进而知觉到外物所带来的感官经验（Sense Data），诸如颜色、声音、气味、形状等。不同于营养吸取，知觉作用唯摄取了对象的形式而未损坏对象的质料或存在。知觉某物就是意会了对象的性质，人之心灵依据感官知觉已能把握外物的感性形式，而既然感官知觉对知识的获得是如此基本而重要，以至于人唯通过感官而能达到知觉也达到理解。在亚里士多德的观念里，又把感官功能分外感官与内感官两个层面；前者的功能即是视、听、嗅、尝、触，后者之功能则包括“统合力”（Sensus Communis）与“想象力”（Imagination）。借着感官知觉外物的同时，人们亦知觉到了自己。亚里士多德认为人和上帝不同，上帝不必经过感官知觉外物而直接意识自己，人则需要依据感官在知觉外物时而对自己知觉。这并非有先后之分别，而是在正题的知觉外物同时也非正题的在其意识的边缘意会到了人们自己。亚里士多德对于柏拉图认识论作了些修正和补充。对“理解”一词的解释上亚里士多德定义其为人从事物身上产生

“洞察”，从中借着“抽象作用”而凸显出事物之本质意义，在这其中理智把握了事物本质。又理智概可分为主动理智和被动理智，理智一方面是“能成为一切者”，而另一方面又是“能制造一切者”。了解了亚里士多德对于认知问题所作的补充和修正，我们可以从这当中知晓亚氏如何看待和解释“人是怎样获得认识的”，此即反映了亚里士多德认识论之核心。关于知识，亚里士多德概括其不同属性和目的将其略分为三，即“理论知识”“实践知识”“创造性知识”。第一种纯粹为了求知而未顾及实用性，第二种是关于“行为原则”的知识，而第三种则是相对于第一种乃是可以使事物有用的“美的知识”。如此将知识作一大致上的分类，实使其个人之认识论思想更趋于完整和健全。设定了“不动的动者”作为真的根源，认为只有凭借逻辑的推论让我们看清楚人生的目标，建构出价值时才可能追求“不动的动者”。对于古希腊哲学家来说，从宇宙的观察而回到内心的模拟，再建构起外在世界的想法，由外而内、由内而外着发展时，已经建构了不同的层次。所以从宇宙最早的观察进入了内在世界，发觉这两者皆无法作为“真”的标准时，便开始走向超越性的意义及目标。

二、基督徒的哲学家

从公元 323 年君士坦丁大帝宣布基督教为国教以后到 1585 年长达 1000 多年的历史中，可以说是基督教的时代。虽然有些哲学史家对基督教有很多的批评，而基督教对西方文化的影响是毋庸置疑的，特别是把神学和哲学加以分离而奠定了哲学的研究。中世纪哲学家托马斯 · 阿奎那曾说“哲学是神学的婢女”，反之，如果神学没有以哲学为基础将无以发展。托马斯 · 阿奎那这样的说明更加深了哲学的意义和价值。在追求“真”的历程中，他们追求真的方式和希腊哲学家是相似的。基督教的哲学基本上承袭了三个传统：第一是希腊哲学，第二是罗马的法律思想，第三是犹太人神学的观念。把这三者综合之后所产生出来的哲学，基本上是从理性的观念来思考。虽然是理性的思考，但从理性思考中渴望寻找出理性的统一性是不变的。因此在追求真的时候把希腊哲学家没有找到的至上神，根据犹太教的神学来补充希腊哲学的不足，以至于在基督教哲学家中认为真理即是上帝。从赫拉克利特所发展出的 logos 即是道，到了基督教哲学家们将其定为上帝——只有上帝是永恒的，是一切的超越、一切人生终极的目标。

基督教最伟大的两位哲学家：一是奥古斯丁，一是托马斯·阿奎那。

（一）奥古斯丁

奥古斯丁的认识论，可说是深受柏拉图的理念论以及他本身思想基础的影响。他将柏拉图那存在于理念世界中的善自体比为希伯来的至上神，于是一切的存在都是“分有”于神，人的存在自然也是归源于神：“我天主，假使你不在我内，我不能存在，绝对不能存在，换句话，假使我不在你内，我就不存在。万物的存在，是从你而来的，因你和在你内维持的。”神给予了人们智慧，使人懂得向上追寻幸福，而柏拉图的真善美境界对奥古斯丁来说则为希伯来所指的天国。奥古斯丁以神替代了柏拉图的善的理念，认为神是一切存在的根源，也是一切存在所向往的归宿，于是神也就成为一切知识的来源。柏拉图以善为存在的基础，奥古斯丁则以神为存在的基础——将柏拉图的善人格化之后，即等同于奥古斯丁认识论中的神。而柏拉图对奥古斯丁的影响不只在于其学说的内容，更在于整个体系所用的方法。奥古斯丁以一种模拟的方法，借用了柏拉图的体系，使他的认识论得以建立在信仰的基础上。

奥古斯丁为何要利用这种体系将知识和信仰连结起来呢？奥古斯丁在大约三十几岁时经历了他一生中最大的转折点。他想要追求真理，追求心灵的安乐和平静，然而在现实生活中他仍沉溺在糜烂的生活中。在经过了长久的苦闷和犹豫之后，他累积了极大的罪恶感。某一天，他感觉到自己的罪过突然展现在心中，于是在花园中号哭，哭着哭着，听到了一个青年的声音：“拿起来读！拿起来读！”他认为这是天主的命令，要他展开使徒保罗的著作，于是他起身，发现了一本掉落的使徒书信，随手展开读到以下这段：“不要在宴会中活命，饮酒过度，寻花问柳，口角忌妒，但当服膺吾主耶稣基督，弃绝肉体的快乐。”据他所述，读完了这几行后仿佛有一道恬静之光射进心中，将他心中不安的黑暗一扫而空。这样的转变可说是突如其来的，使他脱胎换骨，产生了真实坚定的信仰，也因此使得奥古斯丁的思想建立在信仰之上，奠基在对上帝的追寻之上。他一生之中有许多思想曾历经改变，唯一产生之后便不曾改变的即是对上帝的信仰。自从他 19 岁开始对哲学产生兴趣后，他所追求的哲学便是希望能获得一种知识使他能由事物的表象进入本质，也就是追求真理，并由此而得到内心的平和与宁静。他在基督教之中得到了一直以来所追寻的答案，他对哲学的热忱转变为一种对信仰的热忱。他的哲学与神学也就密不可分，神学对其学说有相当大的影响，可说是其思想及学说的基础。

（二）托马斯·阿奎那

在中世纪哲学家中，在才学、著作量、知名度以及哲学体系上的周延上，很难找到第二人与托马斯·阿奎那相比。他的认知理论尤其是关于古典的论述是这方面的顶峰。托马斯·阿奎那虽然也并不以认识论作为专书专题来加以论述，但却能在神学的前提下有条理地探讨人的认知结构与过程，也通过诠释亚里士多德的作品而淋漓尽致地发挥前人的心得，因此成一家之言。我们只要把注意力集中在亚里士多德所留下的一个备受争议的难题上，就不难看出它就是引起托马斯·阿奎那这一学说的动机，也可以从中看出托马斯·阿奎那如何去化解这一个问题。亚里士多德《论灵魂》（*De Anima*）说，"思辨理智"（Theoretical Intellect）分为"主动理智"和"被动理智"两种，其中主动理智是永恒不朽的，而被动理智则是会跟随着人的死亡而消逝。可是，"主动理智"到底是什么，它又为何能够不朽，这些问题亚里士多德都没有给出一个很明确的交代，引起了后人众多的揣测，产生了很多不同的说法，最显著的诠释则有下列的三种：一、主动理智是神。倡导此说者，以亚历山大（Alexander of Aphrodisias）为其代表，后来则由沙巴雷拉（Zabarella）作补充。此说是以为主动理智即等于神，神内在于人的心灵，以光照人的明悟，让人产生理解，恰如阳光一般地使人由此了悟外物。然而，按照戴维·罗斯（David Rose）的评语，此种解释是不太可能与亚里士多德形而上学协调的，因为他所说的形而上学的神是一位超越的神，不理会世人也不管凡间事物，只认知自己。由于神是完美无缺、不可能再发展的，所以说它只能是不动的动者，以其完美来作为吸引力，去吸引万事万物归向它。照此看来，第一说以神为内在人心灵以光照其明悟的这个说法就不可能成立，其与亚里士多德的哲学体系互相抵触。二、主动理智乃是众人所共同保有的一个灵智原理或是灵智体。灵智体为众人所分享，进入人的个体中，在个体内运作，不会因为个体的死亡而泯灭。主张此说的是阿威罗伊（Averroes，1126—1198），他认为亚里士多德所指的主动理智非个人所专有者（Non-Individual），是众人共有共享的一个大灵智体，本身是永恒不朽的，从“太一”中流出。这是受到新柏拉图主义所影响的一种诠释，诠释者认为此说否定人个体的不朽性。这种解释看来似乎比前一说法还要接近亚里士多德的学说。但是，托马斯 · 阿奎那指出此说法无法交代个别的人如何思考并作理解。三、主动理智是人理智的主动面。托马斯 · 阿奎那在阅读了亚里士多德的《论灵魂》以后，以为人的记忆会在老病中退化，人的记忆、爱、恨、被动理智会在死亡中泯灭，只有主动理智才是不朽的。从认识理论方面来看，托马斯 · 阿奎那也和亚里士多德一样，主张人可以达到对外在事物的客观认识，一切认识皆以客体为原始而直接的对象，而非柏拉图回忆说之以主体观念为探究实在的出发点，认识的起点是对事物的经验。这是托马斯 · 阿奎那一再强调的论点，即使于上帝存在证明以及人对上帝的认识方面，亦是如此。当然，他也赋予主体一些必要的先决能力，如理智的抽象作用，能够把由感觉得来的事物经验转化成理智的适当对象（可理解形式、理解像）；理智并不能直接把握事物本身。但是，这种形式的转变必须凭借感觉对象回到事物身上才能得到真正正确的知识。因此，“客观性”乃是托马斯 · 阿奎那的精神，而客观主体精神或许是托马斯 · 阿奎那哲学契合现代哲学方向的主要媒介。他的哲学多是神学哲学，在整个学科体系中神学的地位要高于哲学。托马斯 · 阿奎那对于这两种学科的看法一致而有明显的区别。理性可以说明信仰，但有其限制；若是理性违背信仰，或是不能解释信仰，仍需服从信仰。托马斯 · 阿奎那更主张理性与信仰不可能有相抵触的地方，理性可以解释一切的信仰，只要我们寻求合宜的途径，使理智认识不误入歧途，理性求得的真理必不致违反信仰的真理。托马斯 · 阿奎那所努力的是指出理性与信仰的协调一致，次而赋予哲学独立的自主地位，建立井然有序而又彼此相连的知识系统。托马斯 · 阿奎那认为上帝是一切事物的根源，同时上帝也是自然理性认识与超性真理、信仰真理的共同泉源。上帝不生矛盾之事，理性真理与信仰真理之间必有其相符之处。托马斯 · 阿奎那赋予哲学独立自主的地位，但不认为哲学（理性）可以完全脱离神学（信仰），而是间接包含在神学之中；他认为上帝根据自己的肖像所造出来的人可以有两种不同的认识活动与知识系统，一属于自然界，一属于超自然界。人单凭自然理性能力可以获得自然界的哲学知识，哲学于此一领域中有其自主性，可以借适当的方法，运用哲学（理性）的原理、原则，建立正确的哲学知识。但有些理性超出理智能力范围，必须借启示的光照才能达到，以追求超自然的真正幸福。

三、理性时代的哲学家

西方哲学经过古希腊时代几百年的发展，到了基督教哲学1000多年的发展之后，进入理性时代。理性时代认为应该重新思考人的意义和价值，因此产生了文艺复兴运动。在文艺复兴时代，有不少聪明才智之士洞识到人生问题很可能会因为失落宗教情操而遭遇危机，于是想尽方法，以艺术的音乐、绘画、雕塑、建筑等来维持宗教的传统；他们能通过人性对“美”的追求和欣赏，把原来神秘的、不可理解的教义，或是《圣经》故事，用极具体的美术品来表达。这种把宗教情操和物质融合创造出的美术作品，使后人纵使对宗教有偏见，对信仰不肯接受，心中没有神秘感或神圣的心境，亦会因为爱护文物而保留下神圣的象征——这是爱屋及乌的人性理解之深度。文艺复兴时代，无论是米开朗琪罗（Michelangelo，1475—1564）的建筑、绘画、雕塑，或是达·芬奇（Leonardo Da Vinci，1452—1519）以及拉斐尔（Raphael，1483—1520）的油画，都将宗教的精神注入到物质之中，形成西方文物。教堂、博物馆、图书馆在西方文化流变中都成为人类心灵“知性”与“德性”成长之神圣空间；只要时间配合，宗教情操的人生体验也就能够从俗世走向神圣。文艺复兴诸子的确不幸言中，西方此后的政治以及社会的原理的确逐渐脱离宗教的庇护，而走向俗世的境地。其中最显著的就是科技文明的发展，可说专心发展“知性”，而把“德性”的培养置诸脑后。长此以往，影响最大的就是对传统文化、传统道德的怀疑，甚至否定，不再以仁爱为行为的基础，而在政治社会的发展过程中认定“强权就是公理”。启蒙运动表面上是讲求自由、平等、博爱，事实上是在追求个别性的开展而忽视群体性的意义。在反对传统道德的非理性运动中，旧的道德规范被推倒，新的规范却没有建立起来，于是文化产生了脱节现象。我们来看看随着启蒙运动而来的工业革命，人类在“知性”上可说达到高峰，因为会利用机器来代替人工，而且机器在产品的质和量上都远远超过人手生产的速度；但是，在物质生活的追求上，在生产过程中，在工商业蓬勃发展中，剩余价值的分配却拉远了资本家与劳工之间的距离而造成了劳资双方的纠纷。

文艺复兴运动是希望回到人的精神、人的意义和价值。在神的福佑之下，人的能力如何去展现呢？因此在这时代有两种不同的思想，亦是两种对立的思想，其一是理性主义，其二是经验主义。理性主义者认为“概念”可分先天性的概念和内容，对事物的认识不但是有先天的概念，还有其内容。所谓先天的知识是指对世界一切的认识与了解，理性时代的哲学家皆相信人有先天概念，而这种先天概念是不会改变的，即是“真”。如何证明先天概念的存在呢？依据理性的推论及判断帮助我们达到目标。

四、经验主义的哲学家

经验主义者和理性主义者最大的不同点在于对概念的发生途径有不同的意见。理性主义者认为人有先天的概念，而经验主义者承袭了亚里士多德的思想，不认为人有先天的概念。若人有先天概念，就容易产生命定主义的说法，所以经验主义者否认了有先天概念的说法。经验主义者认为只有一样东西是先天的，即是能力；但对经验主义者而言，所谓的能力仍然依靠感官经验发生。因此经验主义和理性主义最大的不同在于后者认为不需要依赖感官经验就可以获得概念及知识，但前者认为所有知识的来源及判断皆来自于经验，而经验的产生是依赖于感官，由感官才能拥有经验。如同一个盲人，若是天生的，则他不会有颜色的经验，自然对色彩就无法作任何的判断、理解。所以经验主义者不同意有先天概念的说法，只接受人有先天的能力；人有能力去认识，但人能认识什么，依赖于感官经验的敏感度及人的能力，以及每一种感官所呈现出的程度来达到人认识的内涵。

五、批判主义的哲学家

在文艺复兴之后，由于理性主义和经验主义不断地争执，造成对“认识”问题的模糊，以至于到了18世纪康德认为此两者皆可作不同的修正，“我从独断的迷梦中惊醒，我对怀疑主义要加以批判”。所谓“独断”指的是理性时代的哲学家，因为没有任何的证据去证明知识的内容，这显然是武断性的说法。但是经验主义的说法也是一种怀疑主义的说法。感官经验是否能帮助人达到认识的效果及目的以及达到知识的价值，这是值得怀疑的。每个人不同的感官会经验到不同的事物，如何去保证个人感官所经验到的必然是真的呢？所以批判主义者康德就认为这不可能作为一种模式，他试图找出一个先天综合命题的模式来解决问题。所谓先天综合即是同意人有一种综合的能力，而此种能力必须是不被怀疑亦不会产生任何疑惑的状况。知识的真，根据数学、物理学的模式，康德认为其中一定有先天综合的命题，由此判断哲学的意义和价值为何，并依据先天综合的方式达到批判的结果。

六、德国古典唯心主义哲学家

康德是否解决了理性主义和经验主义的问题呢？以德国古典哲学家们的观点来说，可能部分地解答了，但在程度上显然是不足的。因此，德国古典唯心主义哲学家们试图从康德结论的部分作为理论的起点，试图往上去看到底在先天综合中有没有观念发展的可能性。从费希特、谢林到黑格尔，逐渐地把观念从一种批判性的观念发展成绝对性的观念，最后达到最高精神的层次——也只有在那种层次才具有普遍性、价值性和意义性——如果任何一个价值是举一漏万或举万漏一都不足以构成普遍性的原则。所谓普遍性的意义是没有任何的遗漏及缺憾，要达到此境界，感官经验是不足的，只有进入绝对性的精神才有可能发展。

七、20 世纪的哲学家

从黑格尔之后西方哲学呈现分歧，有各种不同的哲学学说。首先有实证主义者。实证主义的建构来自经验主义的模式，必须要有实际的事物才能说明它是什么。实证主义者认为真正的“真”是有什么，而此“有什么”能够被证明。其次就是功利主义者或实用主义者。实用主义者即是将用处或效果作为判断的模式，即使有什么而不能成为一种效果那么也不能成为“真”。功利主义者认为有用就是要有利，“利”可以是个人的或者大众的利益，功利主义者真正的目标不但是要满足个人的利益，也要去满足大众的利益。20 世纪的哲学家们还有更多不同的学派，譬如存在主义者认为存在先于本质，存在才是真实的。即使拥有了本质而没有存在性，也没有办法述说本质；只有把存在显示出来，本质才会有意义。当然我们也发觉存在主义的结构仍然是建构在经验主义的模式上。唯物论者认为一切事物都是物质反应的结果，若没有物质，一切思想都无法产生。所以唯物论者坚持认为只有物质才是真实的来源。

八、新时代的哲学家

21 世纪的哲学家们面对近三四百年以来哲学界的混乱，企图找到一个综合性的说法，即能否拥有一种层次性的说明，也就是经验主义者和理性主义者并非两个极端，而只是在认识过程的前后程序上有分歧。譬如进化论，开始时是一种假设，经由科学的发展之后，认为一切事物都是由进化而来，以至于和创造说有一个很大的争执。到了 20 世纪时，发觉创造论和进化论并非两个极端的学说，而只是一个过程。一个事物若没有开始怎么可能会有进化、演变呢？任何事物必定要有一个开始，有两种方式，一种是自有，一种是他有。他有不能被他有者称为第一个开始，因为它是根据他有而开始的。他有应该是比自我更前面的思想，所以他有应该是第一原因。若是自有，自己是自己的原因，当然不需要靠其他的结构、其他的创造。我们发觉在自然界中没有所谓的自有，都是他有，都是根据别的产生、生产、制造而来的，因此在进化论之前要说明时就是有一个创造论的说法。创造出来之后，才有进化的过程。创造加上进化可以简称为“创化论”。从以上简易的叙述来说，西方哲学史上对于“真”的追求非常执着，试图要解开任何事实的真相、真的内涵以及真的目的。

在 1859 年，西方出现了三位哲人：法国出生了柏格森，德国诞生了胡塞尔，美国则出现了杜威。这三位哲人在步入 20 世纪时都到了不惑之年，同时针对本身语言体系中的异端邪说，指点迷津，提出化解之道。

柏格森的生命哲学，始于“生命冲动”（elan vital），是为“求生存”的层次，植物、动物、人类都有此共同的本能，这也就是生命层面与物质层次不同的地方；还有就是生命的“绵延”（duree），是传宗接代、繁殖不断的意思，这种生生不息的原理更是物质世界所没有的奇迹。在人的生命演进中，除了这“生命冲动”和“绵延”的特性外，还有“自由”（Liberte）。在自由之中，人类的精神生命可以摆脱“求生存”的弱肉强食阶段，而进入“求仁”的道德层次。这道德层次一方面是个人独善其身，成为个别性以及独立性的完美；进一步，在社会的群体性中更能兼善天下，用爱和关怀来应对人群生活。柏格森的学说既涵盖了传统创造的精神，又符合当代进化的说法，这就是他的“创化论”（L'Evolution Creatrice）的观点。在柏氏看来，人类的进化是要摆脱兽性走向神性的。而人摆脱兽走向神，所要遵循的道路也就是道德和宗教。柏氏的生命哲学一出，孔德的实证哲学再也站不住脚；因为纵使用科学的实证方法，生命哲学亦优于实证哲学。

德国的胡塞尔发明了现象学方法，以心灵主体的内在意识为“知性”的出发点和基础，并体认出这“主体性”才是所有知识的基础和原因，心灵世界的主观性才是客观知识的保证。胡塞尔是在“知性”的根本基础上修正了唯物论的偏差。

美国的杜威在英语世界中发展了教育哲学的功能，其启发性的教育设计以及其工具主义的理解，每每都在修正实用主义的偏差。

西方当代思想还有一股力量，那就是发挥传统宗教情操和道德情怀的“新经院哲学”（Neo-scholasticism），用平常心以及平实的哲学理念来处理宇宙和人生的诸问题。德国有赫特林（Georg von Hertiling，1843—1919）、鲍翁克（Clemens Baeumker，1853—1924）等人，法国有马里坦（Jacques Maritain，1882—1973）、吉尔松（Etienne Gilson，1884—1978）等人。他们研究中世纪哲学的著作，重新肯定人的灵肉二元，其生命的原理不在物质而在精神。精神有两大特性，一为知性，一为德性。知性可以发现永恒真理，而德性则可以追求那真理，使其享有美善。真善美的合一，成为存在的最高峰，也就是上帝的哲学意义。人在知性和德性的运作中享有特别的恩惠，那即是人的自由。这自由导引出价值，由价值的选择导引出责任。责任的出现也就是从知性走向了德性的领域。人有自由，也因此会犯错，会迷失在知性或德性的路途中。人性的极限也就在这里彰显出来，它是不完美的，它是偶有的存在；在因果法则的运用中，它需要存在的原因，更需要续存的原因；它需要知性的引导，更需要德性的提携。在知性的探讨中，因此把所有存在的个别性归纳成存在本身的直观，肯定上帝的存在为存在本身，为宇宙万物的本源；同时在德性的追求中，浓缩所有美善事物至极峰，而推论出至美至善的上帝，作为人性追求以及安息的处所。新经院哲学的人生理论是符合宗教和道德的，知性和德性是并行的。在理论和实践合一的基础上，它了解到人性的高贵，是因为人的灵魂是上帝肖像；但同时亦体会出人性的极限，是因为人人都有向恶的倾向以及犯错的可能性，这也就是“原罪”（Peccatum originale）的理解。

第二节　真的定义及内涵

在定义“真”的时候，可以从字义和实义两方面来作分析。

一、字义

古代中文从来没有将“真”和“理”结合在一起，只有对“真”下定义。譬如《淮南子 · 俶真训》注“真，实也”；荀子《劝学》注“真，识也”；《淮南子 · 本经训》注“真，不变也”。中文“真”的字义，指的是一个实在的、不变的内涵。

外文“真”来自于希腊文 Aletheia，Aletheia 来自 Letho，为 Lanthano 的古体，加以 Aletheia 有否定之意，即从不可见的消极意义，成为实在界之光明或为理性寻获此种实在之光明。在拉丁文 Veritas 则有选择或信仰之意，引申为真理是理性的选择或理性的信仰。

从以上中文和外文的字义上来看，真理可以解释为认识的实在性，包含两种意思：其一是一种实在物与人类认识能力间相互符合的确定性，其二是一种具有理智的心灵在寻找、发现、分别选择的行为。真理是可以实际去认识的事物，这是从字义上来解释。

二、实义

“真”的实义一般有两个意思：第一是名实相符，是从存在的特征中发现的。存在第一个意义是它为它自己，也就是它的内在和外在是一致的，要彼此相合；第二个意义上，“名”指的是观念，“实”指的是实在事物，观念和实在事物要彼此相合。第二是主观的理智与客观的事物具有一致性，所以我们主观的想法和外在的事物是一致的。从以上两种对实义的说明可知，测量真就是用观念和实物去作为测量的标准。

三、测量真的方法

在测量真的内涵中，是以确实性及明显性作为方法。

（一）确实性

确实性是由确实而来的。确实是一种固有的状态。从逻辑的必然性而言，由前提根据推论的过程所达到结论的目的是一种固有性。固有性是事物或对象特性完全的显露。

第二，确实是一种认同，所谓认同是主体接受客体的必然性，即是说客体拥有的状况被主体所接受。另一方面来说，认同是主体在理性上对客体的肯定，也就是说，客体所显示出是什么样的状况，主体都接受它成为这样的模式。

第三，确定、认识、合理的怀疑及有根据的意见之间的差异：一般而言，合理的怀疑是指目前没有这种存在的现实，但是有明显性的情况使我们怀疑或者相信它的可能性。例如地板湿了，合理怀疑是可能下过雨或者有人泼过水。再就是有根据的意见，根据自然科学的发现及证据使我接受自然科学者的意见。由于人无法对事物有全部的认知，只能接受各种不同学科在其专业上的发展，根据那些学科产生之后所发现的意见作为确实认同的参考或意见，此称为有根据的意见。而确实的认识则是理性的直接认识，即是我肯定、同意这个事物和那个客体彼此之间的关联性。

由确实就产生了确实性，“确实性” 指一种心灵的状态，因着有效的理由使人的心灵对一个判断深信不疑。心灵的状态就是一种心理的状况，我接受这种确实，我肯定、同意这种判断，我相信科学家们根据其专业所作出的推论，我就接受他们的推论为真。这样的确实性所产生的理由可以是主观的，也可以是客观的。

主观确实性是一种心理的状态，亦即是在主观上我接受或同意有这样一种态度或看法，也是个人对自已信以为真之事的坚定态度。若是一个科学主义者，即坚决相信科学家们所发现的事实都是其具以论述的意见；若是一个怀疑论者，则会对科学家们所发现的事实加以怀疑。因此构成了理智对一事理的坚定态度。这种态度可能是因为有客观事实作为根据，更重要的是它是主观意志的一种决定。这种主观来自意志，因此由意志去相信的结果，我们无法保证这样判断不会犯错。它的好处是可以排除个人对可能发生错误的畏惧感。一个科学主义者相信科学家所发现的一些原理，因此坚信而不会怀疑。

所谓客观确实性是由于客体的充分理由或证据所造成的确实性。一个客体充分地显示自己，将身上所有的特征呈现在主观者的面前，而造成了不能不承认这个客体事物的实在状况，因此我们对它有一个确实的认识。这种确实性使人的理智能表示赞同。例如太阳所显露出的光芒产生热，身上感受到这样的热以后，我们承认太阳有热能。这种客观确实性一般来说比主观确实性要来得确实。因此我们在测量真的时候就采用客观确实性。客观确实性一般来说有下列几种确实性：第一种称之为伦理确实性，是关于人事或人际关系方面的确实性。从人事关系的确实性而言，具有相对关系或权利义务的关系，这种关系常常是一种相对性的真。例如在公司中我和我上司的关系，我是我上司的属下，我要接受上司的指挥、监督和要求；过了几年，因为我的勤奋努力逐步攀上高峰，过去的上司可能因为竞争力不如我变成了我的属下。这种人事关系就是一种相对性的关系。从人际关系上来说，会有主从先后关系，如以父母、子女、兄姐、弟妹的关系而言，基于血缘，是无法改变的，所以具有一种绝对的真。除了血缘关系具有绝对真，其他的人际关系都出现在所谓相对关系上。

第二种称为物理确实性，这是建立在自然律或者物理定律上。物理学不断地发展与进步，对大自然不断地有新发现，取得了对于某些事物的一种规律性认识，这就是物理学上的定律。例如地球上的重物往上抛时必定会掉落地面上，理由是有地心引力；这地心引力就是一种自然律，一种自然的现象、物理发现的定律。只要是地球上的重物，它比空气重，便会掉落地面上，因此这样的确实性具有一种绝对性，除非有奇迹的出现，不然这样的状况是很难改变的。

第三种是数学确实性，是使用数学定律来规范确实性。这种确实性基本上建筑在超越经验值之上，譬如1+1=2，这“1”“+”“=”“2”四个名词都是抽象的，是我们的经验无法得到的，但是根据数学的运算规则，我们把这些抽象性的观念具象化了。被问到“1”在哪里，我们最多举出一根手指头，而无法说出“1”是什么。“=”“+”“2”同理。所以我们了解这个数学是超越了经验，而这样的确实性，它的绝对性只适用于“量”的测量。在“质”的测量上，数学的确实性就不能达成这样的目的。

第四种是形上确实性，又称为存在的确实性。此种确实性是建立在一种自明的原理上，也就是不需靠其他的证明以及其他事物的证据就可以自我明了、自我证明的一种方式，所以这种确实性是绝对正确的。形而上学原理或存在学原理中所述的同一律就是这样。

（二）明显性

所谓明显性是指客体事实清楚显示自己及其明朗化的东西，也就是说客体足以证明自己的模式。这种明显性一般来说有两种，一种是主观明显性，另一种是客观明显性。

首先，主观明显性是指一个人对于一件事所能够理解的程度。例如对于太空、其他的动物、其他的学科的理解程度只能根据自身知识的背景或者社会的背景，这样的程度是否真的能够符合对象的内涵是值得怀疑的。因此这种理解的程度就有主观性的可能，也会有错误的可能，它不足以作为测量真的方法。

第二，客观明显性是指事物自身或客观的事态能够清楚地显示自己，即是指理智形成或信以为真的判断基础是认识客体即物自身的明显性，而非认识主体。客体自身能够明白地显示自己，不需要依赖主体而能够加以认知，不是以主体来决定客体的模式，而是客体自己决定自己的模式。这就如同一个人可以清楚向他人述说自己是什么，而不需要依赖他人来指出自己是什么。这种客观明显性和判断的真实性、确实性之间的关系是一种因果的关系。也就是说判断的真实性是一种因，确实性则是一种果，因为有真实的判断才会有确实的产生；若没有确实的判断，那确实性就无法呈现。这就是客观明显性的原则，也就是说当我看到一个客体，能对这个客体有一个确实性的态度，是因为客体所给予我判断的证据足以造成我对客体确实性的肯定。

客观明显性有两种，第一种是内在客观明显性，第二种是外在客观明显性。外在客观明显性是不存在于判断所肯定的实体内的明显性。它是基于实体以外的明显性，是经由对事实的判断而获得的知识。也就是说，它所能得到的明显性不在于实体或事物本身所产生的明显性，而是由实体外在的元素所产生出来的。例如看到一个人觉得她很漂亮，常常不是因为她身体的结构或者身体的曲线，而是因为她所穿着的衣服或者她外在的打扮让我感受到她的一种状况。

外在客观明显性有两种，一种是基于权威的外在客观明显性，一种是基于不明智的怀疑的外在客观明显性。前者是指权威者本身具有极高的信赖度可以被信赖，或者具有极大的公认性，或能作为某一学界的代表，而能力显示出他的明显性，当他按照他的专业述说其专业上的意见时他能显示出的可靠性非常大。因此证人的可靠性愈大，其明显性愈大。例如参加过战争的人所描述战争的状况要比没有参加过的人描述较具明显性。而后者是指事物本身的明显性无法使我们相信其为真，却足够排除所有不合理或不明智的怀疑。这个理由就是对于非专业科目的相信即是基于此明显性。科学分工愈细，愈无法由个人努力获得，而我们只能相信。例如我们自己不会盖房子，盖房子的知识如此专业，我们只好信任建筑商或者建筑师，因此建筑商或者建筑师愈可靠，房子结构愈稳固，愈是值得我们信赖。

内在客观明显性是指存在于由判断所肯定的实体内的明显性，实体本身拥有的特质让我们了解这个客观的实体。也就是说，是一种在客体自身内所含有的明显性，能使理智形成判断。例如我们已经习惯加减乘除的方法，当说起 2 +2 时，由于从小到大的训练，我们不容怀疑地知道答案为 4；但反之说 4 时，它的构成就不一定是 2 +2，有其他的可能性，例如 0 +4、1 +3、2 +2，2 +2 =4 只是成为 4 的一种选项。前提的 2 +2 造成了 4 的必然性，4 成为前提时则 2 +2 是 4 的选项之一。由此可了解内在客观明显性所要显示的客体内自身的明显性。

内在客观明显性可分为内在直接客观明显性和内在间接客观明显性。所谓内在间接客观明显性是指实体不直接呈现于理智或感官，必须经过理智的思考或推论之后才能获得结论。例如早上起床推开窗子，看到阳光普照，却发现地面是湿的，因此推论昨夜下过雨。所谓内在直接客观明显性是指由判断所指示的事实直接呈现于理智或感官，它不需要经由媒介或一个反省的过程，推论的过程就能直接把事实和理智作一个结合。也就是说，实体直接呈现于理智或感官，不需靠其他明显性的证明，又称为自明明显性。

从以上所述的确实性和明显性可知，要以内在直接客观明显性作为测量“真”的方法。这种内在直接客观明显性又可以称为自明原理。

四、明显性与自明原理

自明原理是一切原理的基础，是一切原理的出发点。自明原理按照历史发展规则的说法有三个：一、同一律；二、矛盾律；三、排中律。

同一律指前提和结论是一致的，它肯定每一个存在皆有使之成为此存在的限定本质。也就是说每一个存在皆是自己，不是他物。有是有，非有是非有。在数学上来说就是 A 是 A，非 A 就是非 A。因此 A 限定了 A，它只能成为 A；非 A 限定了非 A，它只能成为非 A。所以同一律又称为限定性原理。

矛盾律是由同一律演变而来。在同一个观点下，一件事情不可能同时属于又不属于同一主体，此称为矛盾律。如果不同的事物同时属于又不属于，这就产生了所谓的矛盾；若在同一律的原则下，A 是 A，这是不矛盾的，但若 A 是非 A 就产生矛盾了。

排中律是由矛盾律而来，认为任何一物只是有或非有，不可以同时是“有”又是“非有”，当它是“有”的时候就排除了“非有”的可能，因为这也犯了不矛盾律，不是此就是彼。

从以上各点的分析来看，要述说“真”的内涵或测量“真”的方法时，只能用内在直接客观明显性来确定“真”的意义，而这种内在直接客观明显性就是一种自明的原理。在上述的三个自明原理中，以同一律为最优先，只有 A 是 A，非 A 是非 A，一切的原理或定律才能借着同一律产生，才能作判断，才能构成“真”的一种状况。

第三节　真的种类

要作一个“真”的判断时，必须以内在直接客观明显性的同一性作为判断的标准或基础。在历史上，对于“真”的叙述乃是根据前面实义的说法，就是要名实相符。既要内在直接客观明显性，又要名实相符，则此“名”就是观念和实物，它本身的连接性是要建立在必须性的基础上。我们可以根据这个作为判断的方式来讨论下列三种在历史上共同认为“真”的种类：第一，逻辑真；第二，伦理真；第三，存在真。

一、逻辑真

“逻辑真”在历史上的定义认为任何“名”都要符合“实”，也就是说任何观念必须符合实际的事物。所有的观念要接受物的测量、接受实物的规范；没有实物，没有外在客观的东西，观念也就失去了地位，无法加以测量或判断。逻辑真就是存在于观念内，是在认识的主体内。逻辑真是指明观念与事物的关系，是形成人对物的知识的真假判断，亦是认识主体的观念与认识对象的本质相合。逻辑真理又称为认识真理。我们可以理解依据逻辑推论的方法，了解如何使我们的观念和外在事物结合，或去认识外在的事物。依据这种逻辑的判断或推理所形成的认识结果，称之为逻辑真。

二、伦理真

“伦理真”是人的内在思想与其外在表达一致。也就是说，人内在的观念和外在的行为或语言是一致的。这种真理并不涉及人对事物真相的确知性，是否真的了解并不重要。伦理真只是心口合一，并不必须符合客观事实；若要符合客观事实，则必须加上逻辑真。就如同我对一个人的看法，我认为他是好人或者是坏人，那是我主观的认定，我心中也许很讨厌这个人，但是在社会化的条件下有时并不能直接表达，有时反而会对他加以赞扬。这种心中想法和语言不一致就违反了伦理真。

三、存在真

“存在真”乃是实与名相符。外在的一切事物都要接受观念的测量，任何事物要在观念的指导下才能够接受或成为它之所以为它的理由，即是任何物存在之先必须先有此物之模型、典范或标准。理智、模型、典范或标准是物的存在原因或存在要件。物要接受理智的测量，人的理智并不一定都是存在真理的基础。这里所谓的理智乃是指理智本身。任何一个事物构成前先有构成此物的观念或者想法。盖一栋房子前先要有房子的模型或标准，建筑商根据建筑师的模型按图逐步把房子盖起来，建筑师的观念就是先于房子。这和逻辑真正好相反，逻辑真是指明观念要接受客观事物的测量，而存在真则是客观事物需要接受理智的测量，这个理智是先于事物之前的理智，而非存在于这个事物之中的理智。我们在判断事物时很容易把存在真和逻辑真混淆，因为逻辑真是有了事物之后事物内的观念和事物同时并存，感官经验累积，我们只观察到了事物，必须要经由理性的思考才能发觉事物内的观念，因此才有观念要接受事物测量的意义。就事物本身存在先后次序而言，则是先有观念才有实物，存在真理要比逻辑真理优先。

从以上的分析可知逻辑真理和伦理真理都具有极大的相对性，不大可能有完全的绝对性。逻辑真理所显示的实物作为测量标准的理由是根据感官经验的觉察才能知觉到那个实物，但是在实物内所拥有的理论或观念是必须经由反省和思想推理过程才会得出。这就如同闪电和雷声，因为光速和音速的不同，我们先看到了光、后才听到了声音，而造成误会以为闪电要比雷声先。在当代主义者或者实证论者看来，只有逻辑真理才是真正的真理，就是基于这样的一种判断或者观念。事实上隐藏于实物内的观念是构成此实物观念的内涵，构成此实物的原因却不只是属于此观念的本质，亚里士多德在述说四因说时就曾提到“一个事物本身拥有的形式和质料”。

这两个理由并不足以完全构成此事物之所以为此事物的理由，它还有目的因和形成因——有一个形成者能够形成这个事物，若没有形成者则此事物的形式和质料也就不存在了。所以存在真理比逻辑真理更为优先，更符合测量“真”的方法；而伦理真理从存在的意义来看，是存在真理的一种。这种真理中分成形式真理，又称第二真理，包含了伦理或逻辑的模式。因为先要有存在真理才有逻辑真理或伦理真理；而存在真理又称为第一真理，包含了存在真理及伦理真理中所含有的伦理的本质，此本质决定了伦理的行为。我们理解这种区分之后便知道，虽然有三种真理的判别，而真正符合前一节所述测量真的方法中只有存在真理可以被称为真正的真理。

第四节　真与假

违反真就是假，不符合真就是一种错误，错误或假就是违反真理。错误或者假如同真的分类一样也有三种，即是存在假、伦理假和逻辑假。

存在假，即是观念所肯定的不存在造成错误的理由。此说法乃是事物本身的原因，事物超越理智，理智无法对这样的原因有任何的观念，以至于造成不存在或错误的可能。第二个理由是感官的原因，人的知识起因于感官，感官有时也会发生错误，以致造成我们对事物的一种幻象。第三个是理智的原因，人的理智可以认识一切的东西，受到肉体的限制，不但对纯精神的认识不清，就是对外在的事物有时候也会有错误的判断。从形而上学的观点来说，存在假是违反了凡存在皆是善的前提，所以这样的存在假是不存在的。

伦理假是有意或无意说出与伦理事实不符合的事情，以至于造成别人错误的判断，即使善意的谎言也会造成错误的判断。例如子女对父母所患的病加以隐瞒，以至于造成父母错误的判断，虽然是基于爱护父母的心。这种说出一些与伦理事实不符合的事，已造成错误的判断，是一种伦理假。

逻辑假所造成的原因相当多。逻辑所要求的肯定是要以实际作为理智判断的测量，而实际事物都是具有个别性的，每一个个别不同的理由或者原则对于理性所作的判断当然会有层次上的差异，以至于造成不同的错误。这种错误是由于人理智能力的有限性，对于事物无法具有真正的真知灼见，再加上外在因素的阻挠无法使我们能够真实地认识。

第二种造成错误的原因可能是实体本身的复杂性及缺乏明显性。一个事物不只是一个因素，可能有好几种因素累积，以至于造成我们无法作出正确的判断。

第三种是由于意志的缺陷直接影响了理智对于缺乏明显性事物的判断，以至于无法对模糊、暧昧不明的状况表达我们的意见或看法，造成了错误的可能。

第四种是由于偏见造成了错误。偏见是未经研究而遽下的判断或者意见，一般来说有下列四种：一、种族偏见，认为自己的种族比其他种族来得优秀；二、政治的偏见，由于政治的学理或者实务的操作造成了自以为是的看法；三、学术的偏见，以为此学术发展可以排除其他学术的意见而唯我独尊；四、宗教的偏见，有的宗教基于自身信仰的原因而形成一些对人、对事物不真实的看法。

第五种是由于诚心和毅力的缺乏而造成的一种判断。因为诚心和毅力的不足使人失去耐心，以至于应该坚持而没有坚持，造成错误的判断。

第六种是由于对权威的崇拜而造成的一种判断。一般来说，对权威合理的崇拜是符合理性的原则和真知灼见的观念，而对于权威的无限崇拜就会产生迷信或妄信，以至于造成了错误的判断。

第七种是由于虚荣心使我们容易在他人面前装成比原来的自己更完美的人，造成和自身实际上的一种差距，而产生了错误。

从以上叙述来说，除了存在假违反了凡存在皆是善的原则而不存在之外，其他两者经常会出现。特别是逻辑假，常常会造成我们判断的困难。在了解知识的意义和价值的时候，我们要学会如何使用正确的知识，如何使用有效的推论，如何使用合理的反省和理智的思考，帮助我们达到知识的价值——“真”，从而实现自己人生的意义和价值。

（黎建球）

第二章 伦理价值——善

本章共分三节，每一节又分五点内容。

第一节，何谓善，何谓伦理善。首先，介绍伦理、伦理学的字义。其次，说明善、伦理善的意义。接着，依据对善的理解，进一步探讨恶的几种意义。之后，指出道德或道德原则的特征。最后，以苏格拉底为例介绍伦理思考的要点。

第二节，人为什么应该道德，为什么要有伦理善。首先，指出应该蕴涵能够，伦理实践是可能的。其次，区分“人性行为”和“人的行为”之不同，点出伦理学的研究对象是人性行为。接着，分别从后设伦理学、儒家伦理学和托马斯·阿奎那伦理学三方面探讨“人为什么应该道德”的基本问题。

第三节，如何判断道德、不道德——伦理标准。首先，简介从两种伦理判断到区分两种伦理学到发展出三条伦理学思路。其次，对比说明义务论与目的论两种义务伦理学。再者，简介义务论伦理学的代表——康德伦理学。接着，介绍目的论伦理学的代表——效益主义伦理学。最后，指出近二十年来伦理学高倡复兴之德行伦理学。

“判断”通常可以分成两种：一是“实然判断”（judgments of fact），如“今天天气晴朗，温度在20℃至25℃之间”；一是“价值判断”（judgments of value），如“今天的棒球赛真是精彩”。人的日常生活中，除了要理解、明白事物外（实然判断），还常需要评价事物（价值判断）。这说明了价值及其相关事物也是人生不可或缺的因素。哲学是一门“以人类理智的自然本性之光研究宇宙人生诸事万物的第一因或最高原理原则的科学”，其中包括了知识的“真”、伦理的“善”、艺术的“美”以及宗教的“圣”各个领域，而有不同的哲学分支。因此，哲学家也研究“价值”的问题。

2000 多年来，“价值论”（Value Theory）或“价值学”（Axiology）作为“企图澄清人的生活价值的理论”，一直是各哲学里相当重要的基础部分。关于价值，波兰哲学家波亨斯基（J. M. Bochenski）提醒我们必须分辨三样东西：第一，有一个实在的事物，它能被赋予价值，不论是正面的或负面的价值；第二，这事物是因为具有一种性质，所以才能够被评价，这个性质就是最严格意义的“价值”一词；第三，当我们领会到价值时，心中产生某些意志，如想要躬行实践或感到义愤等等。也就是说，我们不要混淆了“具有价值的事物”“价值本身”和“人们对价值的态度”三样不同的东西。“价值本身”又至少包含认识价值、伦理价值、艺术价值以及宗教价值。

本章主要将视角置于伦理价值所呈现的“善”上。于是必须认识第一个“W”——“What”，也就是认识“什么是伦理”“什么是善”及“什么是伦理善”，同时认识“什么是恶”“什么是伦理恶”的问题。其次，必须认识第二个“W”——“Why”，也就是询问“人为什么应该道德”或是“为什么要有伦理善”的伦理基础问题。再者，进一步基于伦理学史尝试找出伦理判断的几个主要标准，解答如何分辨善和不善，善恶或对错，这是第三个“W”——“How”。

第一节　何谓善，何谓伦理善

一、什么是伦理——伦理、伦理学的词义

中文的“伦理”或“道德”二词均翻译为西方哲学里的 Moralis（Morale、Moral）一词。这个西文形容词是由拉丁文 Mos、Mores 名词而来，本义为“风俗习惯”。“Moral Philosophy”英文也作“Ethics”，由拉丁文 Ethica 而来，Ethica 又由希腊文 Ethos 衍变而来。Ethos 和 Moralis 二字在原始意义上均表示合乎风俗习惯的行为。在外文中，“道德”（英：moral；德：Moral；法：morale）与“伦理”（英：ethics；拉丁：ethica；德：Ethik；法：ethique）有不同的语源。

“道德”的语源是拉丁文的 moralis，而“伦理”的语源则是希腊文的 ethikos。二词的原义均为风俗习惯。在中文中就古代典籍考察，“道德”与“伦理”二词也并不完全一致。伦理指人伦之理，也就是各种人际关系中所共守的规范。“道”与“德”二字意义不同，分称与合称亦有所不同。通常“虚无无形”之“道”可理解为“天地万物所以生之总原理”，“化育万物”之“德”可理解为“一物所以生之原理”。道德通常关涉个人，伦理则关涉群体。如《大学》所言之“诚意、正心、修身”属于道德，而“齐家、治国、平天下”则属于伦理。至于西方哲学，在康德以后，德国古典唯心主义哲学家们便将二词予以区分，如谢林、黑格尔均然。大致说来，同中国哲学一样，道德关涉个人，而伦理则是涉及社会群体，二者密切相关，然层次有别。

现在通用的“道德哲学”或“伦理哲学”，乃翻译拉丁文中的 philosophia Moralis，英文作 Moral Philosophy，本义为风俗习惯之学，但这早已不足以说明伦理道德的本质了。至于“道德哲学”，又可称为“伦理学”（Ethics）。

即使在当代，在欧美诸语言日常会话里仍无法完全明确分辨“伦理”和“道德”二词，二者仍常被同义混用，但关联到“教育”时所用的均是 Moral education，而极少用 ethical education。然而在中文里对“道德教育”与“伦理教育”并未严加区分，甚至有人将之合称为“伦理道德教育”，亦可简称为“德育”。

二、什么是善，什么是伦理善

“善”，有时也可说是“好”，英文作“good”，是“赞赏”（commendation）最普遍的语词。只要会运用语言，几乎没有人不会或不曾使用过“善”或“好”一词。当然，是否人人都能正确无误地使用“善”或“好”是另一个问题。《牛津英文词典》（*Oxford English Dictionary*）说“善”是“赞赏最普遍的形容词，隐含某些可敬的或有用的特殊性质之大量存在”（The most general adjective of commendation, implying the existence in a high, or at least satisfactory, degree of characteristic qualities which are either admirable in themselves, or useful for some purpose）。

“善”一词的使用是超范畴的，可以指事物的美善，如山水风景等自然物的美善，绘画、摄影、电影、建筑、音乐、诗歌、舞蹈等艺术作品的美善，汽车、计算机、家具、文具、玩具、用具、农作物、食物等实用品的美善；也可以指观念等抽象物的美善，如“好观念”“好点子”，我们有时也会说“good idea”。“善”一词还可以指人——尤其作为“道德主体”或“伦理人”——的美善，如“他的品行良善”“她的动机良善”；还可以指涉人的行为的美善，如“这位体操选手的鞍马动作漂亮（美善）”“美国第一任总统华盛顿的诚实行为很好”；还可以指事件结果的美善，如“大家都诚恳待人的结果是好的”“实施垃圾分类政策对整体环境的结果是好的”“每个学生都吃早餐对身体是好的”……以上的各种“善”的使用，或许是基于各种标准，我们可以按伦理意义的有无区分为两种善：一是伦理意义的善（moral good），如作为道德主体或伦理人的美善，像“好人”“善人”“善良意志”“善念”“良善动机”“美德”等，以及由道德主体发出之人性行为（human acts）的美善，像“好事”“好行为”等；一是非伦理意义的善（nonmoral good），伦理意义以外的其他美善均属之，如“好的作品”“好的工具”“好的动作”“好的建议”“好的结果”等。

善是一种价值（value）。有些人往往将价值当做“善”与“目的”的代名词。价值与目的有时可以互相混用：凡是有价值的事物都可以当做目的来追求，凡是当做目的被追求的事物也都可以称为有价值的事物。善与目的虽然对于意志是异词同义，目的为人所追求，一定与善相关，但是有价值的事物未必被人追求。善与价值有时也的确可以互相混用：凡是善的事物也可以称为有价值的事物，凡是有价值的事物也可以称为善的事物，一个有真理价值或艺术价值的事物也可以泛称为一种善的事物。但是仔细分析便可以发现，善只作为伦理价值的代名词时与价值并不等同。就范围而言，价值不一定与伦理相关，但是伦理一定与价值相关。伦理意义的善可说是一种伦理价值，而非伦理意义的善就是一种非伦理价值。

亚里士多德在《尼各马科伦理学》（*Nicomachean Ethics*）中说：“一件事物之美善，可从三方面言之：第一，本身为善；第二，其所具有之某种性质为善；第三，与其他事物之某种关系为善。”“善可分为三类：（1）外在的善，（2）精神的善，（3）身体的善。精神之善与心灵相关，故为最适当而真正的善。”亚里士多德作为西方德行伦理学（Virtue Ethics）的第一位系统表述者，尤其看重德行之为善（属于精神的善）的伦理学内涵。至于非伦理价值的种类，不同的哲学家有不同的区分，例如美国哲学家威廉·福兰克纳（W. K. Frankena）在其书《伦理学》（*Ethics*）中区分如下：（1）效益价值（utility values）——事物之善肇因于使用它们可达致某个目的而不管其目的是善或恶，如西瓜刀对于切西瓜而言是个好的工具。（2）外在价值（extrinsic values）——事物之善肇因于它们是达致某个善目的的手段或工具，如均衡营养和适度运动是达致健康此善目的的手段。（3）固有价值（inherent values）——事物之善肇因于默观它们的经验即是善，如艺术作品或自然物的美善，当人们欣赏它们时会产生善的经验。（4）内在价值（intrinsic values）——事物就其自身即是善或事物之善肇因于它们自身的内在性质，如知识的追求本身即有其内在价值。（5）贡献价值（contributory values）——事物之善肇因于它们对内在善生活的达致有贡献。而同一事物可能有一种以上意义的价值或善，例如知识可能具有内在、外在、效益及贡献诸价值。

中西哲学家多重视“善”的概念或理念，善往往被视为价值的根源。除了在理论哲学中的形而上学或本体论里作为存在的超越属性（transcendental attributes）“一”“真”“善”“美”之一，“善”与“存在”具有可互换性，如经院哲学有所谓“一切存在皆善”（Omne ens est bonum）的说法。“至善”或“善自体”甚至等同于“第一因”或“上帝”外，“善”也作为实践哲学中的伦理行为或人性行为（human acts）的价值归趋，中国儒家哲学更将“善”作为人性的代名词或人性的本质或人性的特质或趋向。“善”的意义如何，“善”是否可以被定义（本质定义），如何正确理解“善”，成为中西哲学的重要课题。

“善”字，按照《说文解字》的解释：“吉也，从誩羊，此与义（義）、美同义。”段玉裁注曰：“羊，祥也，故此二字从羊。”善、义（義）、美三字都从羊字。《说文解字》：“义，己之威义也，从我从羊。”“义”指我的美好之威仪表现。“善”指人互相说吉祥美好的话。善、义二字都有美好的意思。

根据亚里士多德的理论，善不属于类概念而是超越范畴的，故不可能有所谓的本质定义。20 世纪初英国哲学家摩尔（G. E. Moore）所著《伦理学原理》（*Principia Ethica*）一书最终也阐明：“善是什么”（What is good）这个问题的答案是自明的，但不能被证明。有关“善自体”的命题是直观的知识。善是单纯的、不可分析的概念，“善就是善”，“善不能被定义”，凡是用自然的对象或形上的性质与存在来定义“善”，摩尔都称之为“自然主义的谬误”（Naturalistic Fallacy）。这样的基本立场是可接受的，“善”很难有所谓的“（最近）类”（the proximate genus）加上“种差”（difference of species）的“本质定义”，孔孟也从未对“善”概念有过严格的本质定义，顶多只是描述定义、指物定义或范例定义，像孟子言“可欲之谓善”便是。

于是我们可以说“善”的理解有几个层次：首先，是作为本体论或存在学之善，“善观念”或“善自体”或“至善”，“善”即等同于存在，存在即善；其次，才是伦理道德意义之善（伦理学之善），也就是伦理学和儒家哲学强调之善；再者，才是与伦理道德意义无关之善（非伦理之善），是日常生活经常使用到的善。

三、什么是恶

依此，我们也可以谈谈对反于“善”的“恶”应如何理解。首先，就本体论或存在学的角度，根本不存在所谓积极的“恶观念”或“恶自身”或“至恶”，不存在所谓“恶”之本体，“恶”只是被理解为“善的阙如”（privation of good）。伦理道德意义之恶（伦理学之恶），作为“伦理善的阙如”，可能指涉道德主体或伦理人美善的阙如，例如“坏人”“恶人”“邪恶意志”“恶念”“邪恶动机”“恶行”等，也可能指涉人性行为美善的阙如，例如“坏事”“坏行为”等，这些属于不可接受、不被允许的伦理恶（moral evil），也是真正的恶。我们说某某人杀人放火，罪大恶极，其实指的就是伦理道德意义之恶。至于非伦理意义的恶，属于可接受、可允许的物理恶（physical evil），如眼盲、耳聋、肢残等天生即有或后天导致的缺陷，或一只手有六根手指、蛇有两头、鸡有四只脚等异常或突变现象等，也可以包括非自然界的“坏的（不成功的）作品”“坏的工具”“坏的动作”“坏的建议”“坏的结果”等。

非伦理意义的恶或物理恶，只是指出自然界的法则，这无法得到完满的解释，人也无可奈何，非人力可为。伦理意义之恶却不同，因为人有自由意志（free will），人可以选择做或不做（有做与不做的自由）；如果要做的话，人还可以选择做这或做那（有做这或做那的自由）。人有选择的自由，也有承担责任的义务，人必须为所作所为负责。

四、道德及道德原则的特征

伦理善作为一种价值，除了天生固有之天理良知具备知善知恶的能力，其构成之客观道德或道德原则基于合理性也自有其特征，可归纳为以下数点：

（一）优越性（Overridingness）

道德必须具有超越我们生活中其他任何事务的优先性。道德意味着为每个人的行为制定种种要求，它们优先于任何其他的行为指导模式，甚至优先于行为所涉及的自我利益。坚持至上性或凌驾性是道德的必要条件，其实就是事先断定当人们必须在道德要求与其他考虑（如政治的、法律的、宗教的以及审慎的考虑）之间加以选择时应赋予道德原则以重要性或优先性。道德原则不是唯一原则，但却是优先于其他的考虑（美学的、审慎的和法律的）。

（二）指令性（Prescriptivity）

道德陈述是具有强制性的指导，它不同于对事件的描述。道德原则通常以命令（injunctions or imperatives）的形式呈现，如“不可杀人”“不可无谓伤人”“爱你的邻居”。它们意图规劝及影响行为。指令性指涉实践的或指导行为的道德本质。指令性的特征也是所有规范学科（其他如宗教、法律和礼仪等）都共有的。

（三）可普遍化（Universalizability）

道德原则可以应用到所有在相关类似处境的人身上。例如我们判断行为 X 对 P 这个人是对的，那么对任何类似于 P 处境的人而言，行为 X 也应该是对的，例如黄金律（Golden Rule）“己所欲，施予人”（Do unto others what you would have them do unto you.〔if you were in their shoes.〕）又例如正义原则（Principle of Justice）“如果 B 对 A 的方式错误，那么 A 用同样的方式对 B 就不可能对。如果这两件事只有主客体对象不同（不同的个体或人），而没有其他环境或本质上的差异可以合理地作为必须差别对待的理由。”

同理可普遍化应用到所有价值判断。如果我们说 X 是个好的 Y（那是一部好车——引擎好、钣金好、省油、加速快、马力大等），那么逻辑上我们就必须承认并判断任何类似于 X 者也是好的 Y。

又例如一致性原则（Principle of Consistency），我们应该一致地作价值判断，其中包括道德判断和非道德判断。

（四）公开性（Publicity）

道德原则为了能在我们的生活中扮演一个行为指导的角色，它必须是公开的。我们使用道德原则去指令行为，去给予规劝，去提供赞美或谴责，如果它是秘密的将会导致自我矛盾。就像说谎或考试作弊绝不可能成为一道德原则，因为它不可能具备公开性的特征。

（五）可行性（Practicability）

一个道德系统必须是可行的，首先它的原则不可造成道德主体的沉重负担，所以许多伦理系统会考虑人的限制。也因此，可行性或许是不同时间或不同地方而有不同伦理标准的原因。例如《新约》《旧约》中之对离婚及“对仇敌的对待”的态度就不一致。《旧约》允许离婚，但《新约》即不许。《旧约》讲的是“以眼还眼，以牙还牙”“当爱你的邻舍，恨你的仇敌”，《新约》中耶稣则要他的门徒过理想的道德生活——“不要与恶人作对，有人打你的右脸，连左脸也转过来由他打。有人想要告你，要拿你的里衣，连外衣也由他拿去”“要爱你们的仇敌，为那逼迫害你们的人祈祷”。

五、伦理思考的典范，以苏格拉底为例

假设你一生当中一直努力做一个好人，尽你所认为应尽的责任，并努力做对你的同胞有益的事；又假设有许多同胞不喜欢你，不同意你所做的，并且认为你对社会有危险，虽然他们并不能证明他们的看法正确；又再假设他们以你认为十分不公正的方式来起诉你、审判你并判你死刑；最后再假设当你在狱中等待行刑时，你的朋友安排了一个让你逃走的机会，并和你的家人一起逃亡，他们能提供必要的贿赂使你的逃亡不会有危险，而且人们都认为你“应该”逃亡，你要把握这个机会吗？以上就是“伦理学之父”苏格拉底在柏拉图《对话录・克利多篇》（*Crito*）里所面临的情况。

我们以苏格拉底的经历作为伦理思考的典范，来说明一位哲学家如何达到知行合一的境界。苏格拉底经常在雅典街头与人辩论伦理、哲学问题，也曾经通过他那著名的诘问方法令许多雅典的士绅名流感到困窘。后来雅典的

政治纷争致使他受到政敌诬陷，被控以“亵渎神明，腐化青年”的罪名入狱，由雅典公民大会判处死刑。苏格拉底的弟子买通狱卒意图助他逃狱，但是苏格拉底坚持维护雅典的政治体制而不愿成为一个逃犯，宁可慷慨就义。克利多说：“他是我们所知的同时代一切人之中最善的、最智的、最正直的人。”

伦理学的主要目的是要帮助我们从事伦理思考，并不是在肯定传统的或任何伦理理论，也不在否定它们，而是在追问理由。也就是在伦理问题上学习做个有理性的人。不是追问自以为是的理由，而是追问在任何有理性的人的考验之下依然会成立的伦理理由。要做到伦理思考，也就是要能有效地、正确地追问伦理理由，并反驳别人的理由以证明自己的理论。

苏格拉底首先提出伦理思考、推论的基本要点：

第一，我们的决定不可受制于情绪，而必须依循正确的推理来考察问题；我们必须直接根据事实，并使理智清晰。诸如此类的问题，能够且应该以理性来解决。

第二，对于问题不能诉诸一般人的看法，他们可能会错；我们必须尝试找出我们能够自以为正确的答案，我们必须为自己思考。

第三，我们绝不能做道德上错的事。我们只要考虑哪种行为才是对的，而不是要考虑行为之后的结果如何，或别人会如何看待我们，或我们会如何看待行为之后的结果，这些都与道德的本质无关。

伦理推理的典型有二：第一，将普遍的原理原则应用到特殊情况。这预设我们知道普遍的原理原则。第二，单单诉诸规则是不够的，因为在一个具体情况中多个规则之间可能发生义务冲突的困境，还必须决定规则的等级。

苏格拉底相信伦理学中的理性与论证，而且他要求达到知识（knowledge，指原因及证明过程清楚且已被说明出来）而不只是真正的意见（true opinion，指未将原因及证明过程说明清楚）。

苏格拉底所思考的不只是他个人的生死问题，而是考虑到更普遍的道德常规的问题。所有关于伦理的思考总应超越个人的利害得失，追求普遍认可的行为法则。当我们有这样认知的时候，就进入了哲学伦理学的世界了。

第二节　人为什么应该道德，为什么要有伦理善

一、"应该"蕴涵"能够"：伦理实践是可能的

当我们说"我们应该孝顺父母""凡人不应该说谎""我们应该开车去"等含有"应该"（"should"or"ought to"）字眼的话语时，隐含了我们"能够"（can）孝顺父母、"能够"不说谎、"能够"开车去；也就是说，不论道德上或非道德上所要求的"应该如何"必然预设"能够如何"（"应该"蕴涵"能够"，"should"implies"can"），如此才有意义。本节要谈的问题是"人为什么应该道德"或"为什么要有伦理善"，这是伦理价值必要性、必需性的问题。要使这个问题是可解的话，必须先解决一个更基本的问题，即"我们能够道德吗"或"伦理实践是可能的吗"。

在存在等级的各种论述中，一般的看法大致是：不具生命的物质（如矿物）是最低的现实存在者；其次是具有生命及生长、繁殖能力的植物；再次是除了具备植物性存在的所有能力外，尚具可感觉力的动物；接着是具有理性，由精神与肉体二者结合成一复合实体（complex substance）的人之存在（human beings）；"上帝"或"至上神"（God）则是纯粹精神实体（pure act，pure spirit），为最高的存在。由于神或上帝是纯粹精神体，本身即是至善至美，无需道德。动物、植物及非生物，其本性无道德自觉及实践之可能性，故无道德可言。唯有"人"这类存在高于且异于人以外的动物、植物、非生物，有理性、有义、能群，有所谓道德意识，可以作道德判断，并将之实现于外在行为，完成道德实践。孔子说"我欲仁，斯仁至矣"、孟子说"人皆可为尧舜"、荀子说"涂之人皆可以为禹"，都说明了人具有道德实践的能力。"道德乃人的道德"，而道德实践是可能的。

二、人性行为和人的行为

只有人才有伦理道德可言，但并非人的一思一言、一举手一投足都关乎道德。这里就必须将"人性行为"和"人的行为"作一区分。

"人性行为"（英：human acts；拉丁：actus humani）不同于"人的行为"

（英：acts of man；拉丁：actus hominis）。人性行为是一种“出于理智的认识与意志同意的活动”或“由人的自由意志自动自觉发出的动作”，又称为自由意志的行为。人性行为乃专属于人，非其他存在者所能行者。人性行为按其实现于内或外又可分为内在与外在两种：（1）内在行为（interior act）——直接发自主宰心及止于主宰心的行为，亦即指主宰心本身所有的意愿意决；（2）外在行为（exterior act）——内在行为的外显或具体实践。外在行为常以内在行为为基础，人能只有内在行为而无外在行为，但不能只有外在行为而无内在行为。一个与内在主宰心无因果关系的无心之举，仅是一种人的无自觉意识的外在活动，不是外在的人性行为。至于人的行为，则指人性行为以外之其他有关人的任何活动，如心脏的跳动、血液的循环和手触及高温或冰冷之物马上挪开的反射动作等生理现象，以及肚子饿了想要吃东西、冷了想要多穿件衣服、难过时想哭等情绪或官能反应均属之。这些现象或反应并非人所专有，其他动物也有相同或类似者。人的行为或活动所关涉者乃人之动物性层面，无关乎道德，属于“非道德”的领域，自然无道德价值可言。只有人性行为方有道德可言，也才能产生道德价值。

伦理学以“人性行为”为研究对象（质料对象），尤其关注人性行为的是非善恶性质（形式对象）。是非即对错，是正确与否的问题；善恶即好坏，利益或益处是一种善，但不可说善即等同于利益或益处。是非问题不同于善恶问题，但都隶属于伦理学课题。一个道德行为所具备的伦理性质是“是”或“善”，若能既“是”（对）且“善”尤佳，也就是说一个真正具备伦理价值的行为它既是正确的又是好的。例如“诚恳待人”的行为既是正确的又是好的，在英文有所谓“right act”或“good act”的说法。一个道德主体或伦理行为者（moral agent），即具人格（person）的你、我、他，所可能具备的伦理性质仅是“善”而不是“是”。因此，有所谓“good person”“good man”（好人），却没有“right man”，人只有好坏而无对错。虽然英文中有“Mr. Right”的说法，但已不具任何伦理内涵，只表明“适合与否”。“是”和“善”都是伦理价值，均是成熟的伦理学所追求的价值。至于“是”与“善”哪一个是伦理上更为成熟的考虑，是很难一概而论的。是非对错与善恶好坏虽然有别却息息相关。“道德对”作为一种道德价值，也可说是一种道德善（“正价值”即“善”，“负价值”即“恶”）；有些伦理学家将行为或行为规则所产生的效益大小作为道德对错的最终判断标准（如目的论者），也就是主张某种意义的善决定了是非对错。

三、人为什么应该道德——后设伦理学的解答

至于“人为什么应该道德”（Why should I be moral）这个问题，也可以有如下的问法：“为什么我们的行为要是道德的呢？”“为什么我们应该参与道德的生活法规呢？”或“为什么我们应该采取道德的观点呢？”这个问题不同于“为什么应该平等地看待黑人和白人”及“为什么不应该堕胎”等问题。后两个问题乃以某种方式为行为寻求伦理的理由，所以是伦理学内的问题（questions within ethics），它们已预设了伦理观点；而前者则是另一层次的问题，乃“关涉伦理学”（a question about ethics），并且作为后两个问题更为基础的问题。

从字面上，“为什么应该……”是歧义的（ambiguous），可能是询问“动机”，也可能是要求关于“道德的理性证明”。一个道德的人在行动上的理由，乃相当于他论证道德的理由。因此，问题可以分成两方面，事实上所要求的答案是可以重合的。

就问题内容而言，当代伦理学家，尤其是以探究一些逻辑的、知识论的或语义学上的问题之后设伦理学（Meta-Ethics）家对这个问题有过不少的讨论与笔战，如 Peter Singer、Kai Nielsen、Mark Carl Overvold、Philippa Foot、Lawrence C. Becker、William K. Frankena、D. Z. Phillips、R. M. Hare 等学者。他们之擅长语意分析及思虑之细微给予研究者不小的启发，但是无须在此详述他们的论点和争辩，事实上这在后设伦理学界仍是一个开放待决的问题。

在企图解答这个问题之前，必须先注意“为什么应该道德”中的“应该”不是道德上的应该，否则就等于追问一道德成立之道理的理由，而犯了逻辑上丐题（begging the question）的谬误。因此，这个问题只是要求一充分的非道德的理由。康德伦理学在此有很好的启发：道德判断应是定言令式（Categorical imperative），而非假言令式（hypothetical imperative）。所谓假言令式，例如“如果你想加入社团，就必须缴会费”，有人并不想缴会费，很简单，只要他不加入社团即可，他可自由抉择（任何人亦然）。定言令式是无条件的，是指道德的考虑凌驾于其他任何考虑之上。我们来区分道德上及非道德上的两种

“应该”，如“考试时不应该作弊”是道德上的，而“我不应该下这步棋”是非道德上的。非道德上的应该、不应该是没有约束力的，如上例下错了大不了输棋，无伤大雅。而一个重视伦理价值、关心道德考虑的人，却不能说“考试时不应该作弊”这个道德规则不应该遵守。有人或许会基于想考高分而作弊，但是道德上的考虑与理由也可阻止他去犯错。贝克尔（Lawrence C. Becker）认为：“一个确定的道德判断在定义上已是凌驾的了。”一个道德判断当是根据理性的考虑而作出，否定它即否定理性作为决定如何做的根据；如果我们接受一道德判断，就是接受“在所有事项都已计算在内的情况下应该如此做”，就已排除了任何反对的基础了。于是，“为什么应该道德”的答案只能是：“因为应该。”也有学者（如黄庆明）对此问题有类似的结论：“要”（Wanting）并不是构成“应该”的决定性理由；对于“应该”，最后总要诉诸它的“应该性”（oughtness）。道德的理由不诉诸任何外在因素如快乐、功利等，而是道德本身，这就是所谓伦理学上的“义务论”。孔子曾说“仁者安仁，知者利仁”，孟子也说过“由仁义行，非行仁义”，都指出真正道德的本质在于道德实践本身，在为道德而道德上，而非道德实践所衍生的非道德性质或成分（如“利”上）。

四、人为什么应该追求道德——儒家哲学的解答

除了后设伦理学（一种非规范伦理学）外，其他规范伦理学，如中国的儒家哲学及西方的托马斯·阿奎那哲学，由于二者之伦理学体系各有形而上学之预设及基础予以支持证明，“人为什么应该追求道德”之解答便显得单纯许多，也较具说服力。

如儒家哲学将“应该道德”的理由归于“人”之哲学理解上，也就是归于人性。人之所以应该道德，不为别的，因为人的本质就是道德的存在，人即是“伦理人”，人不同于其他动物的“种差”就是伦理道德的有无。于是，理解了人“是”什么，就理解人“应该”如何。人是什么的问题，即儒家的人性论，是儒家哲学的显性题材，是历代儒者所共同关心的问题。

主张“性善论”的孟子说过：“生，亦我所欲也。义，亦我所欲也。二者不可得兼，舍生而取义者也。生亦我所欲，所欲有甚于生者，故不为苟得也。死亦我所恶，所恶有甚于死者，故患有所不辟也。如使人之所欲莫甚于生，则

凡可以得生者，何不用也？使人之所恶莫甚于死者，则凡可以辟患者，何不为也？由是则生而有不用也，由是则可以辟患而有不为也。是故所欲有甚于生者，所恶有甚于死者，非独贤者有是心也，人皆有之，贤者能勿丧耳。”“生”（存在的继续或创造）并不是人最大的欲求，“死”（存在的消灭）也不是人最痛恶的；人最大的欲求在于道德实践，最痛恶的是违反道德。也就是说，道德的考虑凌驾于生命的保有及其他，“舍生取义”的根由源于人性本然，故言“非独贤者有是心也，人皆有之”。至于实际上哪种人能做到，是每个人吗？当然不是，唯“贤者能勿丧耳”。这指出“应该道德”的理由就在于人性本然，人就是道德的负载者，人就是朝向伦理实践的存在。这从哲学人学的角度响应了伦理学的基础问题。

五、人为什么应该追求道德——托马斯·阿奎那哲学的解答

托马斯·阿奎那哲学的解答与儒家哲学有同有异。首先，托马斯·阿奎那也认为“应该道德”的理由是基于人这一类的存在者正是“伦理人”（man as moral），是人自然本性的一部分。

托马斯·阿奎那基本上依循波伊提乌定义“位格”是“理性本性的个别实体”（Naturae rationalis individua substantia），是“整个本性中最完美之物”。据此，位格必须是“理性的”，是“个体”，满足此界说的存在有造物主、天使及人两类受造物，若论及道德实践则仅及于“人的人格”（拉丁：persona humana；英：human person），或可称为“人格”。天使与人之为人格乃分享了神存在的最高级的美善。也因此，天使与人乃有别于无理性的受造物，堪称为“上帝肖像”。人既为人格，则无疑是一个体或自立体，应用于伦理活动则为一伦理或道德主体；又人格必为理性的，故此一伦理或道德主体当为“自主的”。托马斯·阿奎那曾说：“有理性的受造物，乃凭借理智及意志支配自己。”理智与意志同为人的理性能力，由于理性使得人自主，由于个体或自立体使得人是主体。于是人之为人格使得人可作为自主的伦理或道德主体，足以从事伦理实践，使得人有无可比拟的尊严，以完成人生的目的。

人的自然本性符合理性的首要律则“自然律”（Natural Law），而包括自然律、人为法等之所有律则又都来自于“永恒律”（Eternal Law）。人的自然理性之所以必然倾向道德，乃源于神的理智。

总之，“人为什么应该追求道德”在儒家及托马斯·阿奎那哲学看来，是因为人的本性如此，人性善或朝向善故，人之存在必然要求道德。

第三节　如何判断道德、不道德——伦理标准

一、从两种伦理判断到两种伦理学、三条伦理学思路

如何判断行为或事件之道德或不道德？其伦理标准何在？这主要在于伦理判断上。按照西方规范伦理学（Nomative Ethics）的理论，伦理判断有两大类：一是“伦理义务判断”（judgments of moral obligation 或 deontic judgments），一是“伦理价值判断”（judgments of moral value 或 aretaic judgments）。

所谓“伦理义务判断”乃关涉某个行为（action）或某种行为是否在伦理上对或错、应该或不应该等，如“我们应该守承诺”“苏格拉底不应逃狱”等属之。所谓“伦理价值判断”则关涉人、动机、意向、品格特性等之是否具有伦理善或恶、是否有德行、是否邪恶、是否负责、是否该谴责等，如“孔子是个圣人”“仁爱是种德行”“他的动机邪恶”等判断属之。

伦理学依所关注之道德判断种类之不同，可区分为“伦理/道德义务论”或“义务伦理学”（Deontic Ethics）及“伦理价值论”或“德行伦理学”（Aretaic Ethics）。义务伦理学即以行为作为探讨的要点，注重道德主体——人——“去做”（to be or doing）的问题，并按道德判断标准之不同区分为以“道德行为自身价值”为主的义务论（Deontology），及以“行为效果之非道德价值”为主的目的论（Teleology）。

伦理价值论或德行伦理学则以道德主体之人格、动机、意向、品格特性等作为探讨的要点，注重道德主体“成为”或“是”（to do or being）的问题。

义务伦理学的“义务”一词来自希腊文的 deon，相当于英文的 duty 或 obligation。以行为为基础的义务伦理学由于强调该做什么，有时我们也称之为“做的伦理学”（ethics of doing）、“行为伦理学”（act-ethics）或“原则道德”（morality of principles）。

德行伦理学的“德行”一词来自希腊文的 arete，相当于英文的 virtue，本义是“卓越”（excellence）。以德行为基础的德行伦理学由于强调道德主体成

为什么样的人，有时我们也称之为“是的伦理学”（ethics of being）、“行为者伦理学”（agent-ethics）或“特性道德”（morality of traits）。

由此我们可以发现，义务伦理学与德行伦理学作为规范伦理学的两大分支，具有某种程度的相对性或对比性。这种区分是方便说法，指出不同的伦理学思路。

于是，我们可从规范伦理学发展史中发现对于伦理思考的三条路径：第一条思路是“义务论伦理学”（Deontological Theories），以下简称“义务论”；第二条思路是“目的论伦理学”（Teleological Theories），以下简称“目的论”；第三条思路是“德行伦理学”（Virtue ethics）。

二、义务论伦理学与目的论伦理学

义务伦理学中的目的论主张：道德对错或道德义务的最终判断标准在于其所产生的非道德价值上。也就是说，将道德意义的善转化为非道德意义的善；或者说，不承认善的“异质性”（heterogeneity）。目的论者按照“应该促进谁的善”此问题之不同解答而区分为三种目的论。若主张“凡人应该做促进他自己最大善之事”者，称为“伦理自我主义”（Ethical Egoism）；若主张“最大普遍善”（the greatest general good）是应积极致力者，称为“伦理普遍主义”（Ethical Universalism）或“效益主义”（Utilitarianism）；若主张“应促进他人的善”者，称之为“伦理利他主义”（Ethical Altruism）。

目的论者会采用任何非道德意义的善的观点。目的论者可能是快乐主义者（hedonist），把善等同于快乐，把恶等同于痛苦。目的论者也可能是非快乐主义者（non-hedonist），把善等同于权力、知识、自我实现、完美等等。目的论者对善有各种不同的看法，其决定与义务的标准同在于它是否导致最大的善余额（good over evil）。

义务伦理学中的义务论基本上否定目的论的主张。他们否定对的、义务的、道德善的完全就是（不论是直接或间接的）非道德意义的善，或者完全是其促使个人、社会或全世界之善多于恶之最大余额。他们主张判定一个行为或行为规则为对或义务的方法，除了依据其结果的善或恶外，至少还有其他的标准，即行为自身的某种特性。例如履行承诺是公正的，因为它是神或国家的命令。目的论者相信对只有一个最终的判断标准，即与其相对应的非道德价值；而义务论者以为只求最大善余额而不管善的分配，不能成为道德的标准，或者至少不是最终标准。所谓义务论的基本立场是：反对将道德意义的善转化为非道德意义的善，一个行为或行为规则之所以具有道德意义，其最后判断标准并不在于其所产生的非道德价值，而在于其自身的特性。

我们试以说谎为例来说明这一行为在以上各种伦理学理论中的伦理评价重点。对于义务论者而言，作为一个人，说谎的行为是不应该做的，因为说谎行为本身就是错误的。对于目的论者而言，说谎行为的结果是不好的，因为这样做会使大多数人的利益受损。对于德行论者而言，说谎的行为是不好的或是悖德的，因为这不符合一个有德者的特质。

根据福兰克纳的《伦理学》，通常被视为义务论的终极原则就是“正义原则”(Principle of Justice)。义务论者认为正义是一种必须坚持的价值，虽然有时遵守正义原则并不对大多数人有利（事实上，对义务论者而言，也顾不得此)。目的论的终极原则通常是“效益原则”(Principle of Utility)——我们应该做的是追求最大可能的“善”或“好”，而这原则预设了一个更根本的原则，即“仁爱原则”(Principle of Beneficence)——我们应该去做有益的事情而避免去做有害的事情，应该行善避恶。

三、义务论伦理学的代表——康德伦理学

康德是德国启蒙时期最伟大的哲学家，在道德上他是一个绝对论者，也是一个理性主义者。他以为道德真理不属于经验领域，道德真理是绝对、必然、普遍的，道德行为不是工具性的，道德本身就有其价值。他认为人可以通过理性找到一无法逾越的道德原则作为所有伦理学的基础。这个原理原则康德称之为“无上命令”或“定言令式”，他用二种不同的形式表达其无上命令。

第一种是“普遍化原则”：“只依照你能而且你愿意使它成为一项普遍律法之格律行动”(Act only on that maxim through which you can at the same time will that it should become a universal law)。所谓“格律”(maxim)是符合行为者意向之普遍规则(the general rule in accordance with which the agent intends to act)；所谓“普遍律法”(universal law)意即“一个客观原则，一个可以通过普遍化试验的格律”(an objective principle, a maxim that passes the test of universalizability)。康德认为这个原则可以作为评价其他行为原则是否合乎道德要求的

标准，它在实践上的意义是：如果你不愿意任何其他人采取某一行为，你自己就不应该如此做。康德在这点上也举出四种义务：禁止自杀、禁止作假承诺、不应该浪费自己的自然禀赋和应该帮助苦难的人。

第二种是“目的原则”：“不论对待自己或他人的人性，都要当成目的，绝对不能只是当成手段”（Act in such a way that you always treat humanity，whether in your own person or in the person of any other，never simply as a means，but always at the same time as an end）。“把人当成目的”可以理解为尊敬人是一个具有理性、可以实践道德行为的尊严存在者。

第三种是“自律原则”：“每一个理性存在者的意志就是制订普遍律法的意志”（The idea of the will of every rational being as a will which makes universal law）。道德规范每一个理性存在者，而自律原则所强调的是：道德律法的强制性是源于我们自己的理性意志，我们是道德律法的立法者。根据这个原则，不需要依据上帝、国家、文化、父母等外在权威来决定道德律法，我们自己就可以发现道德律法的本质；道德法则就是我们制定的，所以遵守道德律法就是遵守自己制定的律法，所以理性意志不只是遵守道德，也制定道德规范，这也是人具有无限或绝对价值的根源。和自律原则相反的就是他律，如果一个人的行为是由外在权威所推动，他的行为就是意志他律。

四、目的论伦理学的代表——效益主义伦理学

无论是哪一种形态的效益主义，都依循一个共同原则，即“效益原则”（the principle of utility）。“效益原则”主张：人类所有行为的道德目的就是促进最大善余额（尽可能最大善多于恶）或最小恶余额（尽可能最小恶），以此为人类行为对错或义务的唯一最终标准的原理原则。

第一种效益主义形态是“行为效益主义”（Act-Utilitarianism，简称 AU）。AU 主张伦理行为的对错或义务判断标准直接诉诸所可能选择的行为当中哪种行为就整体而言会产生全体最大善余额。此时，关注的问题是：“‘我’在‘这个’情境下做‘这个’行为，对于最大普遍善余额会有什么影响呢？”如果“我”在“这个”情境下做“这个”行为会产生最大普遍善余额的话，那么“我”“这个”行为就是对的。

第二种效益主义形态是“普遍效益主义”（General-Utilitarianism，简称

GU)。GU主张伦理行为的对错或义务判断标准在于思考:"'每一个人'在'这类'情境下都做'这类'行为,对于最大普遍善余额会有什么影响呢?"如果"我"(某个人)在"这个"情境下做"这个"行为是对的,那么其他任何人在类似情境下都做类似行为也应该是对的。所以不能像AU只思考"一个人"在一个别具体情境下的个别行为的结果,而应考察"每个人"在类似情境下都做类似行为的整体结果。

第三种效益主义形态是"规则效益主义"(Rule-Utilitarianism,简称RU)。如同规则义务论,RU也强调"规则"在伦理的核心地位。RU主张伦理行为的对错或义务判断标准在于思考:"'依照哪一个或哪一类的规则'可以产生最大普遍善余额?"不同于义务论,RU将决定哪一个规则的判断标准置于最大普遍善余额。问题不在于哪一个行为有最大效益而在于哪一个规则有最大效益。因此,效益原则并不决定什么个别行为应该做(这通常由规则来决定),而在决定应该有什么规则。

这隐含善和恶不管它们是什么,都是可以被量化,可以用数学的方式相加减。像边沁(Jeremy Bentham,1748—1832)是第一个以"最大多数人的最大幸福"(the greatest happiness of the greatest number)为最高原则、最终目的的哲学家;也是第一个以"最大多数人的最大幸福"为基础,坚持"幸福"的数量意义,"大"的数学意义,而开展自己体系的伦理思想家;并且还是第一个试图把此道德原则运用到政治、立法、行政、司法等各个实际领域之中的改革家。边沁是效益主义伦理学的创立者和典型代表。边沁以为人的本性就在快乐和痛苦两个至高无上的"主人"操控之下,还设法建立一套"快乐主义的苦乐计算学"(a hedonic calculus of pleasures and pains):以强度性(intensity)、持久性(duration)、确定性(certainty)、即刻性(近或远,propinquity)、丰富性(fruitfulness)、纯粹性(putity)、广袤性(extent)等七个向度作为测量依据。边沁这种强调"幸福"的数量意义之哲学被当时人戏谑为"猪的哲学"(pig-philosophy),因为按照边沁的理论,一头猪享有它的生活可能比不满意的苏格拉底拥有更佳的快乐/伦理状态。

为了修正边沁所遭受的批评,穆勒的效益主义是一种幸福论的(eudaimonistic utilitarianism)。他将幸福分成"较高级的快乐或满意",如理智上的、美学上的和社会上的享有,与"较低级的快乐或满意",如肉体上的欢愉;设法引介“质”和“量”到快乐计算学里。穆勒以为较文雅的快乐高于较低级的快乐，因此反驳说道：“一个不满意的人比一只满意的猪好，而一个不满意的苏格拉底比一个满意的愚人好。”但即使有质的协助，也很难说明效益主义的标准，连穆勒本人也没有说明清楚。

有些学者无法认同效益原则就是基本原则，理由是有比它更基本的原则当基础。所谓的效益原则，是指应该做会产生“最大可能的善多于恶之差额”的行为或行为规则的原则。而这个原则显然预设另一个更基本的原则，即应该行善而避免行恶。如果没有这个更基本的义务，就没有实现最大善余额的责任。事实上，效益原则（暂时不考虑正义或公正问题）表达了与“只行善而不作恶”的理想的妥协。因这个理想是不可能实现的，所以只要做到产生最大的善余额就好了。只因有只行善不作恶的优先初步义务，所以有增进最大善余额的初步义务。福兰克纳将此优先原则称为“仁爱原则”(principle of beneficence)。

五、德行伦理学

在西方，从苏格拉底和柏拉图的时代起，德行（virtue）和恶行（vice）就主宰了道德的哲学讨论。哪些是最重要的德行，哪些恶行最危险，德行的价值何在，我们如何将德行和恶行教导给孩子和学生，这些都是长久以来伦理学者关心的议题。不论宗教或世俗观点都将对德行的正确理解及其反论视为伦理生活及正义社群的核心。这样以德行为基的伦理学（virtue-based ethics）实与亚里士多德同样久远，直到18世纪有所改变。19世纪、20世纪的哲学家普遍忽略德行，取而代之的是讨论普遍律（universal law）或道德原则（moral principles）、基本权利（basic rights）、直觉善（intuirive good）、功利（utilitarian benefits），将之视为理解及追求伦理生活及正义社群的核心，这是以行为为基的伦理学（conduct-based ethics）。

再后来，哲学界对德行和恶行的重视似乎再兴。学者和哲学家在专业刊物及会议中宣扬德行伦理学，作家和评论家在许多公开讨论会上讨论德行和恶行。这显示许多伦理思考者已经发现以行为为基的伦理学思路的缺失，转而重新讨论德行和恶行，找寻另一条伦理学思路。伊丽莎白·安斯库姆（Elizabeth Anscombe）在1958年写了一篇题为《现代道德哲学》（*Modern Moral Philoso phy*）的文章，标示了德行伦理学的当代滥觞。她指出德行对反于原则，更适于说明伦理学；奠基于义务的道德观念是一项错误，因为我们不能只依循一套伦理规则而不要伦理的立法者（如上帝）。而现代道德哲学似乎只发展伦理规则和原则，却不在乎伦理规则的制定者。她建议我们最好避免称呼行为是"道德上错的"（morally wrong），我们应该称呼行为是"不正义的""不仁慈的"或"不公平的"。一个正义的人不会做不义的事；而不义必须视其"环境"（circumstances），不是效益论者所宣称的"结果"（consequences），也不是康德学派所主张的"普遍律"。因此，当结果论（consequentialism）与义务论（deontology）发出失败信号时，仰赖德行成为我们合理的选择。在德行的观点之下，品格的卓越（excellence of character）是道德的基本；至于行为的判定依赖于它们是否来自可欲的动机及可欲的品格特性，而不是它们如何符合规则和原则。

迈克尔·施特克尔（Michael Stocker）曾经提供一个例子显示规则思路的不恰当来支持德行伦理学：我在生病住院期间，一个朋友来探望了好几次。我感谢他的探望及仁心善意，他却告诉我他的来访仅仅出于道德义务感，而非出于仁心或对我的情感。这时我的内心若有所失，我并不希望来探访的朋友仅是出于不关心的义务（disinterested obligation）。同样的探望行为，会因为动机不同而给人不同感受：一个是基于爱与关怀的意愿（disposition），让人温暖；一个则是基于形式上对道德律的尊重，让人怅然若失（negatively）。这个例子显示道德需求（moral need）超过仅仅形式上的义务论或结果论的思考，道德包括人的因素，个人的承诺来自一个好品格。

品格和动机包含于行为之中，而行为之中也包含个人的关系：我们希望父母的行为是出于爱，而不仅出于义务。德行伦理学的旨意在超越亲密关系而扩至所有伦理抉择。在伦理抉择中，我们不能仅考虑规则或结果，我们需要更多，我们需要一种实践智慧（phronesis，practical wisdom，prudence），从规则的桎梏中解放出来，真正作个好抉择。规则太疏离了，太无干于具体的情境，许多哲学家不满意伦理规则和原则的局限本质，真实的情境太复杂以至于不可能有秩序地统整于规则之下，于是他们转而寻求品格特性的价值。他们相信好的选择和好的伦理判断有赖于好的品格。而实践智慧来自一个明智的气质（wise disposition）。

对当代西方伦理学研究颇具影响力的英国学者伯纳·威廉（Bernard Williams）确信，可以取代近代道德体系而成为伦理学未来的是亚里士多德的德行伦理学。当代最重要的德行伦理学主张者麦金泰尔（Alasdair MacIntyre）分析指出，启蒙运动以来的一系列失败的核心原因在于摒弃了启蒙运动以前的西方历史中存在着的以亚里士多德为中心的古典德行传统。为了阐述这个传统，他追述了以荷马为代表的英雄社会的德行、雅典的德行、亚里士多德的德行和中世纪的德行。

亚里士多德正是创建西方德行伦理学的第一人，他将伦理道德的核心问题置于人（行为者）的品格特性，而非行为上。按照亚里士多德的观点，道德的基本问题不是“我应当做什么”（What should I do），而是“我应当是什么样的人”（What should I be）。于是，“成为”一个有德者远比“去做”一件道德上对的事还重要；“是”（being）比“做”（doing）优先。此即德行优于义务。对康德而言，伦理道德是出乎义务（act from duty）且恪守义务（act in accordance with duty）；出于自然本性的同情心是不可否认的德行，却被康德忽视。此即义务优于德行。强调“道德价值判断”，也就是关系到人、动机、意向、品格特性等是否具有伦理善或恶、是否有德行、是否邪恶、是否负责、是否该谴责等等。这些道德价值判断不只会指引我们做什么行为（to do），也会指引我们成为什么样的人（to be）。因此，在亚里士多德幸福论（Eudaemonism）的建构下，德行（或卓越）即是幸福人生的核心。

丹尼尔·史塔特曼（Daniel Statman）指出，“德行伦理学”一词一直遭到相当浮泛且未经定义方式的使用。它有时指称研究主题是德行本质与价值的伦理学领域，有时又指称对当代伦理学在其理论中不够重视德行研究所表达的普遍不满。直到20世纪80年代末期，德行伦理学的意义才逐渐确定下来。现在该词的意义则指称一种崭新的伦理学研究方式，指出伦理学的基本判断就是关于品格的判断。因此可以说，当代德行伦理学最基本的意义就是它标榜品德至上的概念。而所谓“德行”更可说是做道德上值得、要求去做的事的一种稳定的气质、习惯或特性。

至于对原则或规则的态度有两种。一种是有条件的接受。由于德行伦理学以德行为基础，只将原则或规则的使用视为次要的（secondary）；原则或规则的意义顶多是初步的（prima facie），其有效性只奠基于有德者的过去行为或习惯，像是一种“经验律”（rule of thumb）。如果有德者在个别事例上并没有采行某原则或规则，就显示此原则或规则并不适用。另一种态度则是严拒原则或规则的介入。像女性主义（feminism）作为德行伦理学的一种类型，就认为原则或规则是限制，它们会遮蔽个别具体事例中的真实复杂性和真实关怀。这可以说是一种“个别主义”（particularism），是基于品格或气质而非基于直觉或情绪的一种个别主义。因此，即便同是德行伦理学，也有细节之差异。除了亚里士多德、托马斯·阿奎那、马里坦等西方哲学家的伦理学是属于一种德行伦理学，中国儒家哲学也同样有其重视一个人品质特性的悠久传统，也是一种德行伦理学。

最后必须强调：伦理学虽然以人性行为作为研究对象，而被归于实践哲学，但是这门学问本身并不是直接指导或锻炼我们实行合乎人性行为标准的技术或行为。这门学问本身仍然是一套学术理论，我们只是就它的研究对象属于人性行为而称之为实践哲学，作为一门学问而言，则仍是理论性的哲学。从一个学生的角度来看，一个伦理学考试得满分的人，只是代表他的伦理学知识满分，不等于他在伦理实践上是满分的人。从苏格拉底的伦理学态度而言，必须是一位智力上完全理解的人才能在道德实践上具体落实。也就是说，要成为一位道德上的好人，必须有正确的伦理判断能力与坚强一贯的伦理实践之意志力，两相配合才能成就。用中国儒家的说法，仁与智必须双修，缺一不可。

（潘小慧）

第三章　艺术价值——美

本章共分五节。

第一节，美作为一种特殊形而上学的对象：首先说明“美”的性质源自形而上学的存在的超越特征，美和一、真、善并列存在的超越特征，彼此相通。其次，整一、完备、明亮是从形而上学出发对“美”所作的规范。接下来说明对于“美”的感性方面的发展，与对于“真”的理性方面的发展，彼此并不矛盾。最后说明近代以来西方对于美学研究的起源。

第二节，美的主观性及客观性：通过西方美学史上主张客观论与主观论的考察，发现主观论者的言论愈来愈强。我们主张真正的“美”存在于主观与客观的调和之间，这才是更符合事实的主张。

第三节，优美和壮美：对于美好的事物不能只以一个毫无区分的“美”来道尽一切，必须有所分别。优雅、柔和、可以一目了然的景物，适合于运用“优美”来形容；而数量庞大、力大无穷、无法估量的景物，适合于运用“壮美”来形容。

第四节，美与丑：乍看之下，美与丑似乎极端对立，但是在艺术作品中不但容许“丑”作为表现的元素，借以衬托主体的美艳，甚至有些较极端的例子也拿“丑”作为艺术表现的主题。借着这个主题的讨论，我们澄清艺术不必然以表现“美”为唯一方向，“丑”的存在有其在艺术表现上的价值。

第五节，艺术品：首先从“艺术”在西方的字源与含义，进行历史的考察。然后，分辨艺术品与非艺术品，借以分析出艺术品的特殊价值。接着，进入艺术品本身，探究艺术品的构成要素。我们主要根据艺术品的“质料”与

“形式”这两大范畴来分析艺术品的构成要素。接下来，讨论艺术品的创作与鉴赏，借以说明艺术创作者、艺术鉴赏者、艺术对象、艺术作品四者的相互关系。最后，探讨艺术与人生的课题，在此主要引申出“为人生而艺术”或“为艺术而艺术”这两大立场，并思考艺术与道德互动的关系。

第一节　美作为一种特殊形而上学的对象

存在学作为哲学研究的核心部分，意味着一切哲学的分支研究都会以这门学问作为进一步研究的基础，无论是有关存在之呈现为真、善、美的任何形态的研究都应如此。所以不仅有关概念知识之真理的研究在存在学内得到根源性的解释，连有关人性行为的伦理学，以及有关创作新事物的美学，都应该有针对其特殊方面的存在学来解说它们的首要根源，因而我们可以要求必须存在着一门道德存在学，以及一门美之存在学（或艺术存在学）。

一、存在的超越特征

形而上学认为“存在”的超越特性有：一、真、善、美。

首先，就“一”而言，在形而上学里的意义是指存在不可分。如果说存在为多，那么此存在和彼存在如何区分呢？这样一来，存在没有合一性，彼此会产生矛盾，就不可能产生合理性。存在在本质上无法再区分，它只能和虚无对立。

其次，就“真”的特性而言，任何存在，只看它的存在，皆是可理解的或真实无妄的。所谓“真”就是名实相符，概念与实在相合。存在之“在己”，就是包括了客观的真实性。另一方面，存在能被有意识的我所把握，就是包括了逻辑上的真理，形成真理的知识。

第二，“善”在形而上学的意义是指任何存在，论其为存在，与意志有相符合的关系。我们可以说，任何存在，就其为存在而言，都是理智所能认识的或可理解的。理智所认识的对象，也是意志的对象。所以，任何存在，就其为存在而言，都是可以愿望的，皆是意志所享有的原因。

接着，我们就要来检讨一下“美”是否也是存在的超越特性。关于这个问题，历来的哲学家们的意见极为不一致。柏拉图把美善视为同一，但是中世纪有些哲学家们又不把美视为超越特性，当代的哲学家们又有将真、善、美三者都视为存在的超越特性的主张。如果就托马斯·阿奎那所主张的美的特征包含完整、和谐、光辉，再加上马里坦所主张的“美是真理的光辉”，综合来看，对于美的描述或形容之中都已包括了存在的“一”“真”“善”的特性了。美也是存在的一项特征，但不是直接的或原始的特征。

我们可以说：凡是存在，既然存在，它是单一、真与善，因此皆美；而且，存在的内容愈丰富，其美的程度也愈大。

二、美的条件

从以上所述我们可以肯定，存在学确实是哲学研究的中心部分，而且美之存在学作为普遍存在学之下的一门特殊存在学的分支研究也应该能够成立。我们之所以如此说，就在于美可以作为存在的超越特性。

托马斯·阿奎那指出美的条件：

> 美包含三个条件：整一（integrity）或完备（perfection），因为受损的东西事实上就是丑的；恰当的比例或和谐；以及明亮或清晰，在被称之为美的事物的地方就有明亮的色彩。

托马斯·阿奎那所提出的这三个条件，前两个在他之前的美学思想中都可以找到相似的主张。关于“整一”或“完备”从巴门尼德、柏拉图、朗吉努斯（C. Longinus）、普罗提诺、奥古斯丁等人的思想中都可以发现相关的主张。关于“比例”或“和谐”在毕达哥拉斯、赫拉克利特、亚里士多德、奥古斯丁等人的思想中也都可以发现相关的主张。至于“明亮”或“清晰”则在托马斯·阿奎那之前并不多见，这第三个条件可以说是托马斯·阿奎那思想的特色。

托马斯·阿奎那除了指出美的观念的三个条件，也指出美和理性的关系，特别是美和形式的关系：

> 在一件事物中，美和善基本上是等同的，因为它们都基于相同的东西，那就是形式，因而善被赞誉为美。但是它们逻辑上有所不同，因为善恰当地关系到欲求（善是万物所欲求的），因此它有一个目的的方面（欲

求是一种朝向一事物的运动)。另一方面，美关系到认知能力，因为美的事物是当看它的时候产生愉悦的东西。因此美在于恰当的比例，因为感觉由于事物的比例而喜悦，这是顺从它们的种类之故。因为即使感觉也是一种理性，正如同一切的认知能力。现在，因为知识是经由同化作用，而相似性关系到形式，美恰当地属于一个形式因的性质。

在以上的引言当中，托马斯·阿奎那首先指出美、善的共同基础在于形式，在活动的形式上却有所区分，善指向一个目的的欲求，美朝向感性认识所产生的愉悦。托马斯·阿奎那在广义的使用理性（intellect）一词之下，把感觉能力也视为理性能力之一，而美因为一方面和理性相关而可以从认知的角度被把握，另一方面美又是和感觉相关而使得美的把握方式和概念的把握方式有所不同。在论及和美的把握相关的感觉时，托马斯·阿奎那特别强调视觉与听觉：

美和善相同，只是在方向上有所不同。因为善是众所追求的，善的概念是镇定欲望的，而美的概念也是借着它被看见或被认识来镇定欲望。因此，主要涉及美的感觉，也就是视觉和听觉，它们是最有认知能力的，也服务于理性，因为我们谈论美的景观和美的音响。但是一旦涉及其他感觉的其他对象，我们并不使用美来表达，因为我们不会说美的味道和美的气味。因此，很明显美在善之上添加了和认知能力的关系；所以善意味单纯地愉悦了欲求，而美是某种愉悦理解的东西。

三、感性与理性需要平衡发展

一般人经常有一种似是而非的观念，以为艺术鉴赏活动或创造活动所强调的能力（感性），和理论建构活动或纯粹思维活动所需要的能力（理性），两者是互相矛盾或互相排斥的两极，在一个人的身上似乎不能得到和平共处的可能。有人据此误以为一个艺术家的灵魂和一个哲学家的灵魂是不可能和谐共处的。在此我们要极力澄清：艺术活动和哲学活动尽管在历程上各擅胜场，它们所追求的目标却是一致的，那就是对真理的追求与诠释。作为艺术家和作为哲学家都需要有清晰的思辨能力，才能看出真理的目标。艺术家与哲学家都需要对于人性中的感性层面有所体会，才能表现出真理的具体面貌。在一个健全的人身上，他所禀赋的理性能力与感性能力，一点儿都不会有所缺少。我们所需要努力的仅仅是好好顺应感性能力与理性能力的特质，好好发挥它们的能力。

从哲学的分类而言，可以把哲学区分成理论哲学与实践哲学。我们在求知的过程上，纯粹为了知识本身的目标而追求知识，其结果是为理论知识；理论知识中以获得最高原因与原理为目标的知识，是为理论哲学，形而上学是理论哲学中最根本的部分。如果我们所追求的知识是以获得人生之美满为目标，则是一种实践的知识；众多实践知识当中，以获得人生之绝对美善为目标之知识，则是实践哲学，广义的伦理学或价值哲学是其核心部分。

从研究的对象来看，美学（或艺术哲学）的研究应隶属于理论哲学还是实践哲学呢？这个看似简单的问题却包含了复杂的内涵。如果就艺术或美表现真理的向度而言，美的存在是一种存在（being）的属性，有关此种能表现美的存在的研究应是一种特殊的形而上学，所以美学应属于理论哲学的范畴。可是如此一来，又和一般人的常识观点大相径庭。不管艺术是否真的表现真理，一件完美的艺术品确实涵养了我们的人格，滋润了我们的心灵，这何尝不是有益于我们人生的美善的提升呢？所以说美学隶属于实践哲学，谁能说不可以呢？

四、近代美学的形成

哲学对于美的研究统称之为“美学”（Aesthetics），也有称之为“艺术哲学”（Philosophy of Art）。美学的字源来自希腊文**αίσθητικός**（aisthetikos），它的本来的意思是“感觉”（**αίσθητικός**，aisthesis），相当于英文的 sensation。哲学史上第一位赋予“美学”这个称号的是德国哲学家鲍姆加登，在他的著作《关于诗的哲学沉思录》（*Meditationes philosophicae de nonnullis ad poema pertinentibus*）中，他首先倡议使用 aesthetica 来标示专属于感性活动的哲学研究。他并于 1750 年出版名为《美学》（*Aesthetica*）的著作。

鲍姆加登在《关于诗的哲学沉思录》中提到：

> 由低级认识器官所接受的观念叫做感性的观念。
>
> 一篇感性作品的完善和它的各组成部分能引起的感性观念多寡成正

比例。

> 一篇完善的感性作品就是一首诗。

所谓“低级能力”（vires inferiores）是相对于“高级能力”（vires superiores）而说的，这两个术语都是源自鲍姆加登的老师沃尔夫。沃尔夫的哲学只集中注意力于高级能力，他认为那是可以用文字明白地表达的概念，而低级能力只涉及感觉能力，是不能被明白表达的概念。鲍姆加登针对这种理论体系上的缺乏，力图补充之，故强调我们也不应忽略感觉方面的知识，这一方面的知识就以代表感觉的希腊文 aisthesis 来作为总称。

由于西方语言用来指称“美学”的词（aesthetics）源自希腊文的“感觉”之意，所以有许多学者对此不满意，认为美学不应只是研究有关感觉的对象，美的存在不仅是具象事物的美，也包含抽象事物的美。至于中文的“美学”一词也有学者不满意，因为美学不仅研究美的对象，也兼顾美的对立面——丑的研究。所以有人认为应改用“艺术哲学”来指称，“艺术”代表人类有意识地制作出某物体的结果，但是这一来又排除了自然对象作为审美对象的资格了。所以到目前为止还没有一个能获得普遍赞同的名称，“美学”或“艺术哲学”仍是最普遍通用的名称。

在美学的研究范畴中，可以继续区分成美的存在论（ontology of beauty）、审美学（aesthetics）和艺术哲学（philosophy of art）三个研究分支。美的本体论是从一个特殊形而上学的向度来研究美的存在；审美学是从审美的主体向度来研究审美对象与审美主体之间的关系；艺术哲学是以艺术活动的结果（艺术作品的存在）作为研究对象。

第二节 美的主观性及客观性

在《六祖坛经·行由品第一》中有一段文字：

> 时有风吹幡动，一僧云：“风动。”一僧云：“幡动。”议论不已。能进曰：“不是风动，不是幡动，仁者心动。”一众骇然。

有两位僧人辩论寺院里的旗子迎风飘扬，到底是风使旗动，还是旗子自己能动使然。于是惠能说了:“不是风在动，也不是旗子在动，而是您二位的心在动。”

其实也存在着对于“美”究竟是主观的产物还是客观的性质的争论。一般而言，古代较多采信美的客观论，而近代以来则较多采信美的主观论。

一、客观论

（一）希腊时期

毕达哥拉斯学派认为：在事物诸多属性之中，有一种属性构成了美，这便是和谐；而和谐来自秩序，秩序出乎比例，比例出于度量，度量本于数目。和谐、比例、数目由是成为美之客观的基础。

毕氏的理论得到柏拉图的继承:“凡物无比例而能成其为美者，未之有也!”斯多亚学派也附和柏拉图的主张，认为比例足以决定美，它就和健康一样是一种客观的性质。

（二）中世纪时期

中世纪时期一般的看法认为美是一种客观的属性，但是被人以一种主观的方式而知觉到。奥古斯丁就主张：因为某物是美的，所以能使人产生快感。托马斯·阿奎那也认同奥古斯丁的主张。这类主张一致认同美是存在于被观赏对象和观赏的主体之间的一种关系。而邓斯·司各脱则主张一种更返回古代的理论:“美并非物体之一种绝对的性质，而是物体所拥有的一切属性的集合，也即是大小、形式、色彩和这些属性对物体之各种关系，以及它们相互间的各种关系之集合。”他又让美的性质返回了物体之内在关系，而不是物体对于心灵的一种关系。

（三）文艺复兴时期

这个时期主张客观论的代表人物是阿尔贝特（Leon Battista Alberti，1404—1472）和菲奇诺（Marsilio Ficino，1433—1499）。阿尔贝特将美界定为各部分的一致与和谐。于和谐之中，他见到了“绝对与至上之自然律”。艺术家充其量只能增添一点儿装饰，真正的美则存在于事物的本性之中，乃是内在于它们之中。而菲奇诺则是将美界定为唤起心灵和感觉并使心神恍惚的一种能力。

（四）巴洛克时期

主观论与客观论的争辩首先出现于建筑美学，客观论的代表人物是布隆代尔（François Blondel）和他的学生布里佐（Briseaux）。布隆代尔主张：1. 建筑自有其客观之美，它存在于事物的天性之中，可被建筑家所实现，却不能被他所发明；2. 这种美独立于时间和各种条件；3. 它与自然美具有相同之基础；4. 它有赖于各部分间之安排，特别是内在于某一结构之中的正当比例；5. 其所以能给予人快感，是因为它同时满足了心灵以及感官的需要。

自从 18 世纪起，客观主义的美学主张声势渐弱，而主观主义则获得全面的拥护。

二、主观论

（一）希腊时期

普罗塔哥拉和高尔吉亚都是主观论的拥护者。普罗塔哥拉提出“人为万物的尺度”。人既然是真与善的尺度，也更是美的尺度。美不外乎耳目之乐。高尔吉亚则认为艺术的效果乃是建立在幻觉之上的。伊壁鸠鲁学派的费洛德穆（Philodemos）主张没有东西天生就是美的，一切审美判断都是主观的；不过，他不否认人们可以协调他们的主观判断。此后，主观论在中世纪并没有得到全然的支持者。

（二）文艺复兴时期

这一时期能够提出一连串支持主观论的主张之美学思想者只有布鲁诺（Giordano Bruno，1548—1600）一人。他的主张在于强调美的多元性、分歧性和它的相对性。他也认为，想要界定美或描述它都是不可能的事。“没有东西能够取悦于每一个人。”“没有东西是绝对美的，美的东西只是对于某一个人显得美。”

（三）巴洛克时期

这一时期主张主观论的人是和布隆代尔公开辩论的佩罗（Claude Perrault）。佩罗主张，没有比例天生就是美的或丑的，没有比例凭其内在便比其他的比例来得好。由于人为的成规、观念的联想、心理的习惯，以及历史的条件等等，使我们变得习惯于某些比例，并且逐渐喜欢它们。

（四）启蒙运动时期

在这一时期主观论首次占上风，成为主导的理论。在此之前的主观论，重点在于主张美的相对主义；这个时期直接把美放在主观性之上，把重点放在美的判断缺乏普遍性。为美和艺术寻求普遍的原理和法则的企图被放弃了，代之而起的是美感现象的心理基础——想象、品味或联想之过程。

美在客体作为事物的一种性质，美在主体作为主体直觉的一个内容，这个争论一直到了德国启蒙运动时代出现康德的哲学才得到实质的进展。康德从《判断力批判》所发展出来的美学体系，是对于美的主观论和客观论提出一个综合的理论来超越之。

（五）康德对客观论与主观论的调和

康德首先从审美判断和逻辑判断的形式上来比较两者的区分。就逻辑判断的形式而言，它是把一个表象包含到对象的概念之下。例如“这朵花是蔷薇科的植物”，在这个判断的构造当中，主词“这朵花”就是康德所谓的表象，从科学分析的角度有一个更大的概念范畴“蔷薇科的植物”可以在这个判断的形式当中作为谓词的功能，把主词包含进去。在这个判断之中，只要主、谓词的关系正确，它就成为一个具有普遍性的或是必然性的判断，对于这个判断我们可以通过论证的过程来导出，要求所有的人都必须接受这个逻辑命题为真。

如果我们作了一个类似的审美判断，状况将大为不同。例如“这朵花是美的”，主词和上例的主词相同，但是谓词“美的”对于主词的包含却不是从普遍概念对于个体事物的规范性来强制主、谓词的关系。别人大可提出“这朵花不是美的”判断，也不至于违反任何逻辑。因此，康德说：“鉴赏判断是不能由诸概念来规定的，所以它只是筑基于一个判断一般的主观的形式条件。一切判断的主观条件是从事判断的机能本身，或判断力。这判断力在运用一个由对象所给予我们的表象里，要求着两种表象力的协调，即想象力的（为了直观和直观里多样性的组合）和悟性的（为了作为这个组合的统一性的表象）。”

我们发现涵摄“美”的判断形式不同于一般的逻辑判断的形式。当我说“这朵花是蔷薇科的植物”和“这朵花不是蔷薇科的植物”，这两个判断只能有一个是真的；两者之间，既不可能皆真，也不可能皆伪，否则就是矛盾了。

而当我说“这朵花是美的”和“这朵花不是美的”，这两个判断并没有产生互相矛盾或互相排斥的情况。关于一个鉴赏判断的肯定并不能产生如同逻辑判断一般的强制接受力。康德对此问题的解释是：“鉴赏判断必须奠基于一个感觉，在这感觉里想象力在它的自由里和悟性在它的规律性里相互激荡着。”逻辑判断的基础在于概念，而鉴赏判断的基础在于感觉；鉴赏判断显示为主观的判断，而逻辑判断显示为客观的。

《孟子 · 告子篇》：“口之于味也，有同嗜焉。耳之于声也，有同听焉。目之于色也，有同美焉。”我们的感觉器官的构造彼此相似，所以对于感觉的内容也是彼此相似的，对于感觉所下的判断也是有一定的共同基础。因此，尽管鉴赏的判断是主观的，却也不是杂乱无章的，它们还是表现出某种一致的趋势。这种共同的趋势，康德把它称之为“共通感”（Sensus Commuis）。

（六）美在主观与客观的调和之间

经过以上顺着历史发展的脉络对于美的客观论和主观论的考察，同时也接触了康德的调和美在主体和美在客体的对立，我们可以肯定地说：美既不完全在客体，也不完全在主体；美既不能舍客体基础而只谈主体的感受是否产生快感，也不能不顾主体的感受能力而尽说客体的规律性或属性就是美之所在。我们已说明美是存在的一种超越特性，因此我们关于存在的断言也可以运用到关于美的断言上：

> 只要有任何美的事物存在于我们的意识里，我们可以发现其实存在着明显可分的双重肯定，一方面我们肯定那个美的事物是实体，另一方面我们肯定有一个关于美的意识正在觉察那个实体。因此，我们已然肯定了一个有审美意识的实体（an aesthetically conscious reality）和一个真实的审美意识（a real aesthetic consciousness）。

在这个断言里包含着许多双重的特性：

1. 双重的经验。我们同时经验到美的客体和体验美的主体。美的客体是作为有关美之感觉的基础，有了这个客观的基础，使我们的审美判断不至于落空而成为主体的幻想；有了体验美的主体，使我们的审美判断成为有意义的活动，经由审美活动的共感力，使我们也能保持审美判断的普遍有效性，这个普遍性的基础是建基于感性的而不是概念的。

2. 双重的明显性。美的客体的基础和审美的主体共同构成审美判断活动的完成。这双重性是不可再被简化的，而且其真理至为明显。

第三节　优美和壮美

一、壮美

《庄子·逍遥游》开篇：

> 北冥有鱼，其名为鲲。鲲之大，不知其几千里也。化而为鸟，其名为鹏。鹏之背，不知其几千里也；怒而飞，其翼若垂天之云。

这是一个寓言的情境，给我们的第一印象就是超越日常生活经验所能想象的庞大尺度。像这样的对象，我们很难用“美”这个观念来涵盖它。作为审美的对象，如果巨大到无法让我们在意象当中完整地把握到它的整体，就难于说它美或不美。这个对象无法让我们对它作整体的、统一的感受。

在姚鼐《复鲁絜非书》中有一段文字讨论美与崇高的艺术表现：

> 自诸子而降，其为文无弗有偏者。其得于阳与刚之美者，则其文如霆如电，如长风之出谷，如崇山峻崖，如决大川，如奔骐骥。其光也，如杲日如火如金镠铁。其于人也，如凭高视远，如君而朝万众，如鼓万勇士而战之。其得于阴与柔之美者，则其为文如升初日，如清风，如云如霞如烟，如幽林曲涧，如沦如漾，如珠玉之辉，如鸿鹄之鸣而入寥阔。其于人也，漻乎其如叹，邈乎其如有思，暖乎其如喜，愀乎其如悲。观其文，讽其音，则为文者之性情形状，举以殊焉。

姚鼐所拿来形容阳刚之美的，如雷电、长风、崇山、峻崖、大河等等，在西方文艺批评中素称为Sublime；所拿来形容阴柔之美的，如云霞、清风、幽林、曲涧等等，在西方文艺批评中素称为Grace。Grace可译为“清秀”或“幽美”。Sublime是最上品的刚性美，它在中文中没有恰当的译名，“雄浑”“劲健”“伟大”“崇高”“庄严”诸词都只能得其片面的意义。朱光潜以“雄伟”译之，吴康则以“壮美”译之，足资参考。

Sublime 一词源自希腊修辞学者朗吉努斯，他写过一本《论崇高》，主要说明的是有关诗体的崇高风格。近代论崇高最有名的人物则是康德，他写过一本《论秀美与崇高的感觉》（*Beobachtung über das Gefühl des Schönen und Erhabenen*），把崇高分为两种：一种是数学的崇高（Das Mathematisch-Erhabene），一种是力学的崇高（Das Dynamisch-Erhabene）。

崇高之情感，产生于面对一对象之情绪，这个情绪涵摄一个主观的目的性，凭借着想象力，而关系到“认识心能”或“欲望心能”。从“认识心能”产生数学的崇高，从“欲望心能”产生力学的崇高。数学的崇高是对于量的数学估计为无限大时之意识，这时候对于“自然”之诸事物对象所产生的估量是纯粹审美的强烈感觉，这种感觉也是依照主观的决定，而不是依照客观的决定。至于力学的崇高，是当我们面对自然的潜力所发生的感觉。这种感觉令我们以为“自然”有一种内在的潜力，它非常地强大，足以超越一切障碍，我们的审美意识面对这种超越巨大障碍的强大力量就会产生像力学的崇高的感受。对于像北海之鲲所产生的审美意识，就可能是一种数学的崇高；而当我们面临自然界的飓风、海啸、山崩地裂，就会产生一种力学的崇高的感受。这些崇高的感受通常使人感到严肃或情绪上的不安，而“秀美”的感受则是使人容易感到欣喜、欢乐。

二、优美

关于秀美（或优美）的解释理论有两种派别：一派主张它是由于筋力的节省，另一派主张它是由于欢爱的表现。法国哲学家柏格森提出一个兼采两种理论的学说：我们看见省力的运动，自己也仿佛感觉到它所伴着的筋肉感觉，这是“物理的同情”（sympathie physique）。这种“物理的同情”随即引起“精神的同情”（sympathie morale）。我们不但觉得秀美的事物表现轻巧的运动，并且还觉得它是向我们运动，来亲近我们，所以觉得它和蔼可亲。柏格森不否认秀美中有“物理的同情”，但认为“精神的同情”是最要紧的元素。他还认为“物理的同情引起精神的同情”。

第四节　美与丑

在《庄子·德充符》里有这么一段：

> 鲁哀公问于仲尼曰："卫有恶人焉，曰哀骀它。丈夫与之处者，思而不能去也。妇人见之，请于父母曰'与为人妻，宁为夫子妾'者，十数而未止也。未尝有闻其唱者也，常和人而已矣。无君人之位以济乎人之死，无聚禄以望人之腹，又以恶骇天下，和而不唱，知不出乎四域，且而雌雄合乎前……"

像哀骀它这样的人物在《庄子》中不只一个，在这些故事当中都要说明的一个主题是：外表的丑陋和内在的美德是可以同时并存的，强调"德有所长，而形有所忘"，内在的美德足以超越外表的丑陋。

在我们的日常生活当中，总是喜好听悦耳的声音，喜好看鲜艳夺目的色彩。因为这些好听、好看的东西吸引我们的注意，引发我们愉悦的情绪。反之，难听、难看的东西，招致我们的情绪的反感。于是，那些容易引发愉悦情绪的东西就被称之为"美"，那些容易引发反感的东西就被称之为"丑"。但是，如果一切的审美都以直接的情绪反应是否产生愉悦或不适的感受标准，那么庄子的哀骀它故事就显然无法可解了。

我们建基于日常生活经验里的美丑观念显然太过简单。如果我们把主体产生"美的体验"的依据建立在主体对于对象的整体的感受（feeling）上，那么这个感受应可再区分成感觉（sensation）层次的感受和意象（imagination）层次的感受。所谓感觉层次的感受，就是我们当前的所有感觉的内容。例如我的双眼正注视着计算机的显示器，"看着"每一个输入的文字，每当我的敲击不正确的时候，我会"听到"它发出警告声响提醒我。其次，所谓意象层次的感受内容，一方面包括我先前所看到（或听到、嗅到等等）的感觉内容，虽然那个对象不再出现在我的眼前，我的意识却可以通过回忆把它重新唤起，另一方面也可以通过联想把一些原本不相干的东西凑在一起，形成一种新的意象（image）。例如我可以把一堆蔬果加以重新排列拼出一幅人物或风景的图画，或是把一对飞鸟的翅膀接到一匹马的背上形成一匹飞马的图像。这是艺术创作上最常使用的情况。

如果我们可以这样区分成感觉层次的感受和意象层次的感受，也暂时采取感受的调适来界定美感经验，那么我们可以说美有感觉层次的美感（如快感），也有意象层次的美感。这时，感觉层次的美感将不是审美学所要集中注意力焦点的地方，因为它有太多的成分受限于物质条件的限定，快感的有无将只是生理机能激动的强度。所以，如果常识的美感经验界定在这种感觉层次的机能之上，那将只是种素朴的意见而已。如果我们把问题的焦点投注在意象层次上的美感，则它将有机会接触到理性层次的普遍特性，而且它仍然保持具体的特征。因为意象的能力介于感觉能力和理性的抽象能力之间。当我们进行认识活动的时候，感觉材料（sense datum）是具体、个别的，经过意象的层次，到了理性层次，它产生普遍而抽象的概念。因此，意象的层次一方面是具体、个别的形象，另一方面也联系到普遍而抽象的概念。所以，意象层次的产物，一方面保持着和感觉有关的具体、个别的特性，一方面又准备接受来自理性的普遍性规律。在这种情况下才能产生具有美学内涵的美感出来，包含着一些精神性的特征。

因此，我们从感性来认识“美”，它最初触及感觉的层次，但这不是真正的美的目的；随后，它又触及想象能力，也就是意象的层次，这才是美学研究所要追求的境界。哀骀它的长相足以让全天下的人感到惊骇，这个反应是来自感觉层次的感受；即使如此，他仍然受到天下的男女乃至国君的欣赏，这个反应是来自比感觉层次更高层的感受，它是属于精神上的美感，显然这种精神上的美感其强度足以盖过在感觉层次上的不适。

由以上的讨论我们可以发现，在常识经验当中所以为的“美”可能不是真正的有审美意识的美，在常识经验当中所以为的“丑”可能也不是真正的在审美意识中所认为的丑，它有可能是起因于鉴赏者本身的低层次的感觉经验，甚至是鉴赏者本身的精神境界不高所致。

“丑”这个观念，一般的看法将它视为和“美”呈矛盾对立的情况，意即把它排除在美学或艺术的范围之外；另一种看法认为它和“美”只是反对对立的情况，它也是一种美学或艺术范围之内的观念。

就第一种态度而言，最有名的代表人物就是克罗齐（Benedetto Croce，1866—1952），他认为“美就是成功的表现”“丑就是不成功的表现”。所谓成功的表现就等于是美，是艺术，是有价值的。所谓不成功的表现就等于没有表现，是非价值的，不是艺术，只能是丑。如此一来，艺术里就只能表现美而不能表现丑。这就和柏拉图所主张的在理想国里只能容纳表现赞颂神明和德行高超之士的诗歌如出一辙。

前面在有关于善的讨论里，有一种态度认为恶不是和善同等的价值，恶只是善的缺乏，"善"是积极的有，而"恶"只是消极的有的缺乏。我们在本章第一节里已经说明了美、善可以相通，因此"美"也可以说是积极的有，而"丑"只是消极的有的缺乏。如果"美"就是和谐、统一而有光辉，那么"丑"就是不和谐、杂乱而黯淡。

但是，在艺术的表现当中往往出现"丑"来衬托出主题的美。例如在戏剧里，丑角的出现一方面可以衬托主人公的角色特性，一方面也可以让观众在严肃的情节中根据一些滑稽的动作而得到情绪的舒缓。另外，在戏剧里的反派角色在情节的发展当中可能做出一些伤风败俗的行为，但是这些行为不能单独来看待，而必须和整体的情节发展结构一起来看。这时候这些反派角色的行为只能是作为表现整体作品美的一项对比元素。这种情况就如同在一幅绘画作品当中，并不是每个部分都是光线充足、色彩丰富而饱满的，为了表现整体作品的立体感，光、影的对比是不可或缺的，阴影、晦暗的部分也是有其在整体作品当中的积极意义。在这种情况之下，丑的地位仍然是作为整体作品表现当中的一项构成元素，作品的目标仍然是以表现美为主。丑仍然不是作品的主题或整个作品的目的。

亚里士多德在《诗学》中提到："可笑是一种丑。它是一种过失或残缺，而且对他人不产生痛苦或伤害。"这样一来，丑不再只是一种美的缺乏，它也能积极地介入艺术的表现，以一种非美的元素渗入艺术的表现之中，因此美学的研究也就不能忽视丑的存在。罗光教授曾经指出："不匀称不协调的丑相，能使人惊心动魄，起畏惧或敬畏之情。畏惧和敬畏之情也是美感的一部分。因此美和丑都能使人发生美感，都能称为艺术。"在这里我们应该加以分辨现实世界所发生的丑的事件或事物和艺术作品所表现的丑的形象。在现实世界当中，没有人会在无任何条件的情况下乐意地或欢喜地接受"丑"的事物进入生活里。但是，当我们从任何形式的艺术作品里看到丑的形象时，我们的审美意识其实已经把它和现实世界分离，而采取了一种心理的距离。由于有这个无关乎利害与好恶的心理距离，使我们得以暂时摆脱真实世界的牵绊，而可以对它形成一种审美的鉴赏活动。因此，丑的形象也可以成为艺术创作里的一个构成元素。

在现代的前卫艺术的表现手段当中，他们已经不再以表现美为中心主题，因此也不会在乎是否根据丑来衬托美，往往有些作者刻意以丑作为主体或作品主题来表现。这种态度就不是传统美学观点所能范限的。通常这种态度也不是从鉴赏的要求来从事创作，而是把艺术活动当成一种观念的表现。

第五节　艺术品

一、“艺术”的词源与含义

从词源来看“艺术”的发展，今日英文的 art 一字，源自拉丁文的 ars，而这个拉丁文的更早前身是希腊文的τέχνη（techne）。τέχνη在古希腊，ars 在古罗马与中世纪，乃至晚至文艺复兴时期，都表示技巧，也即制作某种物象所需之技巧，诸如一栋房屋、一座雕像、一只船、一副床架、一只水壶、一件衣服；此外，也表示指挥军队、丈量土地、风靡听众所需之技巧。techne 也就是今日英文 technique 的词源。

从事艺术创作的艺术家相当于今日的建筑师、雕刻师、陶艺师、裁缝师、战略家、几何学家、修辞学家等等。在古代不仅是技巧性的事物被名为艺术，举凡生产技巧本身，规则之精通与专业性之知识也都被名为艺术。希腊人把艺术区分为两大类：一是所谓自由的艺术（Liberales），指单靠劳心的创作；另外一个是所谓粗俗的艺术（Vulgares），意指需要劳力的创作。

中世纪的自由艺术成为文人的基本训练，也就是所谓的“七艺”：文法、修辞、逻辑、数学、几何、天文与音乐。本质上，它们既非实用技巧的科目也非美术的科目，而是理论科学中的一支。

文艺复兴以后发生两个改变：1. 手工艺与科学被排除在艺术的范围之外，而诗歌被列入艺术的范围之内。2. 手工艺与科学被排除之后，其余的艺术整合为一，成立一个由技巧、作用与人类产品所构成之独立的类。

以美术一词作为艺术的代称源自 16 世纪，霍兰达（Francesco da Hollanda）

论及视觉艺术时已经偶然用到“美术”（boas artes，源自葡萄牙语）。17 世纪后半叶，建筑理论学者布隆代尔将建筑、诗歌、雄辩、喜剧、绘画、雕刻、音乐、舞蹈整合起来，认为它们之间的共同要素是和谐，而且令人感到愉悦。1707 年，巴特斯（Charles Batteux）提出“美术”（Les beaux arts）包括绘画、雕刻、音乐、诗歌、舞蹈、建筑与雄辩。

二、艺术品与非艺术品

我们经常可以从媒体的报道得知古董拍卖的行情，例如一只宋代茶碗的拍卖价格可以让我们买到几十万只相同材质的现代瓷碗。又听人常说，艺术是无价的，不能用金钱来衡量。为什么古代物品一旦放置在博物馆的展示柜里就变成了艺术品，而摆在我家橱柜中的茶碗就只是一个日常生活用品？当我们漫步于栖兰山森林区时举目望去，处处是古木参天的桧木。有人看见笔直粗壮的桧木，就会估量这样一棵树木砍下来可以获利多少；有人会思虑着这棵树木的几种化学成分，可以提炼出某种保健药物；有人只是赞叹自然的生机盎然，惊奇于整棵树木的形态所散发的美感。同样看一棵树木，这三种心态有什么重大的差别？

要回答以上的疑问，我们可以说：一件艺术品是不实用之物，欣赏艺术品或审美对象，需要一种无关利害的心态。我们周遭的任何事物，无论是人造的工艺产品，或自然天生的产物，都可以采取多种态度来看待。我们不一定是用对我有多少好处或对我有多少害处来衡量一物的价值；也不一定是用科学分析的角度把事物大卸八块、开肠剖肚，或分析呈分子状态的小颗粒，才肯善罢甘休。我们可以用整体综合的态度来看一个事物，不为任何名利，只是纯粹地为它所吸引而陷入深沉的凝神观照（contemplation）之中。一件物品是艺术品或是非艺术品，并没有截然划分的界限。相同的物品，决定它是否为艺术品，不完全是客观因素，也受到主观因素的影响。

综合以上的讨论，艺术品与非艺术品的区别大致如下：

1. 艺术品之作为艺术品的特质，在于它不涉及实用性，也不涉及科学概念的知识性。尽管同一件物品可能兼具艺术品与实用物品的功能，或兼具艺术品与科学知识的功能，但是使它成为艺术品的特质与这些功能都无关。

2. 观赏艺术品的态度，在于观赏的主体能超脱利害、是非的观念，而纯粹就该物体的整体形态进行审美鉴赏活动；往往这个对象和我们心中的审美观念愈接近，我们就愈肯定它的美的成分。

3. 艺术品与日用工艺品的区别，在于艺术品的存在不是以大量复制为目标，而是以单一、独特、创新等品质为目标；反之，日用工艺品的存在是以大量复制为目标，它要求产品规格的一致性，强调使用的便利性和经济效益。

4. 艺术品也不同于自然产物。艺术品的产生在于艺术创作者有意的创作活动中，经由刻意的安排使它产生预期的审美效果。自然产物也有许多可以成为审美对象的事物，其审美价值在于它偶然地符合了我们的审美观念而成为具有自然美的事物，这种审美效果是不期而遇的，不是刻意经营出来的。

三、艺术品的构成

我们分析任何艺术品都可以发现它具有一些构成要素。就绘画作品而言，我们可以从它使用的材料分析出纸、绢、木板、帆布、泥灰壁面、金属等等，就它使用的颜料可以分析出炭笔、铅笔、银笔、墨水、蜡笔、粉彩、水彩、油彩、胶彩、亚克力颜料、油漆等等，就它所画的题材可以分析出人物、静物、风景、抽象等等，就它的风格可以分析出象征艺术、古典艺术、浪漫艺术、前卫艺术等等。我们还可以根据历史的流派或任何相关的因素进行分析。分析音乐作品或戏剧作品，也可以得出类似的分析结果。

我们对于构成一件艺术作品的要素，最关心的是它的形式与质料。和形式相关的因素有风格、构图、造型等等，和质料相关的因素有材料、颜料或媒介、题材等等。就材料而言，一件作品所使用的材料影响它所欲表现的情感因素。木雕大师朱铭的“太极”系列雕刻作品，以粗犷的刀法表现出太极拳法的行云流水。如果这个作品用光滑坚硬的不锈钢替代木材，其原有效果将大打折扣。再者，如果把作品的表面磨平打光，其原有的气势也就一并被磨除了。件作品的材质也能表现出它特有的肌理，让我们感受到这件作品的立体质感。

就颜料而言，颜料所呈现的颜色本应是中性的，一旦被选用在一件作品当中，就和该作品的情感因素相关。我们经常把颜色区分成冷色系与暖色系，这两种色系和我们所欲表现的情感因素密切相关。毕加索因感伤于好友的骤然去世而画出一系列蓝色时期的作品，后来他又重新浸淫在爱情的氛围之中，遂画出一系列玫瑰色时期的作品。

一件艺术作品如何在形式上表现它的“秩序与平衡”，或“明与暗的对比”，或“空间的比例关系”，或“动态与节奏”，或“影像与象征性意义”，这些课题都会呈现出艺术形式的相关性。例如，杜尚有一幅名为《下楼梯的裸女》的画作，画家尝试把人体走下楼梯的连续动作表现在一个画面当中，因此我们看到许多流动的人体影像呈现在画面上，表现出具有时间性的动态与节奏。毕加索有一幅名为《格尔尼卡》的画作，使用相当丰富的物象来象征对残暴屠杀的谴责，如伸出手臂握着煤油灯的人物，从倒卧战士手中浮现的花朵，断臂手中紧握的被折断的刀剑……这些是暗示着光明与新生的一线希望的象征或比喻。

四、艺术品的创作与鉴赏

艺术之价值或艺术之美，从现代的角度来看，它既不在主体也不在客体，而是在主体与客体的协调当中。这个主客关系可以从艺术家与创作对象的关系来看，或从艺术家与艺术作品的关系来看，或从观赏者与艺术品的关系来看，或从观赏者与审美对象的关系来看。可以把这些关系以下列图示来说明：

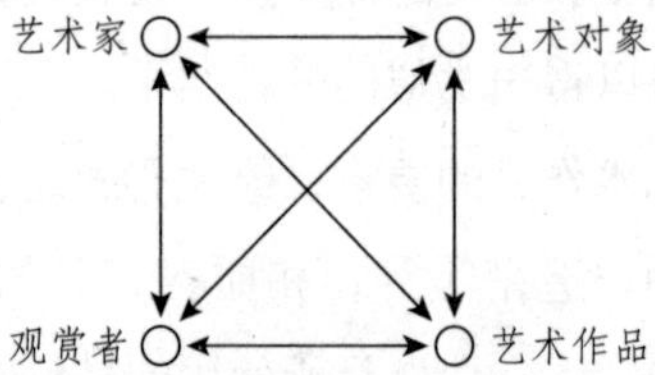

从观赏者与艺术对象之间的审美经验来看主客关系。那个作为艺术对象的存在物，它可以是任何一种事物，只要它能感动人心，引发审美观照，激起审美情感，都可以是艺术创作所欲表达的艺术对象。对于人而言，无论他是一般观赏者或从事创作的艺术家，都要首先是一位观赏者。艺术家在创作之前先以观赏者的态度被艺术对象所吸引、感动，进而激起创作的欲念，想要把这个艺术对象再现为一个艺术作品。有人以为拉斐尔画的圣母像感动人心在于他有异于常人的卓越技巧，其实不然。如果拉斐尔不能在宗教氛围中被圣母的光辉所感动，他即使有再好的技巧也画不出感动人心的圣母像。莎士比亚（William Shakespeare）如果不能感受爱情的力量，他也就不能写出像《罗密欧与朱丽叶》这般动人的爱情故事。

从观赏者与艺术品的关系来看主客之间的关系，我们可以发现艺术品本身就是我们生活世界的一部分。它是一个独自存在的存在物，不隶属于任何人。就如同一个小孩，虽然由父母所生，但是他作为一个人是独立的存在者，而不是隶属于他的父母的所有物。子女的成长不必然要按照父母的意思来发展。同理，一件已经完成的艺术品也不必按照原作者的意思被解释。海德格尔曾经对一幅凡·高（Vincent Van Gogh）所画的农民鞋的素描进行许多细腻的存在学诠释，这些新增的意义不必然是凡·高在创作之初即已思虑清楚的意思，但是并不必然和海德格尔的诠释有任何争论的必要，观赏者可以对艺术品进行二度的创造性诠释。

从艺术家与观赏者的关系来看，他们的共同焦点就是艺术品。艺术品的一个极为重要的存在价值，就是作为沟通艺术家与观赏者之间的媒介。艺术品提供观赏者一个观看的立足点，使观赏者得以看到艺术家所看到的世界，从而使艺术家的心灵和观众的心灵得以沟通。观赏者的眼界是否先天地被创作者规范好了而不能有所变动，观赏者和原创者在作品中看到不同的艺术境界谁才是最后的裁决者，这些也是值得再三推敲的课题。

从艺术家与艺术作品的关系来看主客关系。艺术家个人的生活经验不可能和艺术作品的内涵完全画上等号。一个在现实环境中生活凄苦的艺术家仍然可以创作出令人感到充满快乐气氛的作品，反之亦然。莫扎特（Mozart）生活上有许多不如意，他仍然创作出了许多令人感觉愉悦的作品。究竟艺术家与艺术作品之间是否完全不需要某种气质的契合？也不见得。中国宋代画家郭若虚即认为："人品既已高矣，气韵不得不高；气韵既已高矣，生动不得不至。"在他看来，艺术作品的境界与艺术家修养的境界是同等发展的。虽然一般认为一个艺术家不必然在性格上或人品上如同作品所表现的，但是他必定要了解他所要表现的作品内容所呈现的境界是什么。就如同一个被生下来的小孩是一个独立的个体不受他的生身父母的控制，一件完成的作品也有它独立的生命，可以接受观赏者的创造性诠释，而不必一定要得到原作者的认可。

从艺术家与艺术对象的关系来看主客关系，应该就如同我们之前所说明的一个观赏者与艺术对象的关系一般。艺术家与观赏者的不同之处在于，观赏者只能被眼前的艺术对象所感动，却无法进一步将它以艺术的形式加以保存，而艺术家可以通过他所熟练的艺术技巧和艺术创作的构思把艺术对象加以艺术化的再现，而不是照相写实地重制原物品。

从艺术对象与艺术作品的关系来看，一个艺术家能否恰到好处地通过艺术品成功地表现艺术对象，这是我们判断一件艺术品是否为一件成功的作品的依据。“画虎不成反类犬”的例子即显示创作者对于所欲表现的对象的把握能力有问题，这不纯粹是技巧的问题，也涉及艺术家个人境界的层次。作者想要表现的对象和他所呈现出来的作品之间，以及他的手与心的联系是否能够一致，这同时涉及技巧与境界的问题。就如同《庄子》“庖丁解牛”故事中所谓的“技”与“道”的分辨。庖丁能在极短的时间内以极为有节奏的动作把一头牛肢解，他所凭借的不仅是技巧，还有所谓“道”的体会，也就是“官知止而神欲行”。

五、艺术与人生

艺术活动的整体与各种学科都有一定程度的关系。艺术的价值从形而上学的角度来看，它的存在是一种特殊的存在，所以关于艺术的哲学研究是属于一门特殊的形而上学。艺术是一种技术，通过这种技术去制作或生产一件产品。这个制作的过程必须考虑各种技术细节，才能做到原创者所要的结果。艺术所要表达的内容可以天马行空、无所不包，但是艺术创作者与艺术欣赏者都是人，所以艺术的生产自始至终都脱离不开人的关怀与人的福祉。因此在某些有关艺术创作的边界上它会和道德问题相关。

艺术在人生里的价值，关键在于艺术与道德之间的关系。我们认为它们之间是一个外在的关系，主要的根据是因为在美学的讨论当中只关切它的研究对象的内在属性与价值，而在伦理学的讨论当中可以研究艺术作品对于其他事物的各种关系。这些关系涉及一件艺术作品所产生的效果，它对人类行为的影响，对社会制度的影响，对人性的普遍影响。

从历史上而言，对于这个问题的态度大致区分成两个对立的立场，那就是“为人生而艺术”和“为艺术而艺术”。

从“为人生而艺术”的立足点来看，它可以延伸出以下的问题：1. 艺术作品是否转变观赏者的人格成为善良的或邪恶的，并且从而影响他的道德行为？2. 如果肯定艺术作品对于道德行为的影响，那么我们是否就可以依据道德的基础来判断艺术作品的好坏，就如同我们褒贬一个人的正邪或社会制度的良窳一般？3. 进一步而言，我们是否有资格以政令或立法的手段来规范艺术作品的创作或发行，甚至禁止某些作品的发行？

从“为艺术而艺术”的立足点来看，则将出现如下的问题：艺术在创作和欣赏两方面，是否都可以免除道德的评判和控制？

在西方美学史上，拥护“为人生而艺术”的立场，其主要的代表人物有柏拉图、托尔斯泰（Tolstoy，1828—1910）等人；而拥护“为艺术而艺术”的立场，其主要的代表人物有贝尔（Clive Bell，1881—1964）和帕特（Walter Pater，1839—1894）等人。按照这个对于艺术的目的的区分，在传统中国的美学思想上也可以找到各个立场的代表人物。“为人生而艺术”可以孔子及儒家思想为代表，“为艺术而艺术”可以老子、庄子及其他道家思想为代表。这两方面的立场似乎极端对立，但是并非毫无调和的可能。就如马里坦所言：“艺术与道德在本性上是两个自律的世界，彼此间没有直接和内在的从属关系。此二者要是有所从属，也是外在的和间接的。”我们可以说艺术与道德是不可能互相化约对方，两者各自都是一个自律的世界。它们都可以展现出致力于提升人类精神层次的努力。因此我们也不要轻易放弃艺术与道德展现出自律的调和的可能性，这两者来自同一个精神的根源。

（尤煌杰）

参考文献

虞君质：《艺术概论》，台湾“大中国图书公司”，1996 年。

朱光潜：《文艺心理学》，台湾开明书店，1969 年。

刘文潭：《西洋六大美学理念史》，台湾丹青图书公司，1987 年。

第四章　宗教价值——圣

本章是按照时代的顺序探讨一些重要哲学家们的宗教观。他们的宗教观都可以推溯他们对上帝不同的观念，他们都是从各自的角度在谈论一位完美存在的上帝。

有关“宗教”的定义，真是众说纷纭、莫衷一是，至今还没有一个被大家所公认的定义。所以如此，我们可以综合归纳于两点：第一点，人类历史中出现的宗教种类非常繁多，以至于你下了哪个定义总是会有些宗教因此被排除在外。譬如，倘若你将宗教定义为“对神的崇拜”，那么佛教就没有被包括进去。况且人类对“神”的信仰也是千姿百态，有一神信仰，也有多神的信仰和泛神的信仰；有原始的自然崇拜、植物崇拜、图腾崇拜、魂魄崇拜以及近代的道德崇拜等人文的宗教信仰，也有根据《圣经》之启示的宗教信仰；有民间的宗教信仰，也有制度的宗教信仰等等的差别。第二点，定义是固定的，而宗教现象是动态的。一个宗教有它发展的过程，在不同的时代与不同的地方会有自我调整和自我改变的情况，以响应时代的要求或是配合当地的社会脉动。因此，我们只给宗教一个很笼统的界定，即“人与神圣界之关系”。

宗教是“人与神圣界之关系”的一个机制。不论哪种宗教，它们的信徒都把他们所信奉的对象视为神圣不可侵犯的，而称为“神”。凡是属于“神”的和属于宗教的也都是神圣不可侵犯的，而与凡俗区别开来。譬如，寺庙和教堂不同于一般公共场所；星期日又称为“礼拜天”或是“主日”，也就是在这一天信徒要到教堂去参与崇拜上帝和专修心灵课业的活动，不同于从事一般生计事业的其他日子；奉献自身于“神”的教士们也不同于一般平民信徒。

不同的宗教种类和它们对于所崇拜的“神”的观念有着密切的关系。信奉怎样的“神”就决定你属于怎样的宗教。这种关联性也反映在哲学家们有关于宗教的思想。哲学家们对于宗教各有他们特殊的立场和不同的价值评估，取决于他们对宗教的了解，归因于他们对于“神”不同的想法。这种现象不仅出现在有宗教信仰的学者们身上，在那些无神论者圈子里，当他们谈论到宗教时亦莫不如此。

宗教也是哲学思想的一个对象，因为对于宇宙和人生之来源与去向，对人生有生有死、有痛苦、有善恶等，宗教有一套的解说。简单说，宗教对宇宙和人生有终极的关怀。借着这些解说，宗教试图揭露人生的真相，使人生活得有目的，有意义，并且使人就在今生今世，不至于只是与世浮沉，而是能够超越自己，与彼岸永恒的神圣界有交往，心灵有所归宿。对于人类这样的一种文化的现象，哲学必然会产生兴趣，要加以了解和反省其中的意义。

宗教是人类历史上的一个普遍现象。考古学发现，哪里开始有人类的文明，哪里就有宗教存在的迹象。这是为什么呢？对于这样的一个问题，不能单单以人类心灵的投射来回答，因为这样的回答会产生另外一个更不容易回答的问题：为什么人类的心灵要这样投射呢？当然也不能将宗教的一切用一句“迷信”来作全盘的否定，因为这种回答只凸显出说者对于宗教的无知，混淆了“正信”与“迷信”的差别。

因此，我们要按照时代的顺序提出一些重要哲学家们对于宗教的观点，不论他们是有神论者，或者是无神论者；然后从人类学的观点，简单探讨宗教的产生在人的心灵内有怎样的主观因素之作用，以及宗教应有的客观理性基础。

第一节　古希腊哲学家

古希腊哲学家们，一般来讲，对于宗教的价值是持肯定态度的，只是对于当时民间盛行的神话拟人化的宗教信仰颇有微词。因为荷马与赫西奥德的神话史诗把诸神描绘得像人一样有七情六欲、绯闻不断，思想家们顾虑这样反倒蒙蔽了神明的真相。因此，他们一方面批评神话的多神信仰，另一方面不忘提出他们所认为"正信"的"神"的观念。

一、苏格拉底之前的宗教观

对于当时民间拟人化的神话信仰，赫拉克利特很不以为然。他批评说，民众对着泥塑的神像祷告就像对着房子讲话一样滑稽。虽然如此，他仍旧主张，在万物生成变化、流转不息中有不变的普遍法则，即世界理性（logos），它是神性的。

对神话多神信仰的批判，最常被提出来的则是色诺芬尼尖锐的驳斥。他反对的理由在于，荷马与赫西奥德的神话史诗将窃盗、通奸、欺诈等卑鄙无耻的恶行恶状也都归于诸神身上，这乃是拟人化神明使然。假设人可以凭借一己的幻想拟人化地创造神明，那么"埃塞俄比亚人说他们的神是狮子鼻黑皮肤，色雷斯人说他们的神是浅蓝色眼睛红头发"未尝不可，以此类推，那么如果牛马能够描绘它们的神则诸神岂不都要变成牛头马面，完全丧失掉身为神明的尊贵和美善了。另一方面，色诺芬尼不忘积极地提示，真"神"唯一、不变、与万物一体，它用理智推动和主宰一切。色诺芬尼以"神"的唯一统摄一切杂多，将万物溯源于一神的推动。他对"神"的这种观点后来成为基督徒哲学家们论及上帝的楷模。

二、雅典学派的宗教观

在哲学史上因信仰而付出最惨烈牺牲的，莫过于苏格拉底的殉道。他以"亵渎神明，腐化青年"的罪名被判死刑。实际上他是笃信神明的，只是不信太拟人化的神话神明，尤其他教导人的是"良心绝对的要求是神明呼唤人的声音"。在坐牢期间，他仍旧与朋友和弟子们侃侃而谈，谈论灵魂的不朽和人生智慧等问题。他不听众友的劝告不肯逃亡他邦，坚持他向来服从法律的原则，终于从容饮了狱吏奉上的毒酒溘然长逝。为什么他能够这样洒脱地死去呢？这是因为他坚信在他良心内说话的神明，相信人死后灵魂继续存在，可以获得生前得不到的正义。他最关心的哲学问题便是所谓"灵魂的关怀"。他在宗教哲学史上的贡献是他用生命证明了"神"具有道德的性格。

柏拉图则认为，那些虚构神话的诗人对社会的健康具实在的危险性，应当将他们驱逐到城邦之外。他受到讲轮回说的奥尔菲神话（Orphism）和毕达哥拉斯学派思想的影响，尤其受到他的老师苏格拉底从容赴死的感动，不仅相信灵魂不朽，并且还为此提出了六个不同论证。此外，他也从宇宙内运动的事实推论自动者神明的存在，由不完善事物向更完善事物一直向上超升的预设，加上人心灵对幸福的无限欲求，论证自满自足、善本身、众神明之神的存在。而在他的理念论中，涵摄众理念的最高理念是“神”，是“至善”的理念；善的理念又与“美自身”同一。理念是观念，是真理。综合起来说，柏拉图的思想已蕴涵了“神”是真、善、美自身。

亚里士多德所说的形而上学即以上帝为最高的对象，所以他的形而上学又称为“神学”。因为他的形而上学的主要对象是实体，而最高的实体是不变的实体，即上帝。为什么上帝的实体是不变的呢？因为按照他的形质论，一切事物都是由形式和质料组合而成。质料具有接纳形式的“潜能”；接纳了形式之后，质料的潜能就成为“实现”。从潜能到实现是一个变化的运动过程，这个运动过程需要由某一个“实现”来推动。这个推动的过程可以一直往后推溯，但是最后必须由一个“纯实现”来推动，它本身则不再被推动。因为最高的实现不再有潜能，所以它不再有所变动。它是“纯实现”和“纯形式”，意思是最完美存在者，即上帝。在亚里士多德的思想里，上帝是“不动的原动者”、创造性的“第一因”，也是一切所以变动的“目的因”。从此上帝成为纯精神自体，上帝是“思想的思想”，而人生最高的幸福是生活在对上帝的默观。亚里士多德对上帝的这些观念，日后成为基督徒哲学的基本概念。

三、希腊主义哲学的宗教观

在亚里士多德之后，希腊有三个主要学派对于“神”各有不同的看法，即斯多亚学派、伊壁鸠鲁学派与新柏拉图主义。

斯多亚学派喜欢用自然界来寓意神明的存在。克里西波斯（Chrysippus，公元前280—前207）就说，宙斯（Zeus）是宇宙至高统治的理性和灵魂。这种解释已经不是单纯的自然寓言，而是表达了神明为整个自然界的过程负责。斯多亚学派的宇宙观是一个泛神论的宇宙观，“自然界为其躯体，神为其灵魂”。这样他们借着寓言，化解和转变神话拟人化的多神信仰成为具有神性的宇宙观。

伊壁鸠鲁则讨论起宗教信仰的起源。根据他的说法，神明信仰是人类心灵的一种病征，起源于人们对神明与来世的恐惧。恐怖的自然现象诱导人去探索它们背后的存在物，而自然界的可怖性质不容易让他们想象在它们背后的是位施惠的恩主。人们相信行恶的人在来世会受到惩罚。因此他们创造了他们的神明。智者并不害怕神明，因为神明不管人间的琐事。波利比奥斯（Polybius，公元前201—前120）说，肤浅而善变的大众因为对“那不可知者”的害怕而畏首畏尾，深思熟虑的智者遂引入神明和冥府界的概念。

按照小说家欧伊迈罗斯（Euhemerus）的说法，神明原是人，因为有功德而被列入神的行列。事实上希腊神话信仰中英雄与神明之间是有关联的。亚历山大大帝在位时就已经被当做神明来膜拜。

普罗提诺是新柏拉图主义中常被提起的一位代表。他相信宇宙万物一体，一切来自一个共同的最终原因，称为“太一”。从“太一”流出一切。这个“流出”不像水流，而是像太阳普照一切，自己毫无损失。一切源自“太一”，一切最后也要回归“太一”。要回归“太一”必须除去障碍物，这障碍物就是物质，包括我们的肉体。因此，宗教的修行是必须的。先是净化，要把我们内心的物质性和肉欲清除掉，然后才能够超升。所谓超升，就是要达到忘我（Ecstasy）的境界，把自己有肉体的存在忘得一干二净，心神向往的只是“太一”。

斯多亚学派和新柏拉图主义代表的都是一种泛神论的人文信仰。对于宗教，古希腊哲学家已有了正信与迷信的区分，他们批判神话拟人化的多神信仰，提出他们认为正确的“神观”，并讨论宗教信仰的起源问题。

第二节　基督徒的哲学家

在公元之初，基督教产生。基督教的形成，是出自于耶稣在希伯来人犹太教内的一次大革命。两个宗教一致相信只有一个上帝，他是天地万物的创造者，是自有者、全能、全善及全知。在创造之后，上帝还进入人类的历史传达自己，主动与人类交往。所以两者都属于上帝启示的宗教——相对于源自人类文化所形成的人文宗教。记载上帝在人类历史中的自我启示和与人类交往的书籍称为《圣经》，它与教会的传承同为其信徒所当信奉之教义的最后根据。这两个宗教不同的地方，关键在于基督教相信耶稣基督是上帝之子的降生，同时是希伯来人《圣经》所预言要来的那位弥赛亚——“受傅者”（即救世主），而希伯来人犹太教不信这个。记载耶稣基督的事迹、他的使徒们传教的情形及使徒们给信徒团体的牧函，还有默示录等，合并称为《新约》或是《新经》。希伯来人原有的《圣经》则被称为《旧约》或是《旧经》。在基督教内，《新约》与《旧约》合并称为《圣经》；希伯来人犹太教不承认《新约》。根据《圣经》的启示，上帝主动来与人类交往是扮演着既是创造者又是救援者的角色，因为百姓有苦难。而人生的苦源归咎于人类自己犯下的罪恶。基督降生并受苦受难致死，就是要来为人类赎罪。他的布道就称为“福音”，因为他呼吁人们要忏悔己罪，并宣告悔改可以获得赦免，还能够与上帝重新建立和好的关系，甚至成为“父子的关系”，即有所谓“地上神国”的来临。这样的福音，它的可信度建立在基督死而复活的奇迹，这个奇迹同时也启示和保证了来生来世永远幸福的可能性。

基督教泛指天主教、东正教与各派的基督新教。它是一个典型的制度宗教，有教团，称为教会（即信徒团体之意），有信徒们当信的教义，有他们在生活上当守的教规和祭献（弥撒）时当行的教仪，有神职人员。现在已成为世界最大宗教之一的基督教，开教之初并不很顺利，一开始就受到希伯来人犹太教的排斥，也不断地遭受罗马政府惨烈的迫害；当它在希腊与罗马文化圈传开后，又面对异教知识分子的质疑。于是基督徒学者试着采用希腊哲学的概念和论证的方式，以及斯多亚学派和伊壁鸠鲁学派对古代多神信仰的批判，来为自己的信仰作辩护，遂产生了基督徒哲学的两大学派：受柏拉图理念论影响的奥古斯丁主义（Augustinianism），与建立于亚里士多德认识论和形而上学的托马斯主义（Thomism）。托马斯·阿奎那将柏拉图的理念论修改后一并整合入他自己的思想体系里，即主张可经验事物的存在是分享了“存在自身”（即上帝）的存在。

一、教父时期的宗教观

以哲学的方式来阐发基督徒的信仰，第一个做出成就的是查士丁（Justinus，100—165），他沟通《圣经》信仰的至上神与希腊哲学的最高概念。这样上帝既是柏拉图思想中的“善本身”，也是亚里士多德哲学里的“不动的原动者”。接着伊里奈乌斯（Irenaeus，126—202）强调，上帝的创造与救赎是一体的两面，《旧约》与《新约》一贯不可分，世界来自上帝的创造，即所谓的

"从无创造天地"。这创造是出自上帝的自由意志，因为上帝是善本身，它要将自己的美善显示于外。因此上帝创造的世界，一切都是美好的，尤其"人"最好。人的灵魂与肉体结合成为不可分的一体。这灵肉一体说，给予后来的中世纪哲学很大的启示。

以哲学的概念来阐述基督教的信仰，基本上预设着哲学与神学的会通，理性与信仰的相辅相成。不过基督徒学者中也有逆向而行的。德尔图良（Q. S. F. Tertullianus，150—220）首先发现理性的极限。他认为理性永远不能懂得信仰，人的智慧在上帝的智慧前实在算是愚蠢，因此《圣经》的信仰与希腊哲学没办法调和。有了启示之后，人不必再从哲学中去找真理，而应该到《圣经》内去找。早在此时，他已说了："因为荒谬，我才相信。"1600 多年后，克尔恺郭尔有着与之雷同的思想，只是出发点不同。对克尔恺郭尔来讲，在上帝与人类之间存在着无限质的差异，对上帝我们只能信仰，不能够作客观知识的把握。他这个非理性的信仰，不仅不建立于理知，而且是反理知的，如同他所说的："如果我能够客观掌握上帝，那么我不是信；但是正由于我不能够，所以我必须信仰。"

主流的基督徒学者们还是努力寻求哲学与神学、理性与信仰之间的会通。终究理性和信仰是同源的，都是来自于上帝。奥古斯丁的学说融合了希腊哲学与基督信仰，主张理知与信仰相辅相成，于是他走出了两条通路——"你明白吧，好使你相信"的理知道路与"你相信吧，好使你明白"的信仰道路。他先是属于摩尼主义（Manichaeism）的信徒。这是一个主张精神与物质对立、光明与黑暗对立、善与恶对立的二元论。离开摩尼主义回归基督信仰之后，他将世界万物一切归诸唯一上帝的创造，称为"从无中的自由创造"，借以表达上帝对受造界绝对的主宰权，与受造界对它完全的依靠。从此，他看恶是善之缺，没有自己的实在，所以不能够说恶也是来自上帝的创造。至于道德上的恶，则是出自人对自由的滥用。柏拉图的"理念"现在成为上帝创造时的观念。斯多亚哲学里的世界法则成为上帝创造时安置于事物内的自然法则。它还赐给我们的心灵有天生的永恒不变和必然的真理；意思是，在所有不完美的心智活动中，我们碰到完美，在相对中接触到绝对，这样我们在情、意、智的追求中遇到上帝。因为上帝是那完美者，不完美的不能被思想。他为真理和善本身，他是一切真理和价值的本源。因此，上帝不单是创造者，也是人类的归宿，不仅是在来生来世，而且就在今生今世，正如《忏悔录》第一章指出的："我们的心是为你而造的，除非安息于你，我们的心将永不安宁。"后来主张天生上帝观念的学说都可以追溯到奥古斯丁思想的影响。

奥古斯丁说"信则明"，安瑟伦（Anselmus of Canterbury，1033—1109）则提出"信求明"的格言，给基督徒哲学指出了一项该当履行的任务，即寻求给予信仰一个哲学的系统说明。他因此被尊称为经院哲学之父。他也如同奥古斯丁一样，肯定天生上帝的概念，即"不能设想比之更伟大者"。这个概念蕴涵后来笛卡儿、莱布尼茨与康德的上帝观念："至真存在"（ens realissimum）和"至完美存在"（ens perfectissimum）。从这个上帝概念，安瑟伦推论出上帝的存在，即著名的本体论证，或称存在学论证。如果至高者仅存在我们的思想中，也就是只是个思想物罢了，那么它就不是那个可思的至高者，而应当还有那样的一个至高者，它不仅被思想，并且实际存在。这个论证有人接受，例如波拿文都拉、笛卡儿加以发挥而在近代成名，莱布尼茨也应用它，黑格尔则为之辩护，而这些思想家在某一意义上也都肯定天生上帝的观念。由此可见，存在学论证针对的不是无神论者，不是用来说服他们相信上帝，而是针对信徒们，给予他们的信仰一个理性的基础罢了。不过也有学者不接受这样的论证，例如托马斯 · 阿奎那和批判时期的康德。

二、密契主义

基督徒哲学除了知性思路，还有一种属于情意的、修行的、诉诸心灵内在对上帝经验性的认知，即密契主义（Mysticism）。这是一种深度宗教经验的认知，但不是直观到上帝本身，而是求不受想象力影响的纯精神的认知，内心与上帝结合。他们用于描述的语言是象征的与否定神学的。他们受到的主要影响有来自奥古斯丁的思想——他说过"上帝比我更内在于我"，也有来自新柏拉图主义者普罗提诺的"忘我"的超升意念。但因教义不同，密契主义要达到的结合不是融入"太一"，而是在三圣（上帝一体的三个位格：圣父、圣子、圣灵）内爱的结合。除此之外，还有伪狄奥尼修斯（Pseudo-Dionysius）思想的推波助澜，他在《密契神学》（*Mystica Theologia*）中提及达到上帝的三条通路。第一条通路是"积极神学"，指出上帝的各种积极特性，如全能、全知、全善等等，所应用的是肯定法，将在人身上发现的美善归诸上帝；因为人是上帝所创造的，则从人身上发现的美善，理当推论上帝也具有那样的完美性。第二条通路是“消极神学”，指出上帝的消极特性，如不可知、不可形容等，所应用的方法是否定法，即在受造物所发现的不完美性，不能指涉到上帝身上去。第三条通路就是沉思、默观，到“忘我”，忘掉自己的存在，用这种“忘我”的方法使自己与上帝结合。

中世纪密契学的创始者是伯纳（Belnardus Claravallensis，1091—1153），他认为，真理认识的基础不是理性，而是谦虚。谦虚忘己才可能对真实的世界开放。在宗教中，对上帝信赖与托付比所有的思想辩证更重要。真哲学是爱被钉在十字架上的基督，因为在它深处是上帝的智慧。伯纳分直观三级：“思虑”“静观”与“忘我”。“忘我”走出自己的我，在密契中消失于上帝，如同一滴水融合于酒中。他将爱、谦虚、真理、人与上帝融合起来：“我不与上帝合一，也不会与自己合一。我只能在爱中与他合一，只在谦虚中归从他，而只有人真实时，人才谦虚。”换句话说，在与上帝结合中，人才找到自己。雨果（Hugo de St. Victor，1096—1141）也在密契主义观点下强调：理性有两条路，向外找上帝，向内找自己，两者实际上是同一条路，找到上帝的必找到自己，反之亦然。这种主情意和亲身体验修行的密契主义，预设上帝是一切的本源和终极归宿。

三、托马斯·阿奎那的宗教观

主流的基督徒哲学采取的仍然是理知的思路，而集大成于托马斯·阿奎那。他对于神学与哲学在方法上已有清楚的划分。神学的运作根据的是信仰的启示，哲学则是建立于自然的理性之光。两者之间事实上只是方法上的不同，因此对于同一个主题两者可以彼此互补。在此前提下，托马斯·阿奎那综合了教父传统，尤其是奥古斯丁的思想与亚里士多德的哲学体系，并且达成以哲学系统阐发信仰的目标。托马斯·阿奎那不承认有所谓的先天观念，包括先天的上帝观念，因此顺理成章地反对存在学论证的先验证明方式——就是说，上帝的存在经由它的本质概念的分析即可直接洞见，不需要后验证明。不过他并不认为上帝的存在只有靠超自然的启示才能获知，所以他有名的“五路论证”都是以可经验的事实作为出发点，应用因果原理，推论出上帝的存在。

关于创造者上帝与受造的人类和世界之间的关系，托马斯·阿奎那尤其在他的形而上学里作理性系统的阐述。受造存在是“偶性”的，也就是说其存在是可有可无的，但是一旦它们存在，就必须有使其存在的理由，而这个理由最后必须是“必然存在”，意思是它的不存在不可能。换句话说，创造者上帝是“必然存在”。它自无创造一切，否则上帝之外有永恒物质，那么它就不是一切的原因。它是有意志的创造的形成因。所谓创造，其实就是存在的“分享”。上帝是由己存在的“存在自身”，是唯一的；其他存在不是由己存在，只能是分享了“存在自身”的存在。不同的分享，有不同的存在的完美。受造世界在存在上分享上帝的存在而与上帝相似，这个相似，意思是有所同有所不同，在逻辑上就称为“模拟”。而世物真正的本质是上帝在创造时有的先存观念。又由于受造存在按本质是靠分享才存在的，属于偶性的存在，所以世界不只是在创造之初而是常常依靠着上帝的支持才继续存在。不过上帝就为万物的形成因，他与世界的形成因属于不同的层面：上帝是“第一因”，支持其他一切原因，使一切原因成为可能，因为是他给予一切物“存在”与“活动”；这样受造界一切的活动无不在“第一因”的力量内接受其支持。世界内的形成因则统称为“第二因”。至于第一因与第二因的合作关系，学者们的诠释不同，可以确定的是，第二因在第一因的同工下有其独立的因果作用。

上帝是“必然存在”的创造者、“由己存在”的“存在自身”，但是托马斯·阿奎那最喜欢用来表达上帝的是“自立存在自身”（ipsum esse subsistens）。因为“上帝的本质无他，即其存在”，或说“在上帝内，存在自身即其本质”。上帝是最圆满的存在，拥有一切完美，无以复加，因为在它之内一切本质都实现了，所以又称为“纯实现”。受造物则有本质与存在的区分。无论在概念上、时间上、本性上与目的上，实现都先于潜能，因此托马斯·阿奎那能够证明，上帝既是存在的开始，亦是存在的终结。就为纯实现，上帝是一切受造存在的开始，因为实现先于潜能，是它赋予存在的；上帝也是万物的终极归宿，因为实现是潜能的完成。

此外，托马斯·阿奎那证明人的灵魂不朽，也阐述在人的良心内，有首要和自明的伦理原理。伦理原理是天生的，人人知的。它分享了上帝的价值与真理，称为神律的分享。关于人生的目的，托马斯·阿奎那承继古人和基督徒哲学传统的思想，在真理之观中讲人生至福，在上帝之观中看人生幸福之目的。

这个就是所谓的托马斯 · 阿奎那的理知主义：幸福的本质存在于理知的行动；因为只有通过理知，我们才洞视生命的最高目的。按照亚里士多德的观点，幸福应当在今世可以获得圆满；对托马斯 · 阿奎那来讲，至福在来世才能够实现。

第三节 启蒙时代的理性宗教、自然宗教与自然神论

欧陆在近代经历宗教改革与国际形势的变化，与不同文化圈和不同宗教的接触，促成哲学家不只是对自己的信仰，而且也对宗教之为宗教作理性的思考，结果形成了普遍性的“理性宗教”与“自然宗教”的概念，尤其在科学的机械论世界观下产生了“自然神论”。在思想发展上，三者彼此配合。其历史背景错综复杂，主要归纳于下列三个因素：一、新兴的科学促成了世界观的改变；二、宗教改革运动的结果；三、启蒙运动对权威的质疑。

一、新兴的科学促成世界观的改变

在启蒙运动时期，西方世界进行着整个世界观的大革命。其中一个重要的因素，是牛顿（Newton，1642—1727）机械世界观的流行。世界被视为一部大机器，其内部一切大小事件都由同一的普遍因果法则所决定。据此，宗教上向来归于上帝对自然界和人类历史所作特殊策施的奇迹和启示都被归为外来的超自然的干预，而被认为不可能。

早在 14 世纪时，奥雷斯梅（Nicholas of Oresme）就已经将上帝比喻为一个技艺精良的钟表匠，他在太初给这个世界上了发条之后，就不需要再来作任何的修改和支配。自然神论（Deism）者就将上帝看成世界这个大机器的建构者，他创造世界和世界内在的因果法则之后，不再来干预这个世界，而让它依凭自然法则自行运作发展。这样的主张才愈显上帝的伟大。宗教上所谓的超自然现象，他们认为事实上都是些自然事件，只适宜作象征性的诠释。依据他们的看法，承认任何的奇迹与启示，等同承认上帝有再干预其建造的伟大世界机器的必要，这对一位全能全智的创造者来说是大不相宜的。

二、宗教改革运动的结果

宗教改革运动的结果形成了不同的教派，各自都声称拥有绝对的真理与得救的方法。这在信徒之间造成宗教意识的混乱和不确定感。不再有教会内信仰的保障，每个人要按照自己的良心、自己的主观信仰，自己作抉择。学者们对人在世界的反省也就不再是中世纪神学观的受造物，而是理性自律的主体，

影响更深远的则是在新大陆发现之后，来自非西方文化与宗教的冲击，尤其是与东方宗教的接触。西方的宗教思想家发觉，他们所信奉的《圣经》人类宗教史不足以包容和说明其他形式的宗教的存在，遂产生了基督教与其他宗教之间的关系等疑难问题。对此，一般思想家存着宗教宽容的态度，开始询问宗教的本质。在西方哲学史上，这时候才真正产生了狭义的“宗教哲学”，即这个时候宗教才就为宗教被提出来讨论，因为不同的宗教相遇时才会触发宗教到底是什么的本质问题。

有学者尝试在各种不同教派和不同宗教信仰之中寻找它们的共同点，而产生了建立于理性的自然宗教，即人文宗教。被称为英国自然神论之父的赫尔伯特（Lord Herbert of Cherbury，1583—1648），就为了扩大宗教的观念，在《圣经》的启示宗教之外引入了自然宗教的观念。它不溯源于超自然的外来权威，而是奠基于所有人内在的共同理性和共同信念，即寻找一个普世宗教。赫尔伯特所列人类共同的宗教信念包括创造者上帝存在、人有朝拜上帝的本分、道德与虔敬是朝拜上帝的主要课题、人应该忏悔己罪以及人人在来世将按今世的行为受赏或受罚。

另有学者将启示的基督教理性化而自然化，意思是说基督教并没有什么超乎自然的特殊性，只是建教的方式与其他自然宗教不同。廷德尔（Matthew Tindal，1657—1733）就更进一步将《圣经》的启示宗教与自然宗教同一化。在只有一个上帝之意志和仅有一个真宗教的前提下，他坚持《圣经》所启示的与建立于人之理性和事物之本性的自然启示在内容上并无不同，也无所增加，两者的差异仅在于不同的启示传达方式——《圣经》的启示是外在的启示，自然启示是内在的启示。他的著作《与创造同寿的基督教》（*Christianity as old as the Creation*）充分表达了他的这个宗教理念，而被喻为“自然神论者的圣经”。总而言之，自然神论者的基本信条是：启示宗教预设了自然宗教。

三、启蒙运动对权威的质疑

在反权威的启蒙运动下，代表传统权威的观念和制度不断受到理性的质疑。当时所谓的“自由的思想者”（free thinkers）就主张，理性的活动不应受到任何传统和权威的限制，即便是来自教会和《圣经》的权威也不例外。

在宗教思想方面，自然神论者追求理性的宗教。他们认为真正的宗教只建立于理性，而反对宗教的超自然化，摈弃任何依据理性之外其他权威的宗教命题。积极方面，在当时启蒙运动的口号“理性至上”之下，思想家要求以合乎理性和科学的态度讨论宗教，寻求以理性去说明宗教，建立理性的自然宗教。简单来说，理性宗教主张：真正的宗教根基于理性，否则就是迷信；通过自然理性的推论人能够认识上帝；基督教没有什么超乎自然的特殊性，它如人类一样古老。

洛克本人不反对启示的观念，也拒绝将基督看做仅是一个纯自然宗教的布道者，但是他的著作《基督教的合理性》（*The Reasonableness of Christianity*），尤其他以理性作为启示的审断者的思想，成了基督教理性化的有力推动。自然神论者根据他的思想作更极端的发挥，将基督教说成一个纯理性的自然宗教。托兰德（John Toland，1670—1722）的著作《非神秘的基督教》（*Christianity not Mysterious*）即是当时自然神论者理性化宗教的一个代表性的作品。

理性宗教、自然宗教与自然神论的支持者，共同推动了将基督教理性化而自然化的思想运动。笼统地说，他们相信这个世界及其疏而不失的自然法则和次序都来自上帝的创造，并且认为这个可以通过论证作理性的证明。自然神论者所凭借的是一个封闭的机械世界观，否认上帝对它所创造的世界作进一步的支配，因此也否认奇迹和超自然启示的可能性。顺理成章地，启示宗教被认为不可能，唯一被承认为真宗教的只有建立于理性的自然宗教。虽然他们并未否定上帝创造世界的真理，但是在封闭的机械论世界观之下必然会使得世界彼岸的“建筑师”成为多余的。在哲学上，法国的启蒙运动者即由自然神论走向唯物论和无神论：拉美特利（J. O. de Lamettrie，1709—1751）著《人是机器》（*L'homme machine*），霍尔巴赫（P. H. D. Baron v. Holbach，1723—1789）著《自然系统》（*Systeme de la nature*），即是明显的例子。在德国，有莱辛

（G. E. Lessing，1729—1781）特别强调受造世界与人类的独立性，康德则更进一步将道德自律绝对化，而将上帝排除于道德法则的彼岸。在宗教意识上，上帝逐渐变成一位对现实世界“缺席的上帝”。

靠着迷人的科学世界观和理性主义的诉求，自然神论曾对当时许多的知识分子产生巨大的影响。今天已经没有哪位深思熟虑的思想家再坚持自然神论的立场，理由在于：一方面机械论的观点明显地不能圆满说明世界内自由意识的存在，另一方面自然神论者在论到上帝为世界大机器的创造者时显然限制了“第一因”的形上意义，而混淆了创造者“第一因”与受造界“第二因”的作用。

宗教理性化而人文化的结果是：宗教的本质行为跟着成为人文的道德行为，对于宗教的起源也只能作人文化的说明。在此脉络下，我们就可以容易了解休谟和康德的宗教观。

第四节 自然神论者的宗教观

一、休谟：心理学的宗教史

休谟在自然神论的观点下反对无神论，对理性宗教的可能性则采取怀疑和不可知论的观点，因为按照他经验主义的判断，人的知识只及于经验的范围，而上帝的属性和行动都不是人所能够经验的。不过他支持自然宗教观，赞同对创造者上帝的朝拜。

对他来讲，宗教是信仰。信仰是非理知的，而是属于某种感觉。在其著作《宗教的自然史》（*Natural History of Religion*）中，他以心理学的观点说明宗教的起源和发展。

根据他的说法，宗教的产生，不是起源于理性的思索，而是出自人类精神内在的需要。生活的变迁、命运的不可把握、对将来的忧虑以及对死后的不安，引发对超能力的信仰感觉以满足希望与减轻恐惧。又由于人心灵的不安和希望是多样化的，所以人类最早的宗教形式应该是多神信仰的。后来在诸神中产生了一个父神或是民族的神，信徒们对之特别地敬畏和谄奉，而再加以推崇成为世界的神，最后发展为一神论的神。

有关宗教的本质，休谟指出宗教对人心灵的安抚作用，而不在于理性客观的认知。但是他对理性推论的排斥，又没有实在神圣界的概念，在实践上能使宗教走向迷信，在理论上能够走向心灵投射说，如同后来费尔巴哈对宗教的批判——上帝是人的创造，实际上人崇拜了自己的渴望。至于宗教发展的过程，是如同他所主张的由多神信仰进化到一神的信仰，或是由一神的崇拜退化到多神的崇拜，应当视当地情况而定，不能一概而论。

二、康德：道德朝拜的宗教

康德是活在启蒙运动时代精神中的一个自然神论者。他支持机械论的世界观，提倡理性宗教，强调真宗教应当是属于人人的自然宗教。他所指示的这个宗教就是人文的道德朝拜的理性宗教。

康德指出，信仰的对象是我们在道德实践时有的先决条件之先验思想，包括完美的道德实践可能，也就是“全德”可能，福德一致的至高善及使这两者可能的先决条件——灵魂不朽与上帝存在。这些不像事实一样能够理论证明，而是我们在道德实践时自由地认为真。康德称这个“自由地认为真”为“理性信仰”，或称“实践理性的信仰”，因为道德实践就是纯粹实践理性的作用。

理性信仰以上面纯理性的对象为信仰的对象，因此，它既不是教会内当信的教条信仰，也不是经由他人的作证才学得的信仰，更不是从历史得知的信仰。历史与地理的知识对象，非信仰之事，它们属于事实。只有纯理性的先验对象才属于信仰之事，即我们应当促成的至高终极目的及其先决条件。他认为，自由——有自由才有道德、灵魂不朽及上帝存在，才使宗教可能。宗教则是我们把道德义务当做上帝之命令的认知。宗教是以上帝为道德的立法者与审判者，所以宗教是道德朝拜的宗教。不仅肯定道德的实践能够是宗教性的行为，而且认定宗教全然属于道德，只有道德才是真实的宗教行为。所以说，真宗教奠基于道德理性，对上帝真正的崇拜是“好品行”的道德朝拜。真宗教的本来目的就是要达到道德的改善。

一般的宗教除了道德实践，还有教团、教义与教仪等非道德性的构件，它们在纯道德的宗教概念下如何定位呢？康德对此双管齐下：一方面他将上帝的概念道德化，即上帝是我们道德的立法者和正义的审判者；另一方面他将宗教内非道德性的构件工具化。他区分宗教与信仰，并指出只有一个真宗教，但有多种信仰。因此更恰当的说法是，不是人属于不同的宗教，而是人跟从不同的信仰。信仰又可区分为纯宗教信仰与教会信仰，前者是真宗教，但后者并非就是伪宗教，而是在真教会内兼含纯宗教信仰和教会信仰。教会内的教条、教规、教仪甚至教会本身仅有工具和方法的作用，它们存在的意义在于推进道德实践和坚定道德朝拜。简单地说，教会应当借这些非道德性的构件将教会的信仰转化成为纯道德的宗教信仰。

康德的道德主义的宗教观在宗教哲学史上的意义是他开始有系统地人文化（或称俗化）宗教信仰。问题是，道德有它自己独立的系统，不必然具有宗教性。此外，他所讲的上帝是一个道德化的自然神论的上帝，他在世界的彼岸，是一个所谓在今世缺席的上帝，人只能以道德朝拜他，然后等待来世他的审判，而在今世并没有实质的"人与神圣界"的交往关系。上帝与世界、与人类之间的这个距离要等待德意志唯心论者来沟通。

第五节 德国古典唯心论：上帝是绝对主体的宗教观

在康德的宗教思想里上帝与世界分离，德国古典唯心论者以上帝为绝对主体，试图统一康德所造成的对立。他们使用的方法是将上帝视为一位生活的绝对主体，使他包容和内在于世界，而达到宗教上主体与客体的统合。上帝成为内在于世界和人之意识的第一人格，但所完成的不是一个单纯的和静态的泛神论，而是"万物在神内论"（Panentheism）形式的动态泛神论。

一、费希特：道德理性直观的宗教观

德国古典唯心论者一致认为上帝是唯一存在者，他外是他的呈现，因为他是纯生命，他有自我实现的过程而这个过程包容和呈现于世界过程。在这个大观念之下，费希特强调，"道德的世界次序"就是上帝，上帝就是"道德的世界次序"。因此信仰这个就是信仰那个。他所谓的"道德的世界次序"，不是具自然法则性格的已完成的世界次序，而是指次序安顿的行动本身，称为"能安顿的次序"（ordo ordinans），不同于斯宾诺莎的"能产的自然"（natura naturans）。在自然事物内的一切事件、一切生命和交织、一切力量和抗拒，是

上帝的生命。所有人的生命也是上帝的生命。我们内在的一切道德意志是上帝的意志，我们所有的认知是上帝在我们之内的认知。若说上帝是“绝对知”，他在我们人的认识主体内实现自己。在我们内在最深的根源处，我们自己是上帝的存在。在宗教的实践上，我们必须消灭自我和自己的自由，完全地“沉入上帝内”。在自我消灭的时候我们还使用自由，此后不再有自由，因为自由已用尽。完全“沉入上帝内”是唯一真自由的行动，每人一生只有一次，此后不再有堕落的可能。若是再堕落，那表示事实上并未作那样的抉择。而只有不完美的意志，还有行善与作恶的可能，也就是说还有自由。道德完美的意志不再有“应当”，因为它已固定于上帝，不再有自由。

费希特宗教哲学的实践意义在于：至福不是在坟墓的彼岸，天国不只已临近了，而是就在此生此岸，在我们中间，即在与上帝的真正关系之中。这样他超越了康德和所有自然神论只在彼岸的上帝信仰。

二、谢林：神剧的宗教观

作为德国古典唯心论的一员，谢林认为世界过程同样是上帝自我实现的过程，而核心问题是恶之来源，恶是来自上帝内的“堕落”。因为上帝是世界绝对的来源，包容一切对立的统一，所以能够在上帝本身内指出恶的来源，而不必牺牲掉它自身内善的绝对性。谢林思想的出发点是：凡存在的，都有使其存在的基础。凡被产生的存在，他存在的基础在己外；上帝是绝对存在，他存在的基础只能在己内，但不能就是他本身，而是在他内与他不同的一个因素。在他内，“存在”与“存在的基础”之间是一种非时间性的因果循环关系。上帝有其存在的内在基础，就此而言，存在的基础先于上帝；但若无上帝实际的存在，存在的基础不能是存在的基础，就此来说，上帝先于其存在的基础。这个在上帝内的非他本身，是个非理性的黑暗意志，要生育自己——就是说上帝要经世界的实现陈述自己，创造世界的历史成为上帝自己生育自己的历史，恶的根源即在此。

上帝内的这个分化进入世界，则黑暗的元素和光明的元素支配着整个受造界。黑暗的元素世界与上帝分离，光明的元素世界在上帝内结合，但两者之间有本源和终结的统一。整个的创造过程是从太初的黑暗元素转变到光明的一个内在的变化过程，则本性黑暗的元素同时是那个要转变成光明的元素。从黑暗到光明的提升，在人表现在“个人意志”对“普遍意志”的就范。个人意志是盲目的意志和欲望，它的根源在上帝那古老的黑暗元素，永恒追求着自己，是反抗光明的意志。人内有“天生的恶”为恶的必然性，也有“天生的善”为善的必然性，所以人常有悔改的可能性。善出于个人意志与上帝意志的结合，恶则是摆脱上帝。因此，道德最后无非是宗教性的。

但是“恶”非为自己独立存在的势力，也不是善的全等值对立；它是善的滥用，称为“堕落”。它是寄生于善的力量，因为一切活力基本上都是向善之力。因此，善与恶两元素在地上之战自始就不是同等的争斗，而是无能对全能的反叛。恶从善所夺走的力量本身非恶，它最后乃属于善的本质，最后仍要无误地再回归于善。受恶之势力控制的世界仍然有向善奋斗的出路。

从上帝位格的神生观点来看这个过程：当上帝在原始状态，在一切启示之前，他只隐含着他是什么；此时它尚在一切对立的彼岸，他完全不分而处在中立的状态。当上帝进入启示的过程（即世界过程），他受对立奋斗的统辖。当上帝完全地自我启示，此时是上帝的完成状态，也是一切事物的终结，一切对立统一而和谐。只在完成状态下，上帝才是他的整体，他的本质才是人格性的，因为他的整个本质只在他外显和实现的完成状态中出现。

恶只在过程中存在——在上帝内黑暗的意志是恶的基础，不是恶本身，它最后要消失，要转变成为善。为什么需要这么一个过程和恶呢？为什么不在起初就是完美的呢？唯一的答案是：因为上帝是生命，而不单是纯存在。凡有生命的有命运，隶属于苦难与生成变化之下。上帝自愿这样隶属于，为成为位格，也就是为了他的自我实现，因为在生成变化当中存在才感觉自己。

在此上帝过程观中，宗教成为密切地参与上帝善恶斗争的神剧过程。在宗教哲学史上，谢林开始了上帝受苦的说法，继起的有黑格尔的上帝死亡的说法以及现代上帝受苦与天主死亡的神学。

三、黑格尔：主体性合一的宗教观

在黑格尔的哲学系统里，宗教哲学是哲学中的一门；而他的整个哲学大系统就是一部大的宗教哲学，因为他的整个系统是绝对精神（上帝）自我意识的辩证过程的陈述。因此，他的哲学是处理杂多层级的世界，即处理上帝本身。在世界有机发展中显示的即上帝的存在。

黑格尔也区分狭义的宗教的信与哲学的知，两者形式不同，前者是依托和崇拜，后者是概念的掌握，但是两者的对象同是唯一的绝对者——上帝。上帝是绝对精神，绝对精神的本质是对己之知。上帝的知已不全在世界的彼岸，而在我们人的意识内。反过来说，人在宗教上的意识是上帝在人的意识内的自我意识。人在哲学上的意识，是上帝在真理的意识，也就是达到意识之实现的意识。在此我们可以了解为什么在《精神现象学论》中黑格尔要从宗教辩证到哲学，而非相反，因为对黑格尔而言，上帝绝对精神的本质是思想，思想要在哲学的观念中自省，并视自己为观念，而展现绝对的意识。因此宗教的信要在哲学的知中才得其圆满，即精神才在精神的形式下认知自身。

宗教的本质是有限生命向无限生命的提升，这个只在有限精神的人类才可能，更正确地说，宗教是有限精神与无限精神的合一。这种合一是“主体性的合一”。从有限精神的观点来看此合一过程，它是个有机辩证的宗教现象，它一步步从最直接的纯感觉辩证到艺术，从艺术辩证到想象，再从想象辩证到哲学概念。在最直接的纯感觉中，人在自然中经验上帝。在艺术中，人在自己的创作中经验上帝。在想象中，信仰的对象借比喻或图形的形式被表达。

从无限精神的观点看此宗教上的“主体性合一”，它是个意识过程的问题，宗教是上帝的自知和直观。绝对精神在自己的意识内自知，也在有限精神的意识内自知；因为有限精神不只是上帝的“他存”，也是“同一”。宗教成为或根本就是绝对精神在有限精神之知中的自我意识。因为上帝是这精神，他由己疏离，以成为对象，但在此疏离中又与己同一。在此“他存”（anders）与“同一”（identisch）之中，宗教即建立于此。

宗教现象有一系列的显象形式，具历史的和超历史的两面意义，各有其弱点、片面性、极端、对立及自我取消等辩证性，不在发展的结局，而是过程整体才是宗教的真理。换句话说，宗教现象也有发展的过程。宗教的显象形式来自上帝的直观形式。上帝的直观形式是超时间的和内在的，宗教的显象形式则是时间性的，是外显的结果。宗教的显象形式是多样的，就看上帝的本质内的什么因素被直观。因为绝对者按本质是万物中的万物，所以一切实在，从最低的到最高的存在形式都能够成为绝对者直观的形态。在每一个形态内，宗教有其限定的真理内容，但不就是真宗教，其内同样各有非真或是消极的因素，而由此向新的形态推进。黑格尔将上帝的直观分三级：在自然形态、在艺术品及在精神的真原始形态。此直观三级配合宗教的三层形态：自然宗教、艺术宗教与启示宗教。自然宗教指对自然崇拜的宗教形态。艺术宗教指古典希腊世界呈现于神像、赞美诗、神明庆节、密契崇拜、史诗及喜剧等的宗教形态。但是轻浮的喜剧说出了严肃的话——“上帝死亡”，这是损失与大疼痛的意识。宗教死于人文化之内。80 年后有尼采在生命价值观上宣告的上帝死亡与之相对应。不过“上帝死亡”有另一个意义：死亡是人的命运，能死亡的上帝是成为人的上帝。因此，“降生成人”（Inkarnation）取代了“崇拜为神”（Apotheose）的位子。人造的艺术宗教进入了上帝“启示的宗教”。

上帝成为个体的、实在的一个“人子”——“神而人”的耶稣基督，在他具体的自我意识内，上帝成为可直观的形式。在此形式内，上帝被传于普遍的意识，生活在他的信徒团体中。从他的个别自我意识，变成普遍意识或称团体（即教会），这就是上帝的“精神复活”。上帝的“走入死亡”是他的自我舍弃，他原是生命，因此确实是绝对者与自己的和好，而成为一切和好的基础。基督信仰的本质，即宣告上帝与堕落的世界和与上帝分裂的人的和好。

按照黑格尔的说法，上帝在世界过程中才完成自己，人与世界成为上帝的“他存”。如果人本主义化宗教，从人本的方向去看这整个正、反、合的辩证过程，则会走向无神论。

德国古典唯心论的“万物在神内论”与斯宾诺莎的“唯一无限实体”泛神论一样，都主张上帝的本体在每一个人的心灵中，所以人可以在自己内找到上帝的存在。每个人都可以分享上帝的本性，人只要发展在自己内的神性，就可以与上帝合一，与上帝永存。所不同的是，斯宾诺莎所讲的是静态的、空间层面的泛神论；万物在神内论则是一个动态的、时间层面的泛神论，人可以在此生此世与上帝密切结合，参与上帝自我意识、自我实现的过程。

四、施莱尔马赫：感觉宗教观

施莱尔马赫（F. E. D. Schleiermacher，1768—1834）是一位德国的哲学家，但不是一位万物在神内论者。他主张，宗教的本质，不是思辨，所以不在于对至高者概念的掌握，也不在于伦理系统，所以既不是康德的道德朝拜，亦非费希特的伦理的理性直观，而是心灵内在虔诚的感觉。因为宗教的来源，既不是理论理性，亦非实践理性，而是美学的。对于宗教的感觉，他先是定位在心灵整个溶解在无限与永恒之中而与之融合的直接感觉，也就是心灵对宇宙整体作虔敬自我交付的情感。

宗教不是概念，因为神不是这个或那个概念；一般所想在世界之上的那个个体，不是宗教上的上帝，相信那样的上帝无所谓宗教的虔敬。无限与永恒也不是概念，所谓不死的概念不是把握无限与永恒的先决条件。简单地说，上帝、永恒与无限，其本身虽然是宗教的本质因素，但是其概念不是宗教的先决条件。宗教上的真神，是我们在自己内、在世界内能直接意识的上帝。宗教生活的目标，不是那个在时间之后的不死性。宗教上的不死性，是在今生今世的时间里已经能够拥有的，即在有限与无限的成为一，在每一片刻中的永恒。

他说，宗教对人是直接的，感觉是宗教的来源，也是宗教生活的空间。意思是，上帝已直接给了人，而非反省所得。但宗教经验本身不应当常停留于非反省，而应该在思想中被解释清楚。这是一个如何达到“存在的超越基础”的问题，而不再是上面所讲的宇宙整体之观的问题。

要达到存在的超越基础，非思辨的上帝概念所能做到，不管是泛神论的或是创造神的概念。在泛神论里，每一个较低的概念是现象，较高的为力量，最后停止于力量与现象之对立的思想边界，无法跨越到超越的存在基础。在创造神的概念里，最后无世界不能思想上帝，结果是无世界则无上帝，无上帝则无世界，世界与上帝互为超越的概念，因此也达不到超越的存在基础。换言之，理知的道路无法通达超越的存在基础，自然神学和思辨信理的效用被排除了。实践理性同样达不到超越的存在基础，因为从意志的观点来看，超越的基础是伦理律，而不是存在的超越基础。

思想与意愿不能完全分离，因为每一个思想活动能推源于某个意愿，而每一个意愿中有某个思想的根源。施莱尔马赫认为，存在的超越基础只能在思想与意愿的这个同一点上达到。此同一点，他称为“纯直接自我意识”。这个自我意识不是“我”对自己的意识，这样的意识已属于“反省的自我意识”。纯直接自我意识如何达到存在的超越基础，得先看存在的超越基础与纯直接自我意识的性质。

存在的超越基础不显现于某特定的时间，但以非时间的方式伴随一切思想，同样也伴随纯直接自我意识；纯直接自我意识则伴随我一切的生活。因此，存在的超越基础不赤裸裸地独自出现，它常与一切具体的存在在一起；纯直接自我意识不在反省中，而在一切我中。存在的超越基础不直接被感觉，而常是在某具体存在中一同被肯定；纯直接自我意识也是在具体的自我意识中被肯定。因此，宗教意识是普遍属于人的，不是限定于某些特殊的宗教天才。

对施莱尔马赫来讲，没有所谓普遍和抽象的上帝意识，有的常是在时间与具体多样联结中的纯直接自我意识。而在每一个自我意识中有两个确定的因素："自我设置"和"自我并未如此设置"。与之相对应的是"自我行动"和"领受性"，或称为"自由"和"依赖性"。我们没有纯自由感，但有纯依赖感。纯依赖感并非来自某一既成对象的影响，因为对这样的对象的依赖感常是片面的和部分的。纯依赖感不是尘世的一种感觉，而是属于宗教的虔敬之感，是我自己对上帝——存在的超越基础——之关系的意识。我们感到自己和所有的自由感都是在上帝内被设置的。所以纯依赖感并不是如人所误解的排除我们自我行动的能力，它说明自我行动的被设置，因此不是决定论的机械论世界观。在此的"我"是自我设置和已被设置的"我"，对如此设置我者有虔敬的、整体的依赖感。这基本的虔敬感不是个体心理学所了解的，而是属于人性的本质因素。它本身是宗教的，对上帝的。

在宗教哲学史上，施莱尔马赫首先提出，宗教既不是建立于上帝的思辨概念，亦不建立于实践理性，而是来自统合思想与意愿的纯直接自我意识；此意识本身已是宗教性的。但是纯直接自我意识，或思想与意愿的同一点，这一哲学构思并未被普遍接受，是有争议性的。此外，"感觉"受一般用法的限制，容易将人与上帝的关系引向情感的园地，而不是他所要的包含整个人的向度，因此所达到的效果恐非真正对上帝的感觉，而更只是美学的宇宙感。况且，纯非理知的信仰也容易走向盲目的信仰。

第六节　无神论对宗教的解说

在理性宗教、自然神论与康德的建立于实践理性的宗教观里，上帝是个客体，他在人生的彼岸，致使宗教生活与日常生活分裂。为了克服这种分裂现象，德国古典唯心论提出绝对主体的上帝观，强调上帝是在今生今世生活的。尤其对黑格尔而言，生活的上帝有一个生死的过程，上帝死亡然后复活，这样的上帝才是真正生活的上帝。但是黑格尔左派不让上帝回生，而是就此让上帝消失。

此外，19 世纪存在学上的无神论接受机械唯物论的支持。这是一个主张严格因果律封闭的唯物世界观，不承认有独立自由的精神生命的存在。事实上，自然神论的机械世界观已经把上帝请到世界的彼岸去了。上帝的问题成为世界开辟的问题：世界是自己永恒存在的呢，还是上帝创造了世界？而在自然神论之下，上帝已经跟此世无关，所以两者孰是孰非对宗教的实践生活已无差别。如果是理性的上帝创造了这个世界，那么这个世界的存在还有目的和意义可言。换言之，上帝成为世界意义的说明。但是意义是可以被否认的。因而否认了上帝之后，世界有计划的目的也要被否认。唯物论主张精神只是一种物质，因此更适宜无神论。主张无神的理由各有不同，也就有不同的无神论，而他们对于宗教的解说也就各辟蹊径。

一、费尔巴哈：人是上帝的创造者

费尔巴哈采用辩证法，所以他的无神论是由内部反驳黑格尔的理论。又由于同属于唯心论，所以他的出发点不是一般无神论者所采取的机械唯物论，而是观念的，即以人的意识和精神作为了解世界的途径。而且他同黑格尔一样，从绝对者出发，只是这个绝对者不再是上帝，而是人类作为无限的本质。因此他的辩证法与黑格尔的次序正好颠倒。

按照黑格尔的说法，宗教是有限生命向无限生命、有限精神向无限精神的提升，而本体上是上帝在人的宗教意识中自我意识。费尔巴哈就正对着黑格尔宗教思想的这个中心点作攻击，按照他的说法，宗教是人之意识对自己的关系。他不否认有宗教事件，但他否认有人对上帝本身的关系。他不否定精神，他甚至把人的意识抬举到最高的位子，但是他否认“绝对精神”。所谓的绝对精神，按照他的说法，只是人具体精神的抽象和形象化的想象；凭借这个说法，他试图说明宗教的起源，同时揭发宗教的自欺。

在黑格尔看来，无限精神舍弃自己而“他存”于有限精神，为的是要与有限精神“同一”。对费尔巴哈来讲，人类才是实在的真实，绝对或无限的精神是纯粹被抽象推想出来的，关系因而倒置，神只是人之意识的作用，人才是那唯一的真实。神不是人的创造者，人才是神的创造者。虽然还有上帝，也仍然是绝对的，但纯是人的意识的投射想象。从人类来看，人的本质是无限的本质。宗教的基础与对象，无非是人对自身无限性的意识。但这是宗教的错误，将人类本身的无限本质视为己外独立的和先己的存在者。因而人不只是神的创造者，而且人还按照自己的肖像造了上帝；不是如同宗教上所说的，上帝按照自己的肖像造了人。在黑格尔看来，人对上帝的意识是上帝的自我意识；现在费尔巴哈说，“对上帝的意识是人的自我意识”。

宗教是人类第一个但间接的自我意识。人在己内发现自己的本质之前，先将自己的本质投射到自己之外。这样人自己的本质首先是其他对象的本质。在黑格尔那里，上帝的自我意识首先在“他存”；现在按照费尔巴哈的说法，人的自我意识也是首先在“他存”，但是两者的次序完全颠倒了。

宗教的另一个错误是认为上帝是一个主体。事实上没有上帝的主体，只有一些追加于上帝的述词。这些述词都是真实的，但是它们最后是人之本质的述词，按价值被视为神性的而归于上帝。这样费尔巴哈认为他说明了为什么宗教上有不同的“神像”，因为随着文化的发展，人在自己的本质中发现其他似神的属性而归于神，解释为神的属性。似神的主要述词有超自然性、不死性、独立性与无限制性。它们是人之人格的述词，而投射于神的人格。因而费尔巴哈说，人通过上帝的人格颂赞自己人格的超自然性、不死性、独立性与不受限制性。

就为承载这些属性的存在，上帝是至福的人格化和形象化，则爱上帝是人神化的自爱。但是，人实际上并非无限的本质，承担不起那些似神的本质述词。因此费尔巴哈改口说：具完美属性的上帝所表述的不是真实情况的人，而是人的愿望。于是宗教成为人幻想能满足其愿望的园地：祈祷意味着人相信他说出的愿望能够实现；奇迹表达脱离自然的束缚，而以超自然方式实现愿望。上帝不再只是反映人类的本质，而且是人之所非而想成为的，而成为人之幻想本质、愿望的形象化。上帝成为人真福生命的概念，所以宗教纯是自私。宗教上固然似乎有自我刻苦、自我否定之事，但是世上的自我否定是为了天上的自我肯定，目的是永福的生命。宗教将人所有的愿望投射于天堂，而使人疏离现实的此世，所以宗教不只是幻想，而且还是腐化人真实生命力的幻想。

费尔巴哈不否认人有宗教的经验，但否认宗教是人真正与世界外之实在界的关系。他的理论结构有问题。按照他的说法，上帝的信仰来自人无限的本质或是愿望的投射，但是他没说明为何人有此无限的本质和愿望。他说上帝是人自我意识中对象化的创造，他没有也不能说明世界的存在。虽然他后来说“世界自有其基础”，这是机械唯物论的一个命题，而他对宗教的批判是按照唯心论和人类学思路而展开的。在说明外在世界的问题上，两个非常不同的系统勉强撮合在一起，产生了系统的矛盾。最后他只有逐渐除去唯心论的因素，而以“自然”取代传统上上帝的位子；其结果或是成为他自己所反对的泛神论，或者“自然”成为抽象的概念。

此外，他将传统归于上帝的所有述词全数归于人的人格，失去了人真实和可经验的本质，真实的人承担不了那些述词。这样失去了上帝的主体，也失去那些述词的立足点。因而必须改换成人的愿望以满足愿望的幻想来解说宗教。就此他走入了另一个矛盾：因为他的思路是只在人的无限本质之假设下才可能的，现在却说这无限只是个愿望。总之，失去了上帝在他的系统里造成了一个无法弥补的真空，他想要以“人是人的上帝”的最高原理作为世界史的转折点是一个幻想。

二、马克思：宗教是病态社会的意识形态

马克思所带来的影响比费尔巴哈大，因为费尔巴哈停留于哲学，马克思则走上政治与经济的舞台。马克思的理论曾被许多国家接受为官方的教材。他要达到的最后目的是世界政治和经济的改革，他对宗教的批判因而不是目的本身，而是其他一切批判的先决条件。他把宗教看做一种社会势力。

对于费尔巴哈的基本思想，他毫无批判地接受——上帝与宗教是人自己创造的东西，人是人的上帝——而且他更极端化，因此对费尔巴哈亦有微词。

在实践的实在界的了解之下，在马克思看来，宗教是一种政治和社会的势力，而不只是迷信的意识——幻想揭露，也就消失。它应实际世界的需要而产生，因此宗教不会因意识的改变，也不会因对世界不同的诠释而能够被否认掉。它只有经由世界实际的改造才能有所改变。

此外，马克思批评费尔巴哈的人类学，没看清楚具体的人并不是简单的一个意识，而是在社会错综复杂的关系中的存在，被社会所限定。人的本质应当从社会关系面去掌握。在所有社会关系中，首先是生产的关系；人不像动物一样只是生活着，而是一个工作与生产的存在。费尔巴哈认为宗教是人类发现自己的本质所呈现的一种状况，是在正常的状态下人对自己加倍的投射；对马克

思来讲，宗教也是人由自己推想出上帝而产生的，但非自然，而是幼稚，是人在不正常的社会条件下所产生的自我疏离。宗教的自我疏离来自社会的自我疏离，因而宗教不是一个正常世界的表达，或是人一般的幻想形式，而是病态世界的表达，所以在任何方面也都是病态的。问题是：如果宗教不是人对无限存在的正常关系，而是人的自我疏离，那么如何说明宗教的普遍性？为何宗教是病态的却还是必需的呢？

按照马克思的观点，宗教是人尚未获得自己或又失落了自己的自我意识和感受。人确实是失落了自己，因为病态的社会结构阻止他去成为真实的人。由于社会分工发展成资本主义的经济系统，在这种情况之下，人为度生，必须将自己如同商品一样出卖；领工资的劳工是人自我疏离的典型。这种状况属于资本主义经济系统的必然性，且不断地扩张。这种情形在资本主义社会中甚于封建社会，在后者尚有上司下属的关系，还以政治和宗教来掩盖剥削。在资本主义社会中不再掩饰剥削，无耻、公开地、直截了当地剥削。宗教在这病态的世界中扮演了鸦片的作用。在此自我疏离的状况下，生存在不完善的经济制度下，生活前途缺乏安全感，面对恐惧、饥饿、失业、战争等等，因而幻想出一个不存在的超越世界，借以逃避现实生活的压力和痛苦。宗教只不过是人类以幻想的方式反映着现实物质生活的不健全。宗教就是将想象中的东西以为真而投射于外界，所以上帝的概念是人想象的投射。人依照自己的想象与喜好创造了他们的至上神。宗教是人类真痛苦的表达，同时是对痛苦的抗议，是“被压抑的生灵的呻吟”，但却是错误的呻吟，完全没有效用，是幻想和自欺的呻吟，因为宗教并未使人面对实在的不幸，只是许给受苦的人一个充满希望的梦幻世界以逃避此世的现实，并未激励受苦者真正地去改变世界以除掉痛苦，反而维护现今的状况。这样宗教腐化人，成为“人民的鸦片”。

“宗教是人民的鸦片”这句话的主要意思：第一，宗教只给人一个幻想式的满足；第二，宗教未真正以革命性行动去改进世界。马克思要的却是世界的改革。他同样假定现实世界是痛苦的，但他不让它这样继续下去而将希望放在“此世的将来”。按照他的价值判断，宗教批判是世界批判的先决条件，宗教意识的解放是一切解放的基础。因此他不停留于理论，而进入实践的批判，引向革命性的改变。这样，他对天堂的批判成为对大地的批判，对宗教的批判成为对法律的批判，对神学的批判成为对政治的批判。

此外，马克思也批判宗教是剥削者的权力工具。他认为，宗教将世间的苦难解释为上帝的惩罚或是上帝智慧的安排，而要求人要怀抱怯懦、卑下、谦虚等奴隶特性的心态。相信上帝是创造者，则受造物对上帝的依赖是奴隶心态之根；承认我为受造，则我之生命的基础在己之外，这是自我疏离之根。

马克思将宗教归因于社会中阶级的分别，所以宗教失去人类的向度而成为阶级的问题。有关宗教存在的价值，他认为，一天阶级还存在，世界就尚未进入轨道，不幸必然存在，则任何理性的说明都没有用，只有宗教仍然扮演真正有力的角色。这是应来自统治者之利益与被剥削者之安慰的需要。有一天世界进入了轨道，不幸之事真正被排除了，人民不再需要什么幻想来安慰心灵，则宗教没有了必要而自然就不会存在。

马克思未说明宗教的起源，他只指出宗教在社会中病态性地被利用。他有关宗教的说法假定了在革命之后上帝的问题在社会上会消失。这件事在他的时代固然还不能验证，现在在所谓的革命之后上帝的问题仍然存在，以至于布洛赫（E. Bloch）、马可威克（Machovec）、加罗蒂（Garandy）等马克思主义思想家们还要重新提出上帝的问题来。这表明，将宗教从人类的问题中除去，使之只成为阶级的问题，或将上帝视为精神匮乏情况下的精神代用品等，都是有所偏差的思想，不能防止问题的再被提出来。

三、尼采：上帝死亡

从“上帝死亡”的角度来看，从黑格尔到尼采思想进程达到了最高峰。在黑格尔看来，上帝死亡为复生；在尼采看来，上帝死亡是定局，上帝已属于过去。尼采认为，这不是形而上学的理论问题，而是对生命不同的了解，是价值之争的问题。在尼采那里，宣布上帝死亡，是价值革命，是对传统价值体系彻底的革命。而且尼采是一个深怀敬畏感的人，清楚知道失去了上帝的意义——失去上帝即意味着失去方位的凭据，失去价值的判断标准。

尼采不是反对上帝本身，而是反驳基督徒信仰的上帝。他不是存在论上的无神论，不是为了实际上有没有上帝的问题在争执，他反对的是以上帝为最高价值的体系。在他看来，西方的大危机是面对价值体系的解体，上帝死亡不能阻挡它堕入虚无主义，因为最高价值本身贬值了——西方传统所认为最真实的被否定了，那还有什么可以长久维持不堕？

上帝死亡不是非时间性形而上的思辨问题，而是历史事件，是上帝的历史命运。因此要宣告“上帝已死亡”，意思是上帝曾经活过，至少在人的意识中强有力地活过。在历史上，至今他一直扮演着最高的价值。但生活的上帝已属于过去，他已失去它的权力和活力，已不值得去信仰。而且上帝是被杀害的，是人杀了他：“你和我，我们都是凶手！”

为什么要杀害他呢？这问题等同于“为什么要反基督徒的上帝呢”。尼采在发疯之前曾说：“有人了解我吗？狄奥尼修斯反而是被钉十字架者。”那么他是为了此世生命在抗议形而上的彼岸，为了大地在反对天堂。基督徒的价值系统对尼采如同为费尔巴哈一样，只是强调点不同，即：天上的光荣是地上的虚无，对来世的渴望是对此世的否认，对上帝的肯定是对生活的否定。

在他早期的作品里已出现两个思想的对立，即对两种不同存在的基本了解：太阳神阿波罗是适度的、精神的、优雅的、天上的、完美的表象，与之相对立的是酒神狄奥尼修斯所表现的地上的、狂喜的、放纵的、带破坏力的冲劲。阿波罗代表由苏格拉底、柏拉图、亚里士多德等所建立的理性精神，狄奥尼修斯所代表的则是非理性、由深处来的创造力和生命的表象。基督徒的上帝则是纯精神性，道貌岸然，讲究慈悲，所以懦弱无能，尤其仇视生命，是狄奥尼修斯之价值纲目的反对者、罪行状的编制者，是保障其他一切传统价值的最高价值。如果把他推翻，则价值颠倒，狄奥尼修斯的存在成为可能，但某些人会因此堕入虚无主义。

后来，尼采愈走向生命的肯定，看基督徒的爱则愈是弱者的同情，基督徒的上帝愈是仇视生命的神。他从三方面批判基督徒的伦理：第一是颓废、不振作，是弱者的心态；第二是愤懑，有报复之心，尤其有“惩罚的良心”，即奴隶的心态；第三是禁欲教士的权力，即仇视生命的权力意志。三者的共同点：它们都是对生命有害的陈腐的世界观，都违反生命。整个建立于柏拉图价值观的基督徒世界观，在结构上就是敌视生命的，所以随着时间必定自毁。

上帝是最高的价值，对这最高价值的信仰不再可信即“上帝死亡”，则整个的文化价值系统要崩溃。上帝的死亡会产生前所未有的效应。首先会引起一场主观的大灾难。当事人一方面有“杀害”上帝和犯禁的罪恶感，另一方面混杂着没有了方向的失落感。但是只有对于病态世界的信徒，虚无主义的行程才是一个灾难。对于“强人”，对于智者，上帝死亡是复健、救恩世界的开始，是要欢欣鼓舞的一个理由。因为天际终于除去，视界大开，毫无障碍。我们的船可以自由行驶在不曾有过的开阔的大海上。在无边无际的大海行驶，意味着有任何方向的可能，也有失去方向的可能，所以得冒险，而不是天真的“强人”。但求知者的任何冒险是被允许的。

“上帝死亡”即为史无前例、后无继者的大事，则它是历史的分野点。但是新历史没有了上帝，会产生巨大的真空，必须填满。则人必须改变自己，现状的人必须被超越，即要过超人的生活。超人是禁欲教士的对立，却是属于狄奥尼修斯的人，拥有新的价值纲目，能够经由教育培养而成，是更高人类的代言人。超人具有双重的矛盾性格：新价值的创造者，旧价值的毁灭者；一方面是卓越，另一方面却是残暴。如同树愈向高处和光明伸展，根愈向黑暗的深处延伸：为成为创造者，他必须强硬和无情；同情是他最大的诱惑，他必须学会不去怜惜人。弱者是不值得同情的：“谁不高飞，应当坠下；坠下的，人应践踏。”权力意志是超人的新德行，超人即权力意志的化身。权力意志是超人此世、大地上的坚强生活意志，生命是新价值的判断标准。总而言之，权力意志对生命而言是追求“更好”的生活，即常追求更大的权力，因而不可避免地要奋斗。

尼采是西方传统文化价值体系之革命的无神主义者或反神主义者。他尤其针对了建立于基督教信仰的道德原则。他对权力意志的强调意味着对更大权力的追求，无限制和不择手段的权力追求，甚至弱肉强食或消灭之。尼采将之列为超人的新德行，则不能容人而不能容神是可以了解的。为生命的肯定却产生对生命的迫害和否定，这是他对权力意志之强调的一大矛盾。

尼采的另一个矛盾在于他双重意义的生命概念。他所讲的生命，一方面是自然生机的生命，另一方面是宗教神秘的生命。这个矛盾综合可以这样试解：生命代言人狄奥尼修斯一方面是自然生机的表征，是在反柏拉图主义下基督徒对生命的态度，而反最高价值上帝。尼采说：“没有真理，一切都是被允许的。”但若还有真理，真理的判断标准是：凡对生命有益的为真，为（自然生机之）生命所推动的为真。狄奥尼修斯另一方面是宗教神秘生命的表征，他是取自希腊神话，因而不可能没有其宗教向度。他象征对整体生命的宗教肯定，对生命整体性的狂喜肯定，也肯定生命中最可怕、最有问题的地方，包括生命的非理性性质。

对生命全面的肯定而提出“轮回”的永恒意志，由之引出了尼采的第三个矛盾。他提出对此世永恒生命的渴望。永恒的渴望属于宗教，但是他渴望的永恒生命不是来世，而是这个世界，综合表达于永恒轮回。矛盾在于，一方面超人意味着超越了人，假定直线的时间观念；另一方面是永恒轮回，一切在永恒中再次重来，最小和最末的人都要一再出现，则人并未被超越为超人。矛盾的来源在于：超人是末世的将来，肯定的是将来，而否定现在，推翻现成的一切价值；永恒轮回则来自对此世生命的肯定，而赋予此生永恒。

四、萨特：自由主义的无神论

萨特是20世纪存在主义的无神论者。存在主义本身不是无神论，而是凸显出人在世界中之特殊存在方式的一个思想运动。作为特别关怀人之存在的学问，存在主义基本上与决定论的唯物主义相反，所以能够是有神论的——诸如克尔恺郭尔、雅斯贝斯（Karl Jaspers，1883—1969）和马塞尔（Gabriel Marcel，1889—1973）等存在主义者——就都认为，只在上帝面前才有真正人的存在。但是由于存在主义的出发点是人的存在，而不是有关上帝的理论，所以在强调人的自由的情况下也能够走出无神论来。

萨特自称他的存在主义是附庸于“大智边缘”的一个意识形态。这个“大智”指的是马克思主义。萨特的意识形态建基于马克思主义，在此他提出人存在的问题。换句话说，他的存在主义建立于马克思主义的“边缘”而不为其所接受，因为他的存在主义强调人存在的主体性与自由，违反了唯物论的决定论——唯物论不一定是马克思主义，但马克思主义是唯物论。因此，萨特的存在主义是要在马克思的革命哲学里超越马克思的唯物论，为其无神论作辩护。萨特为无神论的辩护分存在论与伦理学两条思路。

在存在论上他区分物的存在的“自在存在”（etre en soi）与人的存在的“自为存在”（etre pour soi）。“物的存在”是“自在存在”，无意识，混浊而不可渗透，没有自由，没有“他存”的可能性。它就是在，或只是在，问其根基是无意义的。这样的存在不足以描述人的存在。人的存在是“自为存在”，是有意识和有自由的存在，相反于无意识和没有自由的“自在存在”。为了“自为存在”，人必须向外“自抛”。但是人是在绝对自由中“自抛”，所以无方向，无意义，因而人是“自抛”于“空无”。人的存在是要“存在”，却走入于“空无”，所以人的存在必要失败。这是萨特的悲观虚无主义，在此没有上帝的位子。在“自在存在”中询问存在的根基毫无意义。在人之存在的“自为存在”中，人是在绝对自由中自抛，也没有上帝的位子。人要（为己）存在，却走入空无，但是人仍然这样存在，为的是要跨越存在与空无，也就是要建构自己存在的基础，即成为“自因存在”（ens causa sui）的上帝。但是存在与空无之间的距离太大，人不能成为上帝。这是个矛盾的观念，没有上帝，才配合人自由的存在；但是没有上帝，人必要失败。

在伦理学上，萨特提出，人的存在先于本质，界定之前人已存在，也就是说，人要自我界定。在有神论里，人已先被界定为受造物；真正存在先于本质而自我界定的，只有上帝。换句话说，若有上帝，则人有一个受造的人性，人只能这样生活，只能是“自为存在”，没有“他存”的可能性。但是人有“他存”的可能性，所以不能有上帝。

存在先于本质，指的是自由，因为自我界定来自于自己的选择。上帝的“全能”是人之自由与主体性的克星，两者互相排斥，所以有上帝则无人，有人则无上帝。

没有了上帝，有了自由，但是人并不欢乐，因为人固然能选择自己的存在，却不能选择要不要自由。人被判为自由，人要决定自己。没有上帝，有了自由，则整个价值界的重担落在人身上。没有了真正可根据的天赋或人性，没有了定点。人的重担，不仅要决定自己，也要去决定善恶。

有关上帝的不存在，萨特应用的是循环论证：人非被设置的存在，要自抛，自己决定自己，所以上帝不存在；上帝不存在，因此人的存在先于本质。这是他在存在论上讲上帝不存在的立论根据，却是个无效的论证。在伦理学上，他说，就是上帝存在也无足轻重，因为人已有自由；人在上帝之外决定自己，有上帝也不能改变什么。问题是：人有绝对的自由吗？

第七节 20世纪人类学的宗教观

布贝尔（Martin Buber，1878—1965）声称20世纪是神的黑暗时代。这是一个在马克思主义、无神论、科学万能主义、理性主义及心理学主义之后的时代，知识分子以为宗教就是迷信。学者对宗教和上帝的讨论是在黑暗中摸索，传统的论证已失去公信力，具新公信力的论证尚未产生。各种学说如雨后春笋般地出现，众说纷纭，莫衷一是，没有哪个学派能够独霸市场，而只能代表某一个学派的主张。而且各个理论都非常地个性化，受到个人特殊的历史、文化背景很大的限制。

这个时代讨论宗教问题的唯一共同点是以人类学为思路，上帝的问题与人的问题彼此关联、彼此定义。布尔特曼（R. K. Bultmann，1884—1976）就说：谈到上帝，必然谈到人。因为与人无关的上帝，人也与之无关。关于上帝所谈的，是就上帝与人的关系来谈，来界定，而反过来界定人。这样的上帝和宗教不是在世界与人生的边缘，而是贯穿世界与人生。

一、布贝尔：神是永恒的你

布贝尔是犹太教的信徒。犹太教不像基督教那样受到理性的批判，因为它不像基督教有那些艰涩和悖理的教义，它更重视的是宗教的实践、对神的服从，而不是当信为真的教义。在此背景下，布贝尔给宗教的定义是：“与神的相遇。”

“相遇的神”是一个主体，因此布贝尔排斥对宗教作哲学思辨，因为神在哲学思想中会被客体化，而在意识中结晶为观念。况且神的观念能够与神本身相混淆，致使费尔巴哈有机可乘，把神视为人之意识的投射，在此意识之外没有神真实的存在，结果人与神的关系成为人对自己之意识的关系。“相遇的神”也与德国古典唯心论所讲的绝对主体相对立，因为前者是己外的一个“你”，后者则是己内意识的一个“我”，这个“我”最后能够沦为一个纯被思想的东西。

“与神的相遇”更确定地说是“与你的相遇”。在宗教中相遇的这个“你”，可以有许多的可能去说他，只要不讲成我自己，他是我之外的另一个。与他的关系，与人跟另一个人的相遇，有所同有所不同。

布贝尔区分“他的世界”与“你的世界”。在“你与我”关系中的我和在“我与他”关系中的我，截然不同。经验的世界属于“我与他”的世界，关系的世界是“你与我”建立的世界。只在“你与我”的关系中，我才以我整个的本质存在。在这样的关系存在中，我不能没有你；于你，我才成为生活的人的我。“他”的世界是时空的延续，只是人生活的先决条件，人必须跨出并进入关系的世界，人才成为人。

神是永恒的你，与他的关系可以模拟人与另一个人的相遇，但非人与自己的相遇。神一方面可以与人的你模拟，另一方面与人的你不同。人的你有时会以“他”的姿态出现。神则始终只在你的关系中对人临在；纵使你以不完美的名字呼唤他，他在。神从不能被理解为“他”，不能把他当成思辨的客体对象，或成为陈述的教义。在此客体化中，神消失，通往神的道路就被阻绝了。

与神的关系，如同每一个你的关系，具有排外性，即不能为其他的关系所取代，但包含对人和对世界的关系。无所谓爱神就不能爱世界，反而是在世界中和通过世界去爱神。日常生活就是侍奉恭敬神的所在，虽然对神的崇敬不能被社会或政治活动所取代。在神内爱世界和近人，在世界和人之间爱神。没有所谓爱神与爱世界和爱人的对立问题。宗教不是走出世界之外的另一个神圣的空间，而是世界应被圣化，这样神的光耀才能在此世彰显出来。

从费尔巴哈、马克思到尼采的宗教批判，都假定了爱神与忠实于大地、彼岸与此世之间的对立，认为宗教为了神牺牲了世界，而提倡为了人之生命的完成要神死亡。这样的批判所针对的只局限于某种宗教态度，绝不是布贝尔所提的与神的关系。不过，以永恒的“你”来讲神，不免有人格性的含义，这是最有争议性的命题。不仅 19 世纪的批判者指出无限性与人格性之间的矛盾，就是从中古到现代的密契家（尤其费希特）也有异议。

对此异议，布贝尔回答说：神不是观念，他在创造、启示和救援行动中走向人，主动与人建立直接的关系，使我们与他建立直接的关系成为可能。那么不可避免地要以人格性来描述神，因为这样的关系只能在人格之间建立。不过，将神局限于人格也不适宜，因为由此会引起错误的拟人化，而无法表达出神的超越性来。因此只能说神也是一个人格。神有许多的属性，不只其精神性与自然性，还有人格性。人格性是唯一在相遇中能认识的。除此之外，布贝尔放弃给神下任何的定义。

二、雅斯贝斯：超越存在哲学的上帝观

雅斯贝斯讲的是超越的存在哲学，他对存在的讨论不在于存在对己的关系，而在于存在面对超越界的关系。因此，他讨论的焦点在上帝。当时基督新教内的辩证神学与之相反，他们强调启示而排除哲学。

雅斯贝斯哲学的基本观点在于对“存在”的理解。人的存在非客体，所以不能经由科学的客体化陈述所把握。存在非既成，而是要去存在，称为“自我存在”（das Selbstsein），要在行动中一步步地自我实现。这个“自我存在”是我只能是自己，或成为自己，或是失去自己。因为存在与自由紧密联系，存在被召向自由，在实践自由中实现存在，在实现存在中实践自由。因而存在常有没能达到自己的危险，但也是实现自己的一个机会。

存在的意识自己，不在己，而在所谓的边际经验。它首先表达于对纯“世界存在”（Weltsein）的不满，即不满足于只是“此在”（Dasein），而要走向人之存在的实现。其次是存在性的灾难，如死亡、痛苦、争斗及罪责等边际经验。最后存在突破“世界存在”，而经验“超越界”。雅斯贝斯强调，只在这最后的边际经验，即突破向“超越界”，存在才实现自己。人不断超越，因为人在寻找“超越界”。

雅斯贝斯首先澄清，“超越界”是终极根基，是“存在的根源”，因此不能如客体一样被当做对象认知，其真实性也不能如世物一样被指证，对其认知必然要失败。因此常有否认“超越界”的可能性。这种否定却正表示没有弄清楚存在本身。因为存在本身愈明，愈意识到它自己的这一存在的根基。

“超越界”是包容一切者。世界对我、我的意识对世界，是相对的超越和相对的包容，但是它指示真正包容和真正超越的“超越界”。这个“超越界”在任何时候都是“不可掌握”地临在着，有如同无，因而在似乎堕入虚无之中，即在失败中会突然经验到“超越界”，经验到最终承载的存在。这个是最高的荒谬：在失败中经验“存在”。

按照对“超越界”不同的经验，能分别称之为“存在”“实在”“神”或“上帝”，但是没有其中哪一个称谓能完全地把握它，因此不能轻易将“超越界”与上帝认同。大体而言，对雅斯贝斯来说，“超越界”与上帝同一。意思是，若不对上帝作活生生的偶像想象，则他肯定上帝。

对人的存在而言，上帝是既超越又内在。因为“超越界”不在彼岸，而是自我实现之存在不可把握的经常根基。因此它是遥远而永远陌生的上帝，同时是永远临在者。在历史中从不能具体把握它。它是如何表达自己的呢？对此，雅斯贝斯提出“超越界”显示的密码特性。

“超越界”在历史中以密码说出自己。密码不是“超越界”本身，它们是

"超越界"的表达。由于"超越界"是自我实现之存在的根基，所以只有超向"超越界"的存在能解读密码。原则上一切都能成为"超越界"的密码，但语言有合适与不合适的分别。合适的密码如原初的宗教语言——神话。因为原初的神话尚未成为定型的信理，尚非理性化的陈述，具有密码的开放性和弹性，是"超越界"合适的密码语言。关键点在于："超越界"的密码说法，不是将密码当成客体，而是将客体当成密码，然后通过存在的阅读，将具体之客体的存在方式改变，使其客体性消失。

在密码语言中出现，存在由"超越界"所支撑，"超越界"由存在所把握；对此结构，雅斯贝斯称为"哲学的信仰"。称之为信仰，因为在此实现了一个不是理性所能证明的基本态度，即"自我存在"自由地感激那包容一切者，出自它和在它内的生活。称为哲学，因为这是一个思想的、认知的和愿认识的信仰，是一个批判的信仰，不回避问题，而愿有理性的清晰。

"哲学的信仰"重视历史性，而与启蒙运动时期失去历史性的理性宗教有所不同。哲学信仰建立于各自宗教的历史传统；对雅斯贝斯而言，其宗教的传统是基督教和《圣经》。但是哲学信仰对各自的历史传统是采取批判的态度，一方面亲近，另一方面保持距离。因此雅斯贝斯对教会和《圣经》中的上帝也采取批判的态度。对他来讲，《圣经》具有独特的地位，它不专属于某个教派或某个宗教，而是属于大家的。它具有"哲学信仰"所不可或缺的要素：唯一上帝，善与恶之间绝对的抉择，在人内永恒的基本事实是爱、世界的开放性、痛苦的尊严，以及人最后唯一的出路是上帝，等等。

雅斯贝斯代表了20世纪思想家对于宗教和上帝之问题的一个典型态度。他一方面对宗教表达极深的尊敬，另一方面对具体的宗教保持清明的批判态度。所以我们看到，他一方面给予基督教和《圣经》极高的评价，另一方面毫不保留地严厉批判教会的神学。对上帝问题的讨论，他一方面表现学术上的负责，另一方面非常保留，而大不同于费尔巴哈、尼采与萨特等的消极思维方向。他适逢上帝死亡和无神时代过去了的时代。这是一个摸索的时代，一方面反无神论，另一方面也摈弃无神论者所反驳的有神论传统，所以尚存在分歧的现象。这现象在雅斯贝斯表现在：他一方面推崇《圣经》，另一方面却忽略《圣经》上的一个主要的要素——存在的恩典性。恩典性思想尤其是《新约圣经》的特色，它建立于基督的救赎观念，基督则是上帝的降生。雅斯贝斯认为这正是“超越界”被具体客体化的迷信。对他来说，耶稣只是个人。就此而言，他走上了启蒙运动时代同样的人文倾向的宗教。他的人文倾向使他在启示与理性、神学与哲学之间找不到衔接点。这又来自他与教会神学的对立态度。当时巴特（Karl Barth，1886—1968）和布尔特曼两位神学家强调：宗教只靠启示建立自己，理性不能说明之。这种排除理性、只建立于外来权威的说法，使雅斯贝斯不能接受。因此他说：由理性来看，启示不可能，也不是不可能。哲学不建立于启示，而建立于理性。就哲学信仰来说，只有将启示当成密码来了解，启示才能被承认。这一说法，对巴特和布尔特曼的启示信仰来说，正好失去了内容。结果是双方对立，壁垒分明。

第八节　哲学反省与宗教的形成

从以上的讨论我们发现：不管是主张人文宗教者或是启示宗教的辩护者，是提倡理性宗教与自然神论者或是讲绝对主体的上帝观者，是强调道德朝拜者或是给密契宗教奠基者，乃至于不仅有神论者，连同无神论者，当他们讲到“神”时都一致包含上帝是最完美存在者的观念，只是强调的观点不同而已。希腊哲学家与经院哲学家讲上帝“不动”，上帝是纯实现，它的本质就是存在，也就是无以复加的最完美者。近代坚持“过程上帝观”的，同样试图以生成变化的辩证过程来表达绝对精神的完美，它是生命，它包容和贯穿一切，在它内一切对立统一，因此它是人和一切的来源与最终的归宿。

即使康德曾批判传统和他自己在批判前期的思辨论证，其中包括建立于上帝最完美观念的存在学论证，他所反驳的仍然不是上帝最完美的观念本身，而是反对从至完美存在和至真存在的观念推论上帝存在的有效性。他始终以最完美存在和至真存在为上帝的观念。即使是无神论者，就观念来说，他们不但没有否认，甚至还假定了上帝是最完美存在的观念，只是他们反对这最完美的上帝的实存。

实际上，不论是一神信仰或是多神与泛神的信仰，是人文宗教的信仰或是启示宗教的信仰，是民间信仰或是制度宗教的信仰，都相信他们信仰的对象是最完美的神圣界。固然一神信仰的对象是全能，是真善美本身，多神信仰的神圣界就整体而言又何尝不是如此，只是这全能与全善被诸神给分享了，因为在多神信仰中诸神各有所司，也就各有所能。

有关宗教的起源，20 世纪上半叶有一些学者尝试从比较宗教学的思路去探讨，有的作古老宗教的比较，有的探讨原始民族的宗教，结果是从宗教现象的分析产生了各种不同的宗教起源论，众说纷纭，各执一词，莫衷一是。最大的困难在于，现象的观察无法涵盖所有的地区和所有的现象，限于一隅，不足以说明人类宗教的起源。因此，一个理论被提出来，又被另一个理论所推翻。况且，他们研究的所谓原始民族已非人类的“初民”，他们观察的所谓原始宗教甚至是已发展的宗教。学者们的理论又分进化理论与退化理论两种：前者主张人最初本无信仰，后由低级和粗陋的多神信仰发展到具伦理性格的一神信仰；后者认为人最初是一神信仰，其他的信仰形式是宗教上的堕落现象。但是进化理论或是退化理论都属于没有确实证据的揣测之论。总之，从宗教现象的探讨，最多只能描述宗教现象的发展，不能说明宗教的形成——它属于哲学的领域。

哲学反省宗教的形成有下面的先决条件：首先必须肯定人类有宗教信仰的事实，而且是人类的一个普遍现象；其次要看到，宗教存在于不同的地域和不同的文化圈而有多种的形式；最后，对人类来说，宗教的对象是神圣而完美的，是人心灵的依归。在这些条件之下，哲学反省的思路应当在人的心灵，也就是说，人的心灵本来就具有发展宗教的本能。因为从实现可以确定潜能，但不是反之亦然。因此佛教讲“人皆有佛性”，奥古斯丁说“我们的心是为你而造的，除非安息于你，我们的心将永不安宁”，托马斯·阿奎那讲人对上帝有“服从的潜能”，新经院哲学家拉纳（Karl Rahner，1904—1984）称人生而为“无名的基督徒”，都是在讲宗教的主观本能。我们可以笼统地把这个主观本能称为“先天宗教心”。它本身尚非宗教，对各个不同的宗教形式来说，它无差别心。因为地域、生存环境的不同，人为完成生命所遇到的阻碍和威胁不同，对生命的了解和强调遂各有异，对存在与生命圆满的憧憬也就不同，“先天宗教心”遂由无意识转变到意识化，加上理性的反省，而形成不同的文化形态和不同的宗教原型。宗教的形成，消极地说，化解了人心灵对生命的疑惑；积极地说，使人在苦难人生中仍有尊严，仍能安身立命。这个已形成的宗教本身成为文化中的一个主导因素，而成为人生存环境的要素之一，在不同时代与社会结构之下又成为宗教形式自我调整和自我改变的据点。不同的宗教形式，尤其反映在宗教的对象，即神圣界的不同观念；由之再限定各种不同的教义、教规及教仪。

以上所谈到的仅及人文宗教的形成，其中生存环境扮演一个决定性的角色。这个生存环境多少是在空间形式下作的观察。如果生存环境在时间形式下作观察，则形成宗教的生存环境是历史脉络，历史成为人与神圣界交往的境遇，历史上的事迹成为具有宗教性意义的事件，即来自神圣界的信息，也就是启示。在宗教发展史上，奠基于《圣经》的犹太教和基督教就是个历史启示宗教的典型例子。在宗教哲学史上，讲“过程上帝观”的德国古典唯心论就是个给历史启示宗教作理性奠基的代表，依据它们的辩证表述，世界与人类史是上帝自我完成的一个过程，也是它的自我启示过程。

有了宗教信仰，则“信求明”，以免信仰成为盲信乃至迷信。在哲学史上，从柏拉图、亚里士多德以来，不断有学者提出各种的上帝存在论证，一方面达成以超越界说明现象界存在与如此存在的形而上学目的，另一方面给予上帝信仰一个理性基础。其中最著名的有安瑟伦的存在学论证和托马斯 · 阿奎那的“五路论证”。由于托马斯 · 阿奎那的前三路论证，事实上可以说是不同角度的同一个论证，因此在启蒙运动时代，学院的理性主义综合传统的论证成为三个论证，也就是康德在《纯粹理性批判》所批判的三个思辨论证（存在学论证、宇宙论论证与物理神学论证）；在批判了这三个思辨论证之后，他在同本书的后面提出他自己的道德论证，因为他把以超越界说明现象界的存在当成他的形而上学的命运。论证在认识论上的确定性，可以区分：创造者上帝的存在是可以确定的，因为这个世界必须有使它存在的原因。至于上帝的属性，则属于模拟推论，也就是在创造者与受造物之间的关系中，把受造物有的美善也归于上帝。“信求明”的另一个途径是在信仰与信仰之间求系统的解说，这个工作已属于信理神学的工作，不是哲学的议题。

（张雪珠）

参考文献

邬昆如：《宗教与人生》，台湾五南图书出版公司，1999 年。

李震：《人与上帝》，台湾辅仁大学出版社，1988 年。

曾仰如:《宗教哲学》，台湾商务印书馆，1986年。

罗光:《中西宗教哲学比较研究》，台湾文物供应社，1982年。

李杜:《中西哲学思想中的天道与上帝》，台湾联经出版公司，1978年。

结论：哲学的任务

哲学概论是概括整个哲学的内涵和进程。哲学智慧乃教导人设法定位宇宙，并在宇宙中安排人生。因而先在认识论上肯定人的知性，肯定人的知性可以向上超越至存在的峰顶，肯定人的知性可以往下探索到达构成物理的微粒。前者便是形而上学，后者则是物理学。人类通过对“形上”的研究，获得宇宙和人生的“第一原则”。然后把这些原理原则运用到价值哲学，运用到人生文明各阶层：科学求真，道德求善，艺术求美，宗教求圣。

要达到“形上”领域，需要有锐敏头脑的训练；要认清人生价值，需要有丰饶的心灵的培养。人类上有头脑，下有心灵，可谓完备。

“存在”活动的外显，首先是其本尊的完全呈现，即是“天”，继而有分身的分有呈现，是为“地”和“人”。形而上学探讨天、地、人三重境界，既能定位宇宙，又能安排人生。个人的安身立命，群体的安和乐利，原就是具体人生的目的；做人如何驾驭物性，摆脱兽性，增长人性，乃至产生神性，原就是哲学的完满任务。

第一节　定位宇宙、安排人生

一

定位宇宙首先要解答“世界是怎么来的”。接着在缤纷的世界中看清“物质”“生命”“意识”“精神”四大层次的存在，在纵向的完美发展上，物质世界如何被精神世界所超升、提拔，物质层次的存在，似乎是在等待并促成生命的来临；同样，生物的进化是走向意识的层面；而精神的出现，则是强化并提升了意识的阶层。宇宙各等级的存在，似乎都有一贯的目的性（亚里士多德称之为“内在目的性”），存在的整体都是目的、因果的环环相扣，不是机械的组合。

希伯来人开创的创造说，最能阐明宇宙的目的性；同时也最能在复杂缤纷、杂而多的情况下，形成秩序井然、杂而不乱的学说。

二

人的灵肉二元，虽然冒着决裂的危机，但毕竟是有人生体验做后盾；灵肉的分，目的不是人性的分裂或自我疏离，而是人性的合一和自我认同。灵肉的合一，也正显示人性个别性的完美以及自身安身立命的契机。

灵肉二元恰好是宇宙“观念”和“感官”二元的浓缩，证实人性顶天立地的性格；人性的顶天，因为其灵魂是上帝的肖像；人性的立地，因为其肉体来自世间尘土。人存在于天和地之间，媒介着天地之和谐共存。

三

灵肉二元是人性纵向的理解，人性横向的凸显则是在男女两性上。男女两性的分也不是要演变成大男人主义或是女权运动，而是要通过爱而结合，男女结合为夫妇，其功能是传宗接代，生命的流传是生物世界一大奥秘，人的世代相传更彰显了生命与爱的紧密关联。

在动态的考察中，男女结合为夫妇，生下儿女升格为父母，父母子女组成的家，其中的人际关系已经不只是人伦，而是被誉为天伦。爱与生命原就是天落实到人的特性，人分有了天的爱和生命，存在本尊的天的所有特性皆十全十美，分有给分身的宇宙和人生时才出现缺陷，不过，人性凭其理知和意志是可以逐渐修成，终至天人合一的最高境界。

人生的目的原就是提升人性，与天性结合。

四

哲学是定位宇宙、安排人生，因而是学问中的学问，是学问的总体，与其他单一学科只探讨对世界或人生的某一部分不同。哲学适宜作为通识课程。它教导人全方位的知识：知物、知人、知天。它也教导人全方位的行动：敬天、爱人、惜物。它更使人的个别性能安身立命，使人的社会性安和乐利。

第二节　认识、形而上与伦理

一

哲学思路是依序以认识论作为入门，经哲学的“体”的形而上学，再落实到伦理学的“用”。认识论主要是人能“近取诸身”以自身生命历练为经验事实，又以“远取诸物”的观察大自然获知其杂而不乱。原来，人和世界都是“存在”的分化，其一切美、善都是分受自“存在”；我们观瞻分身，多少可知道本尊。因此，认识论作为入门，是可以走向哲学的殿堂。

二

哲学的“体”是形而上学，此乃认识所获得的成果；它内涵着“第一原理”，这原理对于思想、存在都同样有效，即同一律、矛盾律、排中律。

同一律基本上是表现“是则是”以及“非则非”，而且“是”与“非”都是全称的，“是”就是百分之一百的“是”，“非”就是百分之一百的“非”；“是”“非”之间没有灰色地带。这也就是“有”和“无”的关系：“有”就是“全有”，“无”就是“全无”，没有中间的可能。

同一律还要阐明每一样事物都与自己“等同”，其表现在数学公式中就是 $A = A$。“存在”与“存在”等同，人世间事物繁多，但每一样事物都与自己

“等同”；这也就是自己不会与自己疏离。

关于“矛盾律”和“排中律”，放在讨论“第一原理”部分。

三

认识走向形而上，形而上学是“第一哲学”，是神学，是智慧。在形而上学中，我们直接探讨存在的本尊，以及存在的分化，亦即探讨天、地、人；并在天、地、人之中找出真、善、美、圣，作为人生实践的典范。

作为哲学的“体”的形而上学，是作为“第一原理”的学问，是认识诉求的对象，同时亦是伦理的依据。认识、形上、伦理，虽有次序上的先后差别，内容上与哲学却是“三位一体”的整体。哲学的三门必修课程“认识论”“形而上学”“伦理学”，在《哲学概论》中不但排列成顺序，也展示着它们相互间的密切的关系。

本体论的“量”“质”“能”的课题，都是原则性的提示，使得人的伦理行为有规范可循。

宇宙论的来源问题，无论“创造”“流出”“进化”“创化”“生”都各有各的贡献，亦有各自的困难。宇宙变化的目的性或机械性也可以给予人生哲学很好的借鉴。

人性论的结构问题，纵向的“灵”与“肉”，横向的“男”与“女”，形成“分”与“合”的根本课题，也影响着人生观的互助合作或是竞争等课题。

人生意义的选择，和价值哲学有密切的关系。受苦受难的人生感受很容易认定人生的荒谬，但是“存在先于本质”的提案可多少厘清运气和福气的差别，而归还给人生光明面。

第三节　人生而有知，万物皆有理

一

无论采取哪一种认识论的学说都会总结出：人生而有知。知的功能最浅近的莫如感官的耳、目、口、鼻、手足，我们感觉出外在世界的存在，感觉到自身的感觉，尤其是悟性，知道自己在感觉。当然，有不少事物感觉不到，或是超乎感觉之外的，只好用思想去想，所有事物的理，都不是感觉的对象，而是思想的对象。我们有悟性，有理性，可以想所有的理，我们晓得 A = A，也知道2+2=4。我们固然知道理性可以补感官之不足，但也晓得理性有极限，人并非全知的，毕竟在人生境遇中有一些是神秘莫测的事物，因而知的极限要让给信仰。“知”与“信”曾一度成为西方中世纪的核心课题，宗教中从彼岸来的信息大多属于神秘不可知的。

二

人生而有知，万物皆有理，知性的对象除了具体的事物，就是事物存在的理，以及其生成变化的理。人有能知，物有所知，于是认识便有发展的空间，我们“知物”的科学知识便可以成立。人也是物的一种，虽然是比较尊贵的层次，它也有理，而成为认识的对象。因而人本身横跨了两个层面：能知与所知。人自身作为所知时，便是把自己当做是认识的对象，这也就是思想范围中的反省。

人认识自己，正符合从前苏格拉底所倡议的“认识你自己”。

认识的可能性，在于主体的“确定”，以及客体的“显明”，有了“主”“客”这二重条件，认识便可成立。我们在认识论上所坚持、肯定的，就是我们能获得认识。

获得认识的方法，可以是“近取诸身”从我们日常生活体验中得知，也可以是“远取诸物”对大自然事物的观察。尤其是在观察大自然时，我们运用归纳和抽象的能力，聚集类似的个别的事物，成为一个普遍的、抽象的概念，就像从张三、李四、王五、赵六归纳出人的概念，以“人”概括张三、李四等。是用存异求同的方式，即我们把张三、李四等相互间的差异存而不论，只采取他们彼此间相同的特性，因而获得“共相”形成认识。

这“共相”一直抽象、归纳下去，到达最后的概念，就是最普遍的存在，可以涵盖天地万物。针对这“概念的概念”“观念的观念”的学问，便是存在学，便是本体论，便是对存在本尊的学问探讨。

在思想和存在之间有一条康庄大道，可以说成是“思想和存在一致性”。

第四节 人人生来求福

一

亚里士多德的《形而上学》开宗明义“人人生来求知”，其三大本《伦理学》则以“人人生来求福”为讨论的重点。求知需要努力，用逻辑的思考使头脑锐敏，求福则需要修德，以丰饶心灵，“福德一致”的理论便是阐明人想享福必须修德。

有关头脑的锐敏问题，聪明才智人各不同，良知却是人人相同的，良知天生一方面可以辨别善恶，另一方面要催促人择善避恶。人类除了有理知能分辨善恶，尚有意志，后者有自由，可以行善避恶，同样可以为非作歹。

西方基督教文明认为人皆有原罪，因而人性被破坏了，其中最明显的是意志自由的滥用。在人的一生中，因为自由，人们可以行善，亦可以作恶，恶事也真的不断发生。

良知毕竟是向着善开放，福如花朵向着阳光一般，其中的判断标准就在于“心安”。凡是做了善事，心就会安；凡是做了恶事，心就不安。“心安”作为善恶的尺度，《论语》中宰我和孔子的对话已有体现。宰我不能接受守孝三年的通则，孔子便以“心安”向宰我追问；当宰我说出违反三年守孝之事仍然心安时，孔子直斥其为“不仁”。

行善是灵性生命的天性，因为其与“福”成为一体的两面。“人人生来求福”，获得福的代价就是修德。

逻辑学是使人头脑锐敏的学问，而伦理学则是心理丰饶的训练。一个人头脑锐敏同时道德充沛才是才德兼备的人。

第五节 第一原理

一

在认识论探讨思想与存在之间的关系时，或是在形而上学开始的章节中，

“第一原理”都必须预先讨论。理由就是：无论思想或存在，无论本体或是属性，都存在于“第一原理”之下，都得遵守“第一原理”。

“第一原理”的根本是同一律，它指谓一件事物与自己本身相同。这“自己等同自己”，便是思想必须最先遵守的法则。“一”概念既可形容存在本尊，又可形容万物。每一件事物都是独一无二的，都只与自己等同。万物杂陈，杂而不乱，每一个别事物都是独立的存在，与其他所有事物都有所区别。我们感官世界的一切都是个别的、单独的、单一的，这当然也就指证出存在的单一性，存在不是杂多混乱的，而是单一有序的。

二

“第一原理”的同一律之后，直接导引出来的便是矛盾律。如果同一律用 A = A 表示，那矛盾律就用 A≠非 A 展现。同一律指出每一件事物与自己等同，哲学的语言加上“只与自己等同”，意即包含“与自己之外的所有事物都不等同”。当然，“与自己之外的所有事物”即是非己，自己与非己不可能等同，就是矛盾律所要指出的意义。

自我矛盾的事物不可能存在，因为其一方面肯定，同时又否定；一方面说自己存在，另一方面又说自己不存在；一方面说是“自己”，另一方面又说“非己”。同样，自相矛盾的学说也不可能证明，主要的就是思想法则和存在法则中不能同时肯定又同时否定。

三

从同一律和矛盾律合并的探讨所引申出来的就是排中律。排中律指出在思想和存在的层次上，或是肯定，或是否定，不可能有第三种可能性。人事世物有就是有，无就是无，没有中间的折中方案。有就是全有，无就是全无。就如问及来生来世究竟有或没有，答案只可能在“有”和“无”二者之中选一，不可能有第三种选择。

这“有”和“无”的形上本体探讨在哲学上极为重要。新近有一派哲学喜欢用“假如”为语句的起点，而且还重复使用，就是“若且唯若”（if and only if）；这种重叠的“假如”只适用于偶有事物，而不适用于形上本体。在“有”和“无”的选择题之间，是没有折中的第三种可能性的。

第六节　超越属性

一

从“存在”分化的“人”和“世界”，我们可以全面地考察人文世界的种种。我们深知“一”是“第一原理”的根本，我们也知道文明的几个阶层和阶段—— 科学、道德、艺术、宗教。人类生存在世界上都有这四阶层的文明模式。

科学使人知物而用物，用以解决人的需要（食、衣、住、行）以及人的娱乐（育、乐）。人的生活必需和娱乐的一切都来自大自然，大自然的所有提供人们所用。知物就是知晓物的存在原理（物理），以及了解物的变化法则（化学），这在认识论上称为真的认识以及对的认识。人的知性就在于分辨真假对错，人的知性的直接对象是真的存在。

道德是一个人如何做人处事的规范标准。人与人之间，尤其是男与女之间，婚姻、家庭、亲情等等，都有一定的标准，都有大众的共识，都要以个人安身立命、群体安和乐利为前提，完成人性于具体的生活中。良知是道德的准则之一，丰饶的心灵会引导人行善避恶，于是善是伦理道德追求的最终目的。“止于至善”是人生道德生活的目标，个人能够独善其身是君子，能够兼善天下则是圣人。

在严格的真假对错以及是非善恶判断标准之外，艺术是灵性寻获自由的机缘。在美的欣赏与美的创造之中，一个人的心灵能够摆脱所有束缚达到自由自在的境界，能感受到“上与造物者游，下与外死生、无终始者为友”，达到“天地与我并生，万物与我为一”的“物我相忘”。

宗教的神圣能净化人的庸俗，宗教的救苦救难精神也能安慰在苦难中的人们，以“就连上帝也要擦干他们的眼泪”许下救赎，尤其在死亡面前送上复活的希望，更是宗教的功能。宗教礼仪的神圣能提升被庸俗浸润的心灵，举心向上。

二

科学求真，道德求善，艺术求美，宗教求圣，使身为分化的人类文明彰显着“存在”的超越属性。人世间的求真、求善、求美、求圣，正是分有着“存在”的至真、至善、至美、至圣。

作为“存在”的超越属性，降凡到人世间，带动着人文世界的内在目的性向真、向善、向美、向圣；不但区隔着真与假、善与恶、美与丑、神圣与罪恶，而且推动着人文世界也在存真去假、行善避恶、扬美拒丑、入于神圣而远离罪恶。人本身超凡入圣的倾向，证明人性是存在本尊的化身。

第七节　宇宙有始

一

宇宙起源的问题要回答“世界是怎么来的”。数千年来，宗教智慧所提供的答案大多与创造有关。神明创造世界，成为掌管宇宙的主宰，还操纵着赏罚的大权，也就把“创造”和“管理”一并讨论。一旦创造有目的，宇宙的生成变化也就有目的性，排除了“机械、盲目”的说法。

二

希腊哲学有关宇宙起源问题一开始就有两条思路：一条是以“太初”“太始”为直接的对象，设法解释世界是如何开始的；另一条是具体地询问构成宇宙的元素是什么，是为“太素”“原质”的课题。

直到柏拉图才以分有说联系上下二元的世界，其弟子亚里士多德则运用科学和哲学共同原理的因果原则设法找出宇宙形成的最终原因。

三

创造说在狭义的意义上源自希伯来人的宗教信仰。《旧约 · 创世记》记载上帝创造了世界。创造说和分有说有一些根本的相符之处，创造主的完美分有给受造物，创造主与受造物在存在的等级上有本质的差别。

后来的新柏拉图主义综合了创造说与分有说，开创流出说，把创造主与受造物之间的距离拉近，似乎形成泛神论的内涵。

四

19 世纪生物学的发展，推出了进化论的假设。进化论不是在解决宇宙起源问题，而是处理宇宙变化问题。

进化论者可以提出“从物到兽”乃至“从兽到人”的进化过程，但是提不出物质的来源，亦提不出人类还要往何处进化。

20 世纪的“生命哲学家”柏格森综合创造和进化，提出创化论，也有地质学者夏尔丹同样综合创造和进化二说，主张创化论。

五

东方哲学如中国的《易经》主张生成说，其“生生之谓易”的学理，使阴阳相辅相成又相生，显化成天地万物，繁生成男与女，生生不息地传宗接代。

“生”本来是同质的，它比较接近流出说，但亦有创造的内涵。西哲怀特海的学说有生命哲学的趋向。

第八节　人性完善

一

人的结构有纵向的灵魂与肉体，横向的男与女。灵肉之分、男女之分，主要的目的不是分而是合。灵肉的合一使人的独立性和个别性可以完成顶天立地的性格——顶天，因为灵魂是上帝肖像，立地是因为肉体来自尘世。

男女结合成夫妻一体，两情相悦、传宗接代，是完成群体性和社会性的契机。

个别性的完美在于灵肉的合一，在于安顿人的“知”“情”“意”，在于安身立命；群体性的完美起自男女结为夫妻，两情相悦并传宗接代，使社会安和乐利，人们安居乐业。

二

个人完美一来在其知性，那是锐敏头脑的训练；二来在其德性，即丰饶的心灵的培养。修身的意义也就在于头脑锐敏以及心灵丰饶，即知识分子的才德兼备。

群体性完美首先是两性的互相补足，这补足的成果缔造两情相悦，进而传宗接代，由家到族，由族到国，由国到天下，创造出安和乐利的社会。这社会依柏拉图的理想国模式，是“人人有事做”以及“事事有人做”、每人都能安居乐业的群体生活。

三

人性完善的另一条思路，可以顺着生物学的进化理论，从物性走向兽性，亦即生命产生于物质的条件，而生命由植物到动物，由动物的知觉蜕变物质的结构和生命的跃升。然后由兽进展到人，人的灵明不但提升兽性的知觉，也提升弱肉强食的“物竞天择”的原则，而进入互助和合作的关系。人性的发生和成长，并非依循兽性的竞争原则，而是有人性特有的关怀和爱、互助和奉献牺牲。

人性发展到极处是神性的企求，是天人合一的境界，是人性进入神性的高峰，也是从道德提升到宗教的领域。

天人之际不但是宗教学研究的对象，它更是人性提升自己，进入神圣的关键，“天人合一”的理念委实就是人性完美的展示，这展示出现在每一宗教理念中。

四

人性完善，不只在于人性进化为神性，更不在于人超脱尘世的束缚，因为出世的意念毕竟是消极的表白。宗教固有出世的行为，但却有更深厚的入世基础，它是在具体的尘世间救苦救难。救苦救难的意义并非摆脱苦难，而是承受苦难之际在尘世建立人间净土，在人间建立地上天国。

完美的人性，固然在来生来世获得福报，也会在今生今世获得内心的平安。

第九节　事天、仁民、爱物

一

认识的全方位意义在于“知物”“知人”“知天”。从理论的认识走向伦理道德的实践时，就是“惜物”“爱人”“事天”。在这些重叠的关系中，孟子说得最为清楚。他的知性思路是“尽心”“知性”“知天”，而德性思路则是“存心”“养性”“事天”，如与另一种的思路“亲亲”“仁民”“爱物”合并处理时，就成了理论性的“对物”“对人”“对天”的各种正常关系。从对天的“事天”，到对人的“仁民”，再到对物的“爱物”，形成全方位的道德思路。

二

从“知天”到“事天”，就是从理论到实践的思路，“知天”虽有把天作为认识对象之嫌，但是，若并不停留在知的层次，不是“为知而追求知”，则天成为侍奉、崇拜的对象，就进入天人关系正常化的阶段。

同样，从“知人”到“爱人”，也是从伦理走向实践，亦同样不把人仅仅作为认知的对象，而是更进一步把人作为关怀和垂爱的对象。

整个自然科学发展史都是从“知物”到“用物”，甚至到“驾驭和利用物”“破坏物”的地步。孟子的“爱物”思想委实在当时是非常先进的，意味着人和大自然的和谐关系，甚至有道家的“物我相忘”的意境；“爱物”“惜物”在今天环境保护的意识下似乎无甚新意，但对“驾驭和利用物”的科学家来说仍然是相当有意义的。

“用物”解决人生的衣食住行问题，原是无可厚非，也是人文世界屹立于自然世界的展示；可是，过分地开发自然，破坏自然生态，则有违“爱物”“惜物”的原则。

三

“爱人”的课题属于伦理道德，是人际关系超乎权利义务的范畴，与宗教重叠的地方。人文社会所有法律规范都在卫护人的尊严和价值不容侵犯，道德和法律的正义都在宣示“己所不欲，勿施于人”；伦理道德更上一层，和宗教合作，提出“爱人”的德目，作为“完人”的途径。“仁者爱人”就是这种见解的理论支持。

四

“敬天”和“事天”，虽然可以从哲学理论进入，但毕竟完成于宗教情操。把天作为造生者、掌管者、审判者，而产生“天命”“天意”等概念，以之作为伦理道德实践的最终基础；当然先把自然的、物质的天存而不论，单在伦理道德和宗教层面上去“知天”，进而“事天”，完成天人关系正常化的程序。

从“世界怎么来的”问题到达“来生来世的福祉”问题，非要“知天”和“事天”的宗教情操来处理不可。

第十节　宗教功能

一

许多知识分子自认为知识丰富，对愚夫愚妇的宗教行为无法认同，因而对宗教不甚理解，也不设法理解，甚至不谅解，亦不求化解。最常遇见的说法是：宗教不科学，科学与宗教冲突，宗教的一些教义违反科学。当然，我们不愿意在这里先对科学作评论，也不提“科学至上”的说法欠理性的周延，而是先要说明科学求真与宗教求圣是两条不易相交的思路。科学求真是人的锐敏头脑的对象，科学驾驭和利用物质是人类求生存的必需。宗教虽然可以通过锐敏的头脑辩护（如中世纪教父时代所为），毕竟不是认知的对象。宗教毋宁说是信仰的机构，信徒不一定要有科学的头脑；同样，科学家亦未必非信仰宗教不可。不过，这里还要说明的是，许多的科学家都有宗教信仰。科学与宗教不但在信徒心中不相互矛盾，就是在科学家心目中也可以并存。

二

科学的历史很长，宗教的历史也很长，几乎都与人类的历史同步发展。科学一直在改变人的肉体生活，改善食、衣、住、行、育、乐各种条件，宗教关怀人心而给人安顿精神生命的动力。科学求真，宗教求圣，原本就是在安顿人生的课题上分工合作，所以才会出现许许多多的科学家信徒。科学与宗教的关系，正如“知”和“信”的关系，有冲突也有和谐，以“刻意求异”的心态去研究时会发现二者许多地方相异，但用“存异求同”的心态去看时便会发现二者皆人性发展和进步途中的步履。

三

人生是苦难的，现实毋庸置疑；宗教的救苦救难精神不也是历史的事实？科学能减轻人类肉体的病痛，宗教能安慰苦闷的心灵。在宗教发展史中，无论是东方的佛教，或是西方的基督教，除了对个别的心灵有安顿的功能，对社会群体的贡献也是有目共睹的。“出家”的佛教提案，对当时“不孝有三，无后为大”的道德基准下无法生下一男半女的苦命媳妇，难道不是一种解脱？西方罗马时代基督教的教义“灵魂乃上帝的肖像”的人人平等理念，难道不是解放奴隶的福音？

当今，世界最贫困之地，人们最受苦受难之地，总有传教士的踪迹。就连最现代的城市，市民们在享受之余，心灵空虚时亦同样需要宗教的慰藉。

以上是十大肯定，乃至是哲学者的十大坚持。

以下提供学习哲学者五大提案，分别是“常识、知识、智慧”的渐进方式，“归纳和抽象”的认知思路，“择善固执”的意志坚持，开放的人本主义精神，最后针对进化论的思考模式，提供从物性，经兽性到人性的通路，最终到达神性的目标。

第十一节　常识、知识、智慧

一

认识官能最具体的莫如感官，耳、目、口、鼻、手足面对声、色、香、味、触的外在世界而有所知觉，知觉的知识愈丰富，常识也就愈多，见的世面比较广，人生历练也较有智慧。但是，常识所获得的是感官所传达，宇宙真相有时却非感官所能穷尽。我们所经验到的是太阳绕地球而运转，事实上则是地球绕日而行。这是知识的层次，非感觉经验可以抵达，人生求知的诉求是要以知识为准。

不过，知识的丰富只证明人的头脑锐敏，却并不能说人性整体在提升；人性除了头脑，尚有心灵，心灵的丰饶对于人性的完成比锐敏的头脑更为重要。心灵的尺度衡量真假对错、是非善恶、美丑、神圣与罪恶远比头脑准确，头脑犯错有时没甚感觉，头脑不会难过。心灵却是一把标准的尺，衡量得出是非善恶，是判官，又是执法者。一个人犯了过错，良心会不安；良心的安与不安，不但指陈行为的是非善恶，同时也在执行赏善罚恶。

因此，良知所给予人的是智慧是价值判断，它超过了头脑所给予的知识。

常识、知识、智慧三者间的关系是：经验所得是常识，会用常识才是知识；感官给予常识，头脑给予知识。会用知识才是智慧，头脑给予知识，心灵给予智慧。

一个人生存在天和地之间，生活在人与人之间，要成为“完人”，就要常识、知识、智慧三者兼顾。这样就会把居中的知识看成是德行，认定“知即德”的传统教诲，用自己的知识服务人群，使自己安身立命，使社会安和乐利，而不会把知识看成权力，利用知识做损人利己的事。

知道知识是德行，亦即同时兼有锐敏的头脑和丰饶的心灵，成为才德兼备的知识分子，这知识本身就已经进入了智慧的领域，算是会利用知识的人，是位智者，是“爱智”的人，是哲学家。

二

哲学的“爱智”是要解答“为何”的终极问题。科学的责任在于解释宇宙和人生“如何”的课题。科学指出宇宙和人生的真相（很多时候只是事物的表象、现象），唯有哲学才问及宇宙和人生为何如此的课题。问题只要求答案，课题则要求解答。宇宙和人生“如何”是问题，而宇宙和人生“为何”则是课题。哲学除了给出答案，还要负责解释“为何”如此回答的解答。

宇宙的课题很多，有科学回答如何的现象的答案，也有非哲学不可的课题，如宇宙生成变化是“目的”还是“机械”，如人生是荒谬或有意义，如死后有无生命，等等。

生活的智慧，一来是了解名利权位，生不带来，死不带去，不值得刻意去追求；一来在难以避免的情况下，有了名利权位之后就要善加利用，用来立功德，用来助人爱人，善用它们所获得的功德则可带来来世，以换取永恒的福报。

第十二节　归纳与抽象

一

人类天生有认知的能力，这能力的表现首在归纳。幼儿园的小朋友都会堆积木，堆积木的技能就先以颜色归类：红色的一堆，黄色的一堆，白色的一堆……然后用形状归类：四方形的一堆，圆形的一堆，三角形的一堆……用颜色分类不管形状，用形状分类不管颜色，这种存异求同的方式原就是人天生的智能。

从苏格拉底开始，概念的形成就是借这种归纳和抽象的方式得来。人的头脑生来就有能力用概念组成知识。

显然，归纳的最大效用，就是不只从个别的事物归纳概念，还可以把概念用更高的概念再归纳、再抽象，直到最高的概念——“存在”，而形成从认识论走向形而上学的康庄大道。

二

归纳的能力最为落实的就是 13 世纪时成立的大学，大学中的科系都是依概念作为研究的对象。知识之异于常识，是由于常识是对个别事物的经验，而知识是对共相世界的把握，是对普遍的体认。大学中的人类学不再个别地讨论张三和李四，而是讨论“人”，动物系再也不探讨哪一类动物，而是对普遍的动物的通性、通案作了解。

苏格拉底“概念”所形成的金字塔型的宇宙蓝图，其中间部分每一“类概念”或是“种概念”都成了大学中的科系，都成为一门个别的学问。金字塔型顶端的“存在”概念，就成为形而上学最高峰的本体论（存在学）。

哲学的“体”的形而上学，其“存在”的理由不是一项预设，而是从知识的归纳和抽象所获得的结果，“知性形而上学”一名也由此而来。知识的归纳和抽象，最后必然肯定形上本体，而且形上本体不只是知识停下来的地方，它更有“存在”开始的地方。知识的思路是由下往上归纳和抽象，而“存在”的思路则是由上而下的“分有”和“流出”，甚至是“创造”和“生”。哲学从人的知性开始，往上超越至最高的“存在”，是为“向上之道”，哲学从存在本体开始，向下分有至最低的物质世界，是为“向下之道”，这“向上”“向下”之道的交会，正是哲学运作的契机。

三

抽象是抽出共相，留下殊相（差别相），是存异求同的最佳练习，同时亦是知识工作必须跳跃的一步。认知能力利用感官认识个别事物，通过归纳，把个别事物总集成共相的、普遍的事物概念。抽象和归纳是互相补足、相辅相成的，都是要提升个别性，超越到共相性。

个别事物的独立存在是感官世界根本的特性。在感官世界内所有事物都是个别的、单独的、独立的，人的头脑却天生有归纳、抽象的能力，能使许许多多的个别的具体的事物蜕变成共相的抽象的概念。

个别的具体的事物，尤其以物质世界的范围最为清楚，每一物都有积（长、宽、高），这是物本身的量；同时物亦有上下、左右、前后的关系，这些关系的变化就成为物体的方位变动。但是，归纳作用和抽象作用可以把这些量和关系存而不论，只用它们的本质而成为概念。因而，概念的“数”或“种”是抽象的，放弃了长、宽、高的“积”，放弃了上下、左右、前后的“关系”。形而上学就是讨论那无形（形而上）的存在，与物理学探讨形而下的有形的事物不同。

那些以形而下的规则批评形而上的学者，基本上的错误在于对“形”概念没有研究，甚至否定有“无形”的世界。

第十三节　择善固执

一

头脑的责任在于分辨真假对错，然后把理知的认知成果交由意志作抉择。

意志自由原是人性的一大恩惠，在此时却必须经历考验，意志可以（应该）择真去假，择对弃错，亦可以违反良知的呼声而指鹿为马，否定真理而选择虚假。

一旦意志做了指鹿为马的事，认识的层次就跃升到道德层次，由真假对错的判断变成是非善恶的判断。本来，理知犯错，对真理不认识，倒是头脑锐敏度不够，原亦是人性不完美的明证，无可厚非，而理知所提供的信息若是清晰明了，真假对错分明，意志却抛弃真理，选择虚假，心灵的衡量尺度就会出来监督，良知的安心或不安，形成是非善恶的行为判断标准。

择善固执的不必然，原因就是意志力不够坚定；如果是理知的清晰明了有瑕疵，意志的责任自然较小，犯错的程度就降低。

站在“坚定意志”的修养课题前，正因为人有自由，故应该选择真与善，不应选择假与恶。在这里，道德的课题暂时可以用“应然”和科学的“实然”共同讨论。

二

可是，如果站在人性向善的立场看来（亚里士多德的形而上学有“人人生来求知”，伦理学有“人人生来求福”，获得幸福的条件是“修德向善”），意志选择真和善，就不只是“应然”的课题，而是“本然”的课题。在这里，“本然”的意义即是直接由人性导引出来的结论，而不是人性是否“向善”“向恶”问题的讨论。在传统哲学中，求知是人的天性，求善亦是人的天性，二者都不是“应然”或“实然”问题区分的范围，在人性求善的“本然”之下，才有“应然”“实然”之分，自由意志本有天性向善，若违反此天性，则“实然”犯错，因为向善在此时是“应然”的。

近来，英美分析哲学很喜欢在伦理学上把“实然”归给科学，把“应然”归给道德，这在开始时的预设就有问题，因为在“应然”“实然”之上还有更根本的“本然”范畴——“本然”是天性，“实然”与“应然”是行为的批判。

三

择善固执还有另一目标，就是价值观的厘定课题。当前物质主义高涨、精神文明式微的年代，把拥有名利权位看成是价值的对象，各种价值排列亦以拥有为主，而淡忘人性本身的“是”要远比外加的“有”重要。

最简单不过的例子：物质享受的“好”“更好”“最好”等阶段不断地提升，早年“吃以果腹”的节俭美德早已不复存在，人们认定不但吃得饱，还要吃得好；不但“衣以蔽体”，还要穿得漂亮。人们已经淡忘，饭桌上纵使天天山珍海味，若人没有胃口或消化不良，仍然无济于事；有钱可以买到昂贵的床，可是买不到睡眠。能吃能睡，一定比山珍海味或名贵的床更有价值、更值得我们去追求。

“好”“更好”“最好”的判断，比如交通工具：我们当然知道两条腿是比不上自行车，比不上摩托车、汽车、飞机……可是，如果一个人因为买了直升机就把两条腿锯掉，是不是太过愚蠢？直升机是“好”的交通工具，两条腿不是，可是事物除了“好”的范畴还有别的范畴，如“必需”与“外加”。两条腿虽然不是“好”的交通工具，却是“必需”的，不可或缺的；直升机是“好”的交通工具，却是“外加”的，可有可无的。

择善固执就是要认清“是”与“有”之分，“必需”与“外加”之分、选择“是”与“必需”为优先，“有”与“外加”殿后，这也正是“知所先后，则近道矣”语句的深义。

第十四节　开放的人文精神

一

近来的人本主义精神不但源自启蒙运动的成果，中国当代新儒家还依据康德的道德的主体性超越到存在本体的主体性。这种排除了天的人本主义，势必膨胀人的存在，认为人的良知主体不但是遵守道德法则的主体，同时也是规定道德规范的主体，甚至发展到最后，人成了创造天地万物的主宰。这种从道德走向本体的思路，对哲学说来，是封闭的系统，是把一切都封闭在有限的人性中，否定在人性之上还有天，尚有神明，尚有上帝。

二

人性至上的骄傲，是站在人与物的关系的立场出发，以人定胜天、人是万物之灵的内涵加以解读和发挥。事实上，人对物的主宰权，与其说是拥有，不如说是受委托。希伯来民族在这方面就很有智慧，把上帝委托人类掌管世界记载在《创世记》中，以解读“人乃万物之主”的意涵及其限制。

无论在本体论（存在学）上或是在人性论上，哲学清楚意识到，教育改革只在教育团体内寻找答案，甚至只在教育制度上作适应社会功利和实用上的改革，而不在教育理念上寻求正常化的人性教育，这就很容易落入“知识就是权力”的迷思。“权力使人腐化”的警语也正是针对人本精神没有向人性之外去寻求解答的事实。

三

开放的人文精神，不但在进化论上问及从人到神的进化，而且也向超越界开放，使人能正视自身的能力，同时也正视自己的限制。人的权力和能力，既能在自然世界中利用自然的资源，开创人文世界，使科学、道德、艺术、宗教各层面都能同步发展，也能在人文世界中认清人性极限所无法消除的困境和灾难。开放的人文精神，首先就是要谦卑地承认能力有限，但希望无穷。能力有限也就指陈人性不是全能的，希望无穷则承认人性之上尚有神性，人有所不能，而神却无所不能。宗教在人文世界中主要的角色，就是指出人性的限制和神性的无限。

人性在其“存在”的刹那，就有向超越界开放的心胸，向着自身之外、自身之上的“真”和“福”开放，锐敏的头脑对着“真”，丰饶的心灵对着“福”。真理和福分都把握在人手中时，个人才能安身立命，社会才会安和乐利。

人本主义者在解决自身的生命来源之前，就贸然肯定自己的“绝对”，肯定自己有能力开展物质世界，甚至决定善恶的标准以及掌管赏罚。

四

19 世纪末，西方有人预言 20 世纪是基督教灭绝的世纪，他们指出：时间走到 2000 年时，基督教就不再存在于地球上。他们所提的理由很简单——基督教的价值观与新人类的价值观格格不入——也因此推断出：不然是新人类无法生存，不然就是基督教灭绝，没有第三种可能。尼采最先宣布“上帝死亡”

的噩耗，继则有萧伯纳、维尔斯等人的附和，理由都是基督徒食古不化，不肯抛弃信仰而改变其价值观，却不分辨各种人生观而批评异己的价值观。

但是，我们亲眼目睹，20 世纪已经过去，21 世纪已经开始有年，基督教没有消灭，信徒也不但没有锐减，反而增至 20 亿，而其价值观的表现厚道、仁爱、宽恕还是一样地受到坚持、信赖、实践。许多地方都有教堂，亦都在星期天放假、进教堂、读经、唱诗、证道，履行宗教上的崇拜礼仪。

文化向宗教开放，人本主义者无法自外于文化，亦应向宗教开放。其实，开放的心胸不但针对人本主义者，而且针对各式人等都是一剂良方，消除人际关系的疏离，使民族与民族之间、国与国之间、宗教与宗教之间、学派与学派之间都能关系正常化，共同努力缔造地上天国、人间净土。

第十五节　物性、兽性、人性、神性

一

人类开放的心胸也可以正视世界的多样化。我们周遭的世界万物杂陈，挤而不乱，从矿物、植物、动物、人类的存在等级，觉察出物质、生命、意识、精神的层级存在。地质学家可以推论出各种等级和层级的发生年代，设计出一幅进化的蓝图——如何从物到兽，从兽到人的进程。

哲学利用科学成果也在模拟一幅进化图，而且以动态的方式取代地质学家静态的规则。其中，夏尔丹综合创造和进化二者，模拟出宇宙创造进化的进程，最能代表科学与哲学的共同智慧，二者都在展示“存在”真相，二者都设法将研究的对象推向完美的境界。原来，人性在“近取诸身”的研究方法中，的确自觉到自身肉体的物质性，思考如何由生命超越跃升；生命现象也被较高层次的意识所提拔；最后，一旦进入精神层次，其下的意识、生命、物质各层面都蒙受精神的余荫，逐渐摆脱自身的极限而往上一层进化。

《人的现象》一书是人性在知识层次上“近取诸身”的典范，意识的自身反省，在心灵深处的确可以感受到精神的光辉而与神明相会。

《神的氛围》说明进化的起点是神的创造，进化的终点则是神性本身。因此，在创造进化论中，神是起点，也是终点。

二

中国哲学用的“生生”的原理，由“太极生两仪，两仪生四象，四象生八卦”，把天地万物本身及其起源和发展都用生命表现，避开创造和进化二者间可能有的冲突，对“宇宙生成说”“世界怎么来的”诸问题都不用辩证和理论的铺陈来展示，而是提出活动的现象指证本体，这的确是“远取诸物”的典范。

物、兽、人、神的区分和层级并没有明显的划分，更没有相互冲突的迹象，宇宙和人生的和谐原是中国哲学的基本态度，也由此种定位宇宙的原理来安排人生。因此，人生哲学中的伦理道德、人际关系，甚至家庭成员之间，都是以和为贵。其德目虽有区分——“父子有亲，君臣有义，夫妇有别，长幼有序，朋友有信”——但都是在“和谐”的理念下修习养成。

中国哲学不但在人际关系中讲求和谐，就是天人之际也讲究和平相处。其“天人合一”的理想，虽是道德性较强，但毕竟由道德的层次进入本体的氛围。

道家的“物我相忘”，并非贬低人性使其变成物性，而是在修身养性中的艺术境界，对物的欣赏与西方自然科学中的驾驭和利用万物有本质上的区别。

天、地、人的“合一和谐”，再加上生命的内涵，就形成宇宙整体活动的蓝图。站在创造学说来看也好，站在进化学说来看也好，整体宇宙的物、兽、人、神或是天、地、人都是和谐共存共荣的。

（邬昆如）